交通运输科技丛书·公路基础设施建设与养护
装配化钢结构桥梁设计丛书

装配化钢箱梁设计

孟凡超　金秀男　著

人民交通出版社股份有限公司
北京

内 容 提 要

本书在总结国内外研究成果及现行钢结构桥梁相关标准、规范的基础上,按照工业化建造要求,介绍了钢箱梁的设计及制造、运输、安装方法,同时结合作者研究团队研发的装配化钢箱梁系列通用图创新技术成果,着重阐述了装配化钢箱梁的设计要点、技术特点、制造安装方法以及技术成果的工程转化应用。

本书的有关成果与内容可用于指导公路工程大中桥梁的建设,可供桥梁设计、施工、科研人员,高等院校相关专业师生参考使用。

图书在版编目(CIP)数据

装配化钢箱梁设计/孟凡超,金秀男著. — 北京:
人民交通出版社股份有限公司,2023.5
ISBN 978-7-114-18537-3

Ⅰ.①装⋯ Ⅱ.①孟⋯②金⋯ Ⅲ.①桥梁结构—钢箱梁—结构设计 Ⅳ.①U443

中国国家版本馆 CIP 数据核字(2023)第 008180 号

交通运输科技丛书·公路基础设施建设与养护
装配化钢结构桥梁设计丛书
Zhuangpeihua Gangxiangliang Sheji

书 名:	装配化钢箱梁设计
著 作 者:	孟凡超　金秀男
责任编辑:	周　宇　侯蓓蓓　刘　彤
责任校对:	赵媛媛
责任印制:	张　凯
出版发行:	人民交通出版社股份有限公司
地　　址:	(100011)北京市朝阳区安定门外外馆斜街 3 号
网　　址:	http://www.ccpcl.com.cn
销售电话:	(010)59757973
总 经 销:	人民交通出版社股份有限公司发行部
经　　销:	各地新华书店
印　　刷:	北京市密东印刷有限公司
开　　本:	787×1092　1/16
印　　张:	22.25
字　　数:	540 千
版　　次:	2023 年 5 月　第 1 版
印　　次:	2023 年 5 月　第 1 次印刷
书　　号:	ISBN 978-7-114-18537-3
定　　价:	180.00 元

(有印刷、装订质量问题的图书,由本公司负责调换)

交通运输科技丛书编审委员会

(委员排名不分先后)

顾　问：王志清　汪　洋　姜明宝　李天碧
主　任：庞　松
副主任：洪晓枫　林　强
委　员：石宝林　张劲泉　赵之忠　关昌余　张华庆
　　　　郑健龙　沙爱民　唐伯明　孙玉清　费维军
　　　　王　炜　孙立军　蒋树屏　韩　敏　张喜刚
　　　　吴　澎　刘怀汉　汪双杰　廖朝华　金　凌
　　　　李爱民　曹　迪　田俊峰　苏权科　严云福

总序
FOREWORD

科技是国家强盛之基,创新是民族进步之魂。中华民族正处在全面建成小康社会的决胜阶段,比以往任何时候都更加需要强大的科技创新力量。党的十八大以来,以习近平同志为核心的党中央做出了实施创新驱动发展战略的重大部署。党的十八届五中全会提出必须牢固树立并切实贯彻创新、协调、绿色、开放、共享的发展理念,进一步发挥科技创新在全面创新中的引领作用。在最近召开的全国科技创新大会上,习近平总书记指出要在我国发展新的历史起点上,把科技创新摆在更加重要的位置,吹响了建设世界科技强国的号角。大会强调,实现"两个一百年"奋斗目标,实现中华民族伟大复兴的中国梦,必须坚持走中国特色自主创新道路,面向世界科技前沿、面向经济主战场、面向国家重大需求。这是党中央综合分析国内外大势、立足我国发展全局提出的重大战略目标和战略部署,为加快推进我国科技创新指明了战略方向。

科技创新为我国交通运输事业发展提供了不竭的动力。交通运输部党组坚决贯彻落实中央战略部署,将科技创新摆在交通运输现代化建设全局的突出位置,坚持面向需求、面向世界、面向未来,把智慧交通建设作为主战场,深入实施创新驱动发展战略,以科技创新引领交通运输的全面创新。通过全行业广大科研工作者长期不懈的努力,交通运输科技创新取得了重大进展与突出成效,在黄金水道能力提升、跨海集群工程建设、沥青路面新材料、智能化水面溢油处置、饱和潜水成套技术等方面取得了一系列具有国际领先水平的重大成果,培养了一批高素质的科技创新人才,支撑了行业持续快速发展。同时,通过科技示范工程、科技成果推广计划、专项行动计划、科技成果推广目录等,推广应用了千余项科研成果,有力促进了科研向现实生产力转化。组织出版"交通运输建设科技丛书",是推进科技成果公开、加强科技成果推广应用的一项重要举措。"十二五"期间,该丛书共出版72册,全部列入"十二五"国家重点图书出版规划项目,其中12册获得国家出版基金支持,6册获中华优秀出版物奖图书提名奖,行业影响力和社会知名度不断扩大,逐渐成为交通运输高端学术交流和科技成果公开的重要平台。

"十三五"时期，交通运输改革发展任务更加艰巨繁重，政策制定、基础设施建设、运输管理等领域更加迫切需要科技创新提供有力支撑。为适应形势变化的需要，在以往工作的基础上，我们将组织出版"交通运输科技丛书"，其覆盖内容由建设技术扩展到交通运输科学技术各领域，汇集交通运输行业高水平的学术专著，及时集中展示交通运输重大科技成果，将对提升交通运输决策管理水平、促进高层次学术交流、技术传播和专业人才培养发挥积极作用。

当前，全党全国各族人民正在为全面建成小康社会、实现中华民族伟大复兴的中国梦而团结奋斗。交通运输肩负着经济社会发展先行官的政治使命和重大任务，并力争在第二个百年目标实现之前建成世界交通强国，我们迫切需要以科技创新推动转型升级。创新的事业呼唤创新的人才。希望广大科技工作者牢牢抓住科技创新的重要历史机遇，紧密结合交通运输发展的中心任务，锐意进取、锐意创新，以科技创新的丰硕成果为建设综合交通、智慧交通、绿色交通、平安交通贡献新的更大的力量！

2016 年 6 月 24 日

前言
PREFACE

改革开放四十余载,我国公路桥梁建设取得了举世瞩目的成就,桥梁数量和品质均实现了跨越式发展。但由于早期经济社会发展水平和钢材产能制约的影响,我国公路钢结构桥梁应用比例很低,主要用于特大跨径桥梁,与我国桥梁建造技术及材料工业的发展水平不相适应。为推进公路建设转型升级,提升公路桥梁品质,发挥钢结构桥梁性能优势,交通运输部发布了《关于推进公路钢结构桥梁建设的指导意见》(交公路发〔2016〕115号),大力推进公路钢结构桥梁建设。我国2019年9月颁布的《交通强国建设纲要》要求:坚持新发展理念,坚持推动高质量发展;推动交通发展由追求速度规模向更加注重质量效益转变,由依靠传统要素驱动向更加注重创新驱动转变,构建安全、便捷、高效、绿色、经济的现代化综合交通体系;鼓励交通行业各类创新主体建立创新联盟,建立关键核心技术攻关机制;坚持绿色发展节约集约、低碳环保,提高资源再利用和循环利用水平,推进交通资源循环利用产业发展。

我国从2013年就陆续出台了建筑产业化、工业化的具体要求,提出了建筑工业化的基本概念。桥梁产业化与建筑产业化类似,主要是运用现代化管理模式,通过标准化的设计以及模块化、工厂化的预制构件生产,实现桥梁结构部件的通用化和现场施工的机械化、装配化。与产业化相对应的是工业化,工业化是产业化的基础和前提,产业化是工业化的发展目标,只有工业化水平达到一定的程度,才能实现产业现代化。公路桥梁建设工业化的核心在于装配化建造,推进公路钢结构桥梁的装配化建造是十分必要的,是落实绿色发展理念,实现工程管理人本化、专业化、标准化、信息化、精细化的重要抓手,可以有效提升工程的建设品质,降低全寿命周期成本。

钢结构桥梁具有轻型化、抗震好、质量高、寿命长、环保性、可塑性、工厂化制造、装配化施工、可循环利用、可作为资源储备等优势,道路交通基础设施广泛采用钢结构将有利于新发展理念和高质量发展的理念。影响我国钢结构桥梁发展的主要原因:行业设计建造水平不高,缺少高质量通用图,混凝土结构优先的惯性思维,低造价设计方案无序竞争,及全寿命周期成本理念淡薄等。由于设计、制造、施工技术水平所限,在我国公路桥梁领域长期存在钢结构桥梁不耐久、造价高、管理养护成本高等偏见;其实,钢结构桥梁是西方早期工业革命的重要产物与成果,一百多年来,早期工业革命时代遗存于东西方国家且具有服役功能的钢结构桥梁现在还不在少数。

钢结构桥梁按照主梁形式通常分为:钢箱梁桥、钢桁梁桥、钢-混凝土组合梁桥和波纹钢腹板桥等。其中,钢箱梁是一种常见且安全可靠的结构形式,一般由顶板、底板、腹板、横隔板、纵隔板、悬臂板、加劲肋等组成,通过焊接或栓接的方式连接而成,顶板为盖板和纵向加劲肋构成的正交异性桥面板;钢箱梁具有自重轻、抗震性能好、抗弯和抗扭刚度大、适合工业化建造、耐久性好等特点。为了推进我国公路建设转型升级和高质量发展,提升公路大中桥梁建设品质,尤其有必要大力发展常规跨径的装配化钢箱梁桥梁,并应着重发展装配化、模块化的钢箱梁结构。

钢箱梁易形成标准化和系列化的产品,适用于标准化建造,既可提高结构建设效率、也容易保证质量。钢箱梁桥可达到较大的跨径,可实现多跨连续,具有广阔的应用前景,是目前推广应用工业化建造钢结构桥梁的主流桥型之一。

推广公路钢结构桥梁应用,提升钢结构桥梁品质和耐久性,需要积极推动标准化设计、工厂化制造、装配化施工、信息化管理,突破惯性思维,关注全寿命周期成本,鼓励新材料、新技术、新结构、新工艺、新装备应用,防止我国公路钢结构桥梁的无序发展和一般水平重复建设。需要指出的是,优秀的设计是确保钢结构桥梁建设品质的关键,采用桥梁标准化设计亦即通用图技术,是工程项目享有优质设计资源的必要途径。为实现我国高速公路钢结构桥梁建设的高品质、长寿命,推行通用图技术、装配化设计施工理念是一个必须坚持的方向。公路钢结构桥梁的装配化特点主要体现在:标准化设计、工厂化生产、装配化施工、信息化管理;装配化的优势在于:工业化水平高、技术经济性好、全寿命周期成本低、质量有保障、环境影响小、施工效率高。

2016年11月,中交公路规划设计院有限公司在北京发起成立了我国首家装配化钢结构桥梁产业技术创新战略联盟(以下简称钢桥联盟),旨在引领我国钢结构桥梁全产业链技术与建设机制迈向国际高端。同时,通过集中钢桥联盟优势资源,中交公路规划设计院有限公司和钢桥联盟开展了装配化钢结构桥梁系列通用图技术的研发、转化与工程应用,并最终形成了交通运输行业钢结构桥梁系列通用图创新技术成果。

本书在研究总结国内外成果及工程实践的基础上,较为系统地介绍了钢箱梁的设计方法及制造、运输、安装方法,并基于港珠澳大桥连续钢箱梁工业化建造的成功设计实践经验,结合作者研究团队所研发的装配化钢箱梁系列通用图创新技术成果,着重介绍其设计要点、技术特点,书中的有关成果与内容可用于指导公路工程大中桥梁的建设。

本书共分十二章：第一章为概述，主要介绍钢箱梁桥发展历史及钢箱梁的特点与优势；第二章为装配化设计理念，主要介绍装配化的特点与优势，以总体要求和设计原则；第三章为结构材料，主要介绍选材原则以及普通钢材、高性能钢材和耐候钢材的特点、性能要求及发展应用情况；第四章为钢箱梁设计，主要内容涵盖了设计要点、横断面布置、构造设计、特殊桥型设计、结构计算、钢箱梁BIM设计、跨径4×60m装配化钢箱梁及跨径4×80m装配化钢箱梁设计要点等；第五章为细节构造，主要内容涵盖了钢结构连接、现场连接方式及钢桥面板临时螺栓孔处理等；第六章为抗疲劳设计，主要内容涵盖了疲劳病害及成因、疲劳损伤理论及计算评估方法、抗疲劳设计措施和设计案例，以及疲劳病害处置等；第七章为钢箱梁防腐与维护，主要内容涵盖了金属腐蚀机理及防护方法、防腐蚀全寿命设计理念、钢箱梁防腐涂装体系、钢箱梁外表面和内表面防腐及设计案例，以及钢箱梁维护等；第八章为抗风性能试验，该部分内容主要基于装配化钢箱梁的抗风试验成果，涵盖了静力试验研究成果和涡激振动试验研究成果；第九章为附属工程，主要内容涵盖了钢桥面铺装、钢桥面排水、伸缩缝及支座等；第十章为制造运输，主要内容涵盖了钢箱梁制造工艺要求、板单元加工制造，以及钢箱梁运输要求等；第十一章为安装施工，主要内容涵盖了钢箱梁安装方案及要求，并给出了跨径4×80m和跨径6×110m装配化钢箱梁安装流程示意；第十二章为工程实例，主要介绍了港珠澳大桥连续钢箱梁的有益设计经验及关键技术、装配化钢箱梁通用图技术成果在广东东莞—番禺高速公路项目中的工程应用，以及通用图技术成果在厦门翔安大桥项目中的推广应用。

未来，钢结构桥梁的关键技术包括高性能高强度桥梁钢技术、大热输入桥梁钢易焊技术、预变形焊接技术或不变形焊接技术、钢桥面板抗疲劳技术及高性能长寿命钢桥面铺装技术等；装配化钢结构桥梁的关键技术包括高精度模块化制造技术、抗延迟断裂高强螺栓技术及高精度架设安装技术等。积极推广应用装配化钢箱梁结构，将有利于推动我国公路桥梁的转型升级和高质量发展，也是将钢材作为战略资源进行储备的一种方式，从而推动公路建设取得更为显著的经济效益和社会效益，开启我国钢结构桥梁工业化建造的新时代。

本书撰写工作得到了赵磊、张龙、王云鹏、李贞新、常志军、文锋、郝海龙、林昱、俞欣、张明昊、李亮、孙嘉等各位同仁的支持与帮助，在此一并表示感谢！由于时间仓促且水平有限，书中难免存在不足之处，敬请广大读者批评指正！

作 者

2023年4月

目录
CONTENTS

第1章 概述 ·· 001
    1.1 钢箱梁简述 ·· 001
    1.2 国外钢箱梁发展概况 ·· 004
    1.3 国内钢箱梁发展概况 ·· 006
    1.4 钢箱梁特点与优势 ··· 009

第2章 装配化设计理念 ·· 011
    2.1 装配化特点与优势 ··· 011
    2.2 装配化要求 ·· 013
    2.3 装配化设计原则 ·· 017

第3章 结构材料 ·· 021
    3.1 普通钢材 ··· 021
    3.2 高性能钢材 ·· 032

第4章 钢箱梁设计 ··· 042
    4.1 设计要点 ··· 042
    4.2 横断面布置 ·· 046
    4.3 构造设计 ··· 048
    4.4 特殊桥型设计 ··· 074
    4.5 结构计算 ··· 075
    4.6 钢箱梁BIM设计 ··· 079
    4.7 跨径4×60m钢箱梁 ·· 081
    4.8 跨径4×80m钢箱梁 ·· 099

第5章　细节构造 ···········120

5.1　钢结构连接 ···········120
5.2　现场连接方式 ···········129
5.3　细节处理 ···········133

第6章　抗疲劳设计 ···········135

6.1　疲劳病害及成因 ···········135
6.2　疲劳损伤理论及计算评估方法 ···········143
6.3　抗疲劳措施 ···········155
6.4　钢桥面板疲劳病害处置 ···········171

第7章　钢箱梁防腐与维护 ···········174

7.1　金属腐蚀与防护 ···········174
7.2　防腐蚀全寿命设计理念 ···········176
7.3　防腐涂装体系 ···········177
7.4　钢箱梁外表面防腐 ···········183
7.5　钢箱梁内表面防腐 ···········191
7.6　钢箱梁维护 ···········196

第8章　抗风性能试验 ···········199

8.1　概述 ···········199
8.2　静力试验研究 ···········203
8.3　涡激振动试验研究 ···········208
8.4　研究结论 ···········213

第9章　附属工程 ···········214

9.1　钢桥面铺装 ···········214
9.2　桥面排水 ···········238
9.3　伸缩缝 ···········244
9.4　支座 ···········246

第10章　制造运输 ···········248

10.1　装配化要求 ···········248

10.2 制造工艺要求 251

10.3 钢箱梁板单元加工制造 277

10.4 运输要求 289

第11章　安装施工 292

11.1 装配化要求 292

11.2 钢箱梁安装方案 293

11.3 跨径 4×80m 钢箱梁安装 302

11.4 跨径 6×110m 钢箱梁安装 305

第12章　工程实例 307

12.1 港珠澳大桥 307

12.2 东莞—番禺高速公路 70m 跨径装配化钢箱梁桥 318

12.3 厦门翔安大桥海中段桥梁 321

参考文献 329

索引 337

第1章

概述

1.1 钢箱梁简述

经过改革开放40余年发展,我国公路桥梁建设取得了举世瞩目的成就,桥梁数量和品质均实现了跨越式发展。截至2021年底,我国公路桥梁已达96.11万座,一批跨越大江大河、近远海湾和大峡谷等桥梁工程令世界赞叹,为经济发展和民生改善作出极其重要的贡献。

尽管我国桥梁建设取得了长足进步,在世界大跨径悬索桥、斜拉桥、拱桥和梁桥排行榜上已名列前茅,取得了一大批自主创新成果,积累了丰富的桥梁设计、施工和管理养护经验。但是受经济社会发展水平、钢材产能和建设观念制约,我国桥梁建设目前还仍以混凝土结构为主,公路钢结构桥梁主要用于特大跨径桥梁,应用比例尚不足1%,呈现"混凝土结构独大"的局面,已滞后于我国经济和桥梁建造技术发展水平。

钢结构具有自重轻、抗震性能好、质量高、寿命长、施工快、可塑性强、工厂化制造、装配化施工、可循环利用等优势,成为世界桥梁发展的主流方向之一。正是基于钢结构的这些特性,我国交通基础设施大量采用钢结构将成为未来发展的必然趋势。随着钢铁产能提高和钢结构桥梁建设技术进步,我国已具备推广钢结构桥梁的物质基础和技术条件。

推广钢结构桥梁,有助于摆脱高投入、高消耗、高污染的粗放式建设模式,更好地满足节能、环保、快速、安全、耐久、高效、美观等建设要求,是贯彻"创新、协调、绿色、开放、共享"新发展理念、深化供给侧结构性改革的行业实践。为此,交通运输部发布了《关于推进公路钢结构桥梁建设的指导意见》(交公路发〔2016〕115号),推动我国钢结构桥梁建设高质量发展。

尽管基础条件已经具备,但由于长期形成的混凝土结构建设期间造价低、易于发包和管理、易于设计施工和养护的惯性思维,以及转型升级和高质量发展动力不足、绿色发展与创新意识不强、全寿命周期成本理念未形成共识、缺乏行业技术积累和技术人才、缺少高质量行业钢桥通用图等原因,影响了钢结构桥梁的大范围推广及应用。虽然钢材受大气侵蚀,需要定期检查和涂刷油漆,但随着优质油漆和耐候钢的应用,钢结构桥梁养护周期已大大加长,具有100多年使用寿命的钢结构桥梁在世界范围内已屡见不鲜。

钢结构桥梁按照主梁的结构形式,一般可分为钢箱梁桥、钢桁梁桥、钢-混凝土组合梁桥等。在大多数工程实际建设过程中,许多从业者往往忽略了钢结构桥梁的优势,并坚持认为钢结构桥梁的造价比混凝土桥梁高,并且钢材市场有不可预测的价格上涨风险。但对于一座桥梁是否采用钢结构桥梁或采用何种结构形式进行经济性分析时,并不能单纯从节省用钢量的角度考虑,而应该从合理的跨径、施工方便性、工业化程度、建设速度、环境保护、下部结构、受力性能、养护与维修、景观效果和上下部综合造价等各个方面进行全寿命周期成本综合评估。美国联邦公路管理局曾提出各类钢结构桥梁经济跨径,见表1-1。

美国联邦公路管理局提出的钢结构桥梁经济跨径　　表1-1

桥　型	经济跨径(m)
轧制钢梁桥、轧制钢梁组合桥	15~27
工字梁桥、工字组合梁桥	24~75
钢箱梁、箱形组合梁桥	45~75
钢桁梁、组合桁梁桥	105~270
钢斜拉桥、组合梁斜拉桥	240~600

对于我国钢结构桥梁而言,钢桥桥型的选择和布置主要受其所跨越的障碍、桥梁跨径、桥墩布置以及方案的可行性决定。对于常规跨径的钢结构桥梁,梁桥是最常见的方案。梁桥断面可以由一个或多个梁组成,包括型钢、工字梁、箱形梁或桁架梁。表1-2给出了我国当前常规跨径等高度钢箱梁桥型的建议跨径适用范围。应该指出的是,各类结构形式对应的跨径范围并非不变,而是通常会根据劳动力成本以及可用的材料与技术,随时间和地区的不同而变化。

梁式钢结构桥梁常规跨径范围　　表1-2

分　类		常规跨径(m)	主　要　优　势
钢箱梁桥	钢箱梁	60~110	结构轻,整体性好;抗弯、抗扭刚度大,适合曲线梁桥;设计、施工技术要求高
	钢桁梁	100~150	抗弯刚度较大,结构轻型,跨越能力强;构件受力明确,构件以受轴向力为主(杆件);计算方便,材料利用充分;桁架结构可化整为零,当运输及安装条件受限时,适合采用
钢-混凝土组合梁桥	工字组合梁	20~100	自重较轻,便于运输及安装
	箱形组合梁	30~100	具备较大的抗扭刚度,适合建造曲线梁桥
	桁架组合梁	100~150	抗弯刚度较大,适用于刚度要求较高的结构;下承式桁架梁桥面以下建筑高度较小,在满足净空要求下,可降低纵坡。在纵坡一定情况下,可提供较大的桥下净空;桁架结构可化整为零,当运输及安装条件受限时,适合采用
	波形钢腹板组合梁	40~80	可避免混凝土箱梁腹板开裂问题

钢结构桥梁中钢箱梁是一种常见的结构形式(图1-1),一般由顶板、底板、腹板、横隔板、纵隔板、悬臂板、加劲肋等通过焊接或栓接的方式连接而成,其中顶板为由盖板和纵向加劲肋构成的正交异性钢桥面板。钢箱梁具有自重轻、抗震性能好、抗弯和抗扭刚度大、适合工业化建造、耐久性好等特点。

钢箱梁主要断面形式有:单箱、双箱、多箱及梯形断面箱梁等,如图1-2所示。图中,a)为单箱单室箱梁且为倾斜腹板的倒梯形箱梁形式,常用于宽度与跨径之比较小的桥梁,对桥墩宽度要求较小;b)为双箱单室箱梁,是钢箱梁中采用较多梁桥结构形式;c)为多箱单室箱梁结构形式,主要用于桥宽较大的桥梁;d)为扁平流线型箱梁,梁高与桥宽之比较小,主要用于悬索桥、斜拉桥、拱桥等,梁式桥中较少采用。

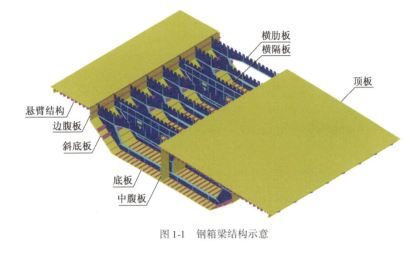

图 1-1　钢箱梁结构示意

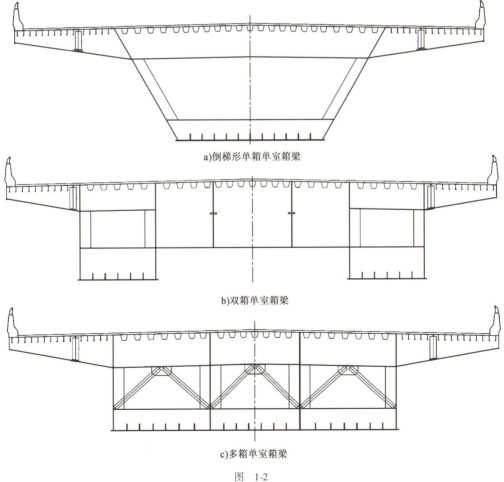

图　1-2

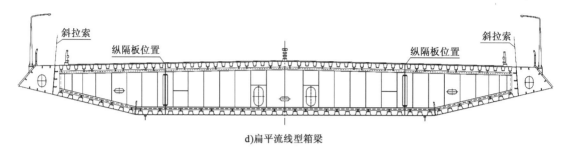

d) 扁平流线型箱梁

图 1-2　钢箱梁截面形式示意

根据受力体系,钢箱梁桥也可以分为简支梁桥、连续梁桥和悬臂梁桥,钢箱梁桥特别适合于连续梁桥。

1.2　国外钢箱梁发展概况

钢箱梁桥诞生于 19 世纪中期,1850 年建成通车的布列坦尼亚桥(Britannia Bridge)是世界上用熟铁板铆接而成的第一座铁路箱形梁桥。该桥位于英国威尔士北部,其上部结构由两座平行的 4 跨连续箱形熟铁梁组成,桥跨布置为 70m + 140m + 140m + 70m,列车在箱形梁内通过。

但随后的约 100 年期间,由于静定桁架梁的内力分析方法逐渐被工程界掌握,自重较轻的钢桁架梁成为了钢梁桥的发展主流,而薄壁闭口截面形式的钢梁桥发展缓慢。但 20 世纪 50 年代以后,伴随着理论及技术的进步,钢箱梁桥得以不断发展和应用,尤其是第二次世界大战后,德国正式采用正交异性钢桥面板作为钢桥面板,建成了许多连续钢箱梁桥,由于其经济性较好,很快被世界各国所采用。

1951 年联邦德国建成的杜塞尔多夫-诺伊斯桥(Düsseldorf-Neuss Bridge)为三跨连续的钢箱梁桥,其桥跨布置为 103m + 206m + 103m。该桥桥面总宽约为 30m,钢箱梁采用双箱单室截面,箱室宽 7.5m,梁高沿跨径范围变化,在中跨跨中处为 3.3m,中间桥墩处为 7.8m;钢桥面板采用正交异性桥面板,钢桥面板厚度变化范围为 14～28mm;钢箱梁腹板厚度变化范围为 12～16mm;全桥设置纵向加劲肋和横向加劲肋。此外,该桥钢梁被划分为多个部件,在工厂内完成焊接,现场连接采用铆接连接;全桥用钢量约 6 335t。

20 世纪 60 年代,随着大型辊轧钢板、自动化切割和焊接技术的发展,钢箱梁制造技术得到了快速发展。如 1966 年联邦德国科隆市建成的动物园桥(Zoo Bridge),为一座四跨连续钢箱梁桥,其桥跨布置为 73.5m + 259m + 144.5m + 119.7m。该桥是当时世界上跨径最大的钢箱梁桥,也是世界上第一座焊接高强度钢桥,如图 1-3 所示。

20 世纪 70 年代末期之后,随着薄壁结构计算理论、有限元理论及计算机技术的进步,钢箱梁桥的发展迈上了一个新台阶。如 1978 年联邦德国巴登-符腾堡州建成的内卡河谷桥(Neckartal Bridge),其主梁采用五跨连续钢箱梁,桥跨布置为 233.6m + 3 × 134.3m + 253.2m,桥面总宽达 31.5m,采用悬臂施工法架设。

图1-3 科隆动物园桥

目前世界上跨径最大的连续钢箱梁桥为巴西的里约—尼特罗伊桥(Rio-Niterói Bridge，也称 President Costa e Silva Bridge)，如图1-4所示。该桥于1974年建成，桥跨布置为200m + 300m + 200m，单个钢箱梁桥面总宽为12.95m，钢箱梁腹板中心间距为6.86m；该桥正交异性钢桥面板采用U形加劲肋，腹板和底板采用板形加劲肋，加劲肋现场连接采用焊接连接的方式；横梁高度为1.0m，纵向间距为5.0m。

图1-4 里约—尼特罗伊桥

在日本，由于钢材具有良好的抗震性能、成熟的施工和制造技术，成本竞争力以及在跨越能力方面的优势，从而广泛用于桥梁结构，其钢桥约占公路桥梁总数的38.3%。日本钢桥的建造历史可以追溯到1868年，但早期建造的桥梁没有统一的设计标准，其第一部钢桥设计标准于1939年起草，该标准规定，日本的公路桥分为国道桥梁和县道桥梁两级，标准车辆荷载分别为13t和9t。自1950年以后，日本钢铁生产和焊接技术的发展取得了显著进步，并且设计和施工规范也定期更新以适应新技术的发展；在1960年后，日本进入了基础设施的大规模建设时期，主要是因为1964年的东京奥运会，在此期间，建造了现代斜拉桥和悬索桥，并开始进行本州—四国联络桥的技术研究；此外，还开始了建设东海道新干线、首都高速公路、名神高速公路和东名高速公路等交通基础设施；钢桥结构相关的高性能材料、结构形式及施工技术得到了快速发展。2000年以后，日本钢桥的发展主要集中于降低建设成本、改善全寿命周期的设计、施工和维护等方面。

目前，国外主要的长大连续钢箱梁桥应用情况见表1-3。

世界长大连续钢箱梁桥示例　　　　　　　　　　　　表1-3

桥　名	桥长(m)	最大跨径(m)	建成年份
科隆动物园桥	597	259	1966
Auckland Harbour 桥	1 096	244	1969
里约-尼特罗伊桥	760	300	1973
Koblenz-Süd 桥	442	236	1975
Necker Tal 桥	900	264	1978
Sova 桥	480	261	1978
海田大桥	550	250	1989
东京湾桥	4 384.4	240	1997

1.3　国内钢箱梁发展概况

从总体上讲,我国常规跨径钢箱梁桥的发展比较滞后,尤其是高速公路、一般等级公路的大中桥梁的钢箱梁应用水平较低,长期以来项目建设各方单纯以较小跨径桥梁的造价高低取舍工程结构方案,缺乏从综合角度研究比较设计方案,设计施工技术水平也就相应较低;与此同时,受设计技术水平的制约,各省区市设计水平极不平衡,缺乏高质量、高水平的行业通用图,因而较为严重地影响了公路常规跨径钢箱梁桥的应用与发展。

我国桥梁过去多采用钢筋混凝土和预应力混凝土桥以及圬工拱桥等结构形式,对于荷载等级较高或跨径较大的铁路桥梁,则多采用钢桁桥等结构形式。与国外钢箱梁桥相比,中国钢箱梁桥发展较晚。钢箱梁在我国的发展起源于20世纪60年代,且多用于铁路桥梁。1968年9月,原宝鸡桥梁厂制造了1孔跨径为32m的整孔焊接箱形梁,采用16Mnq钢,质量约37t,架设在南同蒲线与陇海线的联络线潼河桥上;1982年,在陕西安康建成了跨径为176m的箱形截面栓焊结构铁路斜腿刚架桥,目前仍是该种桥型铁路桥的跨径纪录保持者;1984年,在广东肇庆四会市马房镇建成通车的马房北江大桥,是一座跨径布置为14×64m的简支钢箱梁桥,该桥是我国第一座自行设计、施工的公铁两用桥;1986年建成的旧大北窑立交桥为栓焊结构形式的连续钢箱梁桥。此后,20世纪90年代,我国开始大规模使用正交异性钢桥面板形式的钢箱梁结构,发展应用的速度十分迅捷,取得了一定的成绩。其中,我国已建成的部分连续钢箱梁桥见表1-4。

中国已建成的连续钢箱梁桥示例　　　　　　　　　　　　表1-4

序号	桥　名	跨径布置(m)	建造年份
1	九圩港大桥	50+80+50	1992
2	新大北窑桥	33+39+33	2000
3	哈尔滨尚志大桥	51+55+50+51	2002
4	卢浦大桥引桥	28+46+35	2003
5	广佛高速公路跨线桥	47+65+47	2004
6	共和新路立交桥	44+79+44+37	2005

续上表

序号	桥　　名	跨径布置(m)	建造年份
7	朱家村立交桥	36 + 60 + 36	2006
8	蓬岳路跨线桥	2 × 35 + 45 + 2 × 35	2007
9	人民路跨沪宁高速公路桥	40 + 60 + 40	2008
10	同集路东安桥	30 + 33.5 + 30	2009
11	崇启大桥	102 + 4 × 185 + 102	2011
12	新康立交桥	46 + 74 + 74 + 46	2011
13	九堡大桥高架桥	42 + 65 + 42	2012
14	昆山中环线跨高速桥	55 + 85 + 55	2012
15	苏州中环线跨沪宁高速公路桥	44 + 70 + 35	2013
16	春意桥	57 + 85 + 57	2013
17	港珠澳大桥跨越崖13-1气田管线桥	110 + 150 + 110	2018
18	港珠澳大桥深水区非通航孔桥	6 × 110	2018

江苏崇启大桥是我国首次建造的大跨径连续钢箱梁桥,目前为我国已建成的最大跨径的正交异性桥面板连续钢箱梁桥。该桥主桥采用102m + 4 × 185m + 102m = 944m的六跨连续钢箱梁桥;墩顶处梁高为9.0m,高跨比为1/20.6;跨中处梁高为4.8m,高跨比为1/38.5;边跨梁高为3.5m,梁高按照二次抛物线变化。

港珠澳大桥跨崖13-1气田管线桥为三跨变截面的连续钢箱梁桥,桥跨布置为110m + 150m + 110m = 370m,桥型布置见图1-5。该桥采用整幅变截面连续钢箱梁(图1-6),钢箱梁梁宽33.1m,顶板为正交异性钢桥面板结构;中墩墩顶5m区段范围,钢箱梁梁高6.5m;墩顶等高梁段两侧各37.5m区段范围,梁高从6.5m线性变化至4.5m;其余区段梁高为4.5m。跨中梁高与跨径比值为1/33.3,中墩支点梁高与跨径比值为1/23.1。

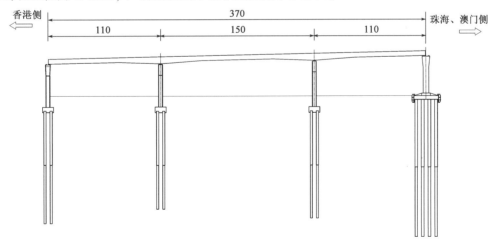

图1-5　港珠澳大桥跨崖13-1气田管线桥桥跨布置(尺寸单位:m)

图 1-6　港珠澳大桥跨崖 13-1 气田管线桥实景

港珠澳大桥深水区非通航孔桥总长约 13.31km,全部采用连续钢箱梁结构,标准联采用 $6×110m=660m$ 六跨连续钢箱梁桥。采用整幅等截面连续钢箱梁,顶板为正交异性钢桥面板结构;钢箱梁梁宽 33.1m,钢箱梁梁高 4.5m,梁高与跨径比值为 1/24.4;该桥设计效果及实景如图 1-7、图 1-8 所示。

图 1-7　港珠澳大桥深水区非通航孔桥设计效果

图 1-8　港珠澳大桥深水区非通航孔桥实景

1.4 钢箱梁特点与优势

常见的钢箱梁组成部分示意,如图 1-9 所示。

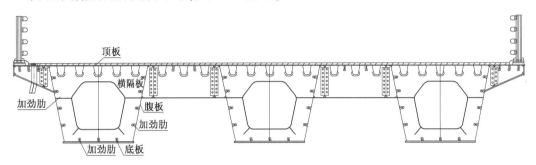

图 1-9 钢箱梁组成部分示意

对于常规跨径的钢结构桥梁,钢箱梁可用于双向两车道、四车道、六车道以及八车道等多种宽度的钢结构桥梁,常规的跨径范围一般为 60~110m,尤其当梁式桥的跨径超过 60m 时,采用钢箱梁的结构形式相对较为经济。另外,按照桥型结构,钢箱梁梁式桥可主要分为简支梁桥和连续梁桥两种类型。80m 跨径和 100m 跨径的装配化连续钢箱梁截面示意,如图 1-10、图 1-11 所示。

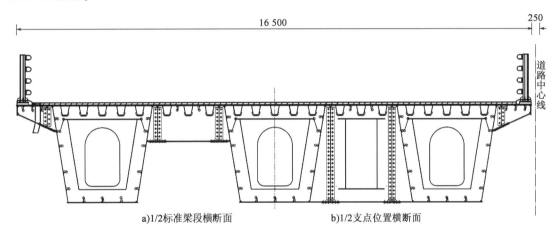

图 1-10 双向六车道 80m 跨径装配化连续钢箱梁截面示意(尺寸单位:mm)

钢箱梁结构的优点主要体现在:

(1)钢箱梁采用的钢材为高强匀质的材料,是一种抗拉、抗压、抗剪强度高的匀质材料,承受拉、压、弯、剪均可,且钢材可加工性能好。

(2)结构自重轻,具有较大的跨越能力,适用于大跨径桥梁,同时由于桥梁上部结构自重减轻,桥梁下部结构造价也会相应有所降低。

(3)结构延性、韧性好,抗震性能优越。

(4)适合应用于连续梁结构体系,这主要是由于其截面形式提供的承受正、负弯矩的能力基本相当。

(5)适合工业化制造。结构构件可实现在工厂制造、组装,便于运输、现场安装,并减少现场连接工作量,质量易保证,节约施工成本,提高施工效率。

(6)结构在受到破坏后,易于修复和更换。

(7)耗能低、污染少,可回收利用,符合绿色可持续发展理念。

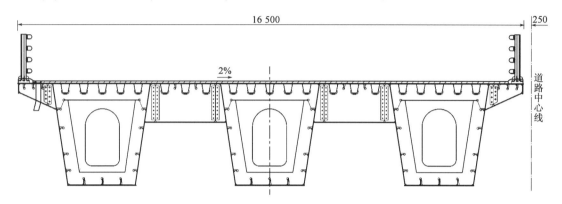

图1-11 双向六车道100m跨径装配化连续钢箱梁截面示意(尺寸单位:mm)

与常规跨径的工字组合梁相比,钢箱梁的优势主要体现在:

(1)钢箱梁翼缘宽度大,具有强的抗弯能力,跨越能力比工字组合梁要大,目前连续钢箱梁桥的最大跨径已经达到300m。

(2)具有大的抗扭刚度,荷载横向分配均匀,即使采用单箱结构形式,两个腹板的弯矩也相差较小,适合应用于抗扭要求较高的弯桥等复杂桥梁。

(3)具有大的横向抗弯刚度、横向稳定性好,可以抵抗较大的水平力作用,对于单箱结构不需要横向联结系。

(4)整体稳定性好,便于吊装和无支架施工,施工速度快。

(5)横隔板(肋)和加劲结构等都在箱内,外形简洁、美观。

(6)箱内为中空结构,便于布置电缆、水管、煤气管等附属设施,并且还可作为检修和维护的通道。

尽管钢箱梁具备一定的优势,但由于其属于薄壁结构,且桥面板基本为正交异性桥面板,钢箱梁结构在整体荷载、局部荷载作用下,其处于一种弯、剪、扭的复杂受力状态,因此在设计过程中需进行深入的分析,如正交异性钢桥面板的强度、刚度及疲劳性能分析等。另外,需要注意的是,大跨径连续钢箱梁由于其结构轻、阻尼低、气动断面钝,易引起涡激振动,因此需特别关注此类桥型的风致振动问题,必要时采取阻尼装置或气动措施来抑制振动。

总体而言,钢箱梁容易形成标准化和规格化的产品,适用于标准化、工业化建造,既可提高结构建设效率也容易保证质量。因此,钢箱梁未来在我国常规跨径桥梁领域必将具有广泛的应用前景,是目前工业化建造钢结构桥梁推广及应用的主流桥型之一。

第 2 章
装配化设计理念

当前推进公路钢结构桥梁的装配化建造是十分必要的,因为它是落实绿色发展理念,实现工程管理人本化、专业化、标准化、信息化、精细化的重要抓手,可以有效提升公路工程的建设品质,降低全寿命周期成本。

2.1 装配化特点与优势

2.1.1 装配化概念

对于建筑结构,我国从 2013 年开始就陆续出台了建筑产业化、工业化的具体要求,提出了建筑工业化的基本概念,即:利用现代化的理念进行管理,通过提升设计理念及方法的标准化以及生产的模数化、工厂化,实现部件的通用化、装配化以及施工机械的机械化。与此同时,我国于 2017 年颁布施行了《装配化建筑评价标准》(GB/T 51129—2017),对建筑装配化基本概念进行了明确的规定。主要名词解释见表 2-1。

《装配化建筑评价标准》(GB/T 51129—2017)主要名词释义　　表 2-1

建筑工业化名词	名　词　释　义
装配化建筑	由预制部品部件在工地装配而成的建筑
装配率	采用预制部品部件占单体建筑室外地坪以上的主体结构的综合比例

桥梁产业化与建筑产业化类似,桥梁产业化是指运用现代化管理模式,通过标准化的桥梁设计以及模数化、工厂化的预制构件生产,实现桥梁结构部件的通用化和现场施工的装配化、机械化。与桥梁产业化相对应的是桥梁工业化建造技术,即在设计、制作、施工及管理养护过程中的工业化生产方式。

桥梁工业化是桥梁产业化的基础和前提,只有工业化水平达到一定的程度,才能实现桥梁产业现代化。由于产业化的内涵和外延高于工业化,桥梁工业化主要是桥梁产品生产方式上由传统方式向社会化大生产方式的转变,而桥梁产业化则是整个桥梁行业在产业链条内资源的更优化配置。桥梁产业化是桥梁工业化的目标,桥梁工业化是实现桥梁产业化的手段和基础。

根据我国建筑工业化基本定义及发展规划,针对我国桥梁建设特点,我国桥梁的工业化发展应为通过现代化的标准设计、工厂化制造、运输、安装和信息化管理的生产方式,去代替桥梁传统施工方式中分散的、手段落后的、生产率不高的非工厂化生产的方式。现代化的目标是标准的桥梁设计方法、施工生产的工厂化预制、利用机具来实现施工机具与组装方法现代化,此外通过现代数据手段在施工组织管理中大规模应用,以期求得各部件的设计、施工与装配的标准化、模块化,让桥梁结构各部件实现工厂化生产、施工。

2.1.2 装配化优势

桥梁工业化的核心是装配化,为了适应工业化建设的需要,中小跨径桥梁宜采用"工厂预制+现场拼装"的装配化桥梁结构体系。

桥梁工业化建造具有以下优势:

(1)质量稳定有保障。桥梁构件设计、生产、安装标准化,可维修更换性强,便于质量控制和管理。

(2)施工速度快,环境影响小。桥梁构件生产工厂化和安装机械化,施工快速简易、现场工作量小,提高劳动生产率,缩短工期;现场仅需装配,不受气候影响,对现有交通影响小。

(3)施工环保程度高。扬尘量少,噪声音量低,施工作业时间短,施工方法环境友好性高,对现有物资的利用率高。

(4)技术经济性好。人力资源需求减少,生产规模越大,生产效率越高;结构耐久性好、维修养护方便,全寿命成本低。

装配化钢结构桥梁建设方案的特征:标准化设计、工厂化生产、装配化施工、信息化管理。升级我国钢桥产业化、工业化水平需要重点解决的五大关键点为:体制机制、材料、制造、设计施工、装备。

装配化钢结构桥梁的先进性主要体现在:质量高、长寿命、速度快、施工工法适应性强、对自然与环境影响小、全寿命周期成本低、提升工程结构的工业化水平、利于优化劳动结构及提高劳动力水平等。例如,港珠澳大桥主体桥梁工程上部结构用钢量约42万t,主体工程中22.9km长的桥梁上部结构基本采用装配化钢结构桥梁,实现了高质量建设目标(图2-1)。

图2-1 装配化建设的港珠澳大桥

对于常规跨径的钢箱梁,因其构造简单、制造安装方便、跨径适用范围广而备受关注,其结构形式既可以是连续,也可以是简支;三十多年的工程实践表明,钢箱梁可以满足现代桥梁对"轻型大跨""工厂化、装配化"和"快速施工"的要求。

常规跨径钢箱梁的装配化建造技术主要是采用基于预制拼装的标准化构造,将传统的钢箱梁桥设计施工过程转变为桥梁构件的标准化设计、工业化生产与单元机械化拼接安装过程,并实现从设计到管理养护的信息化管理与质量控制。通过将钢箱梁进行模块化设计,有效解决因整体尺寸差异而引起的一体化设计难度高、节段通用化程度低、构件数量多等问题。与传统的钢箱梁不同,常规跨径的钢箱梁装配化建造技术具有更好的工业化基础与产业化潜力,且更加环保、施工更加快捷,能够更好地满足"轻型大跨"的要求。

2.2 装配化要求

装配化钢结构桥梁将摆脱高投入、高消耗、高污染的粗放式建设模式,满足节能、环保、快速、安全、耐久、高效、美观的建设要求,促进桥梁的转型升级、提质增效,是实现桥梁产业化的有效路径。

当前,我国钢桥的标准化、工厂化、机械化和产业化水平不高,装配化率低。为了应对和解决港珠澳大桥工程技术、施工安全、环境保护的挑战,建设高品质、长寿命的跨海大桥,大桥设计者提出了"大型化、工厂化、标准化、装配化"的创新建设理念,其核心是工业化,开启了我国装配化桥梁建造的新时代。

在国家"一带一路"倡议和"走出去"战略、扩大内需的政策推动下,我国公路行业将得到迅猛发展,这将为装配化钢桥的发展提供更为广阔的市场空间。

2.2.1 装配化总体要求

钢结构桥梁装配化的总体要求:标准化设计、工厂化生产、装配化施工、信息化管理。

1)标准化设计

标准化设计是保障全产业链完整性的关键,是实现工厂化预制的前提,能够有效控制工程质量和建造成本,为构件的系列化、通用化乃至多样化奠定基础。

目前,国内技术水平较高的设计单位已开始相关研究,部分单位已开展钢结构桥梁通用图的编制,如中交公路规划设计院有限公司(简称中交公规院)、河北省交通规划设计院有限公司、安徽省交通规划设计研究总院股份有限公司、甘肃省交通规划勘察设计院有限责任公司等。河北省交通规划设计院有限公司主要编制了25~40m跨径工字组合梁和80m、120m、150m波形钢腹板预应力混凝土组合箱梁通用图;安徽省交通规划设计研究总院股份有限公司和甘肃省交通规划勘察设计院有限责任公司主要编制中等跨径工字组合梁通用图。

目前,中交公规院已完成了《装配化钢结构桥梁通用图编制指导意见》,涵盖了连续钢箱梁、工字组合梁、箱形组合梁、上跨箱形组合梁、下承式连续桁架组合梁、下承式连续钢桁梁、上承式钢拱桥、中承式钢拱桥、梁式人行天桥、中承式单肋拱人行天桥等。现编制完成的首批装配化钢结构桥梁系列通用图,包括6种桥型69套系列图册,实现了建筑信息模型(简称BIM)

参数化建模及出图(图2-2)。该系列通用图已经取得了多项国家专利。

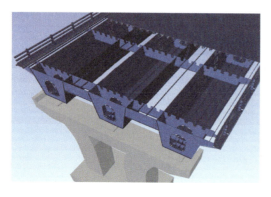 

图2-2　中交公规院编制的装配化钢箱梁系列通用图成果示意

2）工厂化生产

区域预制厂的建立可将构件制造过程实现"空中的工作放到地上,地上的工作请到车间",从而提高专业化水平和质量管理的可控性,使构件的质量和稳定性得到保障。同时,也可以提高桥梁的耐久性,减少后期维护及运营费用(图2-3)。

从全寿命周期看,钢结构桥梁的造价和耐久性优势更为突出。但在当前的体制机制下,市场更为关注建造成本,这也成为钢结构桥梁推广的最大障碍。建立区域预制场不仅可有效降低钢桥建造成本,而且能够引领当地钢企转型升级,带动地方经济。

3）装配化施工

装配化施工具有施工速度快、生产效率高、对自然和社会环境影响小、优化劳动力结构等优点,能够有效提升桥梁建设的工业化、产业化水平,核心是高效安装与高精度控制技术及装备的研发(图2-4)。

图2-3　钢箱梁工厂化制造　　　　　图2-4　港珠澳大桥钢箱梁海上装配化安装

4）信息化管理

通过新一代信息工具BIM集成桥梁模型的各类相关信息,实现信息参数从桥梁前期规划设计到施工运维的全寿命周期内进行数据存储、传递和共享,可在提高工程与工作质量、生产效率、节约成本、缩短工期、科学管理养护和灾害应对等方面发挥重要作用。

BIM技术具备了可视直观、动态仿真、智能优化、辅助决策等众多优点,能够提升管理的信息化水平(图2-5)。

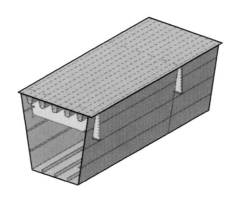

图2-5 装配化钢箱梁BIM设计示意

2.2.2 关键技术及装备

对于装配化钢结构桥梁,应从设计阶段开始,统筹考虑钢结构桥梁标准化设计、工厂化制造、装配化施工等问题,强化从全产业链统筹关键技术研发,形成成套技术及装备。

1) 高性能高强钢研发

桥梁技术的发展离不开材料,就钢桥发展而言,钢材应向高强度、易焊接性、耐候性方向发展,保障桥梁的耐久性、安全性,缩短工程周期,降低工程造价、维修费用,取得竞争上的优势。

高强钢是国内外桥梁钢发展的一个必然方向,美国、日本、韩国、欧洲等早在2000年左右就开发了690MPa级桥梁钢,且美国在2003年就已实现了工程应用。而我国桥梁用钢历经六代发展,最高强度级别Q500qE已应用于沪通长江大桥,690MPa级桥梁钢已研发完成,但尚无大型工程应用。

近年来,钢铁行业在提高钢材抵抗自然环境腐蚀方面做出了大量的努力,耐候钢就是典型成果之一。耐候钢生产成本较普通钢材提高不多,但可依靠其自身性能抵抗一般环境下的侵蚀,甚至做到免涂装,大幅降低后期养护成本,美国、日本的钢结构桥梁已经开始广泛推广使用。截至2014年底,美国约有1万座免涂装耐候钢桥。我国大型钢企已经研发了桥梁用耐候钢,最高强度可达620MPa,已经具备了耐候钢的生产能力,并开始向国外出口。

目前,中交公规院已联合鞍钢集团股份有限公司、武汉钢铁有限公司、中国科学院金属研究所等6家单位开展《公路桥梁用耐候钢技术标准》的编制,按照屈服强度设计345MPa、420MPa、500MPa、620MPa四个强度级别,形成适用的钢材合金化体系及相应的牌号。

2) 智能制造技术及装备研发

智能制造技术及装备研发是我国桥梁提升工业化、产业化水平的关键,是钢桥品质的保障。港珠澳大桥的钢结构构件加工基本实现了工业化、自动化制造,包括自动加工、智能焊接及智能拼装等,同时采用了数控切割机自动划线及板单元下料、机器人焊接系统等智能化生产设备,如图2-6所示。

图 2-6　港珠澳大桥钢箱梁自动化生产线

未来通过建立智能制造生产线,即板材智能下料切割生产线、板单元智能焊接生产线、节段智能总拼生产线、钢箱梁智能涂装生产线以及车间制造执行智能管控系统为核心的"四线一系统",将实现信息化管理,突破关键单元(工序)的智能化,最终将引领并推动钢桥制造技术的进步。

3) 现场高效安装与高精度控制技术及装备研发

目前,我国桥梁建设的产业化、工业化水平还比较低,智能化施工技术及装备研发还处在起步阶段。现场高效安装与高精度控制技术及装备的研发是装配化钢桥发挥速度快、施工工法适应性强、对自然与环境影响小、提升工程结构的工业化水平等优势的关键。

智能施工装备可包括以下三个方面:一是对设备进行升级改造,实现设备自身的机电液一体化控制和自动化,重点研究集控与分布式控制系统、多点同步控制技术、可视化人机交互系统;二是对施工过程依工序展开,辅以先进传感监测技术和仪器的集成,实现施工质量在线监测,施工全过程数据的自动采集;三是对设备和施工数据进行分析,辅以质量控制与安全管理,实现设备自动预警、自主质量管控、自主或辅助决策;研发建立桥梁智能制造新技术与装备标准。

4) 智能化管理养护技术及装备研发

在我国桥梁的建设过程中,曾走了"重建轻养"的弯路,在保障桥梁的安全性、耐久性和使用功能方面遭遇了挑战。相对于混凝土桥梁,钢结构桥梁优势之一是全寿命周期成本和耐久性,这更需要建立"建养并重"理念,研发智能化管理养护技术及装备,提升钢桥智能化养护能力,保障钢桥品质。

5) 基于"设计使用寿命+全寿命周期成本"的交通建设评价机制研究

现行的交通基础设施建设机制对于推动我国过去 30 多年交通快速发展做出了重要贡献,使我国在较短时间内走过了中低端水平的发展阶段。但现有机制具有的"简单低价竞标模式"和"一般水平重复建设"特性,已不适应基础设施建设"绿色发展、循环发展、低碳发展、高端发展"的要求,制约了交通建设与运营管理的发展迈向国际高端行列,有必要探索和创新交通建设机制。

未来钢结构桥梁的发展应探索并创新基于"设计使用寿命+全寿命周期成本"的交通建设评价机制,以政府和社会资本合作(PPP)模式,推进大型国企或央企集团以"资本+技术"为引领的全产业链服务方案,建立公路建设、桥梁建设的新机制。

综上,"标准化设计、工厂化生产、装配化施工、智能化制造、信息化管理"是装配化钢结构桥梁的总体要求和技术路径;体制机制、材料、加工制造、施工、管理养护及装备是升级我国钢桥产业需要重点解决的五大关键技术。装配化钢结构桥梁将是我国桥梁未来发展的方向,同时也将为行业提供"弯道超车"的机遇。

2.3 装配化设计原则

我国《公路桥涵设计通用规范》(JTG D60—2015)规定公路桥涵设计应根据公路功能和技术等级,考虑因地制宜、就地取材、便于施工和养护等因素进行总体设计,在设计使用年限内应满足规定的正常交通荷载通行的需要。

美国 AASHTO LRFD Bridge Design Specifications 规定设计的极限状态应满足桥梁的安全性能、施工性能及使用性能的要求,并适当考虑结构的养护性能、经济性及美观等方面要求。

由此可以看出,美国规范将安全性能、施工性能及使用性能作为第一目标,将养护性能、经济性和美观等作为第二目标;中国规范没有层次之分,需要同时考虑桥梁的安全性能、使用性能、施工性能和养护性能等。

与此同时,《公路桥涵设计通用规范》(JTG D60—2015)规定公路桥涵设计应遵循安全、耐久、适用、环保、经济和美观的原则。

《公路钢结构桥梁设计规范》(JTG D60—2015)规定公路钢结构桥梁设计应提出对制作、运输、安装、养护、管理等的要求,选择合理的结构形式,宜采用标准化、通用化的结构单元和构件,构造与连接应便于制作、安装、检查和维护。

《公路钢混组合桥梁设计与施工规范》(JTG/T D64-01—2015)规定组合桥梁设计应根据建设条件、结构受力性能、耐久性、施工、工期、经济性、景观、运营管理、养护等因素,合理确定结构形式、跨径布置、截面构造、混合梁钢混结合部位置及结构形式。

《组合结构设计规范》(JGJ 138—2016)规定在建筑工程中合理应用钢与混凝土组合结构,做到安全适用、技术先进、经济合理、方便施工。

综合上述因素,装配化钢结构桥梁设计总体原则应为:根据桥梁建设条件、结构受力性能、耐久性、经济性、施工性能、养护性能、景观等因素,选择合理的结构形式,合理确定跨径布置、截面构造、连接构造等,并宜采用标准化、通用化的结构单元和构件,做到安全适用、经济合理、耐久环保、方便施工。

目前,国内钢桥设计水平良莠不齐,为了确保我国公路钢桥建设的高品质、长寿命,推行标准化设计、装配化的设计施工理念是一个必须坚持的方向。同时,我国钢桥发展目标应为:高性能材料、标准化设计、工厂化制造、装配化施工、智能化管理养护、设计使用寿命、全寿命周期成本、QHSE(质量、健康、安全、环保)。优秀的设计是确保建设品质的关键,采用桥梁标准化设计亦即通用图,是工程项目享有优质设计资源的必要途径。

2.3.1 标准化设计

常规跨径钢桥自重轻、施工安装过程简便、构件尺寸相对较小且可回收再利用,在国内外城市交通基础设施快速化建设过程中具有广阔的前景。目前,美国、日本、德国等发达国家在常规跨径钢桥的应用方面走在了世界的前列,也取得了一定的研究成果。国外钢桥产业早已走向工业化发展道路,其中主要得益于成套标准化技术的发展与运用。日本从20世纪50年代末就开展了钢桥设计的标准化、建筑材料的规格化以及构件生产的预制化等一系列工作。

目前国家层面和行业层面均大力倡导预制装配化技术,鼓励使用钢结构,减少施工现场的工作量。桥梁工业化需要设计先行,在设计阶段,结合项目建设条件,全面推行桥梁构件标准化设计,提升设计品质。通过标准化设计,采用统一的构件,使得预制标准化、工艺流程化、安装机械化,在提高结构质量的同时,可以大大提高生产效率。通过充分利用装备能力,采用整体化、大型化构件,可以优化结构受力,减少现场作业步骤,提升预制和安装的效率。

标准化设计的优点主要体现在:①与我国当前钢构件制造相匹配,有利于提高建造质量;②可以减少重复劳动,加快设计速度;③有利于自动化技术的推进;④便于实行构件生产工厂化、装配化和施工机械化,提高劳动生产率,加快建设进度。

在对常规跨径钢结构桥梁进行标准化设计时,宜运用模块化思想对钢结构桥梁进行标准化设计。模块是在标准化原理的应用基础上发展而来的,它常被利用于机械、建筑等领域的标准化设计中,是具有尺寸模数化、结构典型化、部件通用化、组装积木化的综合体。因此在常规跨径钢桥的上部结构设计中宜优先选择模块化原理来指导设计。

例如,钢梁可设计成尺寸参数标准化,且具有模数制的部品。现场人员可利用配套技术按照一定的边界条件和组合方式,将满足模数制要求的预制部品快速拼装成整桥,以满足用户不同的使用要求。

需要指出的是,常规跨径钢桥在进行节段划分时,应综合考虑桥宽、构造、制作、运输、施工等因素,可选择纵、横向分段方案或仅分成纵向梁段的方案。

2.3.2 通用图设计

对于中小跨径桥梁的划分在各个国家各有不同。我国《公路桥涵设计通用规范》(JTG D60—2015)规定,单孔跨径介于5~20m的桥梁为小跨径桥梁,单孔跨径介于20~40m的桥梁为中等跨径桥梁;美国小跨径钢桥联盟规定小跨径桥梁最大跨径为140英尺(约为42.7m);新西兰组合梁桥设计指南中规定,跨径介于5~30m的为小跨径桥梁,跨径介于30~80m的为中等跨径桥梁。

我国中小跨径桥梁目前还主要以混凝土桥为主,条件允许的情况下,大多采用装配化预应力混凝土梁桥,其中装配化预应力混凝土空心板梁有10m、13m、16m及20m四种跨径的标准图集;跨径稍大一些的有装配化预应力混凝土T梁和装配化预应力混凝土小箱梁,相关标准图集有20m、25m、30m、35m及40m等五种跨径系列;桥梁跨径超过40m以后,一般采用变截面预应力混凝土箱梁的形式。相比较而言,钢结构桥梁在我国应用较少,尚未形成行业标准图供参考和使用。

鉴于我国的国情,发展常规跨径钢桥已迫在眉睫。虽然国外在中小跨径钢桥的设计建造方面取得很多的成果,但根据我国的具体情况,国外的设计参数、标准图不能完全适用于我国的公路桥梁。为此,进行常规跨径钢桥的通用图研发并对其推广是十分必要的。

钢结构桥梁通用图应能代表行业发展的先进水平,追求行业领先技术应满足如下要求:

(1)通用图编制工作理念与原则:高端、安全、耐久、美观、安装快捷、维护方便。

(2)通用图桥梁结构主要工程材料的技术指标、设计水平等应与国际先进水平接轨。

(3)各地区可根据不同的条件进行通用图的推广和应用。

目前,中交公路规划设计院有限公司暨装配化钢结构桥梁产业技术创新战略联盟(简称钢桥联盟),以"高端,安全,耐久,美观"原则研发编制的装配化钢桥系列通用图,具有"BIM技术融合、高性能材料、工厂化制造、水陆模块运输、无模化现浇、装配化施工"等技术特点。该系列通用图现已成功应用于贵州都安高速公路、福建莆炎高速公路等项目,取得了显著的社会经济效益。本系列通用图的技术特点如表2-2、图2-7所示。

中交公规院装配化钢结构桥梁通用图技术特点　　表2-2

技　术	特　点
工厂化	将钢结构、桥面板、护栏等构件按照工厂流水线制造生产
模块化	将钢梁结构、混凝土护栏等结构在工厂内按模块化制造
装配化	将运输至现场的钢箱梁、桥面板、混凝土护栏等结构模块进行装配化安装施工
无模化	完成安装后,桥面板湿接缝等采用无模化浇筑
高性能	采用高强度钢、耐候钢等高性能材料
非预应力	采用钢筋混凝土桥面板、工字钢梁或开口箱形钢梁组合结构
系列化	涵盖了两车道、四车道和六车道宽度,30~100m跨径
BIM技术	采用BIM参数化设计
非超限运输	将工厂化制造的结构模块按照陆路或水路非超限运输方式运至施工现场

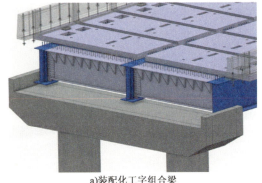

a)装配化工字组合梁　　b)装配化箱形组合梁

图　2-7

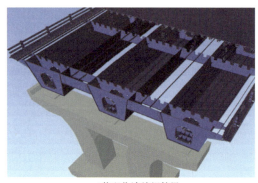
c) 装配化连续钢箱梁

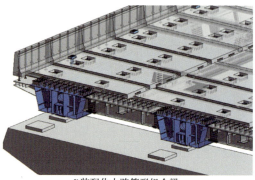
d) 装配化上跨箱形组合梁

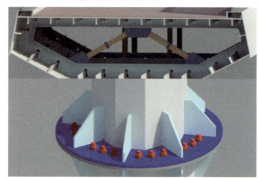

e) 装配化钢结构梁式人行天桥

f) 装配化钢结构中承式单肋拱人行天桥

图 2-7　中交公规院装配化钢桥系列通用图技术成果示意

装配化钢桥系列通用图将加速推动我国钢结构桥梁"标准化设计、工厂化生产、装配化施工、信息化管理",开启我国装配化钢结构桥梁建造的新时代。

第 3 章

结构材料

常规钢结构桥梁的主要材料通常有钢板和型钢等结构钢、制作高强螺栓和销子的优质钢、制作支座等的锻钢和铸钢,以及焊条和焊丝等焊接材料。

随着我国经济快速发展及设计水平的不断提高,桥梁工程结构朝着更大跨径方向发展,这对工程材料性能提出了新的要求,使得我们不断探寻新型高性能甚至是超高性能建筑材料。其中,随着桥梁使用要求的提高和冶金及配套技术的发展,高性能钢材得以被不断研发出来并应用于工程实践中。高性能钢材除了具备良好的力学性能(如高强度、耐候性),还具有良好的可焊性、优良的塑性变形能力、稳定的抗腐蚀能力以及良好的经济指标,可以满足钢结构桥梁的安全可靠、长寿命等要求。目前,高性能桥梁用钢已成为桥梁钢发展的一个新方向。

对于钢结构桥梁的钢材,其需满足强度等力学性能指标之外,还应满足可加工性能、抗冲击性能、耐疲劳性能等方面的要求。设计时,除需选取合适的钢材强度等级,同时应慎重确定钢材的韧性指标、抗疲劳性能和可焊性,防止桥梁由于材料损伤而发生脆性破坏。此外,随着冶金技术的提高,在桥梁上推广采用耐候钢、高强钢材及高强铝合金钢等将会产生良好的综合效益。

对于装配化钢箱梁结构,材料设计的目标关键在于合理选用材料,保证结构强度、稳定、疲劳、刚度及耐久性,材料选择时在满足各项功能需求的前提下宜就高取用。

3.1 普通钢材

钢结构桥梁采用的钢材主要有桥梁用结构钢、碳素结构钢和低合金高强度结构钢。常规跨径的钢箱梁桥应根据结构形式、受力状态、连接方法及钢桥所处环境条件,合理地选用钢材牌号和材质。

我国《公路钢结构桥梁设计规范》(JTG D64—2015)规定结构构件宜采用 Q235 钢、Q345 钢、Q390 钢和 Q420 钢,其质量应分别符合现行国家标准《碳素结构钢》(GB/T 700)和《低合金高强度结构钢》(GB/T 1591)的规定。需要指出的是,根据《低合金高强度结构钢》(GB/T 1591—2018)规定,自 2019 年 2 月 1 日起,取消 Q345 钢材牌号,改为 Q355 钢材牌号,与欧盟标准的 S355 钢材牌号对应。Q355 钢材是普通的低合金高强度钢,其屈服强度为 355 MPa。

3.1.1 性能

1) 钢材的抗拉强度、屈服强度及伸长率

通过拉伸试验可以得到钢材的屈服强度 f_y、抗拉强度 f_u 和伸长率 δ 三项基本性能指标。

抗拉强度是指钢材材料在受拉断裂前承受的最大应力值。当钢材屈服达到一定程度后，由于内部晶粒重新排列，其抵抗变形能力得到提高，此时变形虽然发展很快，但却只能随应力的提高而提高，直至应力达到最大值；此后，钢材抵抗变形能力显著降低，并在最薄弱处发生较大的塑性变形，此处试件的截面迅速缩小，出现颈缩现象，直至断裂破坏。抗拉强度反映了钢材屈服后，结构材料潜在的可承受能力；屈服强度一定时，抗拉强度越高，钢材的塑性变形能力越好。

屈服强度是材料开始发生明显塑性变形时的最低应力值。由于钢材的弹性极限强度 f_e 与屈服强度 f_y 的值相近，常以屈服强度作为钢材单向均匀受拉(压)时弹性与塑性工作的分界标志。在钢结构设计中，通常将钢材应力达到屈服强度 f_y 作为承载能力极限状态的标志之一。

钢材的屈服强度 f_y 与抗拉强度 f_u 的比值称为屈强比。屈强比越大，强度储备越小，安全性降低；而屈强比过小，材料的强度利用率低，经济性差。钢材的抗拉强度 f_u 是钢材力学性能的一项重要指标。我国规范《桥梁用结构钢》(GB/T 714—2015)给出了常用桥梁用钢的屈强比，见表3-1。

常用桥梁用结构钢的屈强比 表3-1

牌 号	屈强比(不大于)
Q345q	0.85
Q370q	0.85
Q420q	0.85
Q420q ~ Q690q	协议

伸长率 δ 是表示钢材塑性变形能力的一项指标。伸长率较高的钢材，说明其塑性变形的能力较强，有利于在结构中实现塑性内力重分布及减少结构脆性破坏的危险。

2) 钢材的冷弯性能

钢材的冷弯性能是指钢材在常温下承受弯曲变形而不开裂的性能，是衡量钢材在常温下弯曲加工产生塑性变形时抵抗裂纹能力的一项指标。钢材的冷弯性能主要取决于钢材的质量，它不但是检验钢材冷加工能力和显示钢材内部缺陷(如分层等)状况的一项指标，也是衡量钢材在复杂应力状态下发展塑性变形能力的一项指标。

钢材的冷弯性能指标是用试件在常温下能承受的弯曲程度表示，弯曲程度通过试件被弯曲的角度和弯心直径对试件厚度的比值来区分；试件采用的弯曲角度越大，弯心直径对试件厚度的比值越小，表示冷弯性能越高。

对于钢箱梁结构而言，钢材的冷弯性能是钢箱梁 U 形加劲肋的折弯弯曲半径取值的重要依据。此外，当钢桥面板存在双向横坡对桥面板进行横向折弯时，也需保证相应的冷弯性能。

3) 钢材的冲击韧性

钢材的冲击韧性是指钢材在冲击荷载作用下断裂时吸收机械能的一种能力,是衡量钢材抵抗因低温、应力集中、冲击荷载作用等导致脆性断裂的能力的一项机械性能指标。钢材冲击韧性通常采用有特定缺口的标准试件,在材料试验机上进行冲击荷载试验使试件断裂来测定。钢材的冲击韧性不但与钢材质量、试件缺口状况和加载速度有关,而且受温度的影响较大。钢材的冲击韧性一般随温度下降而下降。在某一温度范围冲击韧性值急剧下降的现象称韧脆转变,发生韧脆转变的温度范围称韧脆转变温度。材料的使用温度应高于韧脆转变温度。此外,由于桥梁的活载较大,对钢材的冲击韧性指标要求较高,桥梁结构的钢材选择一般比建筑钢结构要求更加严格。钢桥设计过程中应注意选用具有良好冲击韧性的钢材,以防止脆性断裂的破坏。

我国规范《桥梁用结构钢》(GB/T 714—2015)给出了常用桥梁用结构钢的冲击韧性指标及相应的力学性能指标,见表3-2。

常用桥梁用结构钢的力学性能 表3-2

牌号	质量等级	拉伸试验					冲击试验	
		下屈服强度(MPa)			抗拉强度(MPa)	断后伸长率(%)	温度(℃)	冲击吸收能量(KV_2/J)
		厚度≤50mm	50mm<厚度≤100mm	100mm<厚度≤150mm				
		不小于						不小于
Q345q	C	345	335	305	490	20	0	120
	D						−20	
	E						−40	
Q370q	C	370	360	—	510	20	0	120
	D						−20	
	E						−40	
Q420q	D	420	410	—	540	19	−20	120
	E						−40	
	F						−60	47
Q460q	D	460	450	—	570	18	−20	120
	E						−40	
	F						−60	47
Q500q	D	500	480	—	630	18	−20	120
	E						−40	
	F						−60	47
Q550q	D	550	530	—	660	16	−20	120
	E						−40	
	F						−60	47

续上表

牌号	质量等级	拉伸试验					冲击试验	
		下屈服强度（MPa）			抗拉强度（MPa）	断后伸长率（%）	温度（℃）	冲击吸收能量（KV$_2$/J）
		厚度≤50mm	50mm<厚度≤100mm	100mm<厚度≤150mm				
		不小于						不小于
Q620q	D	620	580	—	720	15	−20	120
	E						−40	
	F						−60	47
Q690q	D	690	650	—	770	14	−20	120
	E						−40	
	F						−60	47

注：表格中拉伸试验取的是横向试样；冲击试验取的是纵向试样。

值得注意的是，根据对冲击韧性的要求不同，钢材通常可分为A、B、C、D、E、F六级。其中，对于A级钢材没有冲击韧性的要求，由于A级钢的冲击韧性和可焊性一般不能得到有效保证，除不需要考虑疲劳的非焊接构件之外，在钢桥中较少采用；B、C、D、E、F级钢材的冲击韧性试验温度分别为20℃、0℃、−20℃、−40℃、−60℃。

4）钢材的疲劳

钢材的疲劳或疲劳破坏是指钢材在循环应力作用下裂缝的生成、扩展以致断裂破坏的现象。疲劳破坏时，截面上的应力水平低于钢材的抗拉强度，甚至低于钢材的屈服强度，破坏断口较整齐，其表面有较清楚的疲劳纹理，该纹理显示以某点为中心向外呈半椭圆状放射形痕迹的现象，通常没有明显的变形，呈现出突然的脆性破坏特征。

钢材的质量、构件的几何尺寸和缺陷等因素都会影响钢材的疲劳性能，但主要的影响因素是循环荷载在钢材内引起的反复循环应力的特征和循环次数。循环应力的特征可以用应力比或应力幅及最大应力值表示。钢材的疲劳试验表明，当钢材、试件、试验条件相同且应力比为定值时，钢材的最大应力随疲劳破坏时应力循环次数的增加而降低。一般将应力循环为无穷多次时试件不发生疲劳破坏所对应的极限值，定义为钢材的疲劳强度极限或耐久疲劳强度。

5）钢材的脆性断裂

钢材或钢结构的脆性断裂是指在低应力情况下突然发生断裂破坏。其断裂面通常是纹理方向单一和较平的劈裂表面，很少或没有剪切唇边。引起钢材脆性断裂的主要因素有：

（1）钢材质量差，有害杂质元素含量过高，缺陷严重，韧性差等；

（2）结构构件构造不当产生的应力集中过于严重；

（3）构件的制造安装质量差，焊接缺陷严重，有较大的残余应力；

（4）结构受较大的动力荷载作用，或在较低的环境温度下工作。

为预防钢结构桥梁钢材的脆性断裂，一般应注意以下事项：

（1）合理设计和选用钢材。设计时，应注意选择合适的结构方案和截面形式、连接及构造形式,避免截面尺寸的剧烈变化,减小构造应力集中。同时,应注意根据结构所承受的荷载、所处环境温度和所用钢材厚度,选用合适的钢材并提出技术要求。

(2) 合理制造和安装。钢材的冷热加工易使钢材硬化和变脆,应采取措施尽量减少其不利影响。例如,对于焊接尤其是手工焊接易产生裂纹或裂纹性缺陷,应注意选择合适的焊接工艺和参数,力求减少上述缺陷。同时,还应注意防止焊接部位的钢材局部过热,减小焊接残余应力;对于较厚的钢板,应注意采取焊前预热、焊后保温或热处理等措施。此外,对结构和构件进行拼装时,应注意采用合理的工艺,提高安装精度,从而减小焊接和拼装残余应力。

(3) 注意保证结构按设计规定的荷载和环境条件使用,不超载运营,并注意监测或定期检测结构运营受力状态,避免隐患及其发展。

3.1.2 影响因素

影响钢材性能的因素很多,一般包括:钢材的化学成分及其微观组织结构,冶炼、浇铸、轧制的过程,残余应力、温度、钢材硬化及热处理等,具体如下。

1) 化学成分的影响

钢材是含碳量小于2%的铁碳合金,当含碳量大于2%时则为铸铁。制造钢结构所用的材料一般有碳素结构钢中的低碳钢和低合金结构钢。

钢材中碳的含量对钢材的强度、塑性、韧性和焊接性能有着决定性的影响。当含碳量增加,钢材的抗拉强度和屈服强度也随之提高,但是其塑性、冷弯性能和冲击韧性会有所降低。因此,钢材的含碳量不宜过高,一般不超过0.22%。

锰是钢材中常见的元素,锰元素能够显著提高钢材强度而不过多降低其塑性和冲击韧性。碳素钢中锰是有益杂质,低合金钢中锰是合金元素,我国低合金钢中锰的含量一般在1.2%~1.6%。但锰元素会使得钢材的可焊性能降低,因此其含量应受到限制。

硅是有益元素,具有强的脱氧作用,是强脱氧剂,且硅能使得钢材的晶粒变细,适量的硅元素可提供钢材的强度而对其塑性、冷弯性能、冲击韧性及可焊性不产生不良影响,但过量的硅会降低钢材的塑性和冲击韧性。我国低合金钢中硅的含量一般在0.2%~0.55%。

钒是冶炼锰钒低合金钢时特意添加的一种合金元素,其可提高钢材强度和细化钢的晶粒,钒的化合物具有高温稳定性,使得钢材的高温硬度提高。

硫和磷是两种较为有害的元素,应限制其含量。其中,硫和铁化合成硫化铁,散布在纯铁体晶粒的间层中,含硫量过大时,会降低钢材的塑性、冲击韧性、疲劳性能及抗腐蚀性;当温度在800~1200℃时,如在焊、铆和热加工时,硫化铁将熔化使得钢材变脆而产生裂纹,称为"热脆",因此钢材中的含硫量一般要求不超过0.033%~0.050%。而当钢材中含磷量过大时,会使得钢材低温时的韧性降低并易产生脆性破坏,称为"冷脆",因此一般限制其含量不超过0.035%~0.045%。

2) 冶炼、浇铸及轧制过程的影响

冶炼和浇铸这一冶金过程形成了钢的化学成分及含量、金相组织结构及不可避免的冶炼缺陷。冶炼和浇铸过程中可能会产生偏析、非金属夹杂、气孔等冶炼金缺陷,从而降低钢材的力学性能。其中,偏析是指钢材中化学成分分布不均匀;非金属夹渣是指钢中混有硫化物、氧化物等杂质;气泡是指浇铸时气体不能充分逸出而留在钢锭内形成的缺陷。

另外,轧制过程会使得钢材金属的晶粒变细,也使得气孔、裂纹闭合,从而改善钢材的力学性能,如薄板因多次的辊轧而比厚板强度更高。需要指出的是,浇铸时的非金属夹杂物在钢材轧制后可能会造成钢材的分层,因此,在设计过程中应注意避免拉力垂直板面的情况,以防止层间撕裂的发生。

3) 温度的影响

特别高或特别低的温度对钢材的性能会产生较大的影响。温度的急剧降低将增加钢材的强度和弹性模量,但对钢材塑性和抗冲击性能不利;有关研究表明,当温度从20℃降低至-200℃时,钢材的屈服强度和抗拉强度将大约增加20%。温度的增加将产生相反的结果,当温度超过200℃时,钢材的强度和弹性模量将有很大的降低,这对结构防火不利,一旦发生火灾而使钢材达到临界温度,易引起结构的破坏或坍塌,因此在设计可能受高温影响的结构时,宜采用合金钢材,因其在温度超过350℃后才出现强度下降的现象。

3.1.3 钢材种类及规格

1) 钢材种类

对于钢材的种类,可按不同的分类方法进行区分,其中按化学成分通常可分为碳素钢、低合金钢、合金钢、铸钢、耐候钢等。

碳素钢按碳元素含量又可分为低碳钢(碳元素含量≤0.25%)、中碳钢(0.25% <碳元素含量≤0.6%)和高碳钢(碳元素含量>0.6%),碳含量低于0.06%的称为熟铁,高于2.0%的称为生铁或铸铁。合金钢按照合金元素总含量可分为低合金钢、中合金钢和高合金钢。

此外,按照冶炼方法分类的钢材有平炉钢、氧气转炉钢、碱性转炉钢和电炉钢等;按照浇铸方法(脱氧方法)分类的钢材有沸腾钢、半镇静钢和特殊镇静钢;按硫、磷含量和质量控制分类的钢材有特级优质钢(硫含量≤0.02%、磷含量≤0.01%)、高级优质钢(硫含量≤0.02%、磷含量≤0.02%),优质钢(硫含量≤0.03%、磷含量≤0.03%)等。

(1) 碳素结构钢。

碳素结构钢是我国生产的专用于结构的普通碳素钢,一般分为Q195、Q215、Q235和Q275等牌号。桥梁钢结构的碳素结构钢材通常采用Q235牌号,其碳含量(0.17% ~0.22%)和强度较低,塑性、韧性和焊接性能较好。需要指出的是,各牌号的碳素结构钢均应符合现行《碳素结构钢》(GB/T 700)的规定。

(2) 合金钢。

合金钢是相对于碳钢而言,为了改善钢材的一种或几种性能,而向其中加入一种或几种合金元素,当加入的合金含量超过碳钢正常生产方法所具有的一般含量时,称这种钢为合金钢。通常,当合金总含量低于3.5%时称为低合金钢,合金含量在3.5% ~10%时称为中合金钢,合金含量大于10%时称为高合金钢。桥梁钢结构中使用较多的为低合金结构钢和合金结构钢。

低合金结构钢时指在普通碳素钢中加入少量或微量合金元素,而使得钢材性能发生变化,得到较一般碳素钢性能更为优良的钢。由于低合金高强度结构钢的生产工艺与碳素结构钢类似,因而低合金高强度结构钢的价格与碳素结构钢相差不大。常见的钢结构桥梁用的低合金高强度钢牌号有 Q355、Q390、Q420、Q460、Q500、Q550、Q620、Q690 等,各牌号的低合金高强度结构钢的性能应符合现行《低合金高强度结构钢》(GB/T 1591)的要求。

合金结构钢主要是用作机械零件和各种工程构件并含有一种或多种一定含量合金元素的钢。此类钢由于具有合适的淬透性,经适当的金属热处理后,显微组织为均匀的索氏体、贝氏体和极细的珠光体,具有较高的抗拉强度和屈强比、较高的韧性和疲劳强度、较低的韧性和脆性转变温度,常用于高强螺栓或抗拉强度要求高的构件。合金高强度结构钢的牌号和化学成分及技术标准应符合现行《合金结构钢》(GB/T 3077)的规定。

(3)铸钢。

在桥梁钢结构的支座及构造复杂的节点,有时会采用铸钢。铸钢可分为铸造碳钢、铸造低合金钢和铸造特种钢等。一般工程用铸造碳钢件的力学性能应符合《一般工程用铸造碳钢件》(GB/T 11352—2009)的要求。

2)桥梁用钢材规格

钢结构桥梁所用的钢材主要为热轧成型的钢板和型钢、热轧成型或冷弯成型的焊接钢管等。

(1)钢板。

钢板成品宽度一般为 500~3 800mm,长度为 4~12m,根据钢材板厚和宽度,钢板分为薄钢板、中厚板、厚板、特厚板和扁钢等,表示方法为"PL-宽×厚×长"。常见的规格见表3-3。

常见的钢板规格 表 3-3

类　　型	厚度(mm)	宽度(mm)	长度(m)
薄钢板	0.2~4.0	500~1 800	0.4~6.0
中厚板	4.5~20.0	700~3 000	4.0~12.0
厚板	20.0~60.0	700~3 000	4.0~12.0
特厚板	>60.0	600~3 800	4.0~9.0
扁钢	4.0~60.0	12~200	3.0~9.0

(2)型钢。

钢桥常用的型钢有角钢、工字钢、槽钢、H 钢和钢管。型钢的截面形式简单、受力合理,并且采用工厂定型轧制产生,造价比焊接构件低,当型钢能够满足受力要求时,应该尽可能选用型钢。例如钢桥的平联、斜撑等二次构件一般受力较小,通常采用型钢。

①角钢。

角钢有等边角钢和不等边角钢两种,它主要用于拉压构件或格构式结构等。等边角钢以肢宽和肢厚表示,不等边角钢是以两肢的宽度和肢厚表示。等边角钢表示方法为:∟肢宽×肢厚×长度;不等边角钢表示方法为:∟长肢宽×短肢宽×肢厚×长度。

②工字钢。

工字钢主要用于在其腹板平面内受弯的构件。由于它两个主轴方向的惯矩和回转半径相差较大,不宜单独用作轴心受压构件或承受斜弯曲和双向弯曲的构件。

③槽钢。

槽钢分普通槽钢和轻型槽钢两种,槽钢数表示其截面高度(cm)。槽钢的表示方法为:普通槽钢,[号数(截面高度cm和腹板厚度a,b,c);轻型槽钢,Q[号数(截面高度cm和腹板厚度

a,b,c)。我国目前生产的槽钢的高度为 50~400mm,通常长度为 5~19m。

④H 型钢和 T 型钢。

H 型钢分热轧和焊接两种。热轧 H 型钢分为宽翼缘 H 型钢(代号为 HW)、中翼缘 H 型钢(HM)、窄翼缘 H 型钢(HN)和 H 型钢柱(HP)等四类。

T 型钢由 H 型钢剖分而成,可分为宽翼缘剖分 T 型钢(TW)、中翼缘剖分 T 型钢(TM)和窄翼缘剖分 T 型钢(TN)等三类。

焊接 H 型钢由平钢板用高频焊接组合而成,用"H 高×宽×腹板厚×翼缘厚"来表示,通常长度为 6~12m。

3.1.4 选材

1)一般注意事项

对于常规跨径钢箱梁结构的钢材,选择材料时需注意下述几点:

(1)应根据结构形式、受力状态、连接方法及所处的环境条件,合理地选用钢材,且选择的钢材应满足桥梁设计要求的交货状态、化学成分、力学性能、工艺性能及焊接性能。

(2)桥梁构件主体结构所用钢材牌号均应来自现行国家标准,钢材化学成分和力学性能应符合标准的规定。

(3)在选材时应考虑板厚、材质、拉应力水平及使用温度。

(4)在选材时应注重钢材的冲击韧性指标。冲击韧性是钢材抗脆断能力的主要指标,反映钢材抵抗低温、应力集中、多向拉应力、荷载冲击和重复疲劳等因素导致脆断的能力。钢材的选用应为 C、D、E、F 中的任一种,C、D、E、F 级钢的冲击韧性试验温度分别为 0℃、-20℃、-40℃、-60℃。对于复杂节点,特别是三向受拉部位所用钢材应注意合理选择。

2)结构用钢

对于钢箱梁的结构用钢,提出需注意按下述规定要求进行选材。

(1)桥梁结构用钢材宜选用 Q345q、Q370q、Q420q、Q460q、Q500q、Q690q,附属工程、临时工程及临时结构的钢材可选用 Q355、Q390、Q420、Q460、Q500、Q690,应分别符合现行《桥梁用结构钢》(GB/T 714)和《低合金高强度结构钢》(GB/T 1591)的规定。

(2)当采用抗层状撕裂的钢材(Z 向钢)时,其材质应符合现行《厚度方向性能钢板》(GB/T 5313—2010)的规定。

(3)钢材宜采用热机械轧制(TMCP)或热机械轧制+回火(TMCP+T)状态交货,并在质量证明书中注明。其中,热机械轧制(TMCP)状态交货的钢材,当强度级别为小于 Q370 钢板时,其厚度大于 32mm 的钢板应进行回火处理;当强度级别大于 Q370 钢板时,其厚度不小于 20mm 的钢板应进行回火处理。

(4)钢结构桥梁主要受力构件下料时,应使钢板轧制方向与主要应力方向一致。

3)标准连接件

对于钢箱梁的标准连接件,需符合下述规定及要求。

(1)高强螺栓、螺母、垫圈的技术条件应符合现行《钢结构用高强度大六角头螺栓》(GB/T 1228)、《钢结构用高强度大六角螺母》(GB/T 1229)、《钢结构用高强度垫圈》(GB/T 1230)、

《钢结构用高强度大六角头螺栓、大六角螺母、垫圈技术条件》(GB/T 1231)、《钢结构用扭剪型高强螺栓连接副》(GB/T 3632)的规定。

(2)环槽铆钉的技术条件应符合现行《环槽铆钉连接副 技术条件》(GB/T 36993)的规定。

(3)普通螺栓、螺母、垫圈的技术条件应符合现行《六角头螺栓》(GB/T 5782)、《1型六角螺母》(GB/T 6170)、《平垫圈 A级》(GB/T 97.1)、《紧固件机械性能 螺栓、螺柱和螺钉》(GB/T 3098.1)、《紧固件机械性能 螺母》(GB/T 3098.2)的规定。

(4)圆柱头焊钉和磁环应符合现行《电弧螺柱焊用圆柱头焊钉》(GB/T 10433)的规定。

4)焊接材料

钢箱梁的焊接材料应与主体钢材相匹配,并应符合以下规定:

(1)手工焊接采用的焊条应符合现行《非合金钢及细晶粒钢焊条》(GB/T 5117)的规定。

(2)自动焊和半自动焊采用的焊丝和焊剂应符合现行《熔化极气体保护电弧焊用非合金钢及细晶粒钢实心焊丝》(GB/T 8110)、《非合金钢及细晶粒钢药芯焊丝》(GB/T 10045)、《埋弧焊用非合金钢及细晶粒钢实心焊丝、药芯焊丝和焊丝-焊剂组合分类要求》(GB/T 5293)的规定。

(3)焊接材料进厂时应有质量证明书,焊接材料的质量管理应符合现行《焊接材料管理规定》(JB/T 3223)的规定。

(4)CO_2气体保护焊的气体纯度不小于99.5%。

3.1.5 设计参数

钢材的性能主要反映在机械性能和加工工艺性能上。而钢材的化学成分以及冶炼、浇铸和轧制的过程对钢材的性能也有很大影响,在交货时也需要保证。

桥梁用钢材的强度设计值应根据钢材的不同厚度按表3-4和表3-5的规定采用。

桥梁用结构钢的强度设计值(MPa)　　　　表3-4

钢材		抗拉、抗压和抗弯 f_d	抗剪 f_{vd}	端面承压(刨平顶紧)f_{cd}
牌号	厚度(mm)			
Q345q	≤50	275	160	370
	50~100	260	150	
	100~150	240	135	
Q370q	≤50	295	170	385
	50~100	285	160	
Q420q	≤50	335	195	405
	50~100	320	185	
Q460q	≤50	365	210	430
	50~100	360	205	
Q500q	≤50	400	230	475
	50~100	380	220	
Q690q	≤50	550	315	580
	50~100	520	300	

低合金高强度结构钢的强度设计值(MPa)　　　　　　　　　　　　　　　表 3-5

钢材		抗拉、抗压和抗弯 f_d	抗剪 f_{vd}	端面承压(刨平顶紧) f_{cd}
牌号	厚度(mm)			
Q355	≤16	280	160	355
	16~40	275	160	
	40~63	260	155	
	63~100	260	150	
Q390	≤16	310	180	370
	16~40	300	175	
	40~63	285	165	
	63~100	270	155	
Q420	≤16	335	195	390
	16~40	320	185	
	40~63	310	180	
	63~80	300	175	
	80~100	295	170	
Q460	≤16	365	210	405
	16~40	350	205	
	40~63	345	200	
	63~80	330	190	
	80~100	320	185	
Q500	≤16	400	230	460
	16~40	390	225	
	40~63	385	220	
	63~80	365	210	
	80~100	360	205	
Q690	≤16	550	315	580
	16~40	540	310	
	40~63	535	310	
	63~80	520	300	

注:表中厚度指计算点的钢材厚度,对于轴心受拉和轴心受压构件是指截面中较厚板件的厚度。

焊缝的强度设计值应按表 3-6 的规定采用。

焊缝的强度设计值(MPa)　　　　　　　　　　　　　　　　　　　　　　表 3-6

焊接方法和焊条型号	构件钢材		对接焊缝				角焊缝
	牌号	厚度(mm)	抗压 f_{cd}^w	抗拉 f_{td}^w		抗剪 f_{wd}^w	抗拉、抗压或抗剪 f_{fd}^w
				焊缝质量等级			
				一级、二级	三级		
自动焊、半自动焊和 E50 型焊条的手工焊	Q355 钢	≤16	275	275	235	160	175
		16~40	270	270	230	155	
		40~63	260	260	220	150	
		63~80	250	250	215	145	
		80~100	245	245	210	140	
自动焊、半自动焊和 E55 型焊条的手工焊	Q390 钢	≤16	310	310	265	180	200
		16~40	295	295	250	170	
		40~63	280	280	240	160	
		63~100	265	265	225	150	
	Q420 钢	≤16	335	335	285	195	200
		16~40	320	320	270	185	
		40~63	305	305	260	175	
		63~100	290	290	245	165	
自动焊、半自动焊和 E62 型焊条的手工焊	Q500 钢	≤16	400	400	340	230	225
		16~40	385	385	330	220	
		40~63	375	375	320	215	
		63~100	360	360	305	205	

注：1. 对接焊缝受弯时，在受压区的抗弯强度设计值取 f_{cd}^w，在受拉区的抗弯强度设计值取 f_{td}^w。
　　2. 焊缝质量等级应符合现行《钢结构工程施工质量验收规范》(GB 50205)的规定。其中厚度小于 8mm 钢材的对接焊缝，不应采用超声波探伤确定焊缝质量等级。

高强螺栓预拉力设计值 P_d 应按表 3-7 的规定取用。

高强螺栓的预拉力设计值 P_d (kN)　　　　　　　　　　　　　　　表 3-7

性能等级	M20	M22	M24	M27	M30
8.8S	125	150	175	230	280
10.9S	155	190	225	290	355

环槽铆钉预拉力设计值 P_d 应按表 3-8 的规定取用。

环槽铆钉的预拉力设计值 P_d (kN)　　　　　　　　　　　　　　　表 3-8

性能等级	M20	M22	M24	M27	M30
8.8S	126	175	208	250	315
10.9S	181	220	257	334	408

普通螺栓连接的强度设计值应按表 3-9 的规定采用。

普通螺栓连接的强度设计值（MPa） 表 3-9

螺栓的性能等级		普通螺栓					
		C 级			A、B 级		
		抗拉 f_{td}^b	抗剪 f_{vd}^b	承压 f_{cd}^b	抗拉 f_{td}^b	抗剪 f_{vd}^b	承压 f_{cd}^b
普通螺栓	4.6级、4.8级	145	120	—	—	—	—
	5.6级	—	—	—	185	165	—
	8.8级	—	—	—	350	280	—

注：A、B级螺栓孔的精度和孔壁表面粗糙度，C级螺栓孔的允许偏差和孔壁表面粗糙度，均应符合现行《钢结构工程施工质量验收规范》（GB 50205）的要求。

钢材的物理性能指标应按表3-10的规定采用。

钢材物理性能指标 表 3-10

弹性模量 E（MPa）	剪切模量 G（MPa）	线膨胀系数 α（1/℃）	泊松比 v	质量密度 ρ（kg/m³）
2.06×10^5	0.790×10^5	12×10^{-6}	0.31	7 850

3.2 高性能钢材

高性能钢材一般主要包括高强度、高韧性结构钢（即高强钢），高强度耐候钢，高强钢丝，高强钢配套连接材料等。采用高性能钢材可以显著提升桥梁结构性能，并带来良好的经济效益。如采用高强度钢材，可以减小桥梁钢板的厚度及结构自重，从而获得更大的跨越能力。另外，如专门开发的低屈服点钢材则具有良好的塑性变形能力，可以有效吸收地震能量，减轻结构震害。为此，日本、美国、欧洲及韩国分别投入大量资源开发了满足上述要求的高性能桥梁用钢，并且取得了可观的经济及社会效益。

3.2.1 高性能高强钢

1）日本高性能高强钢

日本桥梁用钢主要向高性能钢方向发展，为此日本相继开发了BHS500及BHS700系列高性能桥梁用钢。日本研发人员研究了常用钢桥的最佳屈服强度，图3-1给出了屈服强度与钢板梁桥主梁重量之间的关系。从图3-1中可以看出，随着钢的屈服强度的提高，其重量比下降，但是当屈服强度超过500MPa时，由于可变荷载产生的疲劳极限成为设计的控制因素，继续增加强度并不能得到更好的效果。对于悬索桥和斜拉桥，减少桥梁结构的自重能显著减少桥梁建设成本，实践证明，屈服强度为700MPa的高性能桥梁用钢对于这类桥梁的减重非常有效。但考虑到梁式桥占桥梁类型的大多数，500 MPa将成为高性能桥梁用钢最基本的强度值。

例如，东京跨海大桥首次应用了1 200 t厚度为8～59 mm的BHS500高性能钢，由于减少了P、S、N、C等元素含量，P_{CM}小于0.20%，因此其焊接无须预热。

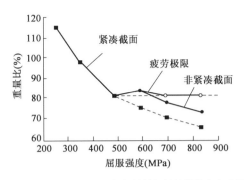

图 3-1　日本研究人员提出的 33m 钢板梁桥钢板屈服强度和重量比的关系

又如，BHS700W 高性能钢是日本新日铁公司 1994 年为明石海峡大桥设计的钢材。BHS700W 高性能钢的 P_{CM} 值较大，并且强度较高，因此 BHS700W 高性能钢的焊接预热温度在 50℃ 左右，同时其焊接热输入降为 5 kJ/mm，借此来减少焊缝开裂。

日本高性能高强钢性能指标见表 3-11。

日本高性能高强钢性能指标　　表 3-11

类型	钢板厚度（mm）	屈服强度（MPa）	抗拉强度（MPa）	冲击功（J）	焊接裂纹敏感因子 P_{CM}（%）	预热温度（℃）	焊接输入热量（kJ·mm^{-1}）
BHS500	6≤t≤100	最小 500	570～720	100（-5℃垂直轧向）	0.20	无须预热	最大 10
BHS500W	6≤t≤50	最小 700	780～970	100（-40℃平行轧向）	0.30	50	最大 5
BHS700	50<t≤100	最小 700	780～970	100（-40℃平行轧向）	0.32	50	最大 5

2）美国高性能高强钢

自 20 世纪 90 年代以来，由美国钢铁学会、美国联邦公路管理署、美国海军和米塔尔美国公司联合立项研究高性能钢，先后开发了 HPS50W、HPS70W 和 HPS100W 系列钢种。

应用实践表明，与传统的桥梁用钢相比，使用 HPS 系列高性能钢可以使桥梁制造成本降低约 18%、重量减轻约 28%。高性能钢的应用在美国呈现逐年增加的态势，美国的 42 个州已有数百座桥梁采用了高性能钢。

3）欧洲高性能高强钢

欧洲并没有关于桥梁用钢的专门标准，其桥梁建设所用钢材绝大部分为微合金钢，并包含于结构钢热轧产品的欧洲标准 EN 10025 所规定的范围之内。欧洲钢铁工业为桥梁制造业提供了不同种类的厚板材料。S235、S275 及 S355 钢仍然是其目前桥梁建设最常用的钢种。

通过使用热机械控制工艺，屈服强度为 S460M 的高强度钢可以用于桥梁建设。欧洲钢铁生产厂更注重应用调质工艺生产更高强度级别的钢种。通过使用调质工艺，钢的屈服强度可达到 1 100MPa，但这些高强度钢并不用于桥梁建设，一般桥梁建设所用的最高强度级别为

S690,而且这个强度级别的钢在全欧洲也只在少数桥梁中得到了应用。S690 钢的应用使得桥梁重量减轻,并且大多数使用是出于美学设计需要。

4)韩国高性能高强钢

20 世纪 70 年代以来,韩国先后开发了抗拉强度分别为 400MPa、490MPa、520MPa 和 570MPa 的桥梁结构用钢,其中 SM490 和 SM520 型号的钢广泛应用于韩国的桥梁中。而后,韩国组织相关单位对高性能钢进行研究,研发了 HSB500、HSB600 和 HSB800 高性能钢,并在 2008 年,将 HSB500 和 HSB600 纳入韩国桥梁钢设计规范;2010 年,将 HSB800 纳入韩国桥梁钢设计规范。

目前,韩国开发的 HSB500 和 HSB600 高性能桥梁钢已用于钢结构桥梁,可以节省建筑成本约 10%,降低钢梁重量约 30%,节省桥梁用钢总量约 15%。其中,HSB600 应用在仁川大桥和 Kyeongbu 高速铁路桥等桥梁上,HSB500 应用在京釜高速铁路桥上。

从我国桥梁用钢发展历程来看,国内桥梁用钢的屈服强度在不断提高,从开始的 235MPa,经历了 345MPa、370MPa、390MPa,再发展到 420MPa、500MPa、690MPa,虽然高性能钢桥梁在我国起步较晚,但是目前应用级别最高也达到了 690MPa(如武汉江汉七桥);表 3-12 汇总了我国代表性大型钢结构桥梁用钢的发展概况,表 3-13 为我国与日本、美国、欧洲、韩国等国家的高性能高强钢力学性能对比情况。

我国代表性大型钢结构桥梁用钢发展概况 表 3-12

钢材牌号	桥梁名称及建成年份
CT.3	武汉长江大桥(1957 年)
16Mnq	湘桂线浪江桥(1964 年)、南京长江大桥(1968 年)、宜宾金沙江大桥(1968 年)、三堆子金沙江桥(1968 年)、迎水河桥(1970 年)、枝城长江大桥(1971 年)、西陵长江大桥(1996 年)、下牢溪大桥(1997 年)、虎门大桥(1997 年)、武汉白沙洲大桥(2000 年)、鹅公岩长江大桥(2001 年)、南京长江二桥(2001 年)、重庆长寿大桥(2008 年)
15MnVNq	沙通线白河桥(1977 年)、永定河新桥(1978 年)、九江长江大桥(1992 年)
StE355	上海南浦大桥(1991 年)、上海杨浦大桥(1993 年)、上海徐浦大桥(1996 年)、上海卢浦大桥(2003 年)
16Mn	万县长江大桥(1992 年)、南海紫洞大桥(1996 年)、厦门海沧大桥(1999 年)、广州丫髻沙大桥(2000 年)、重庆忠县长江大桥(2001 年)、万州长江大桥(2004 年)
SM490C	孙口黄河大桥(1995 年)、汕头礐石大桥(1998 年)
14MnNbq	长东黄河特大二桥(1999 年)、芜湖长江大桥(2000 年)、粤海铁路大桥(2002 年)、佳木斯松花江大桥(2002 年)、宜万铁路万州长江大桥(2005 年)、武汉天兴洲长江大桥(2006 年)、重庆长寿大桥(2008 年)
Q345C	武汉军山长江大桥(2001 年)、巫峡长江大桥(2005 年)、深圳湾大桥(2005 年)、芜湖临江大桥(2007 年)、舟山西堠门大桥(2009 年)、南宁大桥(2008 年)、贵州坝陵河大桥(2009 年)
Q345D	贵州北盘江大桥(2001 年)、舟山桃夭门大桥(2003 年)、润扬长江大桥(2005 年)、安庆长江大桥(2005 年)、南京长江三桥(2005 年)、阳逻长江大桥(2007 年)
Q345E	宜昌长江大桥(2001 年)、天津塘沽海河大桥(2001 年)
Q345qC	新光大桥(2005 年)、湛江海湾大桥(2006 年)

续上表

钢材牌号	桥梁名称及建成年份
Q345qD	上海东海大桥(2005年)、上海长江大桥(2008年)、苏通长江公路大桥(2008年)
Q370qD	南京长江三桥(2005年)、苏通长江公路大桥(2008年)
Q370qE	南京大胜关高速铁路大桥(2010年)、武汉天兴洲公铁两用斜拉桥(2009年)、郑州黄河公铁两用桥(2010年)、广东东莞东江大桥(2009年)、安庆长江铁路桥(2012年)
Q390E	哈尔滨松花江斜拉桥(2003年)
Q420E	哈尔滨松花江斜拉桥(2003年)
Q420qD	重庆朝天门长江大桥(2008年)、江苏泰州长江大桥(2011年)、港珠澳大桥(2018年)
Q420qE	深圳湾大桥(2005年)、南京大胜关高速铁路大桥(2010年)、广东东莞东江大桥(2009年)、安庆长江铁路桥(2012年)
Q420qF	中俄黑河大桥(2019年)
Q500qD	陕西眉县干沟河、霸王河桥(2014年)
Q500qE	沪通长江大桥(2019年)
Q690qD	武汉江汉七桥(2021年)、澳氹四桥(预计2024年)

日本、美国、欧洲、韩国和中国高性能高强钢力学性能对比　　　　表3-13

牌　号	生产工艺	厚度(mm)	屈服强度(MPa)	抗拉强度(MPa)	韧性要求(最小值)	
					温度(℃)	冲击功(J)
BHS700W	QT	≤100	≥700	≥800	-15(HAZ) -20(母材)	47 100
HPS100W	QT	≤64	≥690	≥760	-34	48
S690Q	QT	≤100	≥690	≥770	-40(QL) -20(QL1)	40
HSB800(L/W)	TMCP	≤80	≥690	≥800	-40(L) -20(W)	47
Q690q	TMCP	$0 < t \leq 50$ $50 < t \leq 100$	≥650 ≥690	≥770	-20 -40 -60	120 120 47

注:Q表示"淬火+回火"交货条件;当温度不低于-40℃时冲击功指定的最小值用L表示;当温度不低于-60℃时冲击功指定的最小值用L_1表示;HAZ表示焊接热影响区。

与此同时,桥梁制造的发展过程也由铆接、栓焊逐步发展为全焊接桥梁,因此桥梁用钢的焊接性能成为决定其是否可以得到广泛应用的重要指标。另外,近年来国内钢铁企业的技术装备和冶炼技术有了长足进步,钢的纯净度大大提高。桥梁用钢的生产工艺也发生了很大的变化,由原来的热轧钢、正火钢,发展为控轧钢、TMCP控轧控冷钢、TMCP+回火处理钢,对于更高强度级别的桥梁用钢,还可考虑采用调质处理钢。同时,再加上微合金元素(尤其是Nb、Ti的使用)的强韧化作用,使得新型高强度、高韧性,并具有良好焊接性能和耐候性的国产高性能桥梁钢的出现成为可能。

2004年,我国鞍钢研制成功新一代桥梁用钢Q420qD,2006年应用于重庆朝天门长江大桥;随后武汉钢铁(集团)公司生产出了 Q420qE(WNQ570)桥梁钢,并应用于京沪高速铁路南京大胜关长江大桥的建设;2008 年鞍钢开发出 Q500qD,2014 年用于陕西眉县干沟河、霸王河桥的建造;2015 年,鞍钢与武钢一起试制成功世界先进水平的 Q500qE 高性能桥梁用钢,用于世界最大的公铁两用桥沪通长江大桥。但是,从目前我国钢结构桥梁选材来看,主流仍然是 345 级别,420 及 500 级别仅仅有少量工程采用,690 级别国内只有个别工程采用。我国高性能桥梁结构钢如 420MPa、500MPa、690MPa 钢材的工程应用,一般也仅使用在大跨径桥梁的桥塔、钢箱梁等受力较大的结构构件或关键部位中,还未在桥梁工程中大量应用。十三五期间,国家重点研发计划安排了高性能桥梁用钢项目,Q690 级别高性能桥梁钢已经初步研发成功,在武汉江汉七桥受力较大的杆件中首次试用了 1 500 余 t。此外,目前笔者所在的研究团队目前正在联合鞍钢集团北京研究院有限公司和中铁宝桥集团有限公司,共同研发 890MPa 级高性能超高强桥梁用钢材。总体而言,我国高性能钢的发展仍处于初始阶段。

随着桥梁设计理念的转变以及对桥梁制造周期等方面的要求日益提高,传统的结构钢板已不能完全满足桥梁设计及施工要求,开发强度、断裂韧性、焊接性、耐蚀性以及加工性能等方面均优于传统钢材的高性能桥梁用钢十分必要。在国外,高性能桥梁用钢已成为桥梁钢发展的一个新方向。国外高性能钢研发过程中有以下几个特点值得我们借鉴和关注。

(1)日本高性能钢的开发非常重视基础理论研究,在基础研究上花费大量的人力物力。如日本在研发 BHS 高性能钢之前,首先通过试验确定了桥梁用钢的最佳屈服强度,为后来确定 BHS 高性能钢的性能指标提供了依据。此外,日本的桥梁钢品种从研发到应用的周期很长,桥梁钢的性能测试,如耐蚀性能、疲劳性能等,往往均在实际环境中进行,其周期可能为数年或数十年,但由于十分接近材料的服役环境,因此对其性能及寿命的估测非常准确。

(2)美国高性能桥梁用钢的立项及开发是由美国政府、行业学会、海军、大学、钢铁公司以及基金会共同合作,充分利用了全社会各行业的人力、物力资源,同时美国材料与试验协会将高性能桥梁用钢纳入标准,使其生产和应用更加顺畅。

(3)欧洲虽然没有关于桥梁钢的专门标准,桥梁用钢大部分为微合金钢,但利用先进的轧制工艺,欧洲大力发展变截面钢板,节约了钢材及成本。

(4)韩国的高性能钢研发虽然比欧美起步晚,但由于从立项起便有政府部门、研究机构、生产制造和设计施工等相关方全程参与项目,参与相关的研发、试验和标准与规范的编制等工作,因此取得了较好的效果。韩国 HSB500 及 HSB600 高性能钢从 2007 年开始实现工业供货。

与日美欧韩相比,我国高性能桥梁用钢的研发与生产,在强度、性能和应用量上,差距较大。未来随着我国常规跨径公路钢结构桥梁及跨海湾、跨江的大跨径钢结构桥梁的建设,桥梁钢结构需求量将快速发展,未来市场的增长空间巨大,尤其对高性能桥梁用钢需求旺盛,发展空间广阔。

3.2.2 高性能耐候钢

1)特点

耐候钢是指通过添加少量的合金元素如 Cu、P、Cr、Ni、Mn、Mo、Al、V、Ti、Re 等,使其耐大气腐蚀性能获得明显改善的一类低合金钢。耐候钢的力学性能基本上与优质碳素钢或优质低合金钢接近,但要求耐候钢应具有较好的冷加工性能。此外,在干湿交替环境下,耐候钢能够在其表面形成一层致密的锈层,锈层逐渐稳定,腐蚀速度减慢,从而达到保护基体的目的。耐候钢的耐大气腐蚀性能介于普通低碳钢和不锈钢之间。耐候钢耐腐蚀机理示意如图3-2所示。

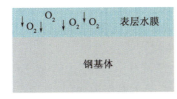 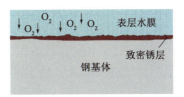

图3-2 耐候钢耐腐蚀机理示意

1916年美国实验和材料学会(ASTM)开展了钢材的大气腐蚀研究。20世纪30年代,美国钢铁公司(U.S. Steel)首先研制成功了耐腐蚀高强度含铜低合金钢——Corten钢,并在20世纪60年代应用于建筑和桥梁。其中应用最普遍的是高磷、铜+铬、镍的Corten A系列钢,和以铬、锰、铜合金化为主的Corten B系列钢。由于耐候钢不用涂装就可以使用,因此可以有效降低钢结构寿命周期的总造价,这对于涂装和维护困难的大跨径桥梁具有更重要的意义。

耐候钢的耐大气腐蚀性能为普通碳素钢的2~8倍,并且使用时间愈长,耐腐蚀作用愈突出。表3-14为美国耐候钢与普通钢每吨使用量的价格比较。通过比较,耐候钢比普通钢的制造价格高约5%,但是普通钢的涂漆防护费用却是两者间制造差价的3倍。

美国耐候钢与普通钢价格比较(t/美元)　　　表3-14

项　目	普　通　钢	耐　候　钢
材料及加工等	1 081	1 138
架设	91	91
工厂涂漆	74	6
现场涂漆	105	2
合计	1 351	1 237

我国耐候钢一般分为高耐候钢和焊接耐候钢。高耐候钢具有较好的耐大气腐蚀性能,焊接耐候钢具有较好的焊接性能。高耐候钢生产方式为热轧和冷轧,焊接耐候钢生产方式为热轧。

对于我国热轧高耐候钢牌号常用的主要有:Q295GNH、Q355GNH;冷轧高耐候钢牌号常用的主要有:Q265GNH、Q310GNH;对于焊接耐候钢牌号主要有:Q235NH、Q295NH、Q355NH、Q415NH、Q460NH、Q500NH、Q550NH。

高性能耐候钢是一种集优越力学性能、高耐腐蚀性、便于加工制造和较高性价比于一体的桥梁结构用钢。一般经过3~10年后,耐候钢表面形成一层致密的锈层,锈层能够阻碍氧气和侵蚀氯离子与基体接触,达到保护基体的目的。2016年交通运输部发布的《关于推进公路钢结构桥梁建设的指导意见》中明确指出:环境条件适合的桥梁结构推广使用耐候钢,能够提高结构抵抗自然环境腐蚀的能力,降低养护成本。

从本质上讲,耐候钢的腐蚀机理与普通低碳钢相同,耐候钢之所以具有较好的耐蚀性是由于其形成的锈层更为致密,能够附着于基体表面,阻止空气中氧气、水分和有害离子的进入,起到很好的保护作用。而对于普通低碳钢,其锈层较为疏松,容易脱落,不能对基体起到很好的保护作用,因而锈蚀情况更为严重。初始锈层的形成对于耐候钢的耐蚀性能至关重要。大量研究表明,初始保护锈层的形成与耐候钢所处的气候环境和暴露条件有关,在干湿交替环境中,耐候钢更易形成结构致密的稳定化锈层,而在持续潮湿的环境中,有积水存在情况下,污染大气中以及海洋大气下保护锈层不易形成,甚至根本不会形成,耐候钢将与普通钢材一样发生较为严重的锈蚀。一般经过 3~10 年的暴露后,耐候钢表面锈层逐渐稳定,腐蚀速度减慢,外观呈现与周围环境相协调的深褐色。稳定的锈层一般包括内外 2 层,内锈层致密,外锈层疏松、多孔,其中内锈层对耐候钢在大气中的腐蚀一般起主要保护作用。

影响耐候钢锈层稳定化的主要因素有:盐分、硫化物和水分等。其中盐分为控制因素,因此免涂装耐候钢桥在受空气盐分影响较强的海岸区域和有高湿度海风的地区应避免使用,高寒地区路面使用防冻剂和除冰盐的桥梁亦应慎重采用。另外,耐候钢也因合金元素含量不同耐候性有差异,是否能裸装使用与耐候钢性能及使用环境有关,这点需注意。另外,耐候钢裸露使用时初期稳定锈层未形成,易发生锈液流失,易污染周围环境,目前可以采用涂刷耐候钢生锈液、锈层稳定化涂层以及洒水工艺等加速锈层稳定措施对耐候钢表面进行预处理,以保证耐候钢在初期就可以形成稳定锈层,从而避免锈液流失。

此外,耐候钢自动保护氧化层的耐腐蚀效果与其组成成分以及钢中合金元素及其化合物的作用有关。耐大气腐蚀性能取决于基板的自动保护氧化层的形成过程中干湿交替的气候条件,所提供的保护作用与环境以及在结构中的部位等其他条件有关。因此,在结构件的设计及生产过程中,需注意对表面自动氧化层的形成及再生效应作出规定。对设计者而言,在计算过程中应考虑裸露钢材的腐蚀,或者是提高产品的厚度对浸蚀进行补偿。

当空气中含有某些特殊的化学物质,或者结构件长时间与水接触,或一直裸露在潮湿的空气中,或在海洋性气候中使用时,应对耐候钢采用常规表面保护,在涂漆前需去除产品表面的氧化铁皮。在相同条件下,涂漆后耐候钢的腐蚀敏感程度小于一般的结构钢。

另外,对耐候钢的焊材,不仅要考虑强度匹配,还要考虑到所采用的焊接熔敷金属应具有不低于母材的抗腐蚀性。目前,中国耐候钢焊接材料标准仅有《铁道车辆用耐大气腐蚀钢及不锈钢焊接材料》(T/CWAN 0018—2020)可以参考。美国国家标准桥梁焊接规范 *AASHTO/AWSD1.5M/D1.5:2010* 规定:多道焊缝中,下层焊道所用焊材可以仅考虑强度匹配,但是盖面的 2 层焊道的焊材需具备抗腐蚀性;单道焊缝中,如果焊缝尺寸小于 8mm,可以使用常规焊材,因为从母材中过渡到焊缝中的合金元素足以使焊缝具备良好的耐腐蚀性。

对于常规跨径的钢箱梁,若采用耐候钢,耐候桥梁钢建议以热机械轧制(TMCP)、热机械轧制 + 回火(TMCP + T)状态交货。同时,根据桥梁所处环境中年均氯离子沉积率和年均 SO_2 沉积率的不同,耐候钢分为城乡大气环境用耐候钢、工业大气环境用耐候钢和海洋大气环境用耐候钢,其化学成分有较大差异,耐候钢选用时应注意所选耐候钢应与当地环境气候相适应,耐候钢力学性能可借鉴现行《桥梁用结构钢》(GB/T 714)。

2)应用与发展

目前,在国际上耐候钢正逐渐被当作一种普通钢种来广泛使用。美国约 50% 的桥梁使用了耐候钢,其中有 45% 的桥梁已免涂装应用耐候钢,表 3-15 统计了 2010 年以来美国已建的部分耐候钢桥信息,图 3-3 为美国阿拉斯加塔纳纳西河桥应用耐候钢的情形。在日本约 20% 的桥梁使用耐候钢,其中裸露桥梁约占 70%,采用锈层稳定化处理技术的桥梁约占 20%,涂装桥梁约占10%；近年来，日本在东北、九州及北陆新干线中约有19座桥梁应用了镍系高耐候钢。此外，加拿大在新建钢桥中有90%使用了耐候钢，韩国目前已有20余座耐候钢桥。

美国部分耐候钢桥信息统计　　　　　　　表3-15

建成年份（年）	工程名称	桥　　型	跨径布置（m）	钢材用量（t）	成本（亿美元）
2010	伯灵顿铁路桥	桁架桥	108.5	3 575.0	0.833
	林奇村桥	工字组合梁桥	2×30.5	71.0	0.023
2011	塞姆勒街桥	工字组合梁桥	11.6+23.8+11.6	250.0	0.070
	爱荷华瀑布桥	拱桥	88.0	834.6	0.128
2012	道奇溪大桥	工字组合梁桥	39.3	80.2	0.008
	基恩公路桥	U形梁桥	24.8+37.9	450.0	0.036
2013	米尔克里克桥	工字组合梁桥	36.6	76.8	0.030
2014	岩链路运河桥	工字组合梁桥	76.2+134.1+149.4+134.1+106.7	10 172.0	1.040
	布拉索斯河桥	U形梁桥	56.4+76.2+56.4	2 163.0	0.170
2015	威奇塔立交桥	工字组合梁桥	695	2 875.0	0.240

图3-3　美国阿拉斯加塔纳纳西河桥耐候钢应用

英国第一座耐候钢钢桥于1967年建成，是约克大学的一座人行天桥，此后该材料逐渐应用于英国各地的诸多桥梁。此后，自2001年以来，英国在桥梁上使用耐候钢的情况显著增加。现在，耐候钢已经成为各种桥面板的首选材料。图3-4为英国伦敦千禧桥（Shanks Millennium Bridge）应用耐候钢的情形。

21世纪以来，中国钢铁企业也对耐候钢进行了研发。国内钢厂已经完成适用于城乡及工业大气环境的高性能耐候桥梁用钢Q345q(D、E)NH、Q370q(D、E)NH、Q420q(D、E)NH、Q460qENH、Q500q(D、E)NH和Q690qENH的工业试制及批量应用，海洋大气环境及工业大气环境应用的耐候钢也已开发成功。同时，国内钢厂在典型大气环境，如青岛、海南、沈阳、北京、广州、泉州、鞍山等地，以及泰国、马尔代夫等国外若干地点，进行了挂片曝晒试验，获得了大量的大气腐蚀数据，而高性能耐候桥梁钢耐蚀性数据积累丰富，则为高性能耐候钢在我国桥梁中的推广应用提供了数据支撑。图3-5为耐候钢在辽宁省沈阳市毛家店桥的应用情况，该桥已于2016年通车；表3-16给出了近年来中国耐候钢桥的建设情况。

图 3-4　英国伦敦千禧桥(Shanks Millennium Bridge)耐候钢应用

近年来中国耐候钢桥建设及用钢情况统计　　表 3-16

建成年份（年）	工程名称	桥型	钢材型号及涂装情况	钢材用量（t）
2011	南京大胜关长江大桥	连续钢桁拱桥	WNQ570 涂装	13 500
	丹通高速宽甸立交桥	波形钢腹板桥	Q370qENH 涂装	117
2012	沈阳外环线后丁香桥	钢箱梁桥	Q345qENH 裸装	5 400
2013	沈阳后丁香公路桥	钢箱梁桥	Q345qENH 涂装	5 239
2014	陕西眉县霸王河桥和干沟河桥	钢管混凝土系杆拱桥	Q500qDNH 裸装	990
2015	陕西眉县渭河 2 号桥	组合梁桥	Q345qDNH,Q500qDNH 裸装	400
2016	大连普湾新区跨海桥	钢箱拱肋提篮拱桥	Q345qENH,Q420qENH 涂装	19 980
	沈阳毛家店跨线桥	钢箱梁桥	Q345qENH,Q420qENH 裸装	1 000
2018	拉林铁路藏木特大桥	钢管混凝土拱桥	Q345qENH,Q420qENH 裸装	13 000
2019	官厅水库特大桥	地锚式悬索桥	Q345qENH 裸装	7 080

图 3-5　辽宁省沈阳毛家店耐候钢桥

此外,目前我国已完成了屈服强度 235～500MPa 级别耐海洋大气腐蚀桥梁钢的研制,形成了 1% Ni 和 3% Ni 两种类型的镍系高耐候钢,完成了工业试制生产。在马尔代夫及我国沿海地区开展了挂片曝晒试验。在中国援建马尔代夫的中马友谊大桥上推广应用了 3% Ni 类型的镍系高耐候钢近 1000t,现已竣工通车。

虽然耐候桥梁钢在中国已经有所应用,但总体而言,耐候钢桥在中国的应用并不普遍,尚未形成相关的设计方法和设计理论,相关参数和指标尚未得到量化,目前也主要是借鉴国外的设计建造经验,整体规模化应用的进程缓慢,相比于发达国家滞后近50年。当前,中国冶金及钢桥制造水平已达到世界先进水平,已经具备了推广耐候钢桥的条件,适于中国耐候钢桥设计建造的相关标准和指南也已进入深入研究阶段,不久将出台相关技术标准。未来,耐候钢在我国桥梁结构中的应用将具有广阔的前景。

3.2.3 不锈钢和铝合金钢

除上述高性能钢材,不锈钢和铝合金在未来的桥梁工程中也将有一定的应用。

1) 不锈钢

不锈钢指在大气和一般化学介质中具有高耐腐蚀性能的一类钢材。不锈钢内铬元素的含量通常在11%以上,同时还含有镍、钼等其他多种元素。不锈钢中的铬可在金属表面形成一层光滑、稳定且透明的氧化铬钝化层,从而能够防止不锈钢被腐蚀。与普通钢材不同,不锈钢没有确定的弹性极限强度,通常将0.2%应变所对应的应力值作为屈服应力进行设计。不锈钢已在工业设备、船舶等领域有大量应用。受其昂贵价格的影响,不锈钢在桥梁工程中的应用还很少。目前,仅在部分腐蚀环境下的重要桥梁中少量使用了不锈钢钢筋,或作为非结构构件应用(如香港青马桥的风嘴)。虽然不锈钢的成本明显高于普通钢材,但由于可减少维护工作量而能产生可观效益。随着对结构全寿命周期内效益成本的认识加深,不锈钢结构在桥梁工程中也会产生一定的吸引力。

2) 铝合金

铝合金是以铝为基的合金总称。主要合金元素有铜、硅、镁、锌、锰,次要合金元素有镍、铁、钛、铬、锂等。相比于普通钢材,铝合金具有强度质量比高,断裂韧度和疲劳强度高,耐腐蚀和稳定性好等诸多优点。近年来,铝合金在桥梁工程中也越来越引起人们的兴趣与重视,并已有部分成功的经验。

第 4 章

钢箱梁设计

钢箱梁结构自重相对较轻,抗弯、抗扭刚度大,设计、施工技术要求高。钢箱梁作为薄壁结构,其受力复杂,选取合理的横断面布置,进行正确的构造设计,选择合适的桥面板和底板及腹板的板厚、合适的加劲肋形式及厚度,确定合理的横隔板间距及刚度,布置适当的纵横梁构造及支点局部加劲构造,这些均对钢箱梁结构的受力及耐久性具有重要的影响。与此同时,建筑信息模型(BIM)作为目前国内外工程界流行的一项新技术,其对桥梁工程领域的影响将会是十分深刻的;其中,对于钢箱梁的 BIM 设计,通过利用 BIM 技术可以对钢箱梁进行三维设计,建立参数化的 BIM 模型,利用建立好的 BIM 模型,通过剖切生成二维图纸以及工程数量统计表,从而改变传统的二维图纸的设计方式,提高设计效率和提升设计质量。

4.1 设计要点

钢箱梁一般由顶板、底板、腹板、横隔板、纵隔板、悬臂板、加劲肋等通过焊接或栓接的方式连接而成,其中顶板为由盖板和纵向加劲肋构成的正交异性桥面板,钢箱梁组成部分示意如图 4-1 所示。

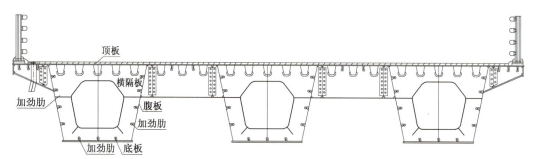

图 4-1 钢箱梁组成示意

钢箱梁桥的主要传力途径为,桥面车轮荷载首先由桥面板传递至纵向加劲肋,纵向加劲肋传递至横梁,横梁传递至纵向主梁,最后力流传递至支点横梁而后转至支座。根据钢箱梁结构的变形可将其受力划分为三个体系,即第一体系、第二体系和第三体系。

正交异性钢桥面板(图 4-2)的力学性能十分复杂,根据结构变形及受力,可将其划分为三个体系,即第一体系、第二体系和第三体系。

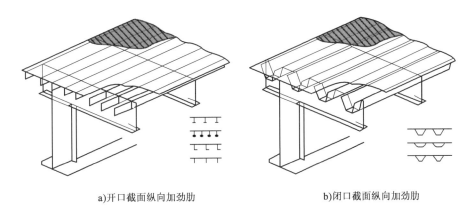

a) 开口截面纵向加劲肋　　　　　b) 闭口截面纵向加劲肋

图 4-2　正交异性钢桥面板示意

第一体系又称为主梁体系,主要指将顶板和纵向加劲肋组成的结构系作为主梁的一个组成部分,共同参与主梁的纵向受力。该体系主要考虑桥面纵向车道荷载引起的钢桥面板受力,对应的变形主要为主梁纵向弯曲变形,与该变形对应的结构应力为第一体系的应力。一般在确定主梁上翼缘的有效宽度后,可通过桥梁结构的总体计算模型进行纵向总体受力分析得到。

第二体系又称为桥面体系,主要是指由顶板、纵向加劲肋及横肋组成的结构体系,作用为将桥面上的荷载传递至主梁和刚度较大的横梁。当荷载作用于横肋之间的桥面板时,传力途径为:桥面铺装→顶板→纵向加劲肋→横肋→主梁腹板;当荷载直接作用于横肋位置处的桥面板时,传力递途径为:桥面铺装→顶板→横肋→主梁腹板。该体系主要考虑桥面车辆荷载引起的钢桥面板受力,对应的变形主要为桥面局部荷载作用下引起的局部范围内的纵向变形和横向变形,变形后是一个曲面,与该变形对应的结构应力为第二体系应力。该体系的计算分析,可通过建立钢箱梁梁段的节段模型,分析车辆荷载作用下引起的体系局部受力。

第三体系又称为盖板体系,主要指直接承受轮重并将轮重传递到加劲肋上的顶板,它被视作支承在纵向加劲肋和横肋上的各向同性连续板。该体系直接承受车轮局部荷载,并将荷载传递至纵向加劲肋和横肋,当顶板上的轮载逐渐加大时,顶板的弯曲应力将逐渐进入薄膜应力状态,有关研究表明其承载力相比较于采用一次弯曲理论求出的计算值要大得多,因此在设计钢桥面板时,通常忽略该体系应力,不计入该体系的薄膜效应。

总体而言,第一体系对应结构的整体受力,第二、三体系对应结构的局部受力,在荷载作用下,钢桥面板任何一点的内力可由上述三个基本体系的内力适当叠加而近似地求出。

关于正交异性钢桥面板的受力计算方法,目前常用的方法是叠加计算方法和整体计算方法。钢桥面板的叠加计算方法是最为传统的计算方法,主要是根据钢桥面板的受力特点,按前面所述的主梁体系、桥面体系和盖板体系的三个结构系分别计算然后叠加。其中,第一体系受力常采用杆系模型计算,第二及第三体系受力常建立板单元有限元模型计算,由于薄膜应力效应,第三体系即盖板体系的应力往往可以忽略不计。该方法的难点在于确定钢桥面板整体和局部同时出现最不利应力状态的荷载工况。

整体计算法主要指建立全桥有限元模型,将结构按薄壳考虑,荷载按实际作用面积大小直接施加于薄壳上,并同时考虑整体受力与局部受力的耦合关系。该方法比较接近于结构的实际受力情况,但是计算复杂;对于桥宽和跨径较小的桥梁可以将全桥钢结构的所有板件划分为空间薄壳单元计算,但对于桥宽大、结构复杂的大跨径桥梁,若全桥用空间薄壳单元模拟则需大量的计算机内存和计算时间,甚至达到不可计算的程度。对此,为了节约计算机内存和计算时间,实现大跨径钢结构桥梁的整体计算,近年来也常采用杆系单元与薄壳单元相结合的混合有限单元法,进行结构整体受力与桥面板局部受力的耦合分析。

钢箱梁受力变形示意如图4-3所示。

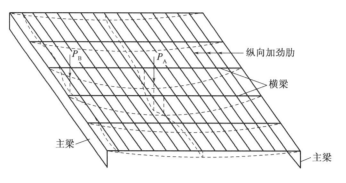

图4-3 钢箱梁受力变形示意

对钢箱梁进行整体设计时,应根据交通量及荷载合理确定桥梁的纵断面、平面、横断面,选择合理的施工方式,结构选型考虑使用性能的要求,安全性及耐久性上应确保桥梁结构的强度、刚度、稳定、疲劳、防腐等满足要求。

为保证钢箱梁结构的合理性,通常需进行以下几方面的研究:①钢箱梁的构造与设计计算方法;②钢箱梁桥梁高的确定原则;③钢箱梁桥的扭转、畸变与横隔板的合理间距和刚度;④钢箱梁桥顶板加劲肋与桥面钢板刚度的匹配与协调;⑤钢箱梁桥轮压荷载对钢箱梁桥面板体系和顶板的作用;⑥钢箱梁桥横隔板(梁)间距的影响因素;⑦钢箱梁桥纵隔板(梁)的设置原则。

在对钢箱梁结构进行设计时,其主要设计要点如下:

(1)钢箱梁常用跨径范围为60~110m,可用于双向两车道、双向四车道、双向六车道以及双向八车道等多种宽度桥梁。跨径超过60m时,采用钢箱梁桥的结构形式较为经济。

(2)钢箱梁主梁要具有足够的强度和刚度,通常主梁以截面应力控制设计时的用钢量相比较于刚度控制设计时的用钢量要节省,为了有效发挥钢材的作用并节省用钢量,主梁设计时宜尽可能地使得截面以应力控制设计为主。

(3)梁高对主梁抗弯强度和刚度影响较大,对于简支梁结构形式,钢箱梁常用的高跨比(钢箱梁的高度和跨径的比值)为1/15~1/32;对于连续梁结构形式,钢箱梁常用的高跨比为1/20~1/38。常规跨径桥梁钢箱梁设计时,梁高宜采用等高度的形式。

(4)钢箱梁梁宽的确定,需综合考虑箱梁的受力、维修管理、制作、运输、安装与架设等。从受力的角度,箱梁的高宽比(箱梁的高度与宽度之比)过大与过小都会使得箱梁畸变与翘曲的影响较大,尤其是高宽比很大时,侧向稳定性能较差;箱梁的宽跨比(箱梁的宽度与桥梁跨径之比)太大时,顶底板的有效宽度减小,截面不经济;从制造和养护角度,箱梁的高度和宽度不宜过小,以便人员可以较方便地进入箱内进行作业;从运输、安装角度,若箱梁采用陆路运输时,截面宽度和高度宜控制在3 200~3 600mm以内,否则需将梁体划分为可运输与安装的板件或构件单元,在工地现场进行安装和连接。

(5)钢箱梁构件应按承载能力极限状态验算其强度和稳定性,作用组合效应设计值按现行《公路桥涵设计通用规范》(JTG D60)的规定计算;疲劳验算应按抗疲劳设计与计算的有关规定执行。

(6)钢箱梁剪应力计算应注意考虑扭转的影响。通常钢箱梁的约束扭转剪应力较小,可以忽略不计,仅计算自由扭转剪应力。但是弯梁或高宽比很大(或很小)的箱梁等不应忽略约束扭转剪应力的影响。

(7)进行钢箱梁构造及细节设计时,需主要确定如下参数:截面的外形形状、顶板厚度、顶板加劲肋类型、间距及厚度,底板厚度、底板加劲肋类型、间距及厚度,腹板厚度、挑臂板厚度及加劲类型、横隔板的类型和间距,钢箱梁的连接方式等。

(8)钢箱梁设计时可根据弯矩的大小调整主梁截面,调整主梁截面的方法可分为改变梁高和板厚两种方法。当跨径较小时,常采用改变顶底板板厚、梁高与梁宽保持不变的方法;当跨径较大时,常采用改变梁高的方法。

(9)为防止钢箱梁出现过大的畸变和面外变形,需要设置中间横隔板;支点处必须设置横隔板,其形心宜通过支座反力的合力作用点;横隔板应有足够的刚度和强度。

(10)钢箱梁桥应设置预拱度,预拱度大小应视实际需要而定,宜为结构自重标准值加1/2车道荷载频遇值产生的挠度值,频遇值系数为1.0;预拱度的设置应保持桥面线形的平顺。

(11)钢箱梁设计时应注意设置进入箱内的检修通道。为便于钢箱梁的制作和维护,通常在钢箱梁内部的横隔板上设置人孔;当箱梁尺寸很小箱内不能设置检修通道时,箱内的防腐寿命应该达到结构使用期的要求,为延缓钢材的腐蚀,不能设置检修通道的箱梁应完全封闭。

(12)钢箱梁常用的架设方法有节段吊装和顶推架设。

①钢箱梁通常采用厂内制作小节段梁段,桥位现场拼装成大节段然后进行吊装架设。吊装又分为陆上吊装和水上吊装,当陆上钢箱梁架设采用吊装时,需要考虑吊装操作空间、吊装吨位和对交通通行的影响。

②在跨河、跨谷以及桥墩较高的建设条件下,宜采用顶推法架设。

钢箱梁的设计过程,可大致分为如下步骤:

(1)开展概念设计,拟定合适的梁高。

(2)根据平面划分箱室。

(3)确定顶板和底板纵向加劲肋形式;根据梁高和箱室宽度确定横隔板类型,根据加劲肋形式确定横隔板间距,设置横隔板时应保证其刚度和第二体系的受力,确定横隔板间距时需兼顾翼缘挑梁的布置和受力。

(4)开展钢箱梁桥主梁第一体系计算、桥面板第二体系计算、中间横隔板和支点横隔板局部受力及刚度计算、支座支撑加劲计算、悬臂挑梁受力计算等,从而确定钢箱梁各主要构件的尺寸及厚度。

(5)建立全桥有限元模型,计算各施工阶段及运营阶段钢箱梁整体和局部的受力及稳定性,根据结果进一步优化各板件设计。

4.2 横断面布置

由于钢箱梁桥的横向刚度很大,通常可以不设纵向联结系。钢箱梁的单箱承载力较大,可以采用单箱、双箱和多箱的结构形式,总体布置比较灵活。一般情况下,梁式钢箱梁桥的截面按照横断面布置可分为单箱单室、双箱单室、多箱单室、单箱多室等多种形式。

1)单箱单室钢箱梁

钢箱梁由于抗弯刚度和抗扭刚度较大,箱梁截面尺寸较大时,单梁具有较大的承载力。桥宽较小时,桥宽在三车道以内,可以采用单箱结构;桥梁的桥宽与跨径之比(宽跨比)不大,跨径是桥宽的 8 倍以上时(考虑剪力滞的折减不过大),采用单箱结构形式较为经济。此外,匝道桥桥面较窄,通常采用单箱单室结构;当桥宽在四至六车道时,也可采用上下行线完全分离的双幅单箱梁桥。单箱截面示意如图 4-4 所示。

单箱钢箱梁桥在钢箱两侧可以设置较大的悬臂,这样可以有效地减小钢箱的宽度。同时,为了减小挑梁的悬臂长度,通常还可将箱梁做成倒梯

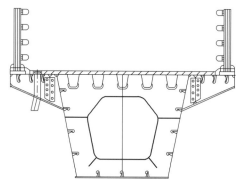

图 4-4 单箱截面示意

形的结构形式,港珠澳大桥深水区非通航孔桥便采用了此种截面形式,如图 4-5 所示。此外,钢箱梁采用悬臂式桥面板还可以增加翼缘板的有效宽度,一般情况下,主梁腹板间距不大于等效跨径的 1/5 或者主梁悬臂长度不大于等效跨径的 1/10 时,箱梁全宽有效。需要指出的是,简支梁的等效跨径与主梁计算跨径相同,连续梁的等效跨径为反弯点间的距离。

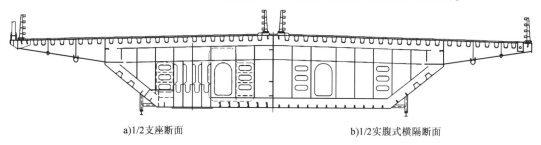

a)1/2支座断面   b)1/2实腹式横隔断面

图 4-5 港珠澳大桥深水区非通航孔桥钢箱梁截面示意

对于钢桥面结构,挑梁主要是为了提高桥面板的刚度,采用开口加劲肋时的挑梁间距一般为 1.5~3m,采用 U 形加劲肋时挑梁间距可以适当增加,一般为 2~4m。但由于钢箱梁挑梁高度一般较小,因此挑梁通常采用工字形截面形式。

2)双箱单室钢箱梁

桥宽较大,或者单箱结构尺寸过大,在制作、运输和安装与架设有困难时,或者单箱有效宽度很小(剪力滞折减过多)时,采用双箱结构较为合理,四车道内均可,双箱截面如图 4-6 所示。双箱钢梁桥的挑梁布置和结构形式与单箱梁基本相同。

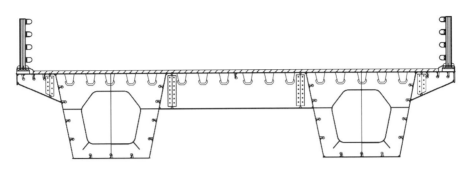

图 4-6 双箱截面示意

3) 多箱单室钢箱梁

多箱钢梁桥的布置与双箱梁桥基本相同,多箱结构的用钢量较大,为了使得各主梁受力均匀和改善桥面板的受力,主梁尽可能等间距布置。但是,多箱钢梁桥的公路运输方便,吊装时箱室整体性、稳定性好,易于标准化、装配化,构件后期破坏,构件互换能力强。多箱单室截面示意如图 4-7 所示。

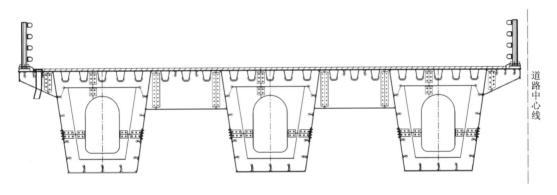

图 4-7 多箱单室截面示意

4) 单箱多室钢箱梁

单箱多室结构的中间腹板对箱梁的抗扭刚度贡献不大,有效工作宽度不明确,且会增加用钢量,应用相对较少,通常在梁高受到限制时采用。单个箱室宽度不宜大于 6m,不宜小于 3m,小跨径箱室宽度可以小一些,大跨径箱式大一些,主要考虑剪力滞后折减,有效利用顶底板。梁高受到限制时,纵横向分段分块后制作运输也较为方便,可优先考虑采用,市政桥梁考虑景观因素,多采用单箱多室结构。单箱多室截面示意如图 4-8 所示。

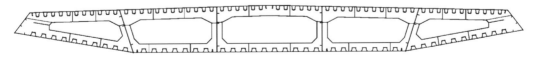

图 4-8 单箱多室截面示意

一般情况下,钢箱梁较窄或者不受运输条件限制时,钢箱梁的截面应尽可能采用整体结构。当受运输条件限制时,可将钢箱梁在横桥向划分为若干单元,在工厂制造完成后再在工地拼装成整体。由于现场连接和设置脚手架的需要,钢箱梁下翼缘宽度通常比腹板间距大一些;当需要设置脚手架时,钢箱梁下翼缘悬出腹板的宽度一般为100~150mm[图4-9a)],不需要设置脚手架时,悬出宽度一般为15~20mm[图4-9b)]。此外,当钢箱梁顶底板采用变厚度设计时,为了保持横隔板尺寸的统一及便于加工制造,箱梁上下缘翼板通常采用箱内对齐的结构形式[图4-9c)]。钢箱梁上翼缘悬出腹板的宽度,根据桥面板的结构形式而定。

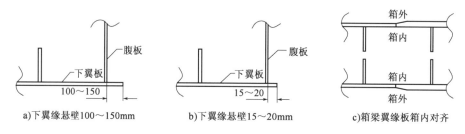

图 4-9 钢箱梁翼缘板构造示意(尺寸单位:mm)

4.3 构造设计

常规跨径钢箱梁的构造设计通常包括正交异性钢桥面板、钢箱梁底板及加劲肋、腹板及加劲肋、横隔(肋)板,以及纵梁和横梁等。

4.3.1 正交异性钢桥面板

正交异性钢桥面板是由相互垂直的顶板、纵向加劲肋和横隔(肋)板通过焊接方式连接而成的共同承受车轮荷载的结构。由于纵向加劲肋与横隔(肋)板间刚度的差异,正交异性钢桥面板在横向与纵向的受力性能呈现出典型的正交异性特征。纵向加劲肋与横隔(肋)板共同形成的网格结构作为桥面板的补强构造,顶板悬臂部分则作为纵向加劲肋与横隔(肋)板的翼缘,特殊的结构方式使正交异性钢桥面板兼具桥面板和梁体结构的作用,从而使其成为一种效率较高的桥面板结构形式。

1)正交异性钢桥面板结构演进

(1)顶板厚度的演进。

在20世纪40—50年代,由于物资的短缺,设计主要从经济性的角度出发。此外,由于当时人们对钢桥面板疲劳的认识尚浅,最初的正交异性板顶板仅考虑静力计算的强度要求,通常只有10mm。此后,桥面板厚度逐步增加,20世纪60年代初期起,桥面顶板厚度均大于12mm;多年实践表明,钢箱梁行车道正交异性钢桥面板的安全合理厚度应不小于18mm。

我国典型大跨径钢结构桥梁的正交异性钢桥面板结构形式见表4-1。

我国典型大跨径钢桥的正交异性钢桥面板信息　　　　表4-1

桥　　名	顶板厚度	横隔板信息	加劲肋形式(mm)	铺装信息
江阴长江公路大桥	12mm	间距3.2m	U形加劲肋(300×280×6×600)	双层环氧沥青(55mm)
海沧大桥	12mm	间距3.0m	U形加劲肋(300×280×6×600)	双层SMA(65mm)

续上表

桥　　名	顶板厚度	横隔板信息	加劲肋形式	铺装信息
南京长江二桥	14mm	厚10mm,间距3.75m	U形加劲肋(320×280×8×600)	单层环氧沥青(50mm)
阳逻大桥	14mm	厚8、10mm,间距3.2m	U形加劲肋(300×280×6×600)	双层环氧沥青(60mm)
南沙大桥	16~18mm	间距3.2m	U形加劲肋(300×280×8×600)	双层环氧沥青(65mm)
港珠澳大桥	≥18mm	开口形式参考欧盟规范	U形加劲肋(300×300×8×600)	GMA+SMA(68mm)

（2）顶板纵向加劲肋形状的演进。

在20世纪50年代正交异性钢桥面板应用初期,由于薄板理论基础研究较为薄弱,且计算机技术水平较低,钢桥中大都使用开口式的纵向加劲肋,便于简化分析。直到50年代中期,W. Cor-nelius和G. Fischer对U形加劲肋的计算提出了可行的简化方法,U形加劲肋才开始得到大量使用。但由于Cornelius和MAN公司当时把梯形肋申请了专利,迫使许多其他的桥梁公司采用一些其他形状的纵向加劲肋,如半圆形、酒杯形、V形、U形等。

开口肋构造形式简单,工地连接施工及检修方便,但同时开口纵向加劲肋也有明显的缺点:轮荷载在横向分布的有效宽度比较有限,这使得纵向加劲肋中心距限制在300~400mm之间,使纵向加劲肋的数目较多。同样纵向加劲肋跨径(横肋板中距)不宜超过2m,使横肋板数目较多,导致纵横肋板的用钢量较大;另外,由于纵向加劲肋、横隔板都必须与顶板焊接,且都必须采用双面角焊缝,随着纵横肋板数目的增多,其焊接工作量也明显增大,残余应力和变形难以控制。较开口截面纵向加劲肋而言,闭口截面纵向加劲肋的抗扭惯性矩较大,自重轻、焊接工作量少且要求涂装的暴露面积少,应用性更广泛。钢箱梁开口加劲肋和闭口加劲肋的构造形式示意如图4-10所示;钢箱梁开口加劲肋和闭口加劲肋的优缺点比较见表4-2。

同时,早期的纵向加劲肋在通过横隔板时断开,直接采用角焊缝与横隔板连接,由于此部位是正交异性钢桥面板受力最复杂的位置之一,应力集中现象明显。焊缝越多,由焊接残余应力和焊接缺陷所导致的疲劳病害的可能性就越大。例如,英国的Severn桥在通车11年后,纵向加劲肋与横隔板相交处的角焊缝出现疲劳裂纹。

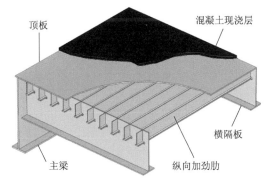

a) 典型的开口加劲肋示意

图 4-10

b)典型的闭口加劲肋示意

图 4-10　钢箱梁典型的加劲肋构造示意

钢箱梁开口加劲肋与闭口加劲肋优缺点比较　　　　表 4-2

截面形式	优　点	缺　点
开口加劲肋	构造简单,工厂制造和现场连接较便捷;纵向加劲肋与横肋板连接构造简单,桥面板被连续支承,无复杂应力;降低局部弯曲应力导致疲劳破坏的可能性	抗弯、扭转刚度小,结构效能低;与顶板焊接总长度较长,焊缝道数多,横纵向加劲肋间距小,用钢量大;屈曲强度低,难以承受较大的轴向应力
闭口加劲肋	用钢量少、焊接量少、要求涂装的暴露面积小;抗弯、抗扭刚度大,结构效能高;屈曲强度高,有利于承受较大的轴向压力	几何造型和固有的较大扭转刚度,易引起次应力和次应变;焊接工艺要求较高;焊接细部存在抗疲劳问题

但随着对纵向加劲肋与横隔板连接部位的不断改进,发展到目前为止,纵向加劲肋连续通过横隔板且在横隔板处设置开孔的构造形式,其抗疲劳性能相对较优。此外采用 U 形加劲肋的钢箱梁因其抗扭刚度大、横向抗弯刚度大、自重轻、抗风性能优越、安装制造及养护简易等优越性在中等跨径和大跨径桥梁中得到广泛应用。

(3)顶板 U 形加劲肋尺寸的演进。

正交异性钢桥面板中 U 形加劲肋应具有较高的压弯强度、抗弯刚度和抗扭刚度,同时能够对车轮荷载进行合理的横向分配,并尽量缩短其与横隔板焊接长度以减小残余应力的影响。因此,为满足工程实际的需要,需要对 U 形加劲肋的设计参数进行合理优化。

日本于 2002 年修订的《道路桥示方书》中规定,在腐蚀环境良好的条件下,U 形加劲肋的最小板厚可以为 6mm,并通过在 U 形加劲肋的高强螺栓工地接头处设置密封隔板提高密闭性抵抗腐蚀的方法,使得 6mm 板厚的 U 形加劲肋逐渐形成为标准化纵向加劲肋。同时,虽然日本《道路桥示方书》和《钢桥疲劳设计指针》中并未给出针对纵向加劲肋形状和刚度的规定,但《钢桥疲劳设计指针》的适用范围中包括了 U-320mm × 240mm × 6mm、U-320mm × 260mm × 6mm、U-320mm × 240mm × 8mm、U-320mm × 260mm × 8mm 等四种 U 形加劲肋形式,而 U 形加劲肋间隔一般按其上端宽度进行布置,因此其形状和刚度相当于实际已给出。

AASHTO(美国国家公路与运输协会标准)中规定的 U 形加劲肋最小板厚为 6mm,虽然 AASHTO 中没有 U 形加劲肋形状的具体规定,但其规定了 U 形加劲肋所需的必要刚度。

欧洲规范 Eurocode 3 规定的 U 形加劲肋最小板厚度为 6mm,但该规范中没有规定纵向加劲肋构造的形式,只规定了开口肋和 U 形加劲肋各自的形状容许误差。

(4) U 形加劲肋对接方式的演进。

国内外已建成的采用正交异性钢桥面板的桥梁,对于 U 形加劲肋的对接,大多采用焊接连接,但实践证明,此部位的焊缝极易出现疲劳病害,如虎门大桥、德国 Haseltal 桥、日本 Kinuura 桥南部结构等,都在对接焊缝部位出现了疲劳裂纹。港珠澳大桥对 U 形加劲肋对接方式进行了改进,由焊接改为高强螺栓连接,如图 4-11 所示。

图 4-11 港珠澳大桥钢箱梁 U 形加劲肋高强螺栓连接

(5) U 形加劲肋与横隔(肋)板焊缝部位的演进。

横隔板(横肋板)与 U 形加劲肋焊缝连接位置是正交异性板中构造最复杂的部位,焊缝较多,应力集中现象显著,极易出现疲劳病害。针对此部位横隔板(横肋板)的开孔形状,国内外学者进行了大量的理论和试验研究,日本规范、美国规范、欧洲规范等对开孔形状也给出了相关规定。为改善该处构造的疲劳性能,AASHTO 中提出在 U 形加劲肋与横隔板(横肋板)腹板连接处的 U 形加劲肋内部设置小隔板,通过设置 U 形加劲肋内部小隔板,以使得横隔板(横肋板)和 U 形加劲肋连接焊缝端部处的 U 形加劲肋腹板应力得以减小。

需要指出的是,在 U 形加劲肋与横隔板(横肋板)、顶板三向交叉处应力分布复杂,这一部位除结构受力特性本身所引起的应力集中外,焊接残余应力问题也较为突出,因此过往设计时,曾对该构造部位的设计趋向在横隔板(横肋板)上留过焊孔,将横隔板(横肋板)和顶板的焊缝与其他两条焊缝分开。但实践检验证明,此种处理方式易在设置过焊孔处产生疲劳裂纹,因此现行设计均不再设置此类过焊孔。

2) 桥面板厚度

由于正交异性钢桥面板的顶板既是主梁上翼缘也是钢桥面板上翼缘,其板厚将直接影响着主梁和钢桥面板的受力状态。在局部轮载作用下,若顶板的刚度过小将会使桥面板变形较大,对桥面铺装层和连接焊缝的受力极为不利,对桥面板抗疲劳性能也不利。因此,局部轮载作用下的允许变形量往往决定了顶板的最小厚度。为了确保桥面铺装层不产生裂纹,两个纵向加劲肋间的顶板竖向挠曲变形一般不大于 0.4mm,根据 Kloeppel 公式可得顶板厚度,见式(4-1):

$$t_d \geq (0.004a)\sqrt[3]{p} \tag{4-1}$$

式中:t_d——顶板厚度(mm);

a——顶板开口肋间距或 U 形加劲肋腹板最大间距(mm);

p——轮载面压力(kPa)。

日本《道路桥示方书》中规定轮载所产生的桥面板之间的挠度应在纵向加劲肋间隔的 1/300 以下。为了抑制桥面板的焊接变形,考虑到强度和铺装的老化,车道部分桥面顶板需控制在 12mm 以上(人行道 8mm 以上)。钢桥面板作为主梁的顶板,多数情况下采用 12mm 的板厚即可满足强度要求。因此,日本早期大多数钢桥面板采用 12mm 厚或更薄的顶板。但随着运营不断地造成结构疲劳损伤,各疲劳关键易损部位出现大量疲劳裂纹,因此,日本国土交通省发出通告,在采用 U 形加劲肋的情况下,对于经常有大型车辆轮载通过的正下方部位,桥面顶板的最小板厚为 16mm 以上。

美国规范 AASHTO 中规定,桥面板顶板的最小板厚为 14mm,且大于纵向加劲肋板间隔的 4%。该规范认为,14mm 以下的板厚能够满足结构强度要求,且考虑到已运营的实际同类型桥梁桥面板抗疲劳性能和结构的耐久性,因此最小板厚建议采用 14mm。

欧洲规范 Eurocode 中规定,桥面板顶板的最小板厚取决于钢桥面板的沥青铺装厚度。桥面顶板的最小板厚在铺装厚度超过 70mm 时为 14mm,在铺装厚度大于 40mm 且低于 70mm 时为 16mm。此外,该规范要求纵向加劲肋腹板的间隔小于顶板厚度的 25 倍,且最好在 300mm 以下;当纵向加劲肋腹板的间隔最大为 300mm 时,顶板厚度与日本规范中顶板最小厚度要求相同,按 12mm 计算。

日本、美国及欧洲对正交异性钢桥面板厚度的规定,如表 4-3 所示。

日本、美国及欧洲规范对正交异性钢桥面板厚度的规定　　　　表 4-3

规　范	行　车　道	人　行　道	备　注
日本规范	$t \geqslant 0.035 \times a$(A 类活载); $t \geqslant 0.037 \times a$(B 类活载)且 $t \geqslant 12$mm	$t \geqslant 0.025 \times a$ 且 $t \geqslant 12$mm	t 为桥面板厚度,a 为纵向加劲肋腹板间距;对于大断面 U 形加劲肋推荐桥面板厚度采用 18~19mm
美国规范	$t \geqslant 14$mm 且 $t > a \times 4\%$	—	t 为桥面板厚度,a 为纵向加劲肋腹板间距
欧洲规范	当铺装层厚度 $d \geqslant 70$mm 时,$t \geqslant 14$mm; 当铺装层厚度 40mm $\leqslant d <$ 70mm 时,$t \geqslant 16$mm	$t \geqslant 10$mm	d 为桥面铺装层厚度,t 为桥面板厚度;桥面顶板的最小板厚取决于钢桥面板的沥青铺装厚度

我国规范《公路钢结构桥梁设计规范》(JTG D64—2015)及《公路钢桥面铺装设计与施工规范》(JTG/T 3364-02)中规定:

(1)行车道部分的钢桥面板顶板板厚不应小于 14mm,加劲肋的最小板厚不应小于 8mm。

(2)人行道部分的钢桥面板板厚不应小于 10mm。

(3)正交异形钢桥面板的刚度应采用桥面板顶面最不利荷载位置处的最小曲率半径 R、纵向加劲肋间相对挠度 D 和相对挠跨比 D/L(图 4-12)三项指标进行评价。三项指标通过有限元方法计算获得,最小曲率半径 R 和相对挠度 D 也可采用现行《公路钢桥面铺装设计与施工规范》(JTG/T 3364-02)规定的方法计算获得。三项指标应符合表 4-4 的规定。

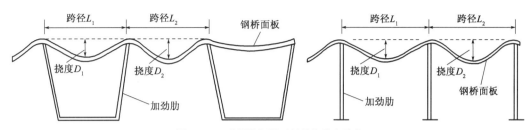

图 4-12 正交异性钢桥面板的挠跨比示意

正交异形钢桥面板刚度要求　　　　表 4-4

刚度指标	单位	技术要求
最小曲率半径 R	m	≥20
纵向加劲肋间相对挠度 D	mm	≤0.4
相对挠跨比 D/L	—	≤1/700

需要指出的是,顶板的挠跨比指标表征正交异性钢桥面板的局部刚度,在桥梁结构设计时仅需考虑裸板,即未铺装时桥面顶板在车辆荷载作用下的挠跨比。

此外,按照前述公式(4-1),根据我国车辆荷载和 U 形加劲肋通常布置情况(U 形加劲肋腹板的间隔为 300mm)计算,并忽略桥面铺装应力的扩散,可计算得到:

$$p = \frac{140}{(0.6 \times 0.2)} = 1\,166.7 \text{kPa}$$

$$t \geq (0.004a)(\sqrt[3]{p}) = (0.004 \times 300)(\sqrt[3]{1\,167.7}) = 12.6 \text{mm}$$

考虑到钢桥面板钢板误差及腐蚀,因此规范中取桥面板最小厚度不小于 14mm。

由于我国钢箱梁桥多采用 U 形加劲肋,桥面常有大型或重型车辆通过,顾及以往钢箱梁桥面板疲劳问题较为普遍,因此建议钢箱梁桥面板顶板的最小厚度宜取值 18mm 以上。

3)桥面板纵向加劲肋

(1)纵向加劲肋形状。

钢桥面板常见的纵向加劲肋,有开口截面加劲肋(图 4-13)和闭口截面加劲肋两种结构形式(图 4-14)。

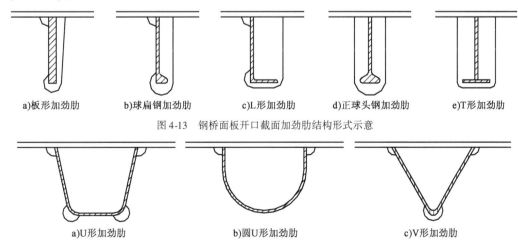

a)板形加劲肋　　b)球扁钢加劲肋　　c)L 形加劲肋　　d)正球头钢加劲肋　　e)T 形加劲肋

图 4-13 钢桥面板开口截面加劲肋结构形式示意

a)U 形加劲肋　　b)圆 U 形加劲肋　　c)V 形加劲肋

图 4-14 钢桥面板闭口截面加劲肋结构形式示意

开口截面加劲肋,常用板形加劲肋、球扁钢加劲肋结构形式。球头钢板有形状对称的辊轧凸缘的正球头钢板和形状不对称的偏球头钢板(即球扁钢)两种。此外,也有采用不等边角钢以及焊接倒 T 形截面和倒 L 形截面的结构形式。其中,平钢板纵向加劲肋的结构最为简单,平钢板和球头钢板纵向加劲肋的截面尺寸通常为 $10 \times 200\text{mm} \sim 25 \times 300\text{mm}$。不等边角钢纵向加劲肋材料虽然比较经济,但工厂焊接和工地连接较困难;焊接倒 T 形截面和倒 L 形截面纵向加劲肋,工厂焊接工程量较大,而且工地连接也较困难,故工程实际中采用较少。

开口截面纵向加劲肋构造简单,便于工地连接,但它的抗扭惯性矩较小,受力不如抗扭惯性矩较大的闭口截面纵向加劲肋。闭口截面纵向加劲肋主要有 U 形加劲肋、V 形加劲肋和圆 U 形加劲肋等结构形式。由于 V 形加劲肋受力性能较差,因此用得较少;而圆 U 形加劲肋虽然工厂加工比较方便,但工地连接较困难,因此用得也较少;因 U 形加劲肋的工厂加工性能和受力性能较好,工地连接也较方便,所以在工程实际中为采用最多的结构形式。

日本《道路桥示方书》和《钢桥疲劳设计指针》中没有关于钢箱梁纵向加劲肋形状的相关规定。但在《钢桥疲劳设计指针》中,除带头平肋等开口加劲肋,推荐了如下 4 种 U 形加劲肋整体构造设计,如图 4-15 及表 4-5 所示。

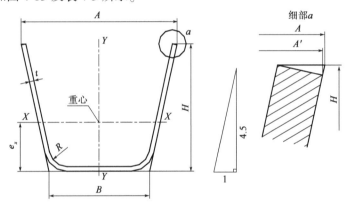

图 4-15 日本《钢桥疲劳设计指针》推荐的 U 形加劲肋参数示意

日本《钢桥疲劳设计指针》推荐的 U 形加劲肋一览表　　　　表 4-5

名 称	尺寸(mm)						单位长度重量(N/m)	重心位置(cm)	截面面积(cm^2)	抗弯惯矩(cm^4)
	A	A'	B	H	t	R				
$320 \times 240 \times 6 - 40$	320.0	319.4	213.3	240	6	40	310	8.86	40.26	2 460
$320 \times 260 \times 6 - 40$	320.0	319.4	204.4	260	6	40	325	9.91	42.19	3 011
$320 \times 240 \times 8 - 40$	324.1	323.3	216.5	242	8	40	415	8.99	53.90	3 315
$320 \times 260 \times 8 - 40$	324.1	323.3	207.7	262	8	40	435	10.03	56.47	4 055

美国规范 AASHTO 和欧洲规范 Eurocode 中也没有纵向加劲肋形状的相关规定,但欧洲规范 Eurocode 中规定了开口加劲肋和 U 形加劲肋各自的形状容许误差。

由于钢箱梁 U 形加劲肋冷压成型技术的进步,提高了 U 形加劲肋的抗扭刚度,改善了结构的局部受力性能,因此从 1970 年至今,U 形加劲肋已逐渐成为钢箱梁纵向加劲肋形状的首选方案,并形成了相关标准,纳入设计规范。图 4-16 为日本、美国及法国采用的 U 形加劲肋形状示意。

图 4-16　日本、美国及法国采用的钢箱梁 U 形加劲肋形状示意（尺寸单位：mm）

目前,钢箱梁行车道部分的顶板纵向加劲肋广泛采用 U 形加劲肋截面,人行道部分的顶板纵向加劲肋采用平钢板形式或球头钢板形式。钢箱梁 U 形加劲肋截面尺寸的确定主要考虑生产工艺和刚度（抗扭和抗弯）两方面的因素。生产工艺方面,对于屈服强度不大于 345MPa 的钢材,U 形加劲肋常采用冷弯成型的方式;为了避免冷弯塑性变形对韧性的过大影响,欧洲及美国规范规定 U 形加劲肋内侧半径 $R \geq 4t$（t 为 U 形加劲肋厚度）,日本规范则规定 U 形加劲肋内侧半径 $R \geq 5t$。对于屈服强度大于 420MPa 的钢材,多采用热弯成型工艺,以避免冷弯裂纹。刚度方面,各国规范均规定纵向加劲肋板厚需大于 6mm,同时我国《公路钢结构桥梁设计规范》（JTG D64—2015）对 U 形加劲肋的截面尺寸进行了详细的规定,具体如式（4-2）所示：

$$\frac{t_r a^3}{t_f^3 h'} \leq 400 \tag{4-2}$$

式中：t_f——顶板厚度（mm）;
　　　t_r——加劲肋腹板厚度（mm）;
　　　h'——加劲肋腹板斜向高度（mm）;
　　　a——加劲肋腹板最大间距（mm）。

同时,我国规范对受压板件的 U 形加劲肋及开口加劲肋的几何尺寸比例作出了相关要求,具体如下（加劲肋尺寸符号见图 4-17）：

①板形加劲肋的宽厚比应满足式（4-3）要求：

$$\frac{h_s}{t_s} \leq 12\sqrt{\frac{345}{f_y}} \tag{4-3}$$

②L 形、T 形加劲肋的尺寸比例应满足式（4-4）、式（4-5）要求：

$$\frac{b_{s0}}{t_{s0}} \leq 12\sqrt{\frac{345}{f_y}} \tag{4-4}$$

$$\frac{h_s}{t_s} \leq 30\sqrt{\frac{345}{f_y}} \tag{4-5}$$

③球扁钢加劲肋尺寸比例应满足式（4-6）要求：

$$\frac{h_s}{t_s} \leq 18\sqrt{\frac{345}{f_y}} \tag{4-6}$$

④U形加劲肋的尺寸比例应满足式(4-7)、式(4-8)要求:

$$\frac{b_s}{t_s} \leq 30\sqrt{\frac{345}{f_y}} \qquad (4-7)$$

$$\frac{h_s}{t_s} \leq 40\sqrt{\frac{345}{f_y}} \qquad (4-8)$$

加劲肋尺寸符号示意如图4-17所示。

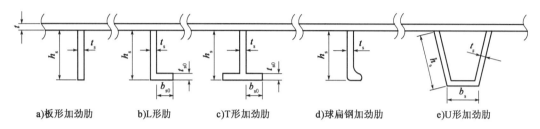

图4-17 加劲肋尺寸符号示意

(2)纵向加劲肋板厚。

日本《道路桥示方书》中规定,由于钢材的最小板厚为8mm,旧桥的钢桥面板中,纵向加劲肋的板厚都在8mm以上。但根据1980年修订的《道路桥示方书》,在腐蚀环境良好时,规定最小板厚可以为6mm,因此通过使用U形加劲肋并在高强螺栓工地接头部位设置密封隔板以提升密封性,使用板厚6mm的U形加劲肋逐渐成为标准化。

美国规范AASHTO和欧洲规范Eurocode中对纵向加劲肋最小板厚的规定与日本相同,为6mm。另外,AASHTO规范还规定了纵向加劲肋所需要的必要刚度,同时规定了与之相对应的最低板厚。

对于我国而言,考虑到近年来正交异性钢桥面板出现疲劳和桥面铺装损伤的现象较为普遍,因此我国《公路钢结构桥梁设计规范》(JTG D64—2015)中规定:钢箱梁加劲肋的最小板厚不应小于8mm。鉴于我国公路车辆荷载存在的超载情况,笔者认为,从满足抗疲劳寿命要求方面来讲,桥面板加劲肋的最小板厚宜采用10~12mm。

(3)纵向加劲肋支点跨径。

日本《道路桥示方书》和《钢桥疲劳设计指针》没有纵向加劲肋支点跨径的相关规定,但《钢桥疲劳设计指针》中限制了U形加劲肋的最大支点跨径为2.5m。美国规范AASHTO和欧洲规范Eurocode中没有给出纵向加劲肋支点跨径的明确限制。

(4)纵向加劲肋刚度要求。

日本《道路桥示方书》和《钢桥疲劳设计指针》没有针对钢箱梁顶板纵向加劲肋刚度的相关规定,但《钢桥疲劳设计指针》中规定了U形加劲肋的支点跨径限值,且给出了U形加劲肋形状。在日本钢箱梁桥一般的设计中,顶板闭口纵向加劲肋间隔与纵向加劲肋顶部宽度一致,纵向加劲肋的板厚基本取值为6mm或8mm。

美国规范AASHTO中根据其研究成果,规定了钢箱梁U形加劲肋所需的必要刚度,同时还指出U形加劲肋的截面尺寸与顶板的厚度之间应该满足式(4-9)的要求,该规定与我国规范的要求相同。同时,根据各种疲劳试验的结果,该规范规定必须降低U形加劲肋与顶板连接焊缝处的局部面外弯曲,从而减少U形加劲肋一侧的面外变形引起的应力。

$$\frac{t_r a^3}{t_{d,eff}^3 h'} \leqslant 400 \tag{4-9}$$

式中：t_r——U 形加劲肋腹板厚度(m)；

$t_{d,eff}$——桥面板考虑面层加劲效应后的有效厚度(m)；

h'——U 形加劲肋腹板的倾斜部分的长度(m)。

欧洲规范 Eurocode 中有关纵向加劲肋最小刚度的规定中，为防止大型车辆通行时产生的挠度差使铺装开裂，要求必须根据车道划分以及调整纵向加劲肋与主梁(纵梁)间距确定桥面整体刚性。钢箱梁横肋板间隔和纵向加劲肋最小刚度的关系如图 4-18 所示。其中，图中曲线 A 适用于所有的纵向加劲肋；距离主梁 1.2m 以内的重交通车道正下面的纵向加劲肋适用曲线 B；需要指出的是，该图适用于各种类型的纵向加劲肋。

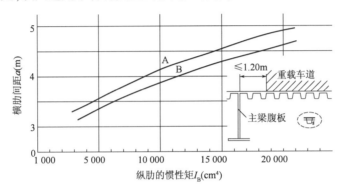

图 4-18 欧洲规范关于钢箱梁顶板纵向加劲肋最小刚度的规定

我国规范《公路钢结构桥梁设计规范》(JTG D64—2015)对钢箱梁纵向加劲肋的规定，主要如下：

(1)宜等间距布置；不等间距布置时，最大间距不宜超过最小间距的 1.2 倍。

(2)应连续通过横向加劲肋或横隔板，加劲肋与顶板焊缝的过焊孔宜采用堆焊填实，焊缝应平顺。

(3)U 形加劲肋的几何尺寸应满足式(4-2)的要求。

(4)闭口纵向加劲肋与顶板焊接熔透深度不得小于纵向加劲肋厚度的 80%，焊缝有效喉高不得小于纵向加劲肋厚度。

(5)闭口纵向加劲肋应完全封闭。

(6)纵向加劲肋宜采用螺栓连接，顶板应采用焊接。

4)翼缘板(悬臂桥面板)

钢箱梁翼缘板的上缘为桥面板，由于悬臂钢桥面板需要承受桥面系、防护栏等恒载和活载作用，因此需在其上设置加劲肋板。悬臂桥面板的加劲腹板及下翼缘形成的悬臂横肋板，通常构成 T 字形截面。钢箱梁翼缘板构造形式如图 4-19 所示。

我国《公路钢结构桥梁设计规范》(JTG D64—2015)对钢箱梁翼缘板的规定，主要如下：

(1)钢箱梁悬臂部分不设加劲肋时，受压翼缘的伸出肢宽不宜大于其厚度的 12 倍，受拉翼缘的伸出肢宽不宜大于其厚度的 16 倍。

(2)翼缘板(悬臂桥面板)应按下列规定设置纵向加劲肋：

①腹板间距大于顶板厚度的 80 倍或翼缘板(悬臂桥面板)悬臂宽度大于顶板厚度的 16 倍时,应设置纵向加劲肋。

②受压翼缘板(悬臂桥面板)加劲肋间距不宜大于顶板厚度的 40 倍,应力很小和由构造控制设计的情况下可放宽到 80 倍。受拉翼缘板(悬臂桥面板)加劲肋间距应小于顶板厚度的 80 倍。

③受压翼缘悬臂部分的板端外缘加劲肋应为刚性加劲肋。

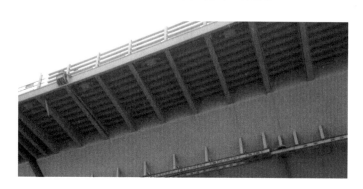

图 4-19　钢箱梁悬臂桥面板结构示意

我国规范对翼缘板做出上述规定,主要是考虑到,当受压翼缘加劲肋间距过大时,翼缘板的抗压承载力很低,浪费材料;为防止制作、运输和安装过程中发生失稳和过大的面外变形,受拉翼缘应设置加劲肋,但可以适当放宽对加劲肋刚度和间距的要求。

需要指出的是,悬臂钢桥面板的横肋板一般布置在钢箱梁的横隔板以及横肋板的位置处,主要因为,对于悬臂桥面板横肋板与钢箱梁腹板的连接处,对来自悬臂横肋板下翼板作用的压力需要在钢箱梁内设置可传力构造的加劲构件,因此需将悬臂横肋板下翼板的加劲构件与钢箱梁的横隔板或横肋板进行连接,从而成为可承受悬臂横肋板下翼板压力的构造(图 4-20)。若钢箱梁悬臂横肋板的下翼板采用渐变截面,则需在变化处布置竖向加劲构件,竖向加劲构件通常与顶板之间设置 35mm 左右的绕焊空间,成为不连接构造(图 4-21)。

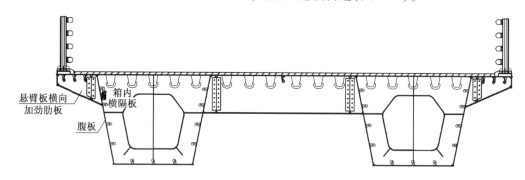

图 4-20　钢箱梁悬臂桥面板横肋板构造示意

同时,若考虑减少对悬臂横肋板的缺损影响,悬臂钢桥面板外侧端可采用平钢板加劲肋,而悬臂桥面板端部设置护栏时,顶板应设计可承受护栏传递来的作用力的加劲构造,如图 4-22 所示。

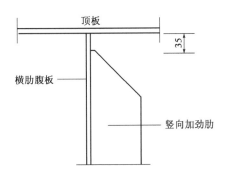

图 4-21 钢箱梁悬臂横肋板竖向加劲构造示意
(尺寸单位:mm)

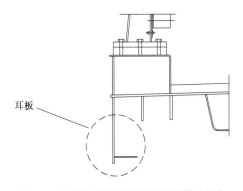

图 4-22 钢箱梁悬臂桥面板顶板局部构造示意

对于悬臂板横肋板加劲根部的高度,一般根据悬臂的长度并结合局部分析计算确定,进行局部计算时采用车辆荷载进行验算。对于作用于悬臂钢桥面板横肋板的剪应力,参考日本《桥梁构造物设计施工要领》中的规定,对图 4-23 中 A-A 截面的计算,可按式(4-10)进行验算;对 B-B 截面的应力计算,按式(4-11)进行验算。

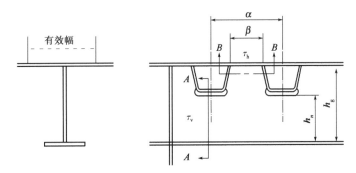

图 4-23 钢箱梁悬臂桥面板横肋板剪应力计算示意

$$\tau_v = \frac{h_g}{h_n} \times \tau_m \tag{4-10}$$

$$\tau_h = \frac{\alpha}{\beta} \times \tau_m \tag{4-11}$$

式中:τ_m——横肋板腹板高度 h_g 全部有效时的剪应力(MPa);
α——钢桥面板纵向加劲肋的中心间隔(mm);
β——钢桥面板纵向加劲肋的净距(mm)。

4.3.2 底板

钢箱梁底板的作用主要体现在:作为钢箱梁的下翼缘共同抵抗纵桥向的外力作用,作为横隔板的下翼缘共同抵抗横桥向的外力作用。钢箱梁底板加劲肋的作用主要体现在:底板加劲肋是底板强度的保证,是底板受力面积的补充;可以保障支点受压区底板纵向受力的局部稳定性,减小跨中受拉区底板的疲劳应力幅,并保证施工安装时底板抵抗面外变形的能力。相比较于顶板系统,钢箱梁底板系统不承受车轮荷载的直接作用,纵桥向只有第一体系受力,因此底板板厚及纵向加劲肋刚度可适当弱化。

对于连续钢箱梁而言,由于钢箱梁底板在跨中区域受拉应力作用,中间支点区域受压应力作用,因此对于支点及附近区域需保证钢箱梁底板受压的局部稳定性,需要对底板加劲肋刚度及间距进行控制;对于跨中受拉区域,主要需保证钢箱梁底板及加劲肋的强度。

日本《道路桥示方书》中规定:对于受压应力作用的钢箱梁底板,需要设定底板的局部压屈的容许应力强度和纵向加劲肋的局部压屈的容许应力强度;此外,还需要计算出纵向加劲肋的必要刚度、横肋板的必要刚度,所使用的刚度必须满足要求;对于受拉应力作用的钢箱梁底板,底板板厚应保证在受到设计中预料外的荷载作用下的安全性,按纵向加劲肋的中心间隔的1/80以上设计。此外,纵向加劲肋的材质应采用与底板相同的规格,受拉底板的纵向加劲肋应与受压底板的纵向加劲肋连续设置。我国《公路钢结构桥梁设计规范》(JTG D64—2015)主要对钢箱梁底板加劲肋的布置、几何尺寸等作了规定。

图4-24 港珠澳大桥深水区非通航孔桥钢箱梁底板加劲肋示意

对于钢箱梁底板加劲肋的选取,日本钢箱梁的设计,其底板的纵向加劲肋常采用板形加劲肋,无论是直线桥梁或是曲线桥梁,且日本钢箱梁设计采用的容许应力系数较大,因此用钢量显得较为经济。目前,我国钢箱梁设计采用的是极限状态法设计,相对于容许应力法而言要求较为严格,因此通常需要匹配较密的横隔板或者采用较密或较强的加劲肋布置,钢箱梁底板加劲肋除了常采用的板形加劲肋形式,采用U形加劲肋的情况也较多(图4-24)。

对钢箱梁底板设计时,通常需注意如下事项:

(1)钢箱梁底板的板厚应根据计算需求确定;底板钢板纵桥向应连续布置,横桥向可分块或连续布置。

(2)当钢箱梁腹板间距大于底板厚度的80倍时,应设置纵向加劲肋,其材质应与底板材质相同。

(3)对于受拉底板,钢箱梁底板加劲肋的间距应小于底板板厚的80倍,保障受拉底板在加工制作、运输安装过程中不出现较大的面外变形及损伤。

(4)对于受压底板,应保证受压底板的局部稳定性。钢箱梁受压底板的加劲肋通常根据横隔板间距、底板板厚等因素经过计算后,确定加劲肋的尺寸及间距等。同时,受压底板的加劲肋间距不宜大于底板厚度的40倍,并应注意保证其与横隔板的焊接。

(5)为了保证底板加劲肋构造的连续性及施工的便捷性,全桥钢箱梁底板的纵向加劲肋宜按照等间距布置。

(6)受压底板加劲肋的几何尺寸、刚度要求应满足我国《公路钢结构桥梁设计规范》(JTG D64—2015)中的规定及要求。

4.3.3 腹板

钢箱梁的腹板与钢箱梁的顶板、底板不同,腹板受力较为复杂,不仅承受剪力和扭矩产生的剪应力,还要承受弯矩产生的弯曲应力,钢箱梁腹板通常是受弯曲应力和剪应力的共同作用。

钢箱梁设计中采用高腹板的设计对结构整体稳定有利,但存在腹板局部稳定的问题。为了提高钢箱梁腹板的抗屈曲性能,常采用设置加劲肋的构造措施予以加强,图4-25为港珠澳大桥跨崖13-1管线桥靠近中支点一节段腹板的加劲肋设置示意图。在钢箱梁腹板设置加劲肋后,腹板被划分为不同的区格,根据钢箱梁弯矩和剪力的分布情况,靠近梁端部的区格主要承受剪力的作用,跨中附近的区格主要承受弯曲正应力的作用,其他区域的腹板区格则常受到正应力和剪应力的联合作用。对于受到集中荷载作用的区段,还承受局部压应力的作用。此外,钢箱梁腹板设置加劲肋除了满足腹板受力稳定的需求外,有时还为了腹板安装和运输吊装时保证其平面形状。

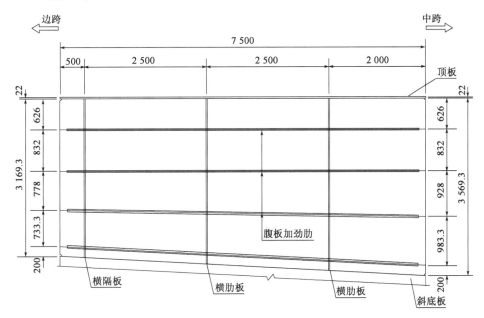

图4-25　港珠澳大桥跨崖13-1管线桥支点区域钢箱梁腹板加劲肋设置示意(尺寸单位:mm)

钢箱梁的腹板不仅要满足强度要求,而且必须满足稳定的要求。提高钢箱梁腹板稳定临界应力的方法主要有增加板厚和设置加劲肋两种方法。其中设置加劲肋的效果更加显著,钢桥设计中较为常用,是减小腹板厚度、减轻钢梁重量的有效途径。同时,为了防止腹板失稳,一般需在钢箱梁腹板处设置横向加劲肋和纵向加劲肋,横向加劲肋的作用在于防止腹板剪切失稳及集中力作用下引起的应力集中,纵向加劲肋的作用主要是防止腹板在弯曲压应力作用下的弯压失稳。

设置横向加劲肋和纵向加劲肋的腹板,在正应力环剪应力作用下,有可能出现两种失稳模态[图4-26a)]。当加劲肋的刚度相对腹板厚度较小时,失稳状态下随同腹板的面外变形加劲肋产生弯曲,加劲肋起到增加腹板面外刚度的作用。当加劲肋的刚度相对腹板厚度足够大时,加劲肋可以约束腹板的面外变形,失稳状态下,腹板在加劲肋处不出现面外变形,加劲肋对腹板起到支承作用,失稳模态在加劲肋处形成节线。对于后者,可以将腹板近似简化为如[图4-26b)]所示的由加劲肋或翼板围成的单个四边简支板计算。

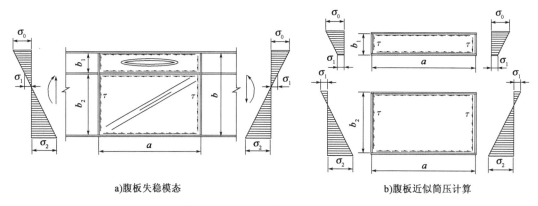

a) 腹板失稳模态   b) 腹板近似简压计算

图 4-26 钢箱梁腹板稳定分析简化示意

目前,国内外规范多采用腹板区格划分的稳定设计方法,这种方法需对加劲肋的设置和构造进行要求,以保证板块失稳时在加劲肋处形成波节。当腹板加劲肋有足够刚度时,由横向和纵向加劲肋围成的每个"腹板局部区格"的应力必须满足其局部稳定的要求。

对于钢箱梁的腹板设计,首先应确定腹板的厚度,通常采用的方法是依据计算得到的剪应力来确定腹板厚度,而后确定腹板加劲肋的间距,以腹板能传递剪应力而不发生屈曲为宜。对于大跨径钢箱梁桥,其腹板厚度在纵桥向是变化的,以便节省用钢量。设计时,通常认为 10mm 的厚度是钢箱梁腹板可考虑采用的最小厚度,一方面是腹板厚度需考虑耐久性腐蚀的影响,另一方面是由于宽而长且薄的板件加工及安装时很难保证其平面形状。此外,主梁的腹板原则上不设置在车辆经常走的轮载正下方。

钢箱梁腹板加劲肋设计时,通常主要是根据钢箱梁腹板的高度、厚度及其实际应力状态,先初步假定纵向加劲肋和横向加劲肋的尺寸和间距,对各板块进行局部稳定性验算,计算出屈曲安全系数最小的板块,而后调整纵向加劲肋和横向加劲肋的位置,重新计算各板件的屈曲安全系数,使得各板块的屈曲安全度基本相当,并满足规范要,从而得到比较经济的结构设计。

钢箱梁腹板屈曲后强度的发挥主要取决于薄膜应力的发挥,而腹板加劲肋的设置很大程度上影响了钢箱梁腹板应力场的形成,直接关系到钢箱梁的极限承载力。钢箱梁腹板屈曲后,因为截面刚度发生了变化,因此腹板的变形较弹性理论计算的变形要大。需要指出的是,我国《公路钢结构桥梁设计规范》(JTG D64—2015)对腹板屈曲后的强度利用没有相关规定,这主要是为了防止腹板屈曲后产生过大的变形。欧洲 Eurocode 3 规范和我国《钢结构设计规范》(GB 50017—2017)对腹板屈曲后的强度利用均有明确规定,其中我国《钢结构设计规范》(GB 50017—2017)中规定:考虑腹板屈曲后强度的梁,腹板高厚比不应大于 250,可按构造需要设置中间横向加劲肋。在实际工程结构设计中,我国钢桥设计一般均采用临界力作为极限值,这也是为了避免结构在使用过程中发生大的变形。但考虑腹板屈曲后的强度,其设计时安全度可以适当放宽些。

为了防止腹板局部丧失稳定,各国规范对不同钢材和不同横向和纵加劲肋设置的腹板高厚比 h_w/t_w 作了相应的规定。中国的公路钢桥规范、铁路钢桥规范和日本的公路钢桥规范的规定列于表4-6,当腹板高厚比超过表4-6中规定的最大值时,必须设置更多段的纵向加劲肋。腹板加劲肋布置示意如图4-27所示。

腹板横向和纵加劲肋的设置与最大腹板高厚比(h_w/t_w)规定　　　表4-6

规范	钢材种类	不设竖向和纵向加劲肋	仅设横向加劲肋	横向加劲肋和一段纵向加劲肋	横向加劲肋和二段纵向加劲肋
中国公路钢桥	Q235	$70/\eta$	$160/\eta$	$280/\eta$	$310/\eta$
	Q345	$60/\eta$	$140/\eta$	$240/\eta$	$310/\eta$
中国铁路钢桥	—	50	140	250	—
日本公路钢桥	SS400,SM400(Q235)	70	152	256	310
	SM490(Q345)	60	130	220	310
	SM490Y,SM520(Q370)	57	123	209	294
	SM570(Q420)	50	110	118	262

注:1. h_w 为腹板计算高度(mm)。

2. η 为折减系数,$\eta = \sqrt{\dfrac{\tau}{f_{vd}}}$,但不得小于0.85。$\tau$ 为基本组合下的钢梁腹板剪应力(MPa),f_{vd} 为钢材的抗剪强度设计值(MPa)。

3. 我国铁路钢桥给出的最大腹板高厚比主要是针对简支钢板梁腹板横向加劲肋和水平纵向加劲肋的设置。

4. 对于日本公路钢桥,其《道路桥示方书》中规定:当腹板的实际应力较小时,可以适当提高腹板高厚比,提高系数为 $\sqrt{容许压应力/腹板实际应力}$,但不得大于1.2。

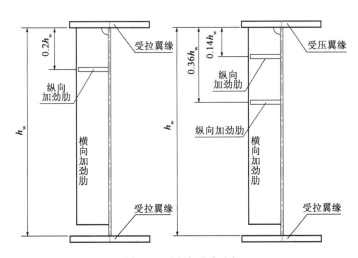

图4-27　腹板加劲肋示意

我国《公路钢结构桥梁设计规范》(JTG D64—2015)及《钢结构设计标准》(GB 50017—2017)中对腹板加劲肋的设置给出了详细的规定,在此不再赘述。但需要指出的是,我国《公路钢结构桥梁设计规范》(JTG D64—2015)中相关规定主要是基于钢梁弯曲中性轴位于腹板中心附近,当梁体中性轴偏离较远时,尤其是对于大跨径钢箱梁桥,因其需设置较大的悬臂翼缘,弯曲中性轴常偏离腹板中心,需要对其腹板进行专门的设计。

4.3.4 纵梁与横梁

对于钢箱梁钢桥面板,当横梁或横肋板间距较小时,可不设置纵梁。但当桥宽较大、横梁刚度相对较小时,为了提高桥面结构刚度,可以考虑设置纵梁。图 4-28、图 4-29 为纵梁与横梁的常用连接构造,在连接处纵梁一般做成可以传递弯矩的结构形式,其中,a)为腹板搭接形式,b)为腹板对接结构形式。当箱梁外侧设置挑梁时,在挑梁端部需要设置边纵梁(俗称为耳梁)支承桥面板,边纵梁与挑梁的常用连接构造如图 4-30 所示。

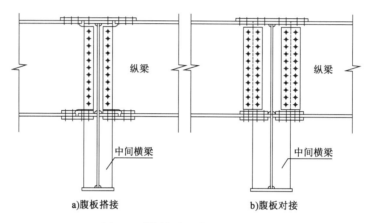

图 4-28 纵梁与中间横梁的连接形式

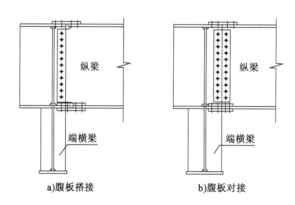

图 4-29 纵梁与端横梁的连接形式

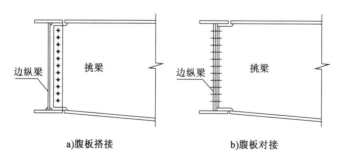

图 4-30 边纵梁与挑梁的连接形式

对于双箱或多箱结构钢箱梁桥,为了使得各主梁受力较均匀、支承纵梁和桥面板,往往在箱梁之间设置中间横梁。通过在梁端或中间支承处设置横梁,可以有效提高桥梁整体抗扭能力和分散支点反力。需要注意的是,为了保证桥梁的整体受力和抵抗偏心荷载和风荷载等产生的扭矩,除了单箱梁桥或多幅完全分离式单箱梁桥之外,其余梁桥通常需设置端横梁。

钢箱梁桥的横梁与主梁共同组成了箱梁桥梁格系结构。为了使得横梁有较好的横向分配效果和支承纵梁,横梁须具有足够的刚度,因此钢箱梁桥的横向联系常采用实腹式结构形式,横梁高度通常为主梁高度的3/4~4/5,除特殊情况之外一般不小于主梁高度的1/2。此外,横梁还兼作桥面板的横向支承结构,横梁顶面一般与主梁同高。

主梁之间设置纵梁并且支承于横梁之上时,为了减小纵梁的跨径(通常等于横梁的间距),横梁的间距不宜过大。参照日本阪神高速道路工团的规定,横梁的间距一般不大于6m;当无设置纵梁时,横梁主要是起到荷载横向分配的作用,横梁间距可以适当放宽,最大间距一般不大于20m,其中一道横梁应设置在跨中位置。

4.3.5 横隔板

横隔板(横肋板)的设计需要综合考虑桥面板厚度和加劲肋尺寸等因素,关键点在于横隔板(横肋板)间距、横隔板(横肋板)厚度和高度等三个参数的合理匹配。Xiaohua H Cheng 等学者在系统总结日本相关规范的基础上认为,横隔板(横肋板)厚度的取值范围为8~9mm,高度最少应达到600~700mm。Eurocode 规范规定横隔板(横肋板)间距通常取2.5~3.5m,厚度应不小于10mm。合理增加横隔板(横肋板)厚度,可以在降低横隔板(横肋板)面内应力的同时,不显著增大因扭转而产生的面外应力。

近年来,新建正交异性桥面板钢桥的顶板和横隔板(横肋板)厚度均较旧桥有明显增加,因顶板直接承受车轮作用,其厚度的增加能明显减少各构造细节处的应力幅;横隔板(横肋板)厚度和间距对结构整体刚度、面外变形有重要影响。

由于活载的偏心加载作用以及轮载直接作用在钢箱梁的顶板上,使得箱梁断面会发生畸变和横向弯曲变形(图4-31),为了减少钢箱梁的这种变形,增加整体刚度,防止过大的局部应力,需要在箱梁的支点处和跨间设置横隔板。

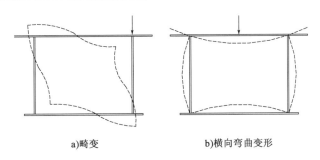

a)畸变　　　　　b)横向弯曲变形

图4-31　箱梁畸变和横向弯曲变形

钢箱梁中的横隔板可分为中间横隔板和支点横隔板,其作用是限制钢箱梁的畸变和横向弯曲变形,并保持一定的截面形状,并且对于支点横隔板还将承受支座处的局部荷载,起到分散支座反力的作用,因此横隔板必须要具有一定的刚度。中间横隔板按照开口率可分为实腹式、框架式和桁架式等结构形式(图4-32);支点横隔板构造示意如图4-33所示。由于两种类型的横隔板作用不同,其构造形式不同,采用的设计方法也不一样。

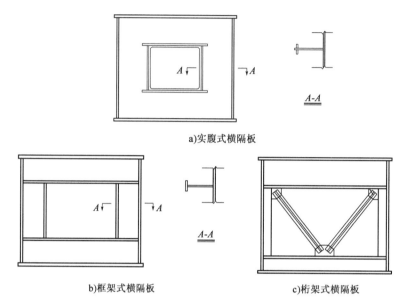

图4-32 钢箱梁中间横隔板构造示意

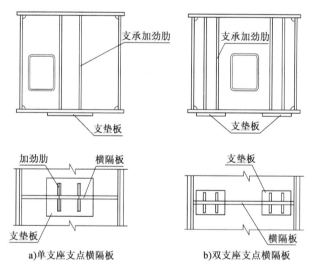

图4-33 钢箱梁支点横隔板构造示意

对于钢箱梁中间横隔板,这里定义开口率$\rho = \sqrt{A'/A} = \sqrt{bh/BH}$(图4-34),当$\rho \leq 0.4$时,横隔板可视为实腹式形式,主要考虑剪应力作用;当$\rho \geq 0.8$,横隔板可视为桁架式形式,可将其简化为仅受轴力的杆件;当$0.4 < \rho < 0.8$时,横隔板受力性质介于实腹式和桁架式之间,可考虑作为框架式处理,考虑轴力和弯矩作用。实腹式横隔板通常适用于尺寸相对较小的钢箱

梁,其制作简单,应用较为广泛;桁架式横隔板适用于截面较大的钢箱梁,其优点在于可以减轻横隔板的自重。

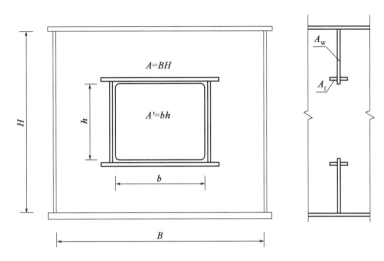

图 4-34 钢箱梁支点横隔板构造示意

对于钢箱梁实腹式横隔板,通常需要在其上开制人孔,而人孔处一般需做局部加强处理。钢箱梁横隔板人孔处常见的加劲肋设置形式如图 4-35 所示。图中,a)、b)为外贴式结构形式,在横隔板开口处焊接钢板以增加板厚;c)为加劲肋式结构形式,即在横隔板开口周边焊接加劲肋;d)为包边式结构形式,在开口边缘焊接翼缘形式 T 形截面。上述几种方式中,加劲肋式结构形式构造较为简单,加工制作方便,是实腹式横隔板采用较多的结构形式;对于包边式结构形式,由于焊接时翼缘的焊接变形大,加工制作困难,因此一般主要用于框架式横隔板。

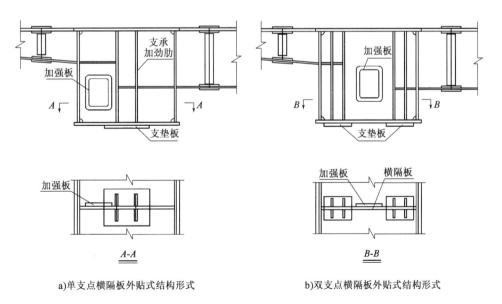

a)单支点横隔板外贴式结构形式　　b)双支点横隔板外贴式结构形式

图 4-35

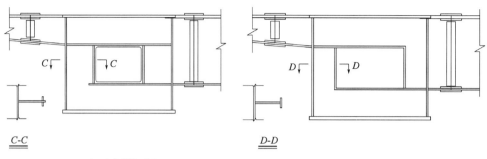

c) 加劲式结构形式　　　　　　　　d) 包边式结构形式

图 4-35　钢箱梁横隔板开口加强结构形式示意

我国《公路钢结构桥梁设计规范》(JTG D64—2015)对钢箱梁横隔板的构造提出了如下要求：

(1) 对于支点处的横隔板应符合：支点处必须设置横隔板，形心宜通过支座反力的合力作用点；横隔板支座处应成对设置竖向加劲肋，加劲肋应满足该规范规定的几何尺寸要求，并应验算横隔板和加劲肋的强度。

(2) 对于非支点处横隔板应符合：横隔板应有足够的刚度和强度；横隔板与顶底板和腹板可采用角焊缝连接。

对于横隔板的间距、刚度及近似应力验算方法，日本公路钢结构桥梁设计指南对此给出了详细规定，我国规范目前也主要是借鉴该方法，具体介绍如下：

1) 横隔板间距

对于钢箱梁的横隔板间距，各国规范及常规做法不一样，常依据经验确定。式(4-12)为日本采用的经验公式，此公式也为我国公路钢桥规范采纳。

$$\begin{cases} L_D \leq 6 & (L \leq 50) \\ L_D \leq 0.14L - 1 \text{ 且} \leq 20 & (L > 50) \end{cases} \quad (4\text{-}12)$$

式中：L——桥梁等效跨径(m)；

L_D——为钢箱梁横隔板间距(m)。

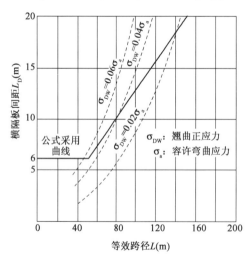

图 4-36　钢箱梁横隔板间距与等效跨径关系曲线

式(4-12)主要是根据钢箱梁翘曲应力与横隔板间距的近似关系得到的(图 4-36)，根据式(4-12)计算的横隔板间距，使得钢箱梁在偏心活载作用下，翘曲应力与容许应力的比值在 0.02～0.06 之间。该公式一般适用于跨径小于 100m 的钢箱梁桥，并且偏于安全。对于大跨径钢箱梁桥，日本常采用桁架式横隔板，横隔板间距也是按上式计算，而欧洲一般采用实腹式横隔板，但间距一般较大。

2) 横隔板刚度

(1) 横隔板最小刚度。

为了抵抗箱梁的畸变，横隔板必须有足够的刚度。日本公路钢桥设计指南和我国《公路钢结构桥梁设计规范》(JTG D64—2015)推荐横隔板的最小

刚度 K 应该满足下式要求（横隔板截面参数符号示意见图 4-37）：

$$K \geqslant 20 \frac{EI_{dw}}{L_d^3} \tag{4-13}$$

$$I_{dw} = \left[\alpha_1^2 F_u \left(1 + \frac{2b_1}{B_u}\right)^2 + \alpha_2^2 F_l \left(1 + \frac{2b_2}{B_l}\right)^2 + 2F_h(\alpha_1^2 - \alpha_1\alpha_2 + \alpha_2^2) \right] \tag{4-14}$$

$$\alpha_1 = \frac{e}{e+f} \frac{B_u + B_l}{4} H, \alpha_2 = \frac{f}{e+f} \frac{B_u + B_l}{4} H \tag{4-15}$$

$$e = \frac{I_{fl}}{B_l} \frac{B_u + 2B_l}{12} F_h, f = \frac{I_{fu}}{B_u} \frac{2B_u + B_l}{12} F_h \tag{4-16}$$

式中：L_d——两横隔板间距（mm）；

E——钢材的弹性模量（MPa）；

I_{dw}——箱梁截面主扇性惯矩（mm^6）；

F_u——箱梁上顶板截面面积（包括加劲肋）（mm^2）；

F_l——箱梁下底板截面面积（包括加劲肋）（mm^2）；

F_h——一个腹板的截面面积（mm^2）；

I_{fu}——顶板对箱梁对称轴的惯矩（mm^4）；

I_{fl}——底板对箱梁对称轴的惯矩（mm^4）；

H——腹板长度（mm）；

B_u——腹板中心间的顶板长度（mm）；

b_1——顶板悬臂长度（mm）；

B_l——腹板中心间的底板长度（mm）；

b_2——底板悬臂长度（mm）；

α_1、α_2——横隔板最小刚度计算用参数。

横隔板截面符号示意如图 4-37 所示。

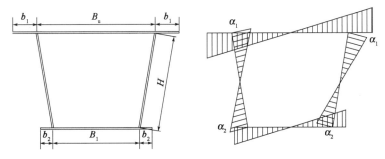

图 4-37　横隔板截面符号示意

（2）实腹式横隔板刚度。

实腹式横隔板刚度按式（4-17）计算：

$$K = 4GAt_D \tag{4-17}$$

式中：G——钢材的剪切模量（MPa）；

t_D——横隔板的板厚（mm）；

A——箱梁板壁形心围成的面积(mm^2)。

(3)桁架式横隔板刚度。

桁架式横隔板刚度按式(4-18)计算:

X 形桁架[图4-38a)]:

$$K = 8EA_c^2 \frac{A_b}{L_b^3} \quad (4-18)$$

V 形桁架[图4-38b)]:

$$K = 2EA^2 \frac{A_b}{L_b^3} \quad (4-19)$$

式中:E——弹性模量(MPa);

A——箱梁板壁形心围成的面积(mm^2);

A_b——单个斜撑的截面面积(mm^2);

L_b——斜撑的长度(mm)。

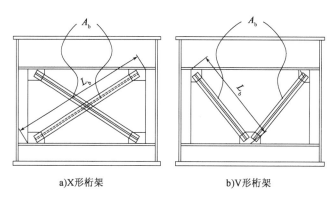

a)X形桁架　　　　b)V形桁架

图4-38　桁架式横隔板

(4)矩形框架式横隔板刚度。

对于矩形框架式横隔板,主要将其简化为框架计算(图4-39)。其中,横隔板的加强翼缘或加强加劲肋简化为框架截面的下翼板;横隔板简化为框架截面的腹板;分别取顶板、底板和腹板厚度的24倍宽度作为框架截面的上翼板有效宽度[图4-39c)]。日本公路钢结构桥梁设计指南推荐,矩形框架式横隔板的刚度 K 可由下式近似求得:

$$K' = \frac{48E\left(\dfrac{b}{I_u} + \dfrac{b}{I_l} + \dfrac{6h}{I_h}\right)}{\dfrac{b^2}{I_u I_l} + \dfrac{2bh}{I_u I_h} + \dfrac{2bh}{I_l I_h} + \dfrac{3h^2}{I_h^2}} \quad (4-20)$$

$$K = \beta K' \quad (4-21)$$

式中:E——弹性模量(MPa);

b——框架的宽度(mm);

h——框架的高度(mm);

I_u、I_l、I_h——顶板、底板和腹板处横隔板简化为框架截面的惯性矩(mm^4),如图4-39所示;

β——开口率修正系数,由图 4-40 查得。图中,A_f、A_w 分别为横隔板加劲肋面积和横隔板自身面积(mm^2),ρ 为横隔板开口率。

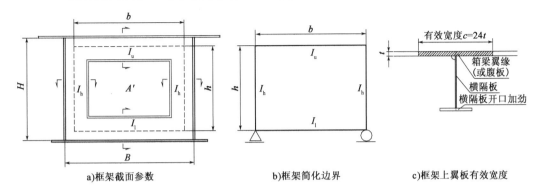

图 4-39 矩形框架式横隔板(图中 B、H 分别为箱梁的宽度和高度)

a) 框架截面参数   b) 框架简化边界   c) 框架上翼板有效宽度

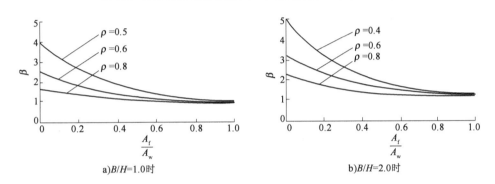

a) $B/H=1.0$ 时   b) $B/H=2.0$ 时

图 4-40 横隔板刚度修正系数

3) 中间横隔板受力验算

(1) 实腹式横隔板。

实腹式横隔板剪应力(图 4-41)按式(4-22)计算:

$$\tau_u = \frac{B_l}{B_u}\frac{T_d}{24t_D} ; \quad \tau_h = \frac{T_d}{2At_D} ; \quad \tau_l = \frac{B_u}{B_l}\frac{T_d}{2At_D} \qquad (4-22)$$

(2) 桁架式横隔板。

对于桁架式横隔板,可将其简化为框架计算(图 4-42)。当钢箱梁为分离式,箱梁间有横向联系时,框架杆件必须考虑集中力产生的附加弯矩的影响。

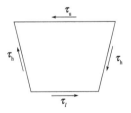

图 4-41 实腹式横隔板剪应力

(3) 对称桁架式横隔板。

对称桁架式横隔板简化为轴心拉压杆件计算,桁架斜腹杆内力按式(4-23)、式(4-24)近似计算:

X 形桁架:

$$N_b = \frac{L_b}{4A}T_d \qquad (4-23)$$

V 形桁架:

$$N_b = \frac{L_b}{2A}T_d \tag{4-24}$$

对于支点处横隔板的局部受力验算,详见4.3.6节内容,在此不再重复赘述。

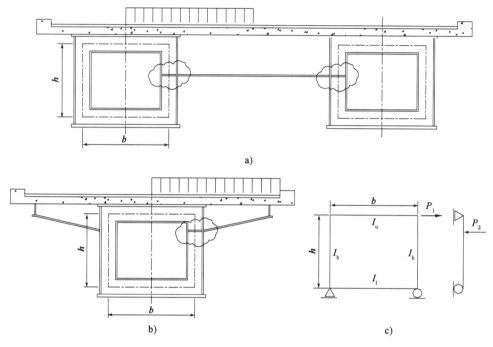

图4-42 框架式横隔板计算模型

4.3.6 支点局部构造

在主梁支承处及外力集中处应设置局部加劲肋,以承受支座反力或集中荷载的作用。钢箱梁的支承加劲肋应成对设置,加劲肋与钢箱梁底板应采用熔透焊连接;当支点处竖向加劲肋与钢箱梁腹板或横隔板连接,按竖向加劲肋承受所有集中荷载进行设计。同时,为了分散集中荷载作用和调整梁底的纵横坡度,钢箱梁支承处的底板应设置支垫板,支垫板的坡度需要机加工,机加工后的最小板厚一般不小于25mm。为了防止支垫板处的疲劳破坏,支垫板宜采用螺栓与底板进行连接。

钢箱梁的支点横隔板通常采用实腹式结构形式,具体可分为双支座形式和单支座形式。双支座形式适用于单箱式钢箱梁,单支座形式适用于多箱式钢箱梁和弯桥中。若设置过多的支座则可能造成支座受力分配不均匀,反而产生较大的支点横隔板次应力。由于支点横隔板除了限制箱梁的变形、保持断面形式外,另一主要作用是将强大的支座反力分散并合理地传到箱梁腹板上。

钢箱梁支点局部构造的计算主要需要验算横隔板和支点加劲肋的局部承压应力和竖向应力,具体如下。

1) 局部压应力计算

支点处横隔板及加劲肋的局部承压应力计算可按照式(4-25)进行,支点处横隔板及加劲肋局部承压面积示意如图4-43所示。

$$\gamma_0 \frac{R_V}{A_s + B_{eb}t_w} \leq f_{cd} \tag{4-25}$$

式中：R_V——支座反力设计值(N)；

A_s——支承加劲肋面积之和(mm^2)；

t_w——横隔板厚度(mm)；

B_{eb}——局部承压有效计算宽度(mm)，$B_{eb} = B + 2(t_f + t_b)$；

B——上支座宽度(mm)；

t_f——下翼板厚度(mm)；

t_b——支座垫板厚度(mm)；

γ_0——结构重要性系数(mm)；

f_{cd}——钢材的端面承压强度设计值(MPa)。

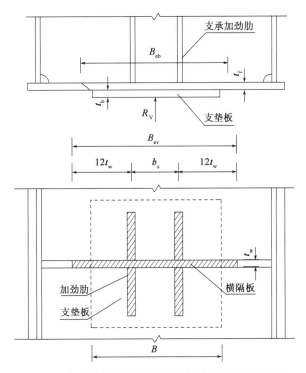

图4-43 钢箱梁支点处横隔板及加劲肋局部承压面积示意

2）竖向应力计算

在支座反力的作用下，钢箱梁横隔板和加劲肋中竖向应力的实际大小和分布非常复杂，通常需采用空间有限元方法才能求得较为满意的结果。但为了简化计算，当梁高不大时，工程设计中可近似简化为等效压杆计算，压杆的压应力σ_V沿高度的分布近似为三角形分布（图4-44），支承垫板处的最大有效断面平均压应力按式(4-26)近似计算。

$$\gamma_0 \frac{2R_V}{A_s + B_{ev}t_w} \leq f_d \tag{4-26}$$

式中：R_v——支座反力设计值(N)；

A_s——支承加劲肋面积之和(mm^2)；

t_w——横隔板厚度(mm)；

γ_0——结构重要性系数；

f_d——钢材的抗压强度设计值(MPa)；

B_{ev}——如图4-44所示，按式(4-27)计算的横隔板有效宽度(mm)。当设置一对支承加劲肋并且加劲肋距梁端距离不小于12倍腹板厚时，有效计算宽度按24倍腹板厚计算；当设置多对支承加劲肋时，按每对支承加劲肋求得的有效计算宽度之和计算，但相邻支承加劲肋之间的横隔板有效计算宽度不得大于加劲肋间距。

$$\begin{cases} B_{ev} = (n_s - 1)b_s + 24t_w & (b_s < 24t_w) \\ B_{ev} = 24n_s t_w & (b_s \geq 24t_w) \end{cases} \quad (4\text{-}27)$$

式中：n_s——支承加劲肋对数；

b_s——支承加劲肋间距(mm)。

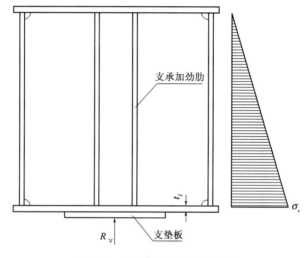

图4-44 支点横隔板竖向应力示意

4.4 特殊桥型设计

对于常规跨径钢箱梁桥的特殊桥型，如斜交桥、弯桥和变宽桥，在对其钢箱梁进行设计时，应注意下述事项。

1）斜交桥

(1)斜交桥钢箱梁设计方法与正交桥基本相同。

(2)当斜交角度小于20°时，横隔板宜斜交布置；当斜交角度超过20°时，支座位置处横隔板应斜交布置，其他位置横隔板宜垂直于主梁布置。

2）弯桥

(1)主梁均应按曲线设计，曲线上各片主梁的半径及长度应对应道路设计线平行取值。

(2)对于多箱单室钢箱梁,当弯桥平曲线半径较小,曲线内、外侧钢箱梁长度差超过5m时,曲线内、外侧钢箱梁应分别设计梁高,或按曲线外侧钢箱梁梁高统一全桥梁高。

(3)若钢箱梁位于缓和曲线上,可固定直缓点和缓圆点,然后拟合一条无限接近缓和曲线的圆曲线,将该圆曲线半径作为主梁的弯曲半径。

(4)横隔板应沿径向布置。

(5)如曲线有超高,宜在墩、台盖梁处按照实际横坡值设置盖梁横坡;如在桥跨中间有超高渐变,可采用腹板高度变化进行渐变段高度的调整。

(6)弯曲半径较小,顶板可采用板形加劲肋、球扁钢加劲肋,球扁钢加劲肋抗弯刚度大于板形加劲肋,T形加劲肋需要横隔板开设大口,横隔板连接的受力疲劳耐久性低,不建议采用。

3)变宽桥

(1)若桥宽变化范围较小,对于多箱单室钢箱梁,可保持小钢箱梁间距不变,通过调整悬臂翼缘宽度实现桥梁变宽。

(2)若桥宽变化范围较大,对于多箱单室钢箱梁,可保持小钢箱梁悬臂翼缘宽度不变,通过调整小钢箱梁两端间距实现桥梁变宽。

(3)对于多箱单室钢箱梁,若小钢箱梁两端间距不同,应相应调整横隔板构造。

(4)变宽桥顶板加劲宜优先采用U形加劲肋,在变宽处受局部空间限制,可局部采用板形加劲肋。

4.5 结构计算

目前,我国《公路钢结构桥梁设计规范》(JTG D64—2015)中钢箱梁的设计计算方法主要采用以概率理论为基础的极限状态设计方法,承载能力极限状态计算表达如式(4-28)所示;而旧规范《公路桥涵钢结构和木结构设计规范》(JTJ 025—1986)则采用单一安全系数的容许应力设计方法,给出了各类钢结构材料的容许应力值,容许应力法计算表达如式(4-29)所示。

$$\gamma_0(k_G G + k_Q Q) \leqslant \frac{R}{\gamma_R} \tag{4-28}$$

式中:γ_0——结构重要性系数;
k_G——永久荷载分项系数;
k_Q——可变荷载分项系数;
G——结构承受的永久荷载;
Q——结构承受的可变荷载;
R——结构抗力;
γ_R——抗力系数。

$$\sigma \leqslant [\sigma] = \frac{\sigma_{\max}}{K} \tag{4-29}$$

式中:$\sigma_{\max}$——容许应力最大值;
K——容许应力安全系数。

新规范《公路钢结构桥梁设计规范》(JTG D64—2015)中承载能力极限状态的效应计算是按照结构力学进行计算,必要时考虑非线性结构影响,且效应计算采用了标准值及分项系数的方式表达;承载能力的抗力计算主要是按杆件和断面的不同受力模式进行计算,考虑了长度折减、有效截面、稳定等影响,并采用了抗力标准值及抗力系数进行表达。

在对常规跨径钢箱梁进行计算分析时,可从下述几个方面予以考虑。

1)计算分析模型

(1)结构分析采用的模型和基本假定,应能反映结构实际受力状态,其精度应能满足结构设计要求。根据极限状态设计理念对结构在施工和使用期的不同阶段分别进行结构分析,并确定其最不利的作用组合。

(2)结构分析的模型应符合下列要求:

①结构分析采用的计算简图、几何尺寸、计算参数、边界条件、结构材料性能指标以及构造措施等应符合实际工作状况;

②结构上可能的作用及其组合、初始应力和变形状况等,应符合结构的实际状况;

③结构分析中所采用的各种近似假定和简化,应有理论、试验依据或经工程实践验证;计算结果的精度应符合工程设计的要求。

(3)环境对桥梁结构的影响不能忽视,例如海洋大气环境、峡谷风环境、侵蚀介质环境、地质断层环境、温度环境等,都对结构的安全和耐久产生较为显著的作用。在结构分析中,应考虑环境对构件和结构性能的影响。

(4)结构受力分析可按线弹性理论进行,当极限状态条件下结构的变形不能被忽略时,应考虑几何非线性对结构受力的影响。

(5)结构动力分析应考虑下列因素:

①所有相关的结构构件质量、刚度和阻尼特性;

②模型的边界条件应反映结构的固有特性。

(6)结构分析应符合下列要求:

①满足力学平衡条件;

②在不同程度上符合变形协调条件,包括节点和边界的约束条件;

③采用合理的材料本构关系或构件单元的受力-变形关系。

(7)结构分析所采用的计算软件应经考核和验证,其技术条件,如几何尺寸、约束条件、材料特性、外部作用等,应符合国家现行有关标准的要求;应注意对分析结果进行判断和校核,在已有规范规定和工程经验基础上确认其合理、有效后方可应用于工程设计。

2)结构强度及稳定性计算

(1)钢箱梁的承载能力极限状态应可按下式要求进行验算:

$$\gamma_0 S_d \leqslant R_d \tag{4-30}$$

式中:γ_0——结构重要性系数;

S_d——作用组合的效应(如轴力、弯矩或表示几个轴力、弯矩的向量)设计值;

R_d——结构或结构构件的抗力设计值。

(2)上部结构钢箱梁采用整体式截面时,梁桥在持久状况下结构体系不应发生改变,并应

按下列规定验算横桥向抗倾覆性能:
①在作用基本组合下,单向受压支座始终保持受压状态;
②当整联只采用单向受压支座支承时,应符合下式要求:

$$\frac{\sum S_{\mathrm{bk},i}}{\sum S_{\mathrm{sk},j}} \geqslant k_{qi} \tag{4-31}$$

式中:k_{qi}——横向抗倾覆稳定性系数,取 $k_{qi} = 2.5$;
$\sum S_{\mathrm{bk},i}$——使上部结构稳定的作用基本组合(分项系数均为1.0)的效应设计值;
$\sum S_{\mathrm{sk},j}$——使上部结构失稳的作用基本组合(分项系数均为1.0)的效应设计值。

(3)计算竖向挠度时,应按结构力学的方法并应采用不计冲击力的汽车车道荷载频遇值,频遇值系数为1.0,计算挠度值不应超过表4-7所规定的限值。

竖向挠度限值　　　　　　表4-7

桥梁结构形式	简支梁或连续梁	梁的悬臂端部
限值	$\dfrac{l}{500}$	$\dfrac{l_1}{300}$

注:①表中 l 为计算跨径,l_1 为悬臂长度;
②当荷载作用于一个跨径内有可能引起该跨径正负挠度时,计算挠度应为正负挠度绝对值之和;
③挠度按毛截面计算。

(4)钢箱梁桥应注意设置预拱度,预拱度大小应视实际需要而定,宜为结构自重标准值加1/2车道荷载频遇值产生的挠度值,频遇值系数为1.0;预拱度的设置应保持桥面曲线平顺。

3)连续钢箱梁结构静力计算

若连续钢箱梁结构计算全部采用板壳单元模拟计算,虽然一次可得到整体结构的全部内力和应力,但此种做法非常不经济,耗时耗力。因此,通常将结构内力分析分成为三个体系来计算,即前述的结构总体体系(第一体系),由纵向加劲肋、横肋板和桥面板组成的结构-桥面系(第二体系),以及支承在纵向加劲肋和横肋板上的各向同性连续板-面板体系(第三体系)。

对于钢箱梁第一体系的计算,通常采用常规的梁单元对结构模拟,进行总体纵向受力的计算;计算时,一般不建立横隔板,而是在横隔板位置采用集中荷载的作用方式模拟,利用虚拟梁体现从横隔板到纵隔板的传力过程;同时,第一体系的汽车活载应注意采用车道荷载来模拟。对于钢箱梁第二体系的计算,主要是反映横隔板支撑纵向加劲肋及桥面板的受力,计算时的汽车活载需采用车辆荷载,以体现轮载效应。

就连续钢箱梁结构而言,在对其进行静力计算时,可从下述几方面予以考虑。

(1)计算内容。

上部连续钢箱梁施工阶段的计算主要包括:钢箱梁节段运输、钢箱梁节段吊装和节段拼装等阶段的计算。

上部连续钢箱梁成桥阶段的静力计算主要包括:恒载作用、汽车荷载作用、风荷载作用、温度作用及组合作用等的静力计算。

(2)计算模型。

划分单元时一定要注意单元的形状和尺度问题。单元划分过程中,既应避免局部构造细节处的单元尺度过大导致的分析失真,也要防止该位置单元尺度过小而导致的模型单元规模过大。此外，计算单元在板材交界处的处理需要根据实际连接情况，制定合理的单元划分和边界条件。

(3) 边界条件。

连续钢箱梁建模时边界条件应与实际结构相一致。局部分析时，支座部位建模时应在模型规划时即充分考虑相应部位的相关特定要求，以力求边界条件的模拟符合结构的实际约束情况；支座的约束根据实际情况进行模拟，边界条件也需考虑连续梁端部与相邻跨的连接。

(4) 计算参数。

计算参数的准确设定是获得连续钢箱梁准确分析结果的基本保障之一，由结构的受力特性及结构体系所决定。

① 材料参数。

对于连续钢箱梁静力分析而言，所需材料参数主要包括：钢箱梁所用钢材弹性模量、容重、线胀系数、泊松比及支座刚度等。上述材料参数可根据我国相关规范取值，但在具有钢箱梁材料及主要材料参数试验数据的情况下，可直接采用试验获得的实际材料参数值。

② 荷载(作用)参数。

连续钢箱梁静力分析实施过程中需根据桥梁具体的使用条件和桥位处的具体情况确定二期恒载、车道(车辆)荷载、温度作用、风荷载等荷载(作用)参数：

a. 钢箱梁吊装阶段仿真分析时应计入冲击系数的影响，注意吊装处的局部应力状态。

b. 二期恒载根据具体设计参照相关规范确定。

c. 车道(车辆)荷载根据桥梁的用途、荷载等级等根据相关规范进行确定；结构整体计算过程中采用车道荷载，局部验算则采用车辆荷载，考虑单位轮载对顶板局部的应力影响。

d. 温度作用一般需考虑体系升温、体系降温、温度梯度等多种情况；并根据结构的实际受力情况进行多种组合以确定结构的最不利受力状态。结构体系升温、体系降温以及温度梯度等参数应根据桥位处的气象记录参照相关研究成果合理确定。

e. 静力分析时一般采用在结构上施加静风压的方式获取其风荷载效应。所施加静风压的大小应根据桥位处的地形特点、桥位处当地的气象记录以及梁距地面或水面的高度、箱梁迎风面的形状及面积等多种因素综合确定。

(5) 计算结果输出

① 内力输出。

内力输出的内容主要包括：输出钢箱梁主要各个控制界面的弯矩和剪力；输出各支座的反力。

② 应力输出。

应力输出的内容主要包括：输出钢箱梁主要受力板件的应力分布，包括顶板、底板、腹板、横隔板、主要加劲肋及其他主要受力板件的应力分布特性；钢箱梁在支座处的局部应力。

③ 变形输出。

变形输出的内容主要包括：连续钢箱梁的整体竖向挠度变形；横向荷载作用下的钢箱梁整体横向变形；梁端的纵向变形和转角。在对结果的变形进行输出时，可以同时采用云图和数值两种方式进行输出。

4.6 钢箱梁 BIM 设计

BIM(Building Information Modeling,建筑信息模型)是目前在国内外工程界较为流行的一项技术,是继 CAD(Computer Aided Design,计算机辅助设计)技术之后工程建设行业信息化最重要的新技术。BIM 技术的核心在于"信息",因而该技术的本质属于信息技术领域。BIM 技术中的信息模型首先应用于制造业,而后扩展至建筑业,形成了建筑信息模型,并在建筑工业领域中得到了非常广泛的应用。

作为信息技术,软件是 BIM 技术的重要支撑,BIM 技术中处于中心位置的软件是 BIM 核心建模软件,用以建立描述工程结构物的信息模型。目前使用较广的 BIM 商业软件也随着几家软件公司的 BIM 核心软件而划分为几大系列,其中较为常用的有 Autodesk 公司、Bentley 公司、Graphisoft 公司、Dassault 公司、Tekla 公司等几家公司的系列软件。

若将 BIM 技术应用于桥梁工程,BIM 的价值在于桥梁工程设施全生命的信息管理,其技术的应用应围绕工程设施的设计、施工、运维等全过程展开。在设计阶段,采用 BIM 技术进行建模,可以与专业分析软件进行数据交互,实现节能分析、环境分析、客流量分析、结构分析、统计算量等功能,并且可以很方便地进行方案比选和优化;利用建立的 BIM 模型的三维特性,可以通过虚拟漫游、3D 打印等技术更好地进行方案展示;利用构件的空间几何信息,可以检查多专业设计带来的管线碰撞、空间冲突,提高设计质量;同时,利用 BIM 模型的三维属性,可以自动生成图纸,并且在某一处设计发生变更时,可以进行关联性的自动修改。

对于钢箱梁,利用 BIM 技术可以对其进行三维设计,建立参数化的 BIM 模型,利用建立好的 BIM 模型,通过剖切生成二维图纸以及工程数量统计表,从而改变传统的二维图纸的设计方式。同时,利用三维的钢箱梁 BIM 设计模型,可以避免构件之间的碰撞,并自动统计工程量,最终提高设计的效率和质量。

下面主要介绍两种模式的钢箱梁 BIM 模型建立流程,第 1 种模式为基于 AutoCAD Civil 3D + Autodesk Revit + Dynamo 等 BIM 软件进行可视化编程的方法建立钢箱梁模型;第 2 种模式为基于 Autodesk Inventor 软件进行钢箱梁 BIM 模型的建立。下面分别具体介绍如下。

1)基于 AutoCAD Civil 3D + Autodesk Revit + Dynamo 等软件建立钢箱梁 BIM 模型

该种方法主要是通过 AutoCAD Civil 3D 软件生成目标路段三维路径,采用 Autodesk Revit 软件创建桥梁构件参数族,结合 Dynamo 软件编程设计生成桥梁部分参数化三维模型。同时,通过在 Excel 文件中存储族参数,链接进 Dynamo 软件的结果文件,当路线、起始点桩号、跨径等参数变化时,通过修改 Excel 参数表,运行 Dynamo 软件的结果文件,短时间内可以轻松实现模型的修改和更新。采用此种方法建立钢箱梁 BIM 设计模型的具体步骤如下:

(1)分解模型。

根据建模方法区分模型类型为 revit 参数化模型和 dynamo 参数化模型。

(2)建立 revit 参数化模型。

单板建立参数化模型,逐级嵌套拼装,控制板件位置,链接参数,最后得到包含所有单板信息的嵌套族,建立标准构件库。

(3)建立 dynamo 参数化模型。

按族类型导入 revit 项目文件中;进行参数储存和链接。

(4)族命名。

嵌套族采用构件类型命名;板件采用字母 + 板件编号命名,例如:N1。

(5)单位和十进制设置。

族文件长度单位为毫米,设置小数点后一位;项目文件单位为 m,设置小数点后三位;角度要设置为两位小数。

(6)dynamo 建模组拼。

基于项目文件建立总拼,把 revit 参数族都加载进项目文件,进行 dynamo 可视化编程设计,运行出总体模型。

(7)材料规格。

材料按照设计文件要求的规格进行输入。

采用该种方式建立的钢箱梁 BIM 模型示意如图 4-45 所示。

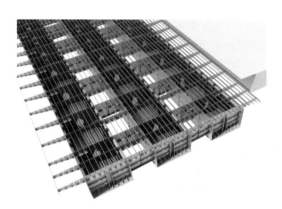

图 4-45 基于 AutoCAD Civil 3D + Autodesk Revit + Dynamo 等软件建立的钢箱梁 BIM 模型示意

2)基于 Autodesk Inventor 软件建立钢箱梁 BIM 模型

基于装配化钢箱梁的特性,连接采用正交异性桥面板焊接、横隔板栓接的形式,选择基于 Autodesk Inventor 软件建立钢箱梁 BIM 模型的优点在于,建模参数化程度高,自带标准螺栓构件库可直接调用,占用内存较小,出图快且改动方便。该种方式建模的思路是:首先建立一个参数化标准梁段,再通过修改标准梁段参数来生成其他梁段,从而大大减少了重复性劳动,提高建模效率;此外,Autodesk inventor 软件作为一种机械专用 BIM 软件,其建立模型的精度高,有利于后期的钢箱梁制造。采用该种模式建立 BIM 模型的具体流程,如图 4-46 所示。

采用该种方式建立的钢箱梁 BIM 模型示意如图 4-47 所示。

未来,随着 BIM 技术在工程领域应用的日益增多,其在钢结构桥梁方面的应用也必将越来越广泛。

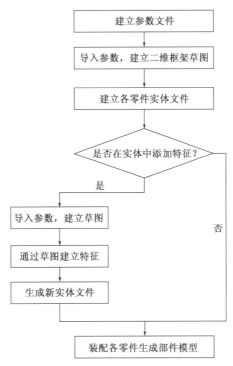

图 4-46 基于 Autodesk Inventor 软件建立钢箱梁 BIM 模型流程

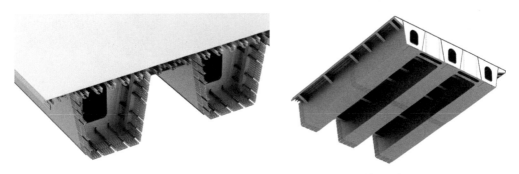

图 4-47 基于 Autodesk Inventor 软件建立的钢箱梁 BIM 模型示意

4.7 跨径 4×60m 钢箱梁

下面以中交公路规划设计院有限公司(暨装配化钢结构桥梁产业技术创新战略联盟)研发的装配化钢箱梁系列通用图技术成果,介绍其60m跨径钢箱梁的设计及计算内容。该系列通用图按照超限运输和非超限运输两种方案分别进行设计,下面主要以非超限运输的设计方案予以介绍。

4.7.1 主要技术指标

主要技术指标如下:
(1)公路等级:双向六车道高速公路;

(2)设计车速:100km/h;
(3)汽车荷载:公路—I级;
(4)桥梁宽度:2×16.5m;
(5)跨径布置:4×50m;
(6)桥梁设计基准期:100年;
(7)桥梁设计使用年限:100年;
(8)设计安全等级:一级;
(9)桥面横坡:2.0%。

4.7.2 主要材料

(1)钢材

主梁各部受力构件采用Q420qD钢材;伸缩装置的大齿板、小齿板、型钢、基座材料采用Q355NHD耐候结构钢;支座主体用钢板材料采用Q355NHD耐候结构钢;泄水管采用022Cr17Ni12Mo2不锈钢钢管。

(2)焊接材料

要求焊接材料应采用与母材相匹配的焊条、焊剂、焊丝,且CO_2气体保护焊的气体纯度不小于99.5%。

(3)高强螺栓

钢梁的连接采用高强螺栓,螺栓规格采用10.9S级。

4.7.3 结构设计要点

1)桥型布置

该系列通用图的桥型布置为4×60m一联双向六车道装配化连续钢箱梁,斜交角度为0°,平面处于直线上,上部结构全宽33.5m。采用三主梁等高钢箱梁,截面中心处钢箱梁高2.4m;钢箱梁采用工厂分节段预制,节段间除顶板外均采用高强螺栓工地现场连接。

2)主梁构造

4×60m跨径连续钢箱梁结构采用3主梁体系,主体结构完全装配化设计,由正交异性钢桥面板、钢箱梁腹板、底板、横隔板及支座加劲等组成。

单幅钢箱梁采用三主梁结构形式,主梁高2.4m,高跨比约为1/25。单个钢箱上口宽3.2m,顶板宽3.54m,底板宽2.2m;顶板加劲肋采用U形加劲肋,腹板和底板采用扁钢加劲肋;钢梁中心线间距为5.5m;各片梁之间由梁间顶板和横隔板、横隔肋组成的横向联系连接。主梁截面示意如图4-48所示。

(1)主梁节段划分

对于钢箱梁的运输,若运输条件较好能进行水路运输时,可将块段在工厂内按10m小节段进行加工,再进行大节段拼装,运至施工现场拼接吊装。但对于量大面广的内陆常规跨径钢箱梁,若采用陆路运输,则需厂内加工好板单元后再运送至现场,现场需建设临时工厂进行小节段组装及预拼装。

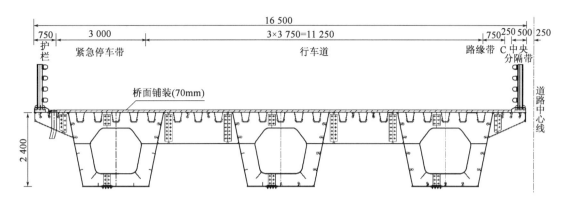

图 4-48 60m 跨径装配化钢箱梁横断面示意(尺寸单位:mm)

根据《超限运输车辆行驶公路管理规定》(交通运输部令 2016 年第 62 号)的规定:车货总高从地面算起超过 4m,或车货总宽度超过 2.55m,或车货总长度超过 18.1m,即定义为超限车辆。经调研,目前国内最大的平板货车尺寸为:前部平台长度 3.7m、高 1.5m;后部平台长度 14m、高 1.25m、宽 2.5~3m,加车头总长约 21m。

因此,综合以上考虑,为保证钢箱梁不超限陆路运输,则钢箱梁块体高度需按平板货车平台高度 1.25m 考虑,块体高度需控制在 4.5m − 1.25m = 3.25m 以内;块体宽度控制在 2.55m 以内;主梁最大梁段长度需控制在 17.7m 以内。对于该桥,设计时将钢箱梁板件的纵向长度定为 10m。

同时,设计时考虑到山区等特殊地区的车道较窄、净空不高、转弯半径过小等特点,设计完全不超限的可供普通卡车运输的分块方案见图 4-49。

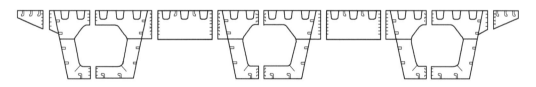

图 4-49 60m 跨径装配化钢箱梁标准梁段横向分块方案示意

由于支座加劲位于底板处,不方便切分。因此,在有支座加劲的节段使用图 4-50 所示的分块方案。

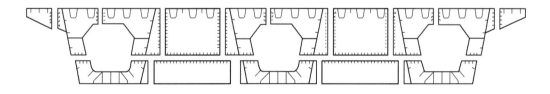

图 4-50 60m 跨径装配化钢箱梁支座处横向分块方案示意

钢箱梁边跨梁段和中跨梁段的纵向节段划分见图 4-51。

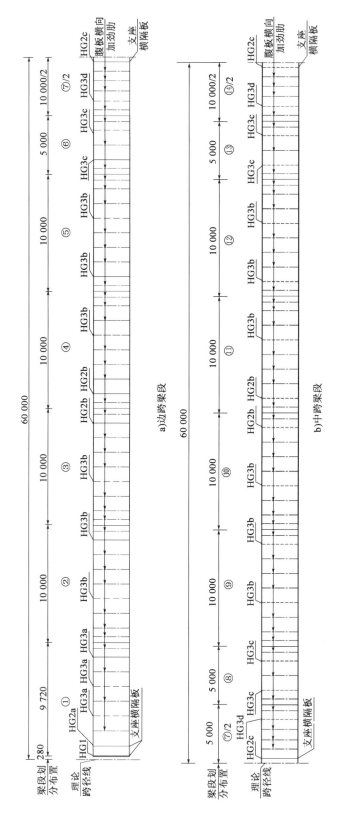

图4-51 60m跨径装配化钢箱梁梁段纵向划分示意(尺寸单位:mm)

以该桥钢箱梁标准梁段 C 梁段为例,其梁段构造图及钢箱梁横断面图见图 4-52 ~ 图 4-54。

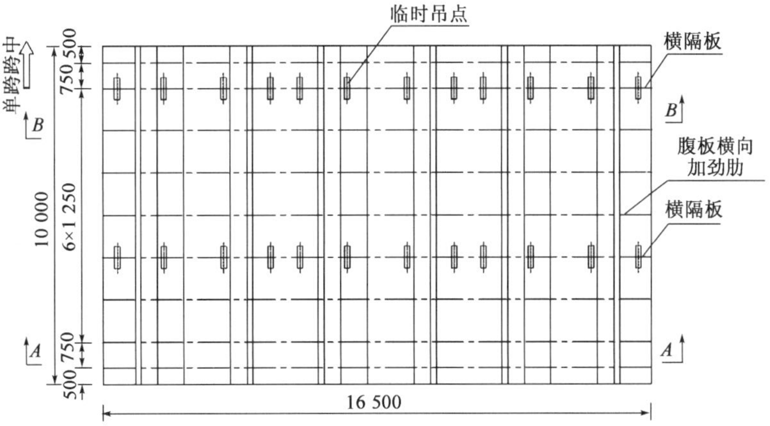

图 4-52 钢箱梁标准梁段 C 梁段构造平面示意(尺寸单位:mm)

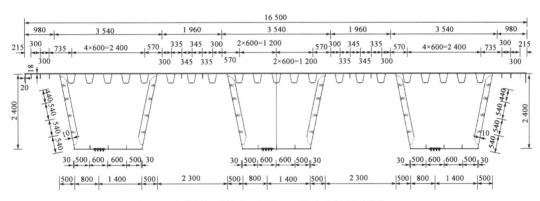

图 4-53 钢箱梁标准梁段 C 梁段 A-A 截面示意(尺寸单位:mm)

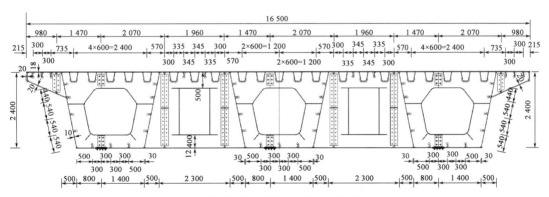

图 4-54 钢箱梁标准梁段 C 梁段 B-B 截面示意(尺寸单位:mm)

(2)钢箱梁构造

①顶板。

顶板在顺桥向采用 18mm 的厚度,钢桥面板的加劲肋采用刚度较大的 U 形加劲肋结构,局部位置根据构造要求采用板形加劲肋形式。U 形加劲肋高度为 300mm、上口宽 300mm、下口宽 180mm,U 形加劲肋标准横向间距为 600mm;需要特别指出的是,该桥顶板 U 形加劲肋设计采用热轧变厚度 U 形加劲肋,U 形加劲肋与顶板接头处采用 16mm,底板厚 16mm,腹板厚 12mm(图 4-55)。

②底板。

钢箱梁底板在顺桥向不同区段采用 12mm 和 16mm 两种不同的板厚。跨中梁段底板厚度为 12mm,支点区域梁段底板厚度为 16mm,不同板件厚度之间采用 1∶8 斜坡渐变;为便于顶推施工,钢箱梁底板下缘(外缘)保持平齐。钢梁底板加劲肋采用板形加劲肋,标准间距为 600mm,尺寸为 100mm × 10mm(图 4-56)。在中墩、次边墩、过渡墩处,受支座加劲影响,加劲肋局部断开,与支座加劲焊接。

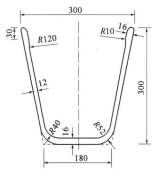

图 4-55 热轧变厚度 U 形加劲肋构造示意(尺寸单位:mm)

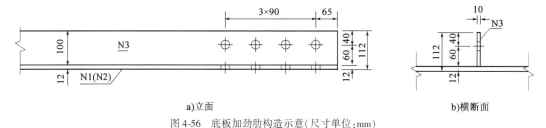

a)立面　　　　　　　　　　　b)横断面

图 4-56 底板加劲肋构造示意(尺寸单位:mm)

③腹板。

钢箱梁的腹板板厚为 10mm,设置多道纵向加劲肋和横向加劲肋。腹板纵向加劲肋采用板形加劲肋结构形式,板形加劲肋厚 10mm、高 105mm;横向加劲肋采用 T 形加劲肋,顺桥向间距为 10m。钢箱梁腹板加劲肋构造示意见图 4-57。

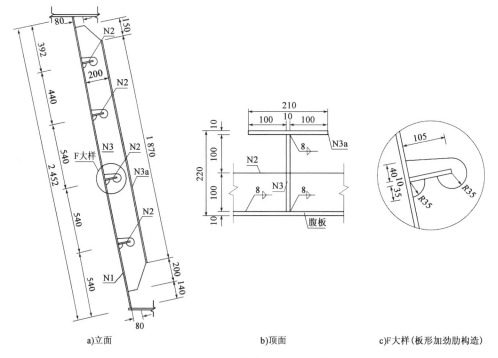

a)立面　　　　　　　b)顶面　　　　　c)F大样(板形加劲肋构造)

图 4-57 腹板加劲肋构造示意(尺寸单位:mm)

④横隔板。

钢箱梁横隔板标准间距为5m,两道横隔板之间设置多道腹板横向加劲肋。该桥横隔板按类型分为标准横隔板、支座处横隔板和端横隔板。标准横隔板的板厚为12mm;支座处设置两道支座横隔板,中心距为0.8m,板厚为16mm;端横隔板板厚20mm。同时,箱梁外侧与横隔板对应位置均设置钢箱梁挑臂结构,挑臂最外侧腹板厚度20mm,翼缘厚度为20mm。钢箱梁标准横隔板及挑臂构造示意见图4-58。

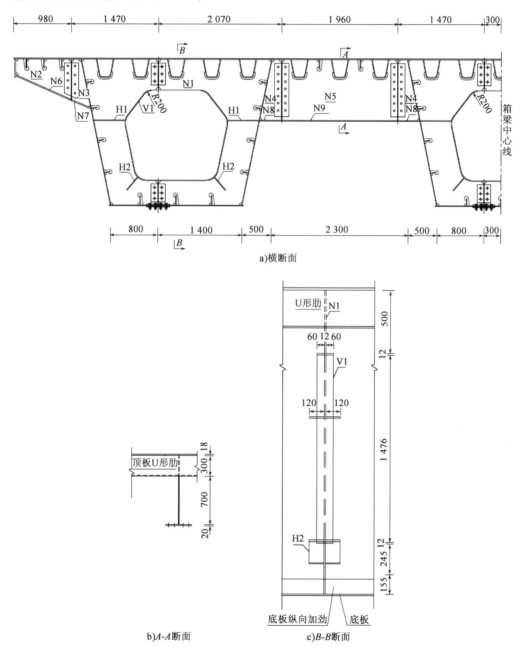

图4-58 标准横隔板及挑臂构造示意(尺寸单位:mm)

⑤支点加劲构造。

以边墩处的支座为例,其支点局部加劲构造如图4-59所示。

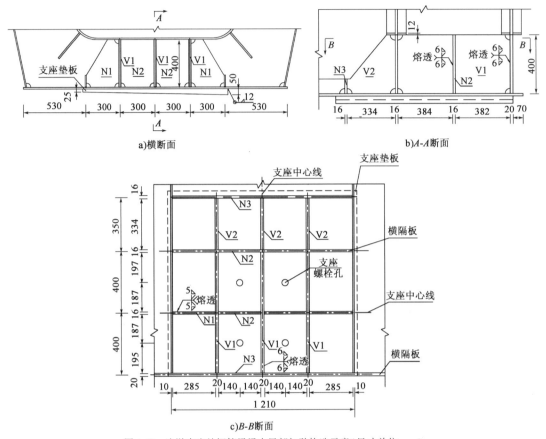

图4-59 边墩支座处钢箱梁内局部加劲构造示意(尺寸单位:mm)

(3)工厂和现场连接

钢箱梁小节段工厂连接以焊接为主,大节段现场连接以栓接为主,全桥采用栓焊组合方式,即除顶板U形加劲肋现场连接采用焊接外,顶板、底板及其加劲肋的现场连接、腹板及其加劲肋的现场连接等均采用栓接连接(图4-60、图4-61)。为了确保耐久性,箱梁外U形加劲肋工厂连接和现场连接的手孔采用不锈钢螺栓固定钢板进行封堵,同时对箱梁外U形加劲肋和板形加劲肋的连接接缝、拼接板及U形加劲肋手孔封板底部等采用密封胶封闭,以保证钢箱梁外U形加劲肋的密闭性及板形加劲肋耐久性。此外,对于工厂连接和现场连接的顶板U形加劲肋,在其端头设置钢封板(图4-62)。

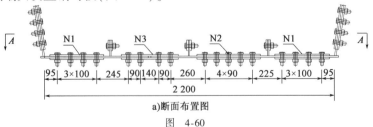

图 4-60

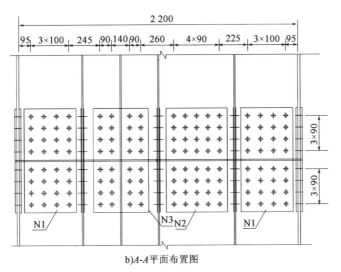

图 4-60 钢箱梁底板现场连接构造示意(尺寸单位:mm)

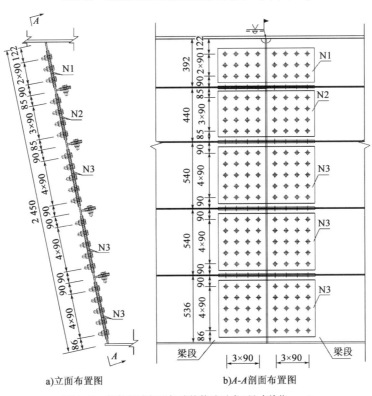

图 4-61 钢箱梁腹板现场连接构造示意(尺寸单位:mm)

(4)临时连接匹配件

钢箱梁的临时匹配件在钢箱梁架设时可重复使用。一般情况下,梁段架设时梁段高程的确定应在稳定的温度时段、风力较小时进行,并要考虑温度的影响,待高程到位后,应迅速将临时匹配件连接起来。临时匹配一般可采用对拉粗钢筋以及螺栓组合方式。钢箱梁临时匹配件断面布置示意见图 4-63。

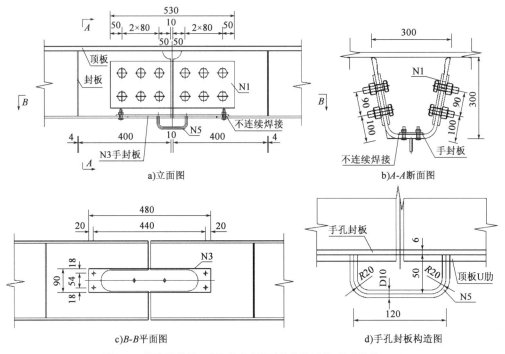

图 4-62 钢箱梁顶板 U 形加劲肋现场连接构造示意(尺寸单位:mm)

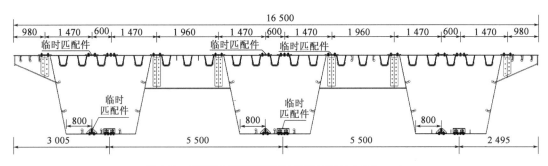

图 4-63 钢箱梁临时匹配件断面布置示意(尺寸单位:mm)

(5)梁段起吊临时构造

钢箱梁临时吊点及临时牛腿一般在钢箱梁架设时可以重复使用。钢箱梁临时吊点及临时牛腿与钢箱梁之间采用高强螺栓连接,高强螺栓一般不考虑重复利用。钢箱梁小节段吊装临时吊点布置横断面示意见图 4-64。

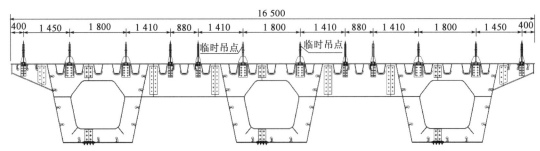

图 4-64 钢箱梁小节段吊装临时吊点布置横断面示意(尺寸单位:mm)

4.7.4 结构计算

1) 主要材料参数

(1) 钢材

钢箱梁主体结构采用 Q420qD 钢材,弹性模量为 $2.06 \times 10^5 \mathrm{MPa}$,线膨胀系数为 1.2×10^{-5},密度 $7\,850\mathrm{kg/m^3}$,泊松比 0.31,其他主要力学性见表 4-8。

钢材的材料特性 表 4-8

钢材		钢材的强度设计值(MPa)		
牌号	厚度(mm)	抗拉、抗压和抗弯强度 f_d	抗剪强度 f_vd	端面承压(刨平顶紧) f_cd
Q420 钢材	≤16	335	195	390
	16~40	320	185	
	40~63	305	175	
	63~100	290	165	

(2) 高强螺栓

钢梁连接用高强螺栓采用 10.9S 级,材料特性见表 4-9。

高强螺栓的预拉力设计值 P_d(kN) 表 4-9

分类	部位	等级	M22	M24	M27	M30
上部结构	高强螺栓	10.9S	190	225	290	355

2) 计算荷载

计算中考虑的荷载主要有:永久荷载(结构重力、二期恒载)和可变荷载(温度荷载、汽车荷载、风荷载等)。

(1) 永久荷载

① 结构重力。

结构自重根据材料容重进行计算,其中钢材容重取 $78.5\mathrm{kN/m^3}$。

② 二期恒载。

二期恒载主要包括沥青混凝土铺装、防撞护栏。沥青混凝土铺装:厚度为 7.0cm,容重取 $24\mathrm{kN/m^3}$;防撞护栏为钢护栏,每侧栏杆重量为 9.55kN/m。

(2) 可变荷载

① 汽车荷载。

按公路 I 级荷载考虑,纵、横向折减根据具体加载车道数量按照《公路桥涵设计通用规范》(JTG D60—2015)确定。

② 汽车冲击力。

汽车荷载冲击力标准值为汽车荷载标准值乘以冲击系数 μ,冲击系数依据《公路桥涵设计通用规范》(JTG D60—2015)规定取用。

③ 温度。

体系升温作用,按 +25℃ 取值;体系降温作用,按 -20℃ 取值。

主梁内温差效应考虑由于太阳辐射引起上部结构顶层温度增加时产生的正温差及由于再辐射由上部结构顶层散失时产生的负温差,该两种温差效应按欧洲规范 Eurocode 1(1991-1-5: 2003)中的规定取用。欧洲规范钢箱梁截面温度梯度取值示意如图 4-65 所示。

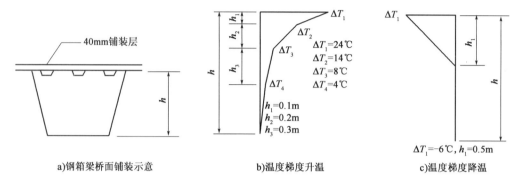

图 4-65 欧洲规范钢箱梁截面温度梯度取值示意

④风荷载。

风荷载计算,运营阶段按设计风速 $V_{10} = 35\text{m/s}$ 考虑,桥面行车风速取为 25m/s。

3)荷载组合

结构纵向总体静力计算按结构施工阶段和使用阶段分别进行强度计算,荷载组合见表 4-10。

荷载组合列表　　表 4-10

编　号	荷载组合
组合 1	恒载 + 汽车荷载
组合 2	恒载 + 汽车荷载 + 升温组合
组合 3	恒载 + 汽车荷载 + 降温组合
组合 4	恒载 + 汽车荷载 + 升温组合 + 风荷载
组合 5	恒载 + 汽车荷载 + 降温组合 + 风荷载

4)施工阶段模拟

施工阶段的模拟按照钢箱梁顶推施工和吊装施工两种方式来考虑,顶推施工和吊装施工的模拟分别见表 4-11 和表 4-12。

钢箱梁顶推施工模拟　　表 4-11

施工阶段	施工模拟
1	第一跨钢箱梁顶推至最大悬臂状态
2	导梁端部顶推放置于桥墩
3	第一跨钢箱梁顶推到位
4	采用相同方法施工其余跨钢箱梁
5	拆除导梁,临时固结设施,完成体系转换,施工二期恒载

钢箱梁吊装施工模拟 表4-12

施工阶段	施工模拟
1	吊装第一跨钢箱梁大节段
2	吊装第二跨钢箱梁,第二跨钢箱梁与第一跨钢箱梁铰接模拟
3	完成第二跨钢箱梁与第一跨钢箱梁连接体系转换,形成固接体系
4	采用相同方法施工其余跨钢箱梁
5	完成全桥体系转换,施工二期恒载

5) 钢梁计算应力点

对钢箱梁进行验算时,计算应力点如图4-66所示。

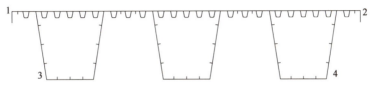

图4-66 钢梁计算应力点示意

1-钢箱梁的左侧上翼缘;2-钢箱梁的右侧上翼缘;3-钢箱梁的左侧下翼缘;4-钢箱梁的右侧下翼缘

6) 计算模型

采用空间有限元程序 Midas Civil 进行总体计算分析,主梁采用梁单元模拟,整体受力分析计算模型如图4-67所示。

图4-67 整体受力分析计算模型示意

7) 主梁纵向受力计算

下面主要以顶推施工工序为例,介绍相应的计算结果。

(1) 施工阶段主梁应力计算

施工阶段,钢箱梁上缘最大应力为26.9MPa(拉应力);钢箱梁下缘最大应力为80.62MPa(拉应力),最不利情况出现在第一跨钢箱梁顶推最大悬臂的阶段,结构受力满足要求(图4-68、图4-69)。

图4-68 施工阶段钢箱梁上缘最大应力(单位:MPa)

图4-69 施工阶段钢箱梁下缘最大应力(单位:MPa)

(2)钢箱梁承载能力验算

①钢箱梁内力计算。

运营阶段,钢箱梁承载能力极限状态荷载基本组合下的弯矩及剪力包络图,见图4-70、图4-71。

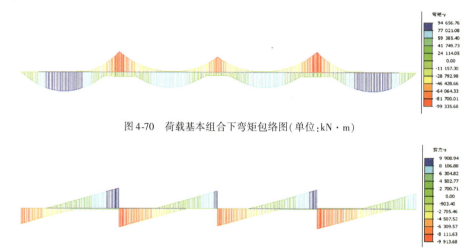

图4-70 荷载基本组合下弯矩包络图(单位:kN·m)

图4-71 荷载基本组合下剪力包络图(单位:kN)

②钢箱梁应力验算。

运营阶段,钢箱梁持久状况承载能力极限状态下应力包络图,见图4-72、图4-73。

图4-72 钢箱梁上缘正应力包络图(单位:MPa)

图4-73 钢梁下缘正应力包络图(单位:MPa)

根据计算结果,钢箱梁的第一体系最大应力为265MPa,计算得到的安全系数为 $\gamma = 320\text{MPa}/265\text{MPa} = 1.21$,满足要求。

③钢箱梁抗剪承载力验算。

运营阶段,荷载基本组合下钢箱梁承载能力极限状态剪应力包络图,见图4-74,钢箱梁抗剪承载力满足要求。

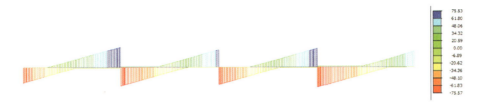

图4-74　荷载基本组合下钢箱梁剪应力包络图(单位:MPa)

④正常使用极限状态主梁挠度验算。

主梁在活载作用下,钢箱梁最大竖向挠度之和为 $31\text{mm} + 66\text{mm} = 97\text{mm} < L/500 = 120\text{mm}$,满足要求;主梁的竖向变形如图4-75所示。

a)主梁最大竖向位移

b)主梁最小竖向位移

图4-75　活载作用下主梁竖向位移结果(单位:mm)

8)现场连接受力计算

钢箱梁底板与腹板现场连接均采用高强螺栓,下面主要对底板及腹板的高强螺栓布置进行相应的验算。

(1)底板现场连接验算

在抗剪连接中,一个高强螺栓的承载力设计值应按下式计算:

$$N_{vd}^b = 0.9 n_f \mu P_d \quad (4-32)$$

式中: n_f ——传力摩擦面数目;

P_d ——一个高强螺栓的预拉力;

μ ——摩擦面的抗滑移系数,除另有试验值外,μ 值按表4-13取值。

摩擦面的抗滑移系数设计值 表4-13

在连接处构件接触面的分类	μ
没有浮锈且经喷丸处理或喷铝的表面	0.45
涂抗滑型无机富锌漆的表面	0.45
没有轧钢氧化皮和浮锈的表面	0.45
喷锌的表面	0.40
涂硅酸锌漆的表面	0.35
仅涂防锈底漆的表面	0.25

对于该桥而言,$n_f=2$,$\mu=0.45$,$P_d=225$,计算得到单个高强螺栓的抗剪承载能力设计值:$N_{vd}^b=0.9\times2\times0.45\times225=182.25\text{kN}$。

根据纵向总体计算结果,钢箱梁底板下缘最大应力267MPa(板厚16mm),底板断面面积为0.0345mm²,计算得到底板承受的最大轴力$F=9211\text{kN}$。

根据图4-60,单侧单块钢箱梁底板现场连接的高强螺栓个数$n_d=68$(未考虑底板加劲螺栓);计算所需的高强螺栓数量$n_s=F/N_{vd}^b=9211/182.25=51$个$<n_d=68$个,满足要求。

构件上钻设孔后,其净截面强度计算与普通螺栓的情况相似,但有区别,无论构件受拉力或压力,钢板的内力由高强螺栓受力最大侧逐渐减小至受力最小侧,通常只需验算内力最大的毛截面位置和第一列螺栓处的净截面位置的强度。其中,第一列螺栓处的净截面位置的强度可按下式计算:

$$\sigma = \left(1-0.5\frac{n_1}{n}\right)\cdot\frac{F}{A_n} \tag{4-33}$$

式中:n——构件在节点上或接处一侧的螺栓总数;

n_1——受力最大的第一列螺栓数量;

F——连接件所受拉力或压力(N);

A_n——第一列螺栓处的底板净截面面积(mm²)。

经计算,$\sigma=\left(1-0.5\frac{n_1}{n}\right)\cdot\frac{F}{A_n}=\left(1-0.5\times\frac{17}{68}\right)\times\frac{9211/1000}{0.0325-0.0004\times17}=313\text{MPa}<[\sigma]=335\text{MPa}$,结果满足要求。

(2)腹板现场连接验算

根据公式(4-32)可计算得到腹板单个高强螺栓抗剪承载力设计值$N_{vd}^b=182.25\text{kN}$;腹板承受的最大弯矩$M_{腹}=23846\text{kN}\cdot\text{m}$,最大剪力$Q_{腹}=9906\text{kN}$;根据腹板连接板处的弯矩及剪力的方向可知连接板的最下缘螺栓受力最大,单个高强螺栓因弯矩作用承受的水平方向力为:

$$N_{1X}^M = \frac{My_1}{\sum y_i^2} = 23846\times1000\times\frac{2150}{69^2+\cdots529+(-26)^2+(-1821)^2} = 72.2\text{kN}$$

按照最不利考虑,假设腹板连接板处的高强螺栓同时受弯矩和剪力作用,则单个高强螺栓因剪力作用承受的竖直方向力为:

$$N_{1y}^Q = Q/n = 9906/6\times22\times4 = 18.8\text{kN}$$

最终,腹板现场连接单个高强螺栓所承受的力为:

$$N_1 = \sqrt{72.2^2 + 18.8^2} = 74.6 \text{kN} < 182.25 \text{kN}$$

9）钢箱梁构造细节验算

（1）腹板及腹板加劲肋

钢箱梁腹板的厚度按照属于"设横向加劲肋和 2 段纵向加劲肋时"类型考虑，腹板的最小厚度应满足 $\eta h_w/310$，经计算 $\eta = \sqrt{\tau/f_{vd}} = \sqrt{77/195} = 0.63 < 0.85$，$\eta$ 取值 0.85；$\eta h_w/310 = 0.85 \times 2\,452/310 = 6.7 \text{mm}$，钢箱梁腹板实际最小厚度为 10mm，满足要求。

钢箱梁腹板的纵向加劲肋厚度为 10mm，高度为 105mm，计算得到其宽厚比为 $105/10 = 10.5 < 12\sqrt{345/f_y} = 10.9$，满足要求。

（2）底板加劲肋

钢梁底板加劲肋采用板形加劲肋，标准间距为 600mm，尺寸为 100mm×10mm，宽厚比为 $100/10 = 10 < 12\sqrt{345/f_y} = 10.9$，满足要求。

由于负弯矩区钢箱梁底板属于受压区，因此验算纵横向加劲肋是否属于刚性加劲肋。根据《公路钢结构桥梁设计规范》（JTG D64—2015）中 5.1.6 条受压加劲肋设计的相关要求，计算如下：

①计算参数。

钢材弹模 $E = 206\,000\text{MPa}$，泊松比 $\nu = 0.31$，底板板厚 $t = 16\text{mm}$，板形加劲肋高 100mm，板形加劲肋厚 10mm，板形加劲肋的计算长度 $a = 3\,350\text{mm}$，板形加劲肋的计算宽度 $b = 2\,260\text{mm}$，底板分割块数 $n = 4$。

②计算结果。

单根纵向加劲肋的抗弯惯矩 $I_l = 3\,333\,333 \text{mm}^4$，单宽板刚度 $D = Et^3/12(1-v^2) = 77\,790\,316 \text{N/mm}$，纵向加劲肋的相对刚度 $\gamma_l = EI_l/bD = 3.91$，加劲肋长宽比 $\alpha = a/b = 3\,350/2\,260 = 1.48$。

单个纵向加劲肋与母板面积之比 $\delta_l = A_{s,l}/bt = 100 \times 10/16 \times 2\,260 = 0.028$，$\alpha_0 = \sqrt[4]{1+n\gamma_l} = 2.21$，$\alpha = 1.48 < \alpha_0 = 2.21$，则有：

$$\gamma_l^* = \frac{1}{n}[4n^2(1+n\delta_l)\alpha^2 - (\alpha^2+1)^2] = 36.49, \gamma_l < \gamma^*$$，底板加劲肋按柔性加劲肋设计；同时，$A_{s,l} = 1\,000 \text{mm}^2 > \frac{bt}{10n} = 904 \text{mm}^2$，满足要求。

（3）悬臂翼缘板加劲肋

根据《公路钢结构桥梁设计规范》（JTG D64—2015）规定：受压翼缘悬臂部分的板端外缘加劲肋应为刚性加劲肋；受压翼缘加劲肋间距不宜大于翼缘板厚度的 40 倍。

对于该桥，钢箱梁翼缘板的加劲肋设计采用刚性加劲肋，翼缘板厚度为 18mm，加劲肋间距为 300mm，则有 $300\text{mm} < 18\text{mm} \times 40 = 720\text{mm}$，满足要求。

（4）支承加劲肋

①计算参数。

支承加劲肋的计算按照式（4-25）及式（4-26）进行验算，对于该桥，基本荷载组合作用下，中支座位置的最大反力 $R_v = 9\,286 \text{kN}$，加劲肋面积为 $A_s = 86\,880 \text{mm}^2$；$B_{eb} = B + 2(t_f + t_b) =$

$1\,200 + 2 \times (16 + 50) = 1\,322\,\text{mm}$。

支承加劲肋间距为 $b_s = 350\,\text{mm} < 24t_w = 24 \times 16 = 384\,\text{mm}$，则有：

$B_{ev} = (n_s - 1)b_s + 24t_w = (3-1) \times 350 + 24 \times 16 = 1\,084\,\text{mm}$

② 计算结果。

局部压应力验算：$\gamma_0 \dfrac{R_V}{A_s + B_{eb}t_w} = \dfrac{1.1 \times 9\,286 \times 1\,000}{86\,880 + 1\,322 \times 16} = 94.5\,\text{MPa} < f_{cd} = 390\,\text{MPa}$，结果满足要求。

竖向应力验算：$\gamma_0 \dfrac{2R_V}{A_s + B_{ev}t_w} = \dfrac{1.1 \times 2 \times 9\,286 \times 1\,000}{86\,880 + 1\,084 \times 16} = 196\,\text{MPa} < f_d = 320\,\text{MPa}$，结果满足要求。

(5) 横隔板

对于开口钢箱梁，为防止箱梁发生翘曲及畸变变形，需在箱梁内设置横隔板，且横隔板必须具有一定的刚度。

① 横隔板间距。

参考日本公路钢结构桥梁设计指南，对跨径不大于 100 m 的普通钢箱梁，横隔板间距满足以下要求时，在偏心活载作用下箱梁的翘曲应力与容许应力比值在 0.02 ~ 0.06 之间。

$$\begin{cases} L_D \leq 6 & (L \leq 50) \\ L_D \leq 0.14L - 1 \text{ 且} \leq 20 & (L > 50) \end{cases} \quad (4\text{-}34)$$

式中：L——桥梁等效跨径(m)。

对于本桥，桥梁等效跨径近似取 $L = 0.8 \times 60 = 48\,\text{m}$，因此横隔板的最大间距应小于或等于 6 m，本桥横隔板间距设计为 5 m，满足要求。

② 横隔板刚度。

钢箱梁横隔板的最小刚度 K 应该满足下式要求：

$$K \geq 20 \dfrac{EI_{dw}}{L_d^3} \quad (4\text{-}35)$$

以该桥钢箱梁标准梁段的横隔板为例，经验算：

钢箱梁上顶板截面面积：$F_u = 0.099\,\text{m}^2$；

钢箱梁下底板截面面积：$F_l = 0.032\,\text{m}^2$；

一个腹板的面积：$F_h = 0.024\,5\,\text{m}^2$；

顶板对箱梁对称轴的惯矩：$I_{fu} = 0.058\,2\,\text{m}^4$；

底板对箱梁对称轴的惯矩：$I_{fl} = 0.088\,3\,\text{m}^4$；

$B_u = 3.22\,\text{m}$，$B_l = 2.22\,\text{m}$，$b_1 = 1.15\,\text{m}$，$b_2 = 0.025\,\text{m}$，$H = 2.45\,\text{m}$，计算有：

$$e = \dfrac{I_{fl}}{B_l} \cdot \dfrac{B_u + 2B_l}{12} \cdot F_h = 0.000\,6\,\text{m}^6$$

$$f = \dfrac{I_{lu}}{B_u} \cdot \dfrac{2B_u + B_l}{12} \cdot F_h = 0.000\,3\,\text{m}^6$$

$$\alpha_1 = \dfrac{e}{e+f} \cdot \dfrac{B_u + B_l}{4} \cdot H = 2.202\,\text{m}^2$$

$$\alpha_2 = \frac{f}{e+f} \cdot \frac{B_u + B_l}{4} \cdot H = 1.13\text{m}^2$$

$$I_{dw} = \left[\alpha_1^2 F_u \left(1 + \frac{2b_1}{B_u}\right)^2 + \alpha_2^2 F_l \left(1 + \frac{2b_2}{B_l}\right)^2 + 2F_h(\alpha_1^2 - \alpha_1\alpha_2 + \alpha_2^2)\right] = 1.636\text{m}^6$$

计算得到横隔板最小刚度:$K_0 = 20\dfrac{EI_{dw}}{L_d^3} = 5.39 \times 10^7 \text{kN} \cdot \text{m}$

对于本桥横隔板,其刚度为:

$K = 4GA_c t_D = 6.66 \times 10^7 \text{kN} \cdot \text{m} > K_0$

因此,横隔板的刚度满足要求。

10) 预拱度设置

按照顶推架设施工方法与吊装架设施工方法,分别对钢箱梁进行预拱度值的计算,计算结果如图 4-76 所示。

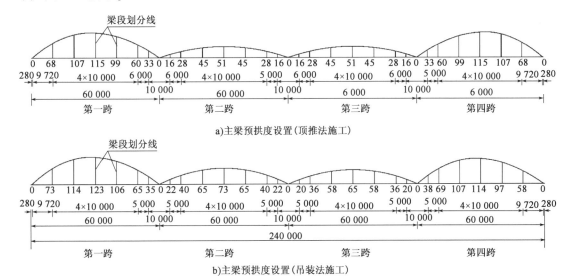

图 4-76 跨径 4×60m 钢箱梁预拱度设置(尺寸单位:mm)

4.8 跨径 4×80m 钢箱梁

下面介绍 80m 跨径装配化钢箱梁的设计和计算内容,主要以非超限运输的设计方案予以介绍。其中,主要技术指标、主要材料等参见 4.7 节相关内容。

4.8.1 结构设计要点

1) 桥型布置

该系列通用图的桥型布置为 4×80m 一联双向六车道装配化连续钢箱梁,斜交角度为 0°,平面处于直线上,上部结构全宽 33.5m。采用三主梁等高钢箱梁,截面中心处钢箱梁高 3.0m;钢箱梁采用工厂分节段预制,节段间除顶板外均采用高强螺栓工地现场连接。

2) 主梁构造

4×80m 跨径连续钢箱梁结构采用三主梁体系,主体结构完全装配化设计,由正交异性钢桥面板、钢箱梁腹板、底板、横隔板及支座加劲等组成。

单幅钢箱梁采用 3 片主梁结构形式,主梁高 3.0m,高跨比约为 1/26。单个钢箱上口宽 3.2m,顶板宽 3.54m,底板宽 2.2m;顶板加劲肋采用 U 形加劲肋,腹板和底板采用扁钢加劲肋;钢梁中心线间距为 5.5m;各片梁之间由梁间顶板和横隔板、横隔肋组成的横向联系连接。钢箱梁截面示意见图 4-77。

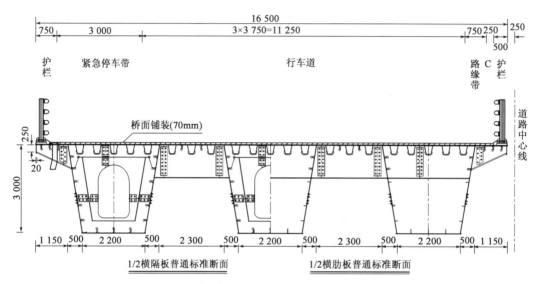

图 4-77 80m 跨径装配化钢箱梁横断面示意(尺寸单位:mm)

(1) 主梁节段划分

80m 跨径装配化钢箱梁标准梁段横向分块方案如图 4-78 所示。

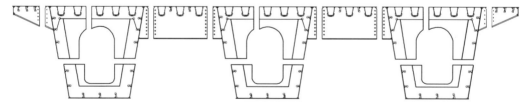

图 4-78 80m 跨径装配化钢箱梁标准梁段横向分块方案示意

钢箱梁边跨梁段和中跨梁段的纵向节段划分见图 4-79。

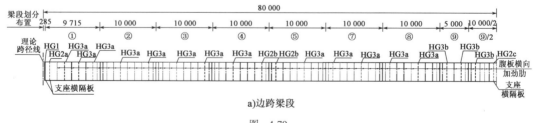

a) 边跨梁段

图 4-79

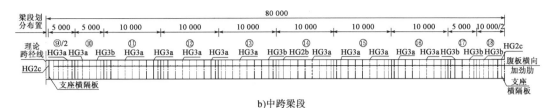

b)中跨梁段

图 4-79 80m 跨径装配化钢箱梁梁段纵向划分示意(尺寸单位:mm)

以该桥钢箱梁 A 梁段为例,其梁段构造图及钢箱梁横断面图见图 4-80。

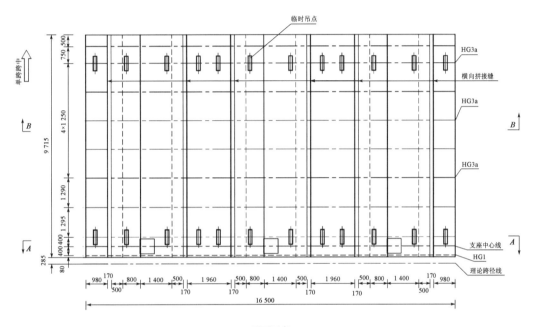

a)平面示意

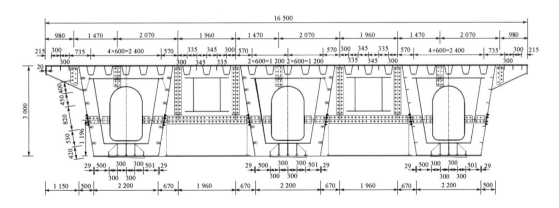

b)A-A 截面示意

图 4-80

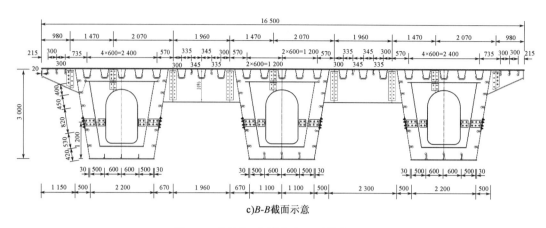

c)B-B截面示意

图4-80 钢箱梁A梁段构造(尺寸单位:mm)

(2)钢箱梁构造

①顶板。

顶板在顺桥向采用18mm的厚度,钢桥面板的加劲肋采用热轧变厚度U形加劲肋结构,局部位置根据构造要求采用板形加劲肋形式。热轧变厚度U形加劲肋高度为300mm、上口宽300mm、下口宽180mm;U形加劲肋在与顶板接头处的厚度采用16mm,其底板厚16mm,腹板厚12mm;U形加劲肋标准横向间距为600mm。

②底板。

钢箱梁底板在顺桥向不同区段采用了22mm和18mm两种不同的板厚。跨中梁段的底板厚度为18mm,支点位置梁段的底板厚度为22mm,不同板件厚度之间采用1∶8斜坡渐变(图4-81),为便于顶推施工,底板下缘(外缘)保持平齐。

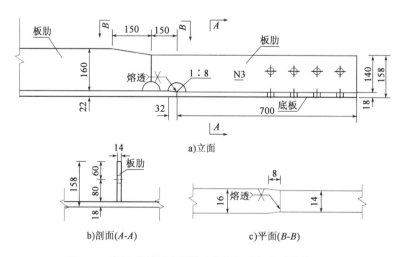

图4-81 底板不同规格加劲肋连接构造示意(尺寸单位:mm)

钢梁底板加劲肋采用板形加劲肋,标准间距为600mm,标准梁段板形加劲肋尺寸为140mm×14mm;在中墩、次边墩、过渡墩处,受支座加劲影响,加劲肋局部断开并与支座加劲焊接。

③腹板。

钢箱梁的腹板板厚为10mm,设置多道纵向加劲肋和横向加劲肋。腹板纵向加劲肋采用板形加劲肋结构形式,板形加劲肋厚10mm、高105mm;横向加劲肋采用T形加劲肋,顺桥向间距为10m。以该桥钢箱梁A梁段为例,其腹板加劲肋构造示意见图4-82。

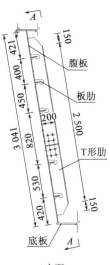

a) 立面

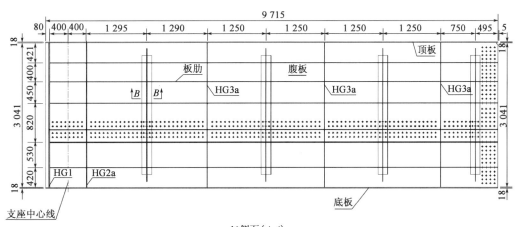

b) 侧面(A-A)

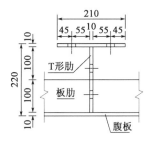

c) 腹板T形加劲肋示意(B-B)

图4-82 腹板加劲肋构造示意(尺寸单位:mm)

④横隔板。

钢箱梁横隔板标准间距为5m,两道横隔板之间设置多道腹板横向加劲肋。该桥横隔板按类型分为标准横隔板、支座处横隔板和端横隔板。标准横隔板的板厚为12mm;支座处设置两道支座横隔板,中心距为0.8m,板厚为16mm;端横隔板板厚20mm。同时,箱梁外侧与横隔板对应位置均设置钢箱梁挑臂结构,挑臂最外侧腹板厚度20mm,翼缘厚度为20mm。钢箱梁标准横隔板及挑臂构造示意见图4-83。

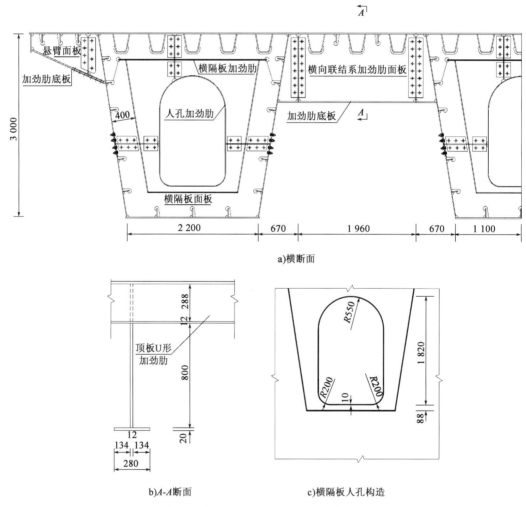

图4-83 标准横隔板构造示意(尺寸单位:mm)

⑤支点加劲构造。

以中墩处的支座为例,其支点局部加劲构造如图4-84所示。

(3)工厂和现场连接

与60m跨径钢箱梁相同,80m跨径的钢箱梁小节段工厂连接以焊接为主,大节段现场连接以栓接为主,全桥采用栓焊组合方式,即除顶板U形加劲肋现场连接采用焊接外,顶板、底板及其加劲肋的现场连接、腹板及其加劲肋的现场连接等均采用栓接连接。

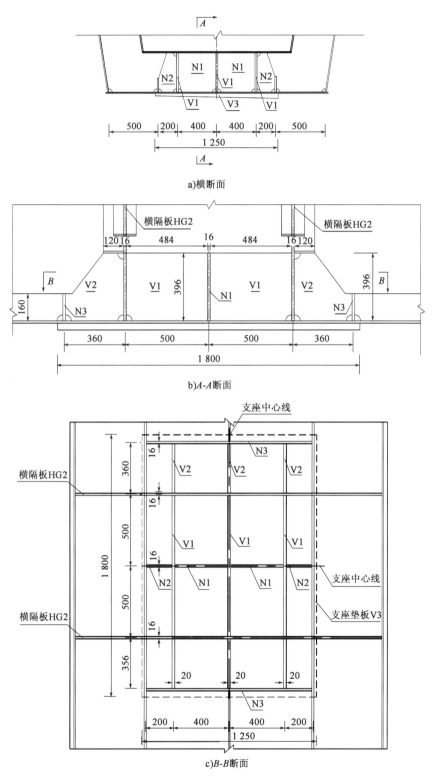

图4-84 中墩支座处钢箱梁梁内局部加劲构造示意(尺寸单位:mm)

(4)临时连接匹配件

钢箱梁的临时匹配件在钢箱梁架设时可重复使用,80m 跨径的钢箱梁临时匹配件断面布置与60m 跨径的钢箱梁一致。

(5)梁段起吊临时构造

钢箱梁临时吊点及临时牛腿与钢箱梁之间采用高强螺栓连接,高强螺栓一般不考虑重复利用;80m 跨径钢箱梁小节段吊装临时吊点布置与60m 跨径的钢箱梁一致。

4.8.2 结构计算

结构计算中涉及的主要材料参数、计算荷载、荷载组合、施工阶段模拟、钢箱梁计算应力点及计算模型,详见前述章节,在此不再赘述。

1)主梁纵向受力计算

下面主要以吊装施工工序为例,介绍相应的计算结果。

(1)施工阶段主梁应力计算

根据吊装施工流程分步计算,钢箱梁上缘最大应力为 32.1MPa(图 4-85);钢箱梁下缘最大应力为 79.3MPa(图 4-86),结构受力满足要求。

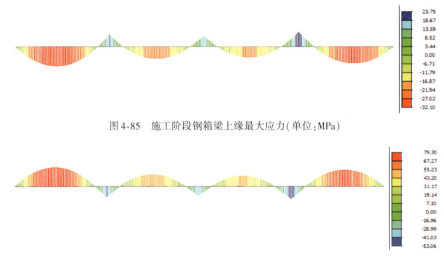

图 4-85 施工阶段钢箱梁上缘最大应力(单位:MPa)

图 4-86 施工阶段钢箱梁下缘最大应力(单位:MPa)

(2)钢箱梁承载能力验算

①钢箱梁内力计算。

运营阶段,钢箱梁承载能力极限状态荷载基本组合下的弯矩及剪力包络图,见图 4-87、图 4-88。

图 4-87 荷载基本组合下弯矩包络图(单位:kN·m)

图 4-88　荷载基本组合下剪力包络图(单位:kN)

②钢箱梁应力验算。

运营阶段,钢箱梁持久状况承载能力极限状态下应力包络图,见图 4-89、图 4-90。

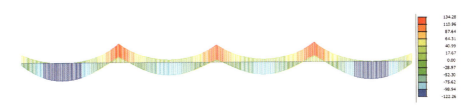

图 4-89　钢箱梁上缘正应力包络图(单位:MPa)

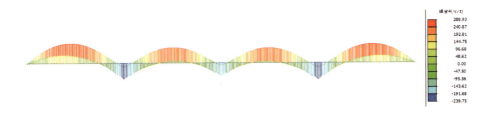

图 4-90　钢梁下缘正应力包络图(单位:MPa)

根据计算结果,钢箱梁的第一体系下顶板最大压应力为 122.3MPa,最大拉应力为 134.3MPa;底板最大拉应力为 288.9MPa,最大压应力为 239.8MPa,计算得到的安全系数为 $\gamma = 335\text{MPa}/288.9\text{MPa} = 1.16$,满足要求。

③钢箱梁抗剪承载力验算。

运营阶段,荷载基本组合下钢箱梁承载能力极限状态剪应力包络图见图 4-91,钢箱梁抗剪承载力满足要求。

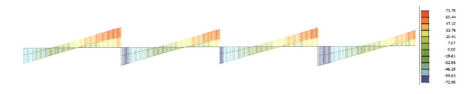

图 4-91　荷载基本组合下钢箱梁剪应力包络图(单位:MPa)

④正常使用极限状态主梁挠度验算。

主梁在活载作用下的竖向变形见图 4-92,钢箱梁最大竖向挠度之和为 47mm + 97mm = 144mm < $L/500$ = 160mm,满足要求。

a)主梁最大竖向位移

b)主梁最小竖向位移

图 4-92　活载作用下主梁竖向位移结果(单位:mm)

2) 全桥仿真分析计算

由于钢箱梁的跨径越大,其整体受力越为不利,因此建立 4×80m 跨径钢箱梁的全桥板单元计算分析模型,对钢箱梁的各构件受力进行详细分析。

(1) 计算模型

计算采用通用有限元分析软件 Ansys 建立全桥钢箱梁板单元计算模型,各构件采用壳单元 Shell63 模拟,钢箱梁标准梁段的有限元模型见图 4-93。

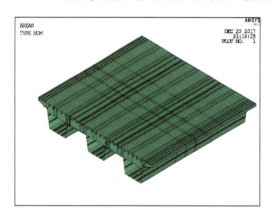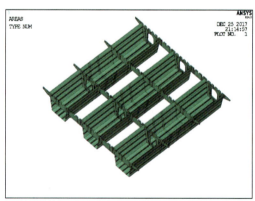

图 4-93　钢箱梁标准梁段有限元计算模型

钢箱梁边墩及中墩处的支座加劲肋模拟见图 4-94。

(2) 边界条件

边界条件的模拟按照钢箱梁实际的受力状况模拟,中墩位置处的中间箱梁底部支座约束 3 个方向的位移,即顺桥向、横桥向及竖向的位移,中墩位置处的两侧箱梁底部支座约束顺桥向及竖向的位移,其余桥墩位置中间箱梁底部支座约束横桥向及竖向的位移,两侧箱梁底部支座约束竖向的位移。全桥边界条件的约束模拟见图 4-95。

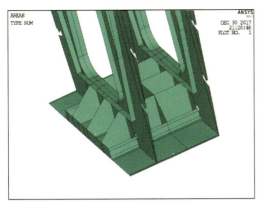
a) 边墩处支座加劲肋

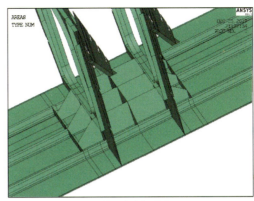
b) 中墩支座加劲肋

图 4-94　钢箱梁边墩及中墩处的支座加劲肋模拟

图 4-95　钢箱梁有限元模型约束条件模拟

(3) 荷载工况

计算采用的荷载主要考虑了结构自重、二期恒载和汽车荷载。由于此次建立的是全桥有限元模型,因此在施加汽车活载时,除了需在钢箱梁顶板施加车辆荷载外,还需将车道荷载施加于对应区域的顶板位置,加载按照使得关键截面受力最不利的原则施加。车辆荷载及车道荷载大小按照《公路桥涵设计通用规范》(JTG D60—2015)中的规定施加,荷载的横桥向布置按照横向四车道考虑。

计算时主要考虑了两种工况,即汽车荷载作用下边跨跨中位置处的钢箱梁受力最不利(图 4-96)和边跨中墩位置处的钢箱梁受力最不利(图 4-97)。

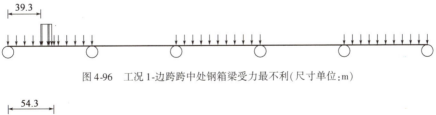

图 4-96　工况 1-边跨跨中处钢箱梁受力最不利(尺寸单位:m)

图 4-97　工况 2-边跨中墩处钢箱梁受力最不利(尺寸单位:m)

(4)工况1计算结果

工况1荷载作用下,全桥及边跨跨中梁段的等效应力结果,见图4-98~图4-104。

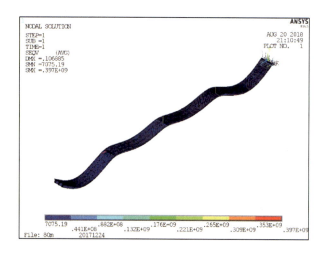

图4-98　工况1全桥钢箱梁板单元等效应力云图(单位:Pa)

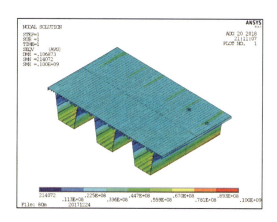 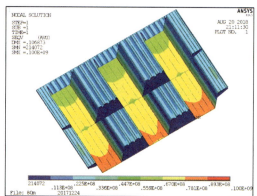

图4-99　工况1边跨跨中梁段整体等效应力云图(单位:Pa)

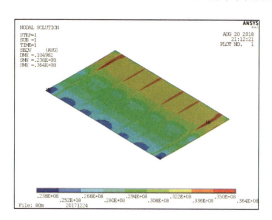 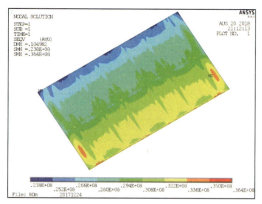

图4-100　工况1边跨跨中梁段顶板等效应力云图(单位:Pa)

第4章 钢箱梁设计

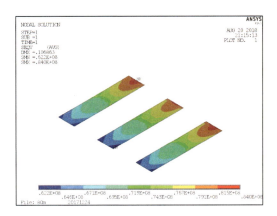 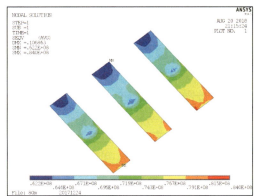

图 4-101　工况 1 边跨跨中梁段底板等效应力云图（单位：Pa）

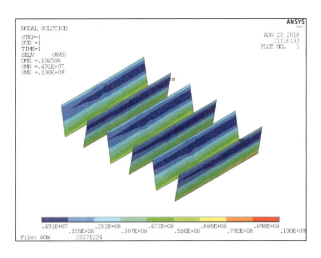

图 4-102　工况 1 边跨跨中梁段腹板等效应力云图（单位：Pa）

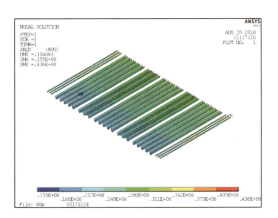 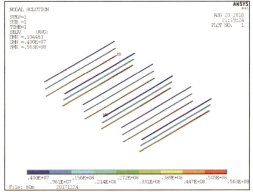

图 4-103　工况 1 边跨跨中梁段顶板、腹板、底板加劲肋等效应力云图（单位：Pa）

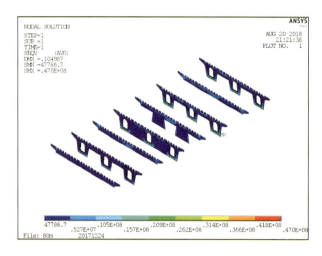

图4-104 工况1边跨跨中梁段横隔板、横隔肋及其加劲肋等
效应力云图(单位:Pa)

通过计算,荷载工况1作用下,边跨跨中钢箱梁的顶板等效应力最大值为36.4MPa,叠加第一体系应力后,顶板最大应力值为158.7MPa;顶板加劲肋等效应力最大值为43.6MPa,叠加第一体系应力后,顶板加劲肋最大应力值为165.9MPa;底板等效应力最大值为84.0MPa,腹板等效应力最大值为100.0MPa,底板及腹板加劲肋等效应力最大值为56.3MPa;横隔板及横隔肋等效应力最大值为47MPa;计算结果满足要求。

(5)工况2计算结果

工况2荷载作用下,边跨中墩墩顶钢箱梁顺桥向及横桥向正应力结果,见图4-105、图4-106。

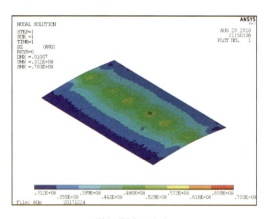
a)顶板顺桥向正应力

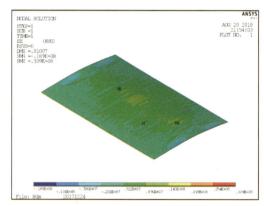
b)顶板横桥向正应力

图4-105 工况2边跨中墩墩顶梁段顶板正应力云图(单位:Pa)

通过有限元分析,边跨中墩墩顶板顺桥向正应力最大值为70.8MPa,顶板横桥向正应力最大值为30.9MPa;顶板U形加劲肋顺桥向正应力最大值为64.0MPa,结果满足要求。

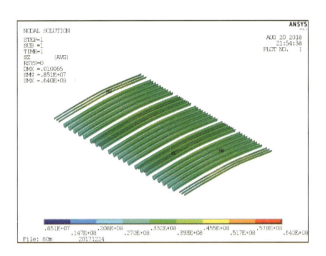

图 4-106 工况 2 边跨中墩墩顶梁段顶板 U 形加劲肋正应力云图(单位:Pa)

工况 2 荷载作用下,边跨中墩墩顶梁段的等效应力结果,见图 4-107~图 4-112。

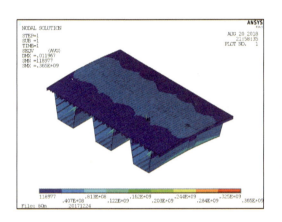 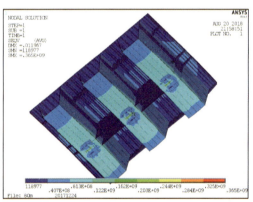

图 4-107 工况 2 边跨中墩墩顶梁段整体等效应力云图(单位:Pa)

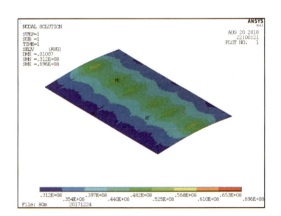 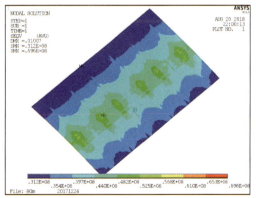

图 4-108 工况 2 边跨中墩墩顶梁段顶板等效应力云图(单位:Pa)

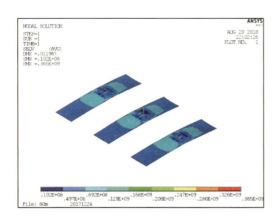
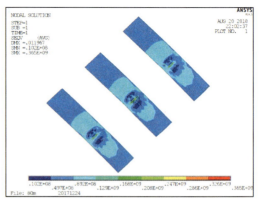

图 4-109 工况 2 边跨中墩墩顶梁段底板等效应力云图(单位:Pa)

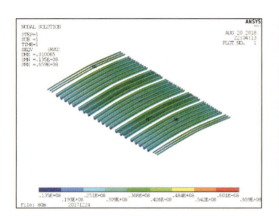
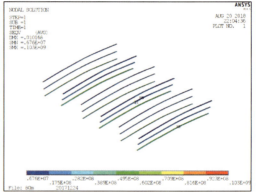

图 4-110 工况 2 边跨中墩墩顶梁段顶板、腹板、底板加劲肋等效应力云图(单位:Pa)

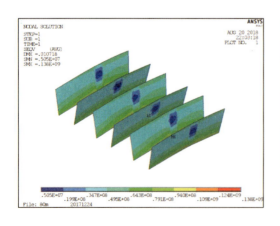
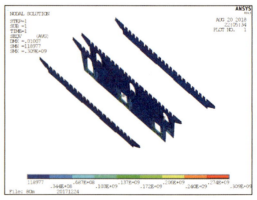

图 4-111 工况 2 边跨中墩墩顶梁段腹板、横隔板及横隔肋等效应力云图(单位:Pa)

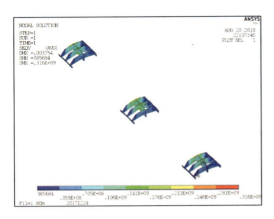 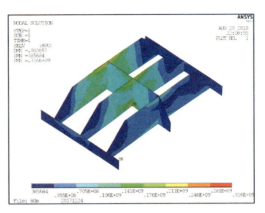

图 4-112 工况 2 边跨中墩墩顶梁段支座加劲肋等效应力云图(单位:Pa)

通过上述计算分析,荷载工况 2 作用下,边跨中墩墩顶梁段顶板等效应力最大值为 69.6MPa,叠加第一体系应力后,顶板最大应力值为 203.9MPa;顶板加劲肋等效应力最大值为 65.9MPa,叠加第一体系应力后,顶板加劲肋最大应力值为 200.2MPa;底板等效应力最大值为 365MPa(为应力集中点),腹板等效应力最大值为 138MPa,底板及腹板加劲肋等效应力最大值为 103MPa;横隔板及横隔肋等效应力最大值为 309MPa(为应力集中点);支座加劲肋处等效应力最大值为 316MPa;计算结果满足要求。

4.8.3 BIM 正向设计

下面依托研发的装配化钢箱梁通用图,开展装配化钢箱梁结构的 BIM 正向设计技术研究,主要以 80m 跨径装配化钢箱梁设计为例,以其作为研究对象,基于 Autodesk Inventor 软件开展 BIM 正向设计模型的建立。钢箱梁 BIM 设计主要包括建立 Inventor 信息模型、钢箱梁大节段模型,同时根据 80m 装配化钢箱梁 BIM 信息模型,利用 BIM 设计模型实现传统二维设计图纸的转化及工程量的自动统计,并进行模型的碰撞检查。

(1)BIM 设计模型建立过程

80m 跨径装配化钢箱梁全桥分为 A、B、C、D、E 共计 5 种类型的梁段,钢箱梁材质单一,主要材料为钢材。建模时建立一个零件模板文件,将材料的信息存储为模板的默认材料,建模直接选用,无须再重复赋予材质。由于 5 个梁段的互换通用性强,仅在规格、数量及一些细节上有所差别,下面主要以钢箱梁 A 类梁段为例,详细阐述模型的建立过程。

①自上而下,建立整体参数文件,以便统一管理参数数据;将模型参数整理至参数文件中,设立全面合理的参数,链接各参数化模型;建立参数表单,便于修改,直观明了。

②分析零件外形轮廓,建立二维框架草图,链接参数约束各零件尺寸。

③利用已建立的二维框架草图轮廓,通过拉伸、旋转、扫掠等操作方式创建钢箱梁桥面板、腹板、U 形加劲肋等零件。过程中注意选择多实体建模方式创建零件,以便于零件的导出与工程量统计。

④细化模型。对个别零件进一步细化,如钻孔、倒角等操作,并注意将特征参数链接至参数文件。

⑤将零件模型添加至部件模型中,对各个零件施加约束以实现精确置放,最终生成 A 梁

段的外部框架模型。

⑥批量放置高强螺栓标准件、装配约束横隔板等构件,最后通过阵列等方式生成完整 A 梁段 BIM 模型。

建立 BIM 设计模型的过程如图 4-113 ~ 图 4-116 所示。

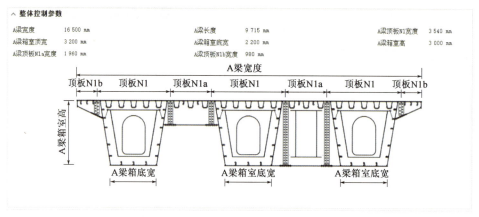

图 4-113　BIM 模型主要控制参数

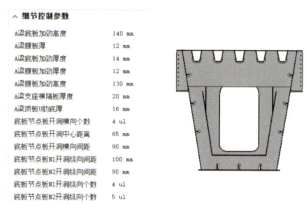

图 4-114　BIM 参数化建立模型

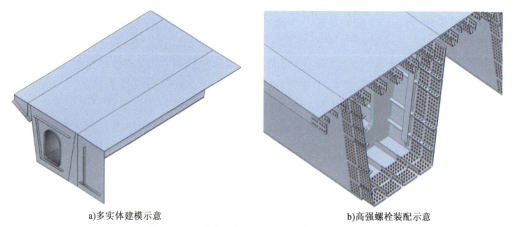

a) 多实体建模示意　　　　　　　　b) 高强螺栓装配示意

图 4-115　钢箱梁 A 梁段 BIM 模型建立过程示意

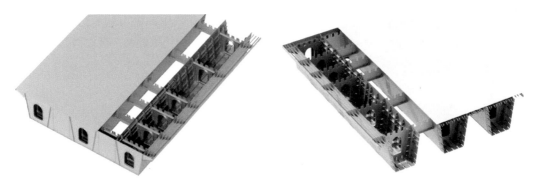

图4-116　80m跨径装配化钢箱梁A梁段BIM设计模型

因为80m跨径钢箱梁5种梁段类型的结构大致相同,仅是个别参数有所不同,所以其余类型梁段的建模方法与A梁段类似,在此不再赘述。沿用钢箱梁A梁段的参数文件和二维框架草图,生成新的零件及部件模型,最后将所有类型的梁段模型在总体部件中进行装配,形成完整的4×80m跨径装配化钢箱梁的BIM设计模型(图4-117)。

图4-117　80m跨径装配化钢箱梁总体拼装模型

(2)BIM设计模型转化生成二维设计图纸

BIM设计模型转化为二维的设计图纸,主要是依据建立的BIM设计模型,通过将建立的BIM模型导入工程图中并设置其格式,同时创建工程视图以及添加标注等方式实现。之后,设计者可以打印工程图或者导出成Autodesk Dwg文件,其中,工程图中的视图及尺寸均可以根据实际模型的变化自动调整,此种方式极大减少在传统二维环境中创建工程图的时间,提高了设计效率,主要过程如下。

①定义工程模板:可以采用Autodesk Inventor软件中自带的工程图模板,也可以针对不同的项目创建不同的模板。本项目模型图采用的是创建模板,通过自定义图纸大小、图框和标题栏格式,并编制制图标准和标注样式。

②指定工程视图:选择零件或者部件作为基础视图,基础视图可以通过投影、剖切、局部放大等方式生成所需的视图。

③添加工程图标注:完成工程视图的设置后,可以采用选定的标注样式或者自建样式对工程视图进行标注,内容包括视图名称、图名、尺寸等。

④生成工程数量表:通过利用Autodesk Inventor软件直接生成工程数量表,采用该种方式统计生成的工程数量精确,工程数量可随模型变化进而更新。

⑤打印工程图:可以将绘制的Inventor工程图直接打印,或者导出成IDW格式、二维DWF及DWG格式文件,也可以打印为3Dpdf文件,以便小模型轻量化查看。

利用三维 BIM 设计模型直接生成二维设计图纸,保证了设计图纸与设计模型的一致性,减少了设计过程中存在的错漏碰缺问题,提高设计质量;并且采用此种方式,可以实时修改数据信息并保证前后设计信息的一致性、完整性,实现了 BIM 设计模型和二维设计图纸集中管理,并且工程数量明细表统计一目了然,准确高效。

BIM 设计模型转化生成二维设计图纸的示意如图 4-118 所示。

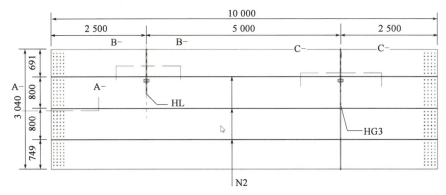

图 4-118　BIM 设计模型剖切生成二维设计图纸示意(尺寸单位:mm)

(3)BIM 设计模型漫游及碰撞检查

BIM 设计模型的碰撞检查主要采用 Autodesk Navisworks 软件来完成,碰撞检查功能分为许多种,根据钢箱梁 BIM 设计模型,此次主要是完成两种碰撞的检查:硬碰撞检查和重复项检查。主要处理方法为:将 Autodesk Inventor 模型导入 Autodesk Navisworks 软件中进行操作,通过添加检查任务,定义碰撞规则,选择需要碰撞检查的构件和碰撞类型,从而最后运行结果完成碰撞检查(图 4-119)。若 BIM 设计模型发生碰撞,则碰撞的部分将会高亮显示结果,非常直观,便于设计者修正。此外,设计者也可以选择在 Autodesk Navisworks 软件中进行模型的漫游,以肉眼直接查找的方式寻找明显的碰撞部位。

 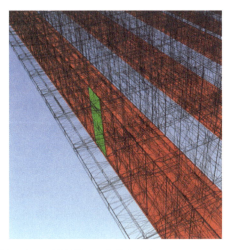

图 4-119　利用 Autodesk Navisworks 软件开展 BIM 设计模型碰撞检查示意

需要指出的是,由于在该桥建模过程中,钢箱梁横隔板的人洞加劲为圆弧形状,当导入 Autodesk Navisworks 软件模型时,软件可能会无法识别如此精细的圆弧而会产生折角,从而与横隔板发生碰撞。因此,在处理碰撞结果的时需要甄别碰撞的原因,排除此类因横隔板人孔圆弧状加劲产生的碰撞,操作时可以选中状态为已解决,忽略此类碰撞,确认 BIM 模型正确性。当完成 BIM 模型检查后,设计者可以根据检测结果修正完善 BIM 设计模型直至符合要求,并导出碰撞检测报告(图 4-120)。

图 4-120　BIM 设计模型修正完成后的碰撞检查结果示意

与此同时,设计者根据完善修正好的 BIM 模型,可将其直接导入渲染软件进行渲染并形成动画进行展示(图 4-121)。

图 4-121　80m 跨径装配化钢箱梁 BIM 设计模型漫游渲染展示

第5章

细节构造

钢箱梁的细节构造设计主要包括钢构件连接设计和钢箱梁的工厂及现场连接设计。一方面,钢箱梁各板件主要是通过焊接和栓接(螺栓连接)等方式连接而成的整体结构,钢构件连接在其中占有很重要的位置,将直接影响钢箱梁的受力及使用性能。另一方面,设计者应根据钢箱梁的受力特点及施工环境条件,在保证其安全性和可靠性的前提下,选择合理的工厂及现场连接方式。

5.1 钢结构连接

钢箱梁各部件的连接方式主要有焊接和栓接两种方式。板件间的连接应优先选用焊接,梁段之间的连接可选用焊接、栓接或焊接与栓接的混合连接。

螺栓连接可分为普通螺栓和高强螺栓两种连接方式,高强螺栓连接方式又分为承压型和摩擦型。对主要受力结构,应采用高强螺栓摩擦型连接;对次要构件、结构构造性连接和临时连接,可采用普通螺栓连接。承压型连接的高强螺栓不适用于直接承受疲劳荷载的结构连接,而且由于承压型螺栓在荷载作用下将产生滑移,也不宜用于承受反向内力的连接。需要指出的是,应慎用焊接和摩擦型高强螺栓连接混用的形式。

5.1.1 焊接连接

1)一般规定

焊接是现代钢桥最主要的连接方法之一,焊接的优点是方便使用,一般不需要附加连接板、连接角钢等零件,也不需要在钢材上开孔,不削弱截面。因此,它的构造简单,节省钢材,制造方便,并易于采用自动化操作,生产效率高。此外,焊接的刚度较大,密封性较好。焊接的缺点是焊缝附近钢材因焊接的高温作用而形成热影响区,其金相组织和机械性能发生变化,某些部位材质变脆;焊接过程中钢材受到不均匀的温度影响,结构会产生焊接残余应力和残余变形,影响结构的承载力、刚度和使用性能;焊缝可能出现气孔、夹渣、咬边、弧坑裂纹、根部收缩、接头不良等影响结构疲劳强度的缺陷。

钢桥焊接主要采用电弧焊,电弧焊包括手工电弧焊、埋弧焊和气体保护焊。其中埋弧焊和气体保护焊一般为自动焊或半自动焊。

焊缝连接形式按母材的连接方式可分为对接连接、搭接连接、T形连接、角接连接等形式（图5-1）。

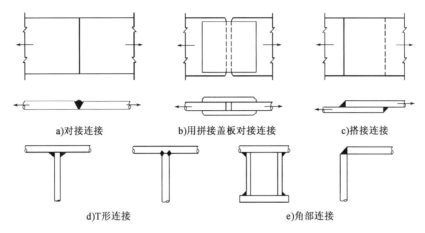

图5-1 焊缝连接形式

焊缝按本身的构造分为角焊缝、全熔透坡口焊和部分熔透坡口焊等形式。按焊缝施焊时的姿态，焊缝连接可分为平焊、横焊、立焊和仰焊。焊接符号及其表示方法按现行《焊缝符号表示法》（GB/T 324）的规定执行。焊接材料应与母材相适应。当不同强度的钢材连接时，可采用与较低强度钢材牌号相适应的焊接材料。

在进行钢箱梁结构焊接连接构造设计时应注意以下事项：

（1）应根据结构形式，合理选择焊接接头的类型和尺寸。

（2）尽量减少焊缝的数量和尺寸。

（3）焊缝的布置宜对称于构件截面的形心轴。

（4）应避免焊缝密集和双向、三向相交。

（5）焊缝位置宜避开最大应力区。

（6）焊缝连接宜选择等强配比；当不同强度的钢材连接时，可采用与低强度钢材相匹配的焊接材料。

（7）焊缝施焊后，由于冷却将引起收缩应力。施焊的焊缝截面尺寸越大，其收缩应力也越大，因此设计中不得任意加大焊缝，避免焊缝立体交叉、重叠和过分集中。

（8）焊件厚度大于20mm的角接接头，应采用不易引起层状撕裂的焊接接头构造。

（9）焊接设计时宜减少在桥位的焊接作业量，焊接顺序的设计应尽量避免仰焊作业，并宜减小周边构件对焊件的约束。

（10）焊接接头的选择除应考虑满足接头受力要求外，还应考虑接头的可焊到性和可探伤性。在结构空间狭小、加劲肋多的情况下，应注意考虑焊接、探伤对操作空间最小尺寸的要求。

（11）各种接头形式的焊接工艺应进行焊接工艺评定。焊接工艺评定，应根据母材的焊接性、确定的焊接材料、焊接坡口、焊接设备、焊接工艺参数等进行一定的焊接试验。

（12）焊缝应根据结构的重要性、荷载特性、焊缝形式、工作环境以及应力状态等情况，按以下原则分别选用不同的质量等级：

①在需要进行疲劳计算的构件中，对接焊缝均应熔透，其质量等级为：

a. 作用力垂直于焊缝长度方向的横向对接焊缝或T形对接与角接组合焊缝,受拉时应为一级,受压时不应低于二级;

b. 作用力平行于焊缝长度方向的纵向对接焊缝不应低于二级。

②不需要验算疲劳的构件中,凡要求与母材等强的对接焊缝应予熔透,其质量等级当受拉时不应低于二级,受压时不宜低于二级。

③对承受动力荷载且需要验算疲劳的结构,部分熔透的对接与角接的组合焊缝、搭接连接采用的角焊缝以及不要求熔透的T形接头采用的角焊缝,焊缝质量等级不应低于二级。

2) 焊接连接构造要求

(1) 受力和构造焊缝可采用对接焊缝、角焊缝、对接角接组合焊缝、塞焊焊缝、槽焊焊缝,重要连接或有等强要求的对接焊缝应为熔透焊缝,较厚板件或无须焊透时可采用部分熔透焊缝。

(2) 对接焊缝的坡口形式,宜根据板厚和施工条件按现行《钢结构焊接规范》(GB 50661) 要求选用。

(3) 不同厚度和宽度的材料对接时,应作平缓过渡,其连接处坡度值不宜大于1∶2.5(图5-2)。

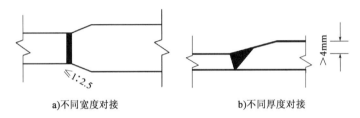

a) 不同宽度对接　　　　　　　b) 不同厚度对接

图5-2　不同宽度或厚度钢板的拼接

(4) 角焊缝焊脚尺寸 h_f 应符合以下规定:

①对搭接角焊缝,当材料厚度小于8mm时,最大尺寸应取材料的厚度;当材料厚度大于或等于8mm时,最大尺寸应取材料厚度减去2mm。

②对接和T形连接角焊缝,焊缝最大尺寸不应超过较薄连接部件厚度的1.2倍。

③对不开坡口的角焊缝的最小长度,自动焊及半自动焊不宜小于焊缝厚度的15倍,手工焊不宜小于80mm。不开坡口角焊缝的焊脚最小尺寸见表5-1。

不开坡口角焊缝的焊脚最小尺寸　　　　表5-1

板中之较大厚度(mm)	不开坡口角焊缝的焊脚最小尺寸(mm)
≤20	6
>20	8

(5) 用于受力连接的角焊缝,两焊角边的夹角应为60°~120°,且宜采用90°直角焊缝。而部分熔透的对接和T形对接与角接组合的角焊缝,其两焊角边的夹角可小于60°,但应详细注明坡口细节,如图5-3所示。

(6) 角焊缝的焊脚边比例宜为1∶1。当焊件厚度不等时,可采用不等的焊脚尺寸。在承受动荷载的结构中,角焊缝焊脚边比例,对正面角焊缝宜为1∶1.5(长边顺内力方向),对侧面角焊缝可为1∶1;角焊缝表面应做成凹形或直线形。

(7) 主要受力构件不得采用断续角焊缝。断续角焊缝的端部是起落弧的地方,容易出现气孔等缺陷,产生或加剧了应力集中,致使连接质量更为降低,且焊缝间空隙处易受潮气侵蚀而锈蚀。

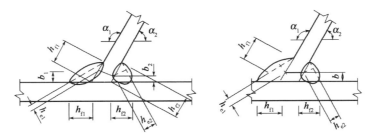

图 5-3　T 形接头角焊缝坡口细节

(8) 次要构件或次要焊缝连接采用断续角焊缝时应符合以下规定:

① 当部件受压时,其相邻两焊缝在端与端之间的净距均不得大于较薄部件厚度的 12 倍或 240mm;当部件受拉时,不得大于较薄部件厚度的 16 倍或 360mm。

② 当焊缝用于连接加劲肋和受压或受剪的板或其他部件时,焊缝间的净距不得大于加劲肋间距的 1/4。

③ 布置在同一直线上的间断焊缝,在其所连部件的每一端均应设置焊段。

(9) 杆件与节点板的连接焊缝宜采用两面侧焊,也可用三面围焊。承受静荷载的结构宜采用两面侧焊,承受动荷载的结构宜采用围焊。围焊的转角处必须连续施焊。当角焊缝的端部在被焊件转角处时,可连续地绕转角加焊一段,加焊长度为 $2h_f$(图 5-4)。

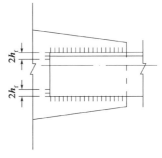

(10) 被连接部件相互搭接长度不应小于最薄部件厚度的 5 倍,且各部件均应用两道横向焊缝相连。

(11) 采用焊接相连的两部件,当用厚度小于焊脚长度的填板隔开时,连接所用焊缝的焊脚尺寸应按填板厚度加大,填板边缘应与所连部件边缘齐平。当填板厚度不小于焊脚时,在填板和各部件之间均应采用能传递设计荷载的焊缝相连。

图 5-4　杆件与节点板连接的两面侧焊及焊件端部的绕焊

(12) 受力构件焊接不得采用圆孔和槽口塞焊,必要时应采用特殊的坡口并制定专门的焊接工艺。

(13) 各种形式焊缝的有效计算厚度 h_e,应按以下规定采用:

① T 形连接时,如竖板边缘加工有熔透的 K 形坡口,焊缝的有效厚度采用竖板的厚度。

② 直角焊缝的有效厚度 h_e 采用焊脚尺寸 h_f 的 0.7 倍(图 5-5)。

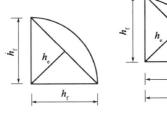 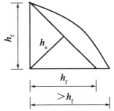 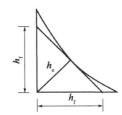

图 5-5　直角焊缝截面示意

③斜角焊缝的有效厚度按公式(5-1)计算,斜角焊缝截面如图5-6所示:

$$h_e = h_f \cos\frac{\theta}{2} \quad (\theta \geqslant 60°) \tag{5-1}$$

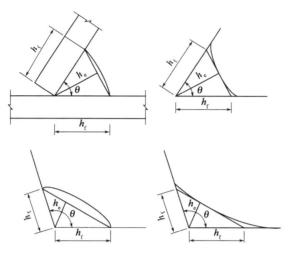

图 5-6 斜角焊缝截面示意

④部分熔透焊缝设计应规定熔深尺寸。部分熔透对接焊缝的有效厚度取值(见图5-7):坡口角度 $\alpha \geqslant 60°$ 的 V 形坡口、U 形坡口、J 形坡口,$h_e = S$;坡口角度 $\alpha < 60°$ 的 V 形坡口,$h_e = S - 3\text{mm}$。此处 S 为坡口根部至焊缝表面(不考虑余高)的最短距离。

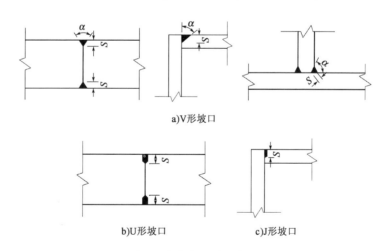

图 5-7 部分熔透的焊缝截面

(14)各种形式焊缝计算的有效长度 l_w 应按以下规定采用:

①采用引弧板施焊的焊缝,其计算长度应取焊缝的实际长度;未采用引弧板时,应取实际长度减去 $2h_f$。

②侧面角焊缝的计算长度,当受动荷载时,不宜大于 $50h_f$;当受静荷载时,不宜大于 $60h_f$。当计算长度大于上述的数值时,其超过部分在计算中可不予考虑。在全长范围内均传递内力的焊缝,其计算长度可不受此限。

③侧面角焊缝或正面角焊缝的计算长度不得小于 $8h_f$。

④当搭接接头钢板端部仅有两侧角焊缝连接时,每条侧面角焊缝长度不宜小于相邻两侧面角焊缝之间的距离;同时两侧角焊缝之间的距离不宜大于 $16t$($t \geqslant 12$mm)或 200mm($t < 12$mm),t 为较薄焊件的厚度。

(15)垂直于构件受力方向的对接焊缝必须熔透,其厚度应不小于被焊件的最小厚度。当垂直于焊缝长度方向受力时,未熔透处的应力集中会带来十分不利的影响,因此需规定垂直于构件受力方向的对接焊缝必须熔透。当焊缝长度平行于受力方向时,焊缝只承受剪应力,可不要求其熔透。

焊缝宜双面施焊。为了保证被焊构件完全熔透,垂直于受力方向的对接焊缝一般要求双面施焊;在保证焊缝根部完全熔透的前提下也可采用单面施焊。

(16)在对接焊缝的拼接处,当焊件宽度不等或厚度相差 4mm 以上时,应分别在宽度方向或厚度方向将一侧或两侧做成 1∶8 坡度为斜角;当厚(或宽)差不超过 4mm 时,可采用焊缝表面斜度来过渡。

(17)为避免焊缝集中而产生的不利影响,有关焊缝位置宜错开。受疲劳控制的焊缝应错开孔群和圆弧起点 100mm 以上。

3)焊缝强度计算

(1)对接焊缝或对接与角接组合焊缝的强度计算应符合以下规定:

①在对接接头和 T 形接头中,垂直于轴心拉力或轴心压力的对接焊缝或对接与角接组合焊缝,其强度应按下式计算:

$$\gamma_0 \sigma = \frac{\gamma_0 N_d}{l_w t} \leqslant f_{td}^w \text{ 或 } f_{cd}^w \tag{5-2}$$

式中:N_d——轴心拉力或轴心压力(N);

l_w——焊缝计算长度(mm);

t——在对接接头中为连接件的较小厚度(mm);在 T 形接头中为腹板的厚度(mm);

f_{td}^w、f_{cd}^w——对接焊缝的抗拉、抗压强度设计值(MPa)。

②在对接连接和 T 形连接中,承受弯矩和剪力共同作用的对接焊缝或对接与角接组合焊缝,应分别计算其法向应力 σ 和剪应力 τ。在同时受有较大法向应力和剪应力处,还应按下式计算换算应力:

$$\gamma_0 \sqrt{\sigma^2 + 3\tau^2} \leqslant 1.1 f_{td}^w \tag{5-3}$$

式中:f_{td}^w——对接焊缝的抗拉强度设计值(MPa)。

(2)直角焊缝的强度计算应满足以下要求。

①在通过焊缝形心的拉力、压力或剪力的作用下:

a. 正面角焊缝(作用力垂直于焊缝长度方向)。

$$\gamma_0 \sigma_f = \frac{\gamma_0 N_d}{h_e l_w} \leqslant f_{fd}^w \tag{5-4}$$

b. 侧面角焊缝(作用力平行于焊缝长度方向)。

$$\gamma_0 \tau_f = \frac{\gamma_0 N_d}{h_e l_w} \leqslant f_{fd}^w \quad (5\text{-}5)$$

②在各种力综合作用下:

$$\gamma_0 \sqrt{\sigma^2 + 3(\tau_1 + \tau_2)^2} \leqslant f_{fd}^w \quad (5\text{-}6)$$

式中: σ——垂直于焊缝有效厚度截面($h_e l_w$)的正应力(MPa)(图5-8);

τ_1——垂直于焊缝长度方向并作用在焊缝有效厚度截面内的剪应力(MPa);

τ_2——平行于焊缝长度方向并作用在焊缝有效厚度截面内的剪应力(MPa)。

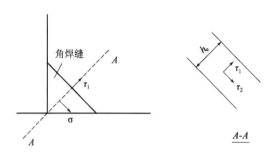

图5-8 角焊缝应力状况

(3)斜角焊缝和部分熔透的对接焊缝,应采用直角焊缝的计算方法。

5.1.2 螺栓连接

1)一般规定

(1)螺栓连接的优点是安装方便。普通螺栓因便于拆卸,适用于需要装拆的结构连接和临时性连接。高强螺栓不仅安装方便,而且具有强度高、对螺孔加工精度要求较低、连接构件间不易产生滑动、刚度大等优点,适合构件间的工地现场安装连接。

螺栓连接的缺点是需要在板件上开孔和拼装时对孔,增加制造工作量;螺栓孔还削弱了构件截面,且板件连接需要拼接板等连接件,用料增加。

(2)当型钢构件拼接采用高强螺栓连接时,其拼接件宜采用钢板。

(3)被拼接部件的两面都应有拼接板,拼接板的配置应使杆件能传递截面各部分所分担的作用。

(4)同一连接部位中不得采用普通螺栓或承压型高强螺栓与焊接共用的连接。

(5)螺栓应对称于构件的轴线布置,螺栓的间距应符合表5-2的规定。

螺栓的容许间距 表5-2

尺寸名称	方 向	构件应力种类	容 许 间 距	
			最大	最小
螺栓中心间距	沿对角线方向	拉力或压力	—	$3.5d_0$
	靠边行列		$7d_0$和$16t$的较小者	$3d_0$

续上表

尺寸名称	方向		构件应力种类	容许间距	
				最大	最小
螺栓中心间距	中间行列	垂直内力方向	拉力或压力	$24t$	$3d_0$
		顺内力方向	拉力	$24t$	
			压力	$16t$	

注：1. d_0 为螺栓的孔径，t 为栓合部分外层较薄钢板或型钢厚度。
2. "靠边行列"系指沿板边一行的螺栓线；对于角钢，距角钢背最近一行的螺栓线也作为"靠边行列"。
3. 有角钢镶边的翼肢上交叉排列的螺栓，其靠边行列最大中心间距可取 $14d_0$ 或 $32t$ 中的较小者。
4. 由两个角钢或两个槽钢中间夹以垫板或垫圈并用螺栓连接组成的构件，顺内力方向的螺栓之间的最大中心间距，对受压或受拉-压构件规定为 $40r$，不应大于 160mm；对受拉构件规定为 $80r$，不应大于 240mm。其中 r 为一个角钢或槽钢平行于垫板或垫圈所在平面轴线的回转半径。

（6）高强螺栓孔可采用钻成孔，螺栓公称直径 d 与孔径 D 的对应关系应符合表 5-3 规定。

高强螺栓公称直径 d 与孔径 D 的对应关系（mm）　　　　表 5-3

螺栓直径 d	18	20	22	24	27	30
螺栓孔径 D	20	22	24	27	30	33

2）螺栓数量

受力构件节点上连接的螺栓数量和构造应符合以下规定：

（1）受力构件在节点连接处的螺栓或接头一边的螺栓最少数量应符合下列规定：

① 一排螺栓时 2 个；

② 二排及二排以上螺栓时，每排 2 个。

（2）角钢在连接或接头处采用交叉布置的螺栓时，第一个螺栓应排在靠近边角钢背处。

（3）螺栓连接接头的螺栓数量，对板梁翼缘宜按与被连接杆件等强度的要求进行计算；对联结系和次要受力构件可按实际内力计算，并假定纵向力在螺栓群上是平均分布的。

（4）受压杆件的螺栓接头，可采用端部磨光顶紧的措施来传递内力，此时接头处的螺栓及连接板的截面面积，可按被连接构件承载力的 50% 计算。在同一接头中，允许螺栓与焊缝同时采用，不得按共同受力计算。

（5）当构件的肢与节点板偏心连接，且这些肢在连接范围内无缀板相连或构件的肢仅有一面有拼接板时，其螺栓总数应增大 10%。

3）普通螺栓连接计算

普通螺栓连接应按以下规定计算：

（1）在普通螺栓受剪的连接中，每个普通螺栓的承载力设计值应取受剪和受压承载力设计值中的较小者。

a. 普通螺栓的受剪承载力设计值应按式（5-7）计算：

$$N_{vd}^b = n_v \frac{\pi d^2}{4} f_{vd}^b \tag{5-7}$$

b. 普通螺栓的承压承载力设计值应按式（5-8）计算：

$$N_{cd}^b = d \sum t \cdot f_{cd}^b \tag{5-8}$$

式中：n_v——受剪面数目；

d——螺栓杆直径(mm)；

$\sum t$——在不同受力方向中各个受力方向承压构件总厚度的较小值(mm)；

f_{vd}^b、f_{cd}^b——螺栓的抗剪和承压强度设计值(MPa)；

(2)在普通螺栓杆轴方向受拉的连接中,每个普通螺栓的承载力设计值应按式(5-9)计算：

$$N_{td}^b = n_v \frac{\pi d_e^2}{4} f_{td}^b \tag{5-9}$$

式中：d_e——螺栓在螺纹处的有效直径(mm)；

f_{td}^b——普通螺栓的抗拉强度设计值(MPa)。

(3)同时承受剪力和杆轴方向拉力时,普通螺栓应满足式(5-10)和(5-11)的要求：

$$\gamma_0 \sqrt{\left(\frac{N_v}{N_{vd}^b}\right)^2 + \left(\frac{N_t}{N_{td}^b}\right)^2} \leq 1 \tag{5-10}$$

$$\gamma_0 N_v \leq N_{cd}^b \tag{5-11}$$

式中： N_v——某个普通螺栓所承受的剪力和拉力设计值(N)；

N_{vd}^b、N_{td}^b、N_{cd}^b——一个普通螺栓的受剪、受拉和承压承载力设计值(N)；

4)高强螺栓连接计算

高强螺栓摩擦型连接应按以下规定计算：

(1)在抗剪连接中,一个高强螺栓的承载力设计值应按下式计算：

$$N_{vd}^b = 0.9 n_f \mu P_d \tag{5-12}$$

式中：n_f——传力摩擦面数目；

P_d——一个高强螺栓的预拉力(N)；

μ——摩擦面的抗滑移系数,除另有试验值外,一般可按表5-4取值。

摩擦面的抗滑移系数设计值　　　　表5-4

在连接处构件接触面的分类	μ
没有浮锈且经喷丸处理或喷铝的表面	0.45
涂抗滑型无机富锌漆的表面	0.45
没有轧钢氧化皮和浮锈的表面	0.45
喷锌的表面	0.40
涂硅酸锌漆的表面	0.35
仅涂防锈底漆的表面	0.25

(2)在螺栓杆轴方向受拉的连接中,一个高强螺栓的承载力设计值应根据下式取值：

$$N_{td}^b = 0.8 P_d \tag{5-13}$$

(3)当高强螺栓摩擦型连接同时承受摩擦面间的剪力和螺栓杆轴方向的外拉力时,应符合下式规定：

$$\gamma_0 \left(\frac{N_v}{N_{vd}^b} + \frac{N_t}{N_{td}^b}\right) \leq 1 \tag{5-14}$$

式中：N_v、N_t——一个高强螺栓所承受的剪力和拉力设计值(N)；

N_{vd}^b、N_{td}^b——一个高强螺栓的受剪、受拉承载力设计值(N)。

5.2 现场连接方式

近30年来，随着我国钢材产量和质量以及焊接工艺和管理水平的不断提高，钢箱梁越来越多地作为主梁应用于桥梁结构尤其是大跨径桥梁中。钢箱梁均在工厂或预拼场分段制造，然后运输到桥位进行安装，在桥位现场进行节段间的连接。

对于钢箱梁的现场连接方式，国内外目前主要有全焊接连接、全栓接连接及栓焊结合连接3种方式(图5-9)。

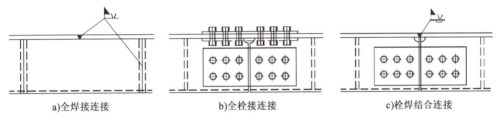

图5-9 钢箱梁现场连接方式

全焊接连接是应用最早的现场连接方式之一，其构造简洁、传力直接，经济性较好。钢箱梁开始发展阶段，几乎所有国内钢箱梁桥的现场连接方式均采用全断面焊接的方式。但国内外工程实践经验表明，全焊接连接也存在不足之处；当采用全焊接连接时，U形加劲肋嵌补段组装间隙和精度较难以控制，并且U形加劲肋嵌补段的对接焊缝和肋角角接焊缝均处于仰焊位置施焊，加之焊接时需在钢箱梁内焊接施工，工作环境较为恶劣，仰焊焊接质量难以保证，施工周期较长(图5-10)。

随着高强螺栓的推广应用，钢桥面板采用高强螺栓连接(顶板、纵向U形加劲肋)也成为现场连接的一种方式。但在桥梁运营过程中，桥面铺装层常因栓接接头而受到削弱，对铺装施工工艺和质量控制带来难度，桥面铺装层容易产生裂纹、剥离等病害，且螺栓用量大、造价较高。目前，该连接方式应用相对较少，日本东京湾临海大桥的现场连接采用了该种方式(图5-11)。

图5-10 钢箱梁全焊接连接较差施工质量示意

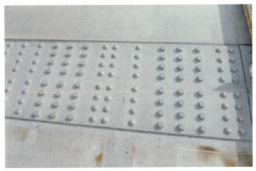

图5-11 日本东京湾临海大桥全高强螺栓连接

图 5-12　钢箱梁现场栓焊连接方式

此后,经过多年的理论研究和试验研究及实践经验总结,钢桥面板在全焊接连接和全高强螺栓连接的基础上,提出了现场栓焊连接的方式(图 5-12)。该方式中,钢箱梁顶板采用焊接,U 形加劲肋采用高强螺栓连接;该连接方式既克服了现场连接位置处纵向 U 形加劲肋嵌补段的仰位焊接,从而改善疲劳性能,又避免了钢桥面板栓接连接对桥面铺装层带来的不利影响,同时也便于施工,提高工作效率。

现场栓焊连接方式在日本明石海峡大桥和多多罗大桥中得到应用,我国则在南京长江二桥中首次使用。同时,欧洲和日本规范都明确推荐钢桥面板的现场连接采用栓焊连接;Eurocode 3 规范中明确规定现场连接应设置于纵向加劲肋的反弯点附近[位于离横梁 $0.2L$ 处,L 为相邻横隔(肋)板的间距],如图 5-13 所示。需要指出的是,U 加劲肋在顶板焊接位置处的圆弧形缺口半径宜采用 $R=35\text{mm}$,这样既便于顶板环缝的焊接,又可以降低疲劳隐患。

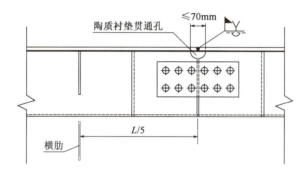

图 5-13　钢箱梁现场栓焊连接设置示意

近年来国内外钢箱梁现场连接形式见表 5-5。

国内外钢箱梁现场连接形式一览表　　　　表 5-5

国别	桥　名	桥　型	主跨跨径(m)	连接形式
英国	Severn 桥	悬索桥	988	全焊
德国	Porta 桥	钢箱梁	106	全焊
日本	明石海峡大桥	悬索桥	1991	栓焊
日本	多多罗大桥	斜拉桥	890	栓焊
中国	江苏崇启大桥	连续梁	185	栓焊
中国	浙江嘉绍二通道	斜拉桥	428	栓焊
中国	杭州湾大桥北航道桥	斜拉桥	448	栓焊
中国	杭州湾大桥南航道桥	斜拉桥	318	栓焊
中国	湖北鄂东大桥	斜拉桥	926	栓焊

续上表

国别	桥名	桥型	主跨跨径(m)	连接形式
中国	南京长江二桥	斜拉桥	628	栓焊
中国	南京长江三桥	斜拉桥	648	栓焊
中国	南京长江四桥	悬索桥	1418	栓焊
中国	苏通大桥	斜拉桥	1088	栓焊
中国	西堠门大桥	悬索桥	1650	全焊
中国	江阴长江大桥	悬索桥	1385	全焊
中国	润扬长江大桥	悬索桥	1490	全焊
中国	虎门大桥	悬索桥	888	全焊
中国	武汉军山大桥	斜拉桥	460	全焊
中国	武汉阳逻大桥	悬索桥	1280	全焊
中国	厦门海沧大桥	悬索桥	648	全焊
中国	港珠澳大桥深水区非通航孔桥	连续梁桥	110	栓焊
中国	港珠澳大桥跨崖13-1气田管线桥	连续梁桥	150	栓焊

全焊接连接方式和栓焊结合连接方式，两种方式仅在顶板U形加劲肋的现场连接形式上有所不同，两种现场连接方式的对比见表5-6。

钢箱梁现场连接方式比较 表5-6

连接方式	全焊接连接	栓焊结合连接
构造	较简单，仅需在U形加劲肋内侧预设2块U形焊接垫板	相对复杂，需要2块U形加劲肋封端板、4块连接板和24个高强螺栓
传力	直接，力由一个梁段的U形加劲肋通过焊缝传递至嵌补段，再通过焊缝传递至之后梁段U形加劲肋	间接，力从一个梁段的U形加劲肋通过摩擦力传递至连接板，再通过摩擦力传递至之后梁段的U形加劲肋，且因U形加劲肋底板需开设工作手孔，力流不能连续传递
强度	可满足规范要求	可满足规范要求
对梁段安装精度要求	一般	较高，对U形加劲肋和连接板的钻孔位置及其结合面的接触情况均有较高安装精度的要求
工艺要求	高，需制定严格的焊接工艺规程，进行严格的焊接工艺评定	一般，对U形加劲肋与连接板间结合面的摩擦系数有一定要求
对工人技能要求	高，须满足相关焊接要求的相关人员持证上岗	一般
抗疲劳性能	一般，嵌补段与顶板及两侧U形加劲肋的现场焊接均为人工仰焊操作，虽然通过焊接工艺和质量管理可以基本满足焊接质量要求，但因本焊缝直接承受往复车轮荷载，若桥面通行的重车较多则对结构耐久性要求高，仰焊焊缝质量难以满足高质量要求	较好，避免了焊接方式的仰焊操作，螺栓安装质量容易得到保证
建设期经济性	一般	稍贵，用钢量较焊接大
全寿命经济性	一般，全寿命周期内需进行焊缝疲劳修补	较好

全焊接连接方式在构造、传力、对梁段安装精度要求及建设期经济性等方面有优势,而栓焊结合连接方式在工艺要求、对工人技能要求、抗疲劳性能和全寿命经济性等方面有优势。但总体而言,栓焊结合的连接方式可以克服纵向加劲肋嵌补段焊接的缺点,克服全焊接和全栓接的各缺点,德国和日本已将此方案作为首选方案纳入设计规范,是目前较为科学合理的连接方式。

日本《道路桥示方书》中规定,钢箱梁纵向加劲肋的连接原则上以高强摩擦型螺栓连接为准,当不得已采用焊接接头时,焊接应保证垫板完全熔透。根据疲劳试验研究结果,推荐使用平钢作为垫板。但即便如此,垫板和纵向加劲肋曲面有时也会密贴不充分,从而导致焊接裂纹的发生,因此严格管理施工条件非常重要。特别是焊缝坡口内的精度,在进行精细化焊接作业施工的同时,该规范建议以下述质量控制为准:①焊缝间隙:4~8mm;②错位:1mm以下;③与垫板的缝隙控制:1mm。

同时,该规范还规定:①纵向加劲肋接头位置不应设置于纵向加劲肋的跨中处;②纵向加劲肋现场连接采用高强摩擦型螺栓栓接连接的情况下,设计拼接板时,应考虑打孔或设置手孔会导致纵向加劲肋母板断面的缺损;③当将纵向加劲肋接头位置设置于横肋板或者横梁附近时,可不增加纵向加劲肋接头部位的厚度。

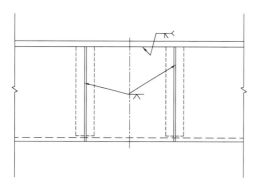

图 5-14 U 形加劲肋现场连接构件焊接连接示意

美国 AASHTO 规范中对纵向加劲肋推荐使用连接构件的焊接连接方式,建议 U 形加劲肋采用焊接接头更好,可在安装时轻松调节接头部分(图 5-14)。

根据欧洲煤钢共同体(European Coal and Steel Community,简称 ECSC)的研究,现场连接位置焊接处的间隙越大,疲劳强度就越高,但此连接方式的缺点在于,当焊接质量不良时,将会导致嵌入构件与桥面顶板的焊接、与疲劳强度敏感的桥面板或纵向加劲肋的安装焊接,以及安装焊接部分交点处的架空焊接等,所有焊接处的疲劳强度将会降低,此点与日本《道路桥示方书》中结论相符合。

以港珠澳大桥为例,鉴于项目的特殊性,对桥梁结构的耐久性提出了极高的要求。因此,该桥连续钢箱梁的现场连接选用了抗疲劳性能更好的栓焊结合的方式,即钢箱梁内顶板的 U 形加劲肋采用栓接连接,其余所有板件均采用焊接连接(钢箱梁的顶板及其板形加劲肋和悬臂处 U 形加劲肋、底板及其加劲肋、斜底板及其加劲肋、外侧直腹板及其加劲肋以及中央直腹板及其加劲肋等)。

钢箱梁内顶板的 U 形加劲肋采用栓接:利用 4 块连接板和 24 个直径 22mm 的高强螺栓,通过 U 形加劲肋底板开设的工作手孔对 U 形加劲肋进行现场连接。钢箱梁的顶板、底板和斜底板采用单面焊双面成型,外侧直腹板、中央直腹板和所有的板形加劲肋和悬臂处 U 形加劲肋均采用单面坡口熔透焊。

此外,由于闭口纵向加劲肋嵌补段的焊接处于仰焊位置施焊,焊缝成型差且咬边深度较大,焊接质量较难保证,实际工程应用中在 U 形加劲肋焊接对接部位出现了大量的疲劳裂纹。为解决该连接部位的疲劳问题,港珠澳大桥正交异性钢桥面板采用了陶瓷衬垫单面焊接双面成型的工艺焊接,纵向加劲肋采用高强螺栓连接(图 5-15),其连接处疲劳强度得到有效提高。

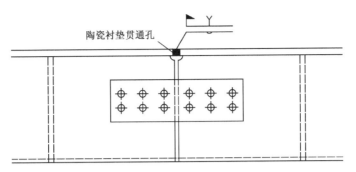

图 5-15 港珠澳大桥钢桥面板现场连接处面板焊接、纵向加劲肋栓接示意

5.3 细节处理

下面将主要就钢箱梁桥面板临时螺栓孔的封堵设计方案及钢箱梁 U 形加劲肋内部防腐措施展开介绍。

(1) 钢箱梁桥面板临时螺栓孔封堵

工程实际中,钢箱梁吊装时通常需在桥面板设置临时吊点,因此许多钢箱梁面临吊点拆除后临时螺栓孔封堵的问题。好的封堵设计方案应既有利于提高钢箱梁的整体质量,又便于施工。目前,工程中钢箱梁临时吊耳螺栓孔的封堵主要有 4 种方案:①方案 1:圆头高强螺栓封堵;②方案 2:沉头螺栓封堵;③方案 3:焊接封堵;④方案 4:带锥度钢柱封堵(图 5-16)。

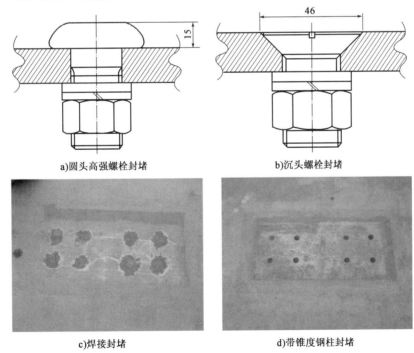

a) 圆头高强螺栓封堵   b) 沉头螺栓封堵

c) 焊接封堵   d) 带锥度钢柱封堵

图 5-16 钢箱梁桥面板临时吊点螺栓孔封堵方案(尺寸单位:mm)

方案1的优点为施工较为方便,缺点为需采用特制高强螺栓,成本较高,且螺栓头有一定高度对桥面铺装有一定影响;方案2的优点为对桥面铺装没有影响,缺点为沉头螺栓孔在桥位钻制有一定难度,需要直径为50mm的钻头施钻,一般的便携式钻孔设备无法实施;方案3的优点为对桥面铺装没有影响,施工较为方便,缺点为开孔孔径较小,开孔焊接质量不易保证;方案4的优点为对桥面铺装没有影响,缺点为若圆锥形钢柱与孔径公差匹配较差时,有可能因桥面铺装存在的层间水导致渗水现象。

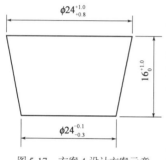

图 5-17 方案 4 设计方案示意
(尺寸单位:mm)

通过综合比较上述 4 种方案,方案 4 更为合理可行。该方案可采用硬度较小的 Q235-A(B)材质制作,并将封孔钢柱加工为具有一定的锥度,大直径端的钢柱直径可比孔径大 0.5~1.0mm,采用手锤将钢柱打入即可。图 5-17 所示的方案为钢桥面板厚 16mm、Φ24 临时孔的封堵钢柱设计方案。

(2)钢箱梁 U 形加劲肋内部防腐

钢箱梁从板单元制作到组装焊接成钢箱梁大节段,再到运输至桥位吊装往往需要经历半年左右的周期,甚至更长时间。因此,钢箱梁板单元的 U 形加劲肋内部防腐问题十分重要,应引起重视。由于钢箱梁喷砂涂装时,U 形加劲肋内部是很难进行除锈及涂装作业,因此需考虑采用一定的措施以确保 U 形加劲肋内部的防腐要求。

根据以往工程实践经验,若在 U 形加劲肋两端距离端头 500~800mm 各设置一个隔板,在板单元组装 U 形加劲肋前,将 U 形加劲肋内部喷涂车间底漆;待 U 形加劲肋组装焊接后,由于两侧端隔板的封闭性能,U 形加劲肋内部便不会出现锈蚀问题。对于 U 形加劲肋两侧端隔板以外的部位,可以在钢箱梁初锈涂装时,一并予以处理。通过采取以上措施,可以有效解决钢箱梁 U 形加劲肋内部的防腐蚀问题。

第 6 章
抗疲劳设计

钢箱梁是现代大跨径桥梁常用的主梁形式之一，同时也是桥梁工程中新材料、新技术和新设计理念得以集中体现的一种结构形式，正交异性钢桥面板作为连续钢箱梁桥面板的首选结构形式，具有轻质高强、承载能力高、适用范围广、施工方便快捷以及整体性和经济性好等突出优点。一方面，作为现代大跨径钢箱梁桥的重要组成部分，正交异性钢桥面板的耐久性对于确保钢结构桥梁的安全性、可靠性和长寿命高质量"服役"具有至关重要的作用；另一方面，由于钢箱梁为薄壁结构，若不能保证足够的刚度将会造成其局部屈曲或结构失稳，并且焊接部位在汽车活载等反复荷载作用下容易出现疲劳损伤，因此，细节构造设计的合理性对结构的使用性和耐久性有很大影响。正是由于钢箱梁正交异性钢桥面板的受力特性和板件连接的复杂性，其疲劳特性受多种因素的影响，因此对其疲劳病害及成因进行分析、明确疲劳性能评估方法、展开有针对性的抗疲劳设计，以及提出适当的疲劳病害处置方法是十分重要和必要的。

6.1 疲劳病害及成因

正交异性钢桥面板的疲劳问题一直是困扰其应用和发展的关键问题，国内外大量疲劳病害案例引起了设计者与研究者的广泛关注。鉴于正交异性钢桥面板疲劳问题的复杂性，欧洲、日本和美国投入大量的人力和物力进行了系统研究，但目前其疲劳问题仍无法完全避免。通过对正交异性钢桥面板的病害进行调查与统计分析，确定易发生病害的部位并明确其疲劳特征及产生的原因，可为构造细节的改进、加工工艺和现场组装的质量控制以及既有桥梁的疲劳加固提供依据。

6.1.1 钢箱梁疲劳病害

早期修建的大量桥梁结构由于缺乏可供参考的设计规范或指南，多个国家采用正交异性钢桥面板结构的桥梁均出现了不同程度的疲劳裂纹，较为典型的如 Servern 桥、VanBrienenoord 桥、Haseltal 桥以及日本部分高速公路和东京市内高架桥等。我国于 20 世纪 60—70 年代在成昆（成都—昆明）铁路中引进正交异性钢桥面板，90 年代末迄今发展速度空前，已成为全球范围内正交异性钢桥面板应用最广泛的国家和地区之一，但正交异性钢桥面板的疲劳问题呈现普遍性、早发性、多发性及再现性的特征，部分桥梁在运营数年后即出现了疲劳开裂现象。

目前,正交异性钢桥面板产生的代表性疲劳损伤裂纹在结构中所处的部位和主要类型如图 6-1 和表 6-1 所示。通过对日本东京市内两个代表性高速公路中以 U 形加劲肋钢桥面板为对象的约 7000 个工程实例的调查发现,主要的疲劳病害构成如图 6-2 所示。

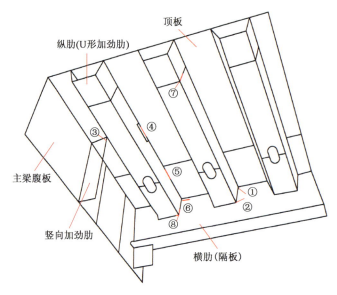

图 6-1　正交异性钢桥面板疲劳病害位置示意

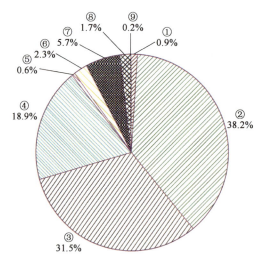

图 6-2　病害损伤类型组成比例示意

疲劳损伤开裂部位　　　　　　　　　　　　　　　　表 6-1

序　号	疲劳开裂部位
①	纵向加劲肋(U 形加劲肋)与横肋(隔)板焊接部位(过焊孔)
②	纵向加劲肋(U 形加劲肋)与横肋(隔)板焊接部位(切口)
③	顶板与竖向加劲肋焊接部位
④	顶板与纵向加劲肋(U 形加劲肋)焊缝连接部位

续上表

序　号	疲劳开裂部位
⑤	纵向加劲肋(U形加劲肋)现场连接处过焊孔部位
⑥	顶板与横肋(隔)板焊接部位
⑦	纵向加劲肋(U形加劲肋)对接焊缝
⑧	纵向加劲肋(U形加劲肋)与边横隔板焊接部位
⑨	横肋(隔)板与主梁腹板的焊接部位

关于表6-1中的主要疲劳损伤病害类型,详细介绍如下:

(1) U形加劲肋和横肋(隔)板的交叉部分

U形加劲肋和横肋(隔)板的焊接部分产生的疲劳损伤病害情形,如图6-3所示。一般情况下,在该交叉部分处,U形加劲肋截面贯穿于横肋(隔)板,横肋(隔)板一侧设置了切口和过焊孔。为此,U形加劲肋两侧的腹板与密贴于横肋(隔)板的切口、过焊孔之间通过角焊缝连接,由于其形状,应力集中高,且板材的紧贴精度与狭窄的切口及过焊孔的环焊质量较难以保证,因此环焊的焊趾部位开裂的情况比较多。

该类型的开裂大多发生在大型车车轮正下方的U形加劲肋上,原因是车辆通过时,横肋板约束了纵向加劲肋的弯曲变形。损伤类型有从U形加劲肋侧的焊趾部分发展到肋板方向的(①-1、②-1)和从横肋(隔)板侧的焊趾部分发展到横肋(隔)板方向的(①-2、②-2);实际中,检测出的裂纹大多发生在U形加劲肋侧的焊趾部分。该类型病害实际发生情形如图6-4所示。

图6-3　U形加劲肋和横肋(隔)板交叉部位的疲劳开裂示意

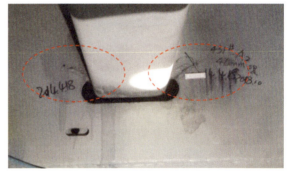

图6-4　U形加劲肋和横肋(隔)板交叉部位的疲劳开裂实例

(2) 顶板和竖向加劲肋的焊接部分

顶板和竖向加劲肋的焊接部分产生的病害损伤情形,如图6-5所示。大型车辆的车轮通过竖向加劲肋顶端的焊接部分正上方或附近时,将导致顶板产生面外变形,从而成为环焊焊趾部位板件弯曲引发应力集中的原因之一。

该部位的疲劳裂纹病害可分为竖向加劲肋侧的焊趾部分开始产生的裂纹(③-1)和顶板侧的焊趾部分开始的裂纹(③-2);此外,若竖向加劲肋和顶板的焊缝根部缝隙较大,则难以保证焊喉厚度,将会产生以根部为起点的裂纹(③-3)。但无论怎样,该类型裂纹都会向顶板方向发展,最终贯穿顶板,因此必须注意其对桥面铺装造成的影响。焊缝焊趾和焊根开裂示意如图6-6所示。

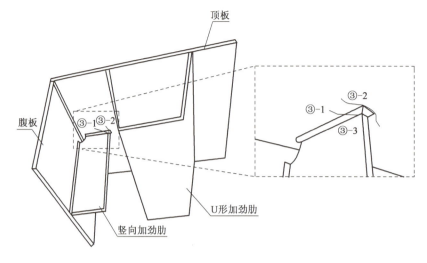

图6-5 顶板和竖向加劲肋的焊接部位疲劳开裂示意

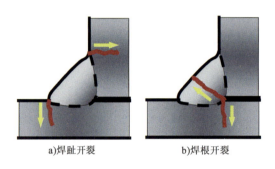

图6-6 焊缝焊趾开裂和焊根开裂示意

(3)顶板与纵向加劲肋(U形加劲肋)焊缝连接部位

顶板和纵向加劲肋(U形加劲肋)焊缝连接部位产生的损伤类型,通常可分为焊缝贯穿裂纹[图6-7a)]和顶板贯穿裂纹[图6-7b)],其开裂起点可以是焊缝根部位置,也可以是焊缝贯穿裂纹或顶板贯穿裂纹,主要取决于起点形状、母材熔透状态及焊缝形状等条件。

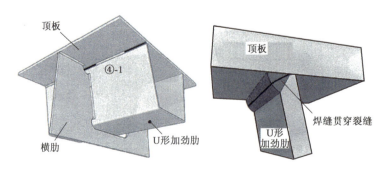

a)损伤实例④-1示意

图 6-7

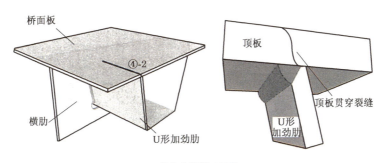

b)损伤实例④-2示意

图6-7 顶板与纵向加劲肋(U形加劲肋)焊缝连接部位疲劳开裂示意

对于焊缝贯穿裂纹,其贯穿焊缝后若以某种程度发展,将会向U形加劲肋板方向延伸,并且在焊缝的拐点上,裂纹将会向顶板母材方向发展,因此养护管理时需引起注意。而对于顶板贯穿裂纹,由于该种裂纹的开裂从U形加劲肋内侧的焊缝根部开始直接向顶板方向发展,难以从钢桥面板下面进行目视检查,有时可以从铺装的坑洞等路面的变形中发现;但当该裂纹开始贯穿顶板向上发展时,有可能导致路面塌陷,必须特别注意。该类型病害实际发生情形如图6-8所示。

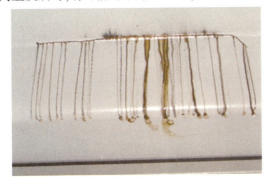 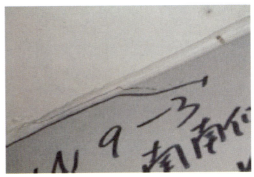

图6-8 顶板与纵向加劲肋(U形加劲肋)焊缝连接部位疲劳开裂实例

(4)U形加劲肋现场连接处过焊孔部位

U形加劲肋现场连接处过焊孔部位的损伤类型如图6-9所示。该类型的开裂分为U形加劲肋侧的焊趾部分产生的类型(⑤-1)和顶板侧的焊趾部分产生的类型(⑤-2),其大部分损伤发生于U形加劲肋侧的焊趾,发生于顶板侧焊趾的情况较少。因为所有的裂纹均向顶板母材方向发展,所以必须注意其对路面铺装的影响。

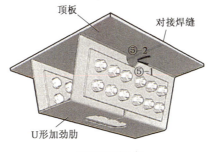

a)疲劳开裂示意

图 6-9

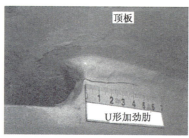
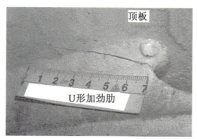

b)疲劳损伤实例⑤-1　　　　　　　　c)疲劳损伤实例⑤-2

图 6-9　U 形加劲肋现场连接处过焊孔部位疲劳开裂

(5)顶板与横肋(隔)板焊接部位

顶板和横肋(隔)板环焊处产生的损伤类型如图 6-10 所示。该类型的开裂可分为横肋(隔)板侧的焊趾部位开始产生的裂纹(⑥-1)与顶板侧的焊趾部位产生的裂纹(⑥-2),其大部分从横肋(隔)板侧的焊趾部位开始产生裂纹,由顶板侧焊趾部位开始产生的裂纹情况较少。

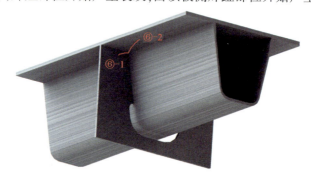

图 6-10　顶板与横肋(隔)板焊接部位疲劳开裂示意

(6)纵向加劲肋(U 形加劲肋)对接焊缝部位

纵向加劲肋(U 形加劲肋)对接焊缝部位的损伤类型如图 6-11 所示。钢箱梁 U 形加劲肋间现场连接的接头部位一般是采用有垫板的对接焊缝,但若由于 U 形加劲肋难以紧贴垫板,从而可能产生一定的根部间隙和错位;同时该部位在施工上属于焊接困难的部位,现场焊接姿势是向上和面向两种姿势并用。该部位 U 形加劲肋表面出现损伤的情形较多,也会出现向顶板和 U 形加劲肋焊接部位发展的情况。

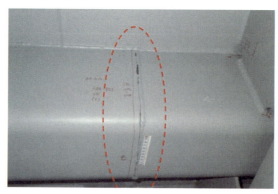

图 6-11　纵向加劲肋(U 形加劲肋)对接焊缝部位疲劳开裂

(7)纵向加劲肋(U形加劲肋)与边横隔板焊接部位

纵向加劲肋(U形加劲肋)与边横隔板焊接部位的损伤类型如图 6-12 所示。该类型损伤产生的主要原因是由于在刚度很大的端部横隔板附近的 U 形加劲肋正上方作用有大型车辆轮载,使得 U 形加劲肋产生弯曲变形而引起受拉应力反复作用于端部隔板焊接部位所造成的。

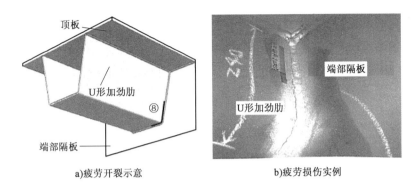

a)疲劳开裂示意　　　　　b)疲劳损伤实例

图 6-12　纵向加劲肋(U形加劲肋)与边横隔板焊接部位疲劳开裂

(8)横肋(隔)板与主梁腹板的焊接部位

横肋(隔)板与主梁腹板的焊接部位的损伤类型如图 6-13 所示。该损伤类型的报告事例虽然较少,但开裂向主梁腹板方向发展时,会产生严重的危害,运营维护时需引起重视。

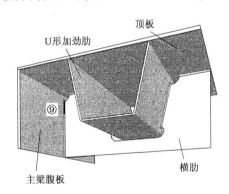

图 6-13　横肋(隔)板与主梁腹板的焊接部位疲劳开裂示意

综上,钢箱梁正交异性钢桥面板的疲劳损伤具有如下特点:

①发生在纵向加劲肋与横肋(隔)板交叉焊缝和开孔部位的疲劳开裂占总案例的比例最高。该部位是正交异性钢桥面板中构造最为复杂,应力集中程度和焊接初始缺陷风险均较高的部位;应力集中程度和焊接初始缺陷是正交异性钢桥面板疲劳易损性的决定性影响因素。

②顶板与纵向加劲肋焊缝在所统计的疲劳损伤案例中的比例也较高,该部位的重要疲劳破坏模式是疲劳裂纹在顶板焊根或焊趾出现并向顶板方向扩展,该病害检修困难,一般仅在疲劳裂纹穿透顶板、发展到一定长度并导致桥面板防水层和铺装层损坏时才能发现,此时雨水往往已渗入疲劳损伤部位并进入纵向加劲肋或箱梁内部;同时,该部位的疲劳开裂修复困难且需中断交通,是正交异性钢桥面板疲劳病害中危害最为严重的疲劳裂纹。

③顶板与竖向加劲肋焊缝部位的疲劳损伤在所有案例中也占有较高比例,值得指出的是,当前新建结构正交异性钢桥面板设计中已基本取消这一焊缝。

④纵向加劲肋对接焊缝部位的疲劳开裂占有一定的比例,当前正交异性钢桥面板设计中有将此处的连接改为疲劳强度更高的螺栓连接的趋势,如港珠澳大桥连续钢箱梁桥,箱梁的顶板 U 形加劲肋全部采用螺栓连接构造。

6.1.2 成因分析

正交异性钢桥面板是由纵向加劲肋、横肋板与顶板等构件组成的受力结构,因力学特性复杂、局部应力集中问题突出、焊缝较多而导致其疲劳问题突出。19 世纪早期因缺乏系统的研究和认知水平有限,疲劳问题被认为属于工程问题的范畴,20 世纪初电子显微镜的出现使研究者能够从微观与宏观两个方面探索疲劳问题的本质属性,研究结果表明钢桥面板疲劳问题属于材料问题。随着正交异性钢桥面板结构在桥梁结构中的广泛应用,宏观与微观角度的理论与试验研究逐步揭示了关键疲劳易损部位的疲劳特性与损伤机理,并进一步将影响正交异性钢桥面板疲劳性能的关键因素归结为四类:材料、结构、荷载和环境。

上述四类关键影响因素中,材料与结构因素属于内因,荷载与环境属于外因,钢桥面板的疲劳裂纹是内外因共同作用的结果。作为正交异性钢桥面板的制作原料,材料主要通过其基本特性(如材料类型、工艺条件、内部缺陷、屈服强度等)影响结构的疲劳强度;对于结构自身,其几何构造形式决定着结构的应力水平,从而影响疲劳寿命,同时制造缺陷、残余应力的存在也会降低结构的疲劳性能和寿命;同时,荷载效应的相关研究表明:处于拉伸平均应力状态以及双轴或多轴变幅疲劳状态的结构构件,比零平均应力状态和简单的单轴常幅疲劳具有更短的疲劳寿命;此外,严重的超载将引起板件较大的面外变形和次应力,从而加速正交异性钢桥面板的疲劳破坏。

根据荷载作用引起板件应力的原因不同,可以将正交异性钢桥面板疲劳裂纹分为两类:一类是由荷载引起的开裂(Load-induced Cracking),另一类是由面外变形引起的开裂(Distortion-induced Cracking),前者也称主应力引起的开裂,后者也称次应力引起的开裂。其中,由荷载引起的开裂主要是受力构件连接部位在主应力循环作用下产生的疲劳裂纹,主要包括以下三种情况:

(1)设计采用了疲劳强度较低的连接细节。

(2)制造中存在超容限的缺陷、不适当的焊接修补或加固造成较大的缺陷。

(3)架设或运营中因结构构件自身状态或边界条件发生变化,产生与设计预想不符的受力。

因各类细节的疲劳强度在相关国家设计规范中已有明文规定,一般不会在短时期内产生裂纹,往往是在结构经过长期运营或接近实际采用的细节疲劳设计寿命终止时产生。此时,只需一个稍大的外荷载就能在短时间内导致很大的疲劳裂纹扩展;此外,如果以上三种情况在某一细部构造处同时存在,将可能很快萌生裂纹并快速扩展。

因受外荷载或振动引起的面外变形产生次应力而导致的裂纹,主要是由于在早期的桥梁设计中往往采用平面分析方法,对纵、横向构件之间的相互影响未加以考虑,但当这种相互影响造成面外变形,且受到大于预期的约束时,小间隙处就会产生循环应力的几何放大作用,从而导致疲劳开裂。同时,正交异性钢桥面板构造复杂、焊缝数量多、施焊难度大、工厂制造、现场的组装精度和焊接质量(特别是某些焊缝的熔深、咬边和焊接缺陷)等方面的误差和缺陷均会形成潜在的裂纹源,在多次重复荷载作用下,微细裂纹逐步形成并缓慢扩展,最终导致疲劳开裂。

目前,国内外学者对正交异性钢桥面板各疲劳易损部位疲劳性能的主要影响因素进行了大量研究,其影响因素可主要归纳总结为:疲劳荷载、结构构造、构造细节、钢材性能以及加工制造质量等。其中,疲劳荷载主要包括交通量、重载车比例、超载车数量及其轴重、间距等,试验研究采用的疲劳荷载与运营荷载的仿真度也是决定因素(疲劳荷载与运营荷载的仿真度至关重要);结构构造包括顶板、加劲肋、横隔板、横肋板厚度,纵向加劲肋截面形式、尺寸、间距,横肋板高度、间距等,以及焊接熔透率(板件厚度及焊接熔透率至关重要、热轧变厚度U形加劲肋性能更好);构造细节包括纵向加劲肋与横隔(肋)板交叉部位的开孔及两者连接部位的形式,钢桥面板的纵、横向分割和连接,纵向加劲肋的纵向连接方式等;钢材性能主要指材料强度、断裂韧性、可焊性和冷弯成型性能等(桥面板及加劲肋、横隔板、横肋板等宜采用高强度桥梁钢);加工制造质量包括板件的加工、制造和装配精度,焊接技术和焊接质量与工艺等。另外,美国相关研究试验报告表明,对于焊接桥梁结构而言,钢结构工作不利的环境(如高温、腐蚀介质等)也会加剧结构疲劳损伤,甚至直接导致结构发生疲劳破坏。

多年实践经验表明,钢箱梁正交异性钢桥面板的疲劳开裂与其设计、制造以及安装的各个环节密切相关,设计时应采用合适的疲劳荷载、结构构造、细节形式、钢材性能,并且控制桥面板各部位在超重车(超载车)作用下的高应力幅值。此外,还应对制造与安装过程的每个环节提出有效的质量控制措施,以上措施可以有效提高其抗疲劳性能。

6.2 疲劳损伤理论及计算评估方法

6.2.1 疲劳损伤理论

疲劳现象是钢材在反复荷载或由此引起的应力脉动作用下,由于缺陷或疵点处局部微细裂纹的形成和发展直到最后发生脆性断裂的一种进行性破坏过程。钢材的疲劳破坏必须有拉应力、应力反复和塑性应变三者的同时作用,而桥梁结构中的应力脉动主要是指由活载(车辆荷载、风荷载等)及其引起的桥梁振动。

疲劳过程可以分为裂纹成核、微观裂纹扩展、宏观裂纹扩展和最终断裂四个阶段。其中,裂纹成核是疲劳过程的第一步,裂纹扩展是第二步,裂纹成核始于稳定滑移带中的最高应力集中区域(图6-14)。裂纹扩展阶段又可以分为第一和第二两个裂纹扩展阶段,在第一阶段,认为裂纹成核和扩展是初始微观裂纹在局部最大剪切应力面上沿着几个晶粒的有限长度扩展;第二阶段裂纹扩展是宏观裂纹扩展,主要在主拉应力面法向扩展,部分沿着最大剪切应力方向扩展。两阶段的裂纹相比,第一阶段的宏观裂纹特性受显微结构特性的影响较小,而第二阶段裂纹的尖端塑性区域要远大于材料的显微结构。

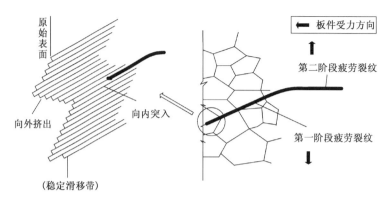

图 6-14 结构疲劳机理示意

工程中,将结构裂纹成核和微观裂纹扩展阶段的寿命称为裂纹萌生阶段寿命,将宏观裂纹扩展阶段寿命称为裂纹扩展寿命。应该说,断裂力学为钢桥疲劳裂纹的扩展分析提供了有效方法,断裂力学从实际材料及施工工艺缺陷等方面入手,综合结构裂纹的受力模式,能够实现疲劳裂纹扩展全过程的完整描述,线弹性断裂力学方法则基于结构材料在疲劳裂纹整个扩展阶段(包括失稳扩展)内均处于线弹性变形阶段的假设,简化处理结构初始缺陷,从而建立疲劳寿命评价的计算公式。

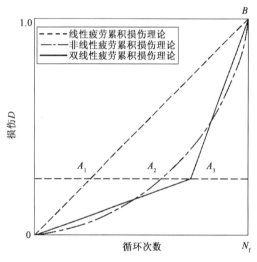

图 6-15 三种疲劳累积损伤理论曲线对比示意

目前,按照疲劳累积损伤规律,常用的结构疲劳累积损伤理论可归纳为三类:线性、双线性和非线性疲劳累积损伤理论。线性、双线性和非线性疲劳累积损伤理论具有以下共同点:

(1)均认为结构应力历程对结构造成的疲劳损伤可以叠加直至结构发生疲劳破坏;

(2)理论前提均为单个应力幅值常幅加载条件下的结构疲劳损伤度曲线。

该三种疲劳累积损伤理论的区别在于:单个应力幅值常幅疲劳加载直至结构发生疲劳破坏这一过程中,应力幅值循环作用次数与结构疲劳累积损伤度的关系曲线是线性、双线性还是非线性,如图 6-15 所示。

其中,线性疲劳累积损伤理论在三种疲劳累积损伤理论中最早被提出并得到了广泛应用。Palmgren 于 1924 年首先提出了疲劳累积损伤是线性的假设,其后 Miner M. A 于 1945 年又将此理论公式化,形成了 Palmgren-Miner 线性疲劳累积损伤理论。该理论认为:结构在相同的应力幅值作用下每一次循环加载对结构造成的疲劳损伤都是相同的;结构上作用的所有应力幅及其对应作用次数对结构造成的疲劳损伤度可以线性叠加。

因为钢桥疲劳属于变幅、低应力、高循环、长寿命的范畴,所以使用非线性疲劳累积损伤理论估算结构疲劳寿命通常较为困难;双线性疲劳累积损伤理论可以用于钢桥对应某一疲劳细节疲劳寿命的估算,但双线性疲劳累积损伤理论理论基础不明确,故在钢桥疲劳研究中较少采用。因此，在当前情况下采用线性累积损伤理论作为钢桥疲劳问题的理论基础依旧是可行的。例如，港珠澳大桥正交异性钢桥面板疲劳试验研究，首先通过仿真分析确定正交异性钢桥面板对应疲劳易损部位在设计寿命期内的应力历程，然后将应力历程对待研究疲劳易损部位所造成的疲劳损伤按照 Palmgren-Miner 线性累积损伤理论等效折算为 200 万次常幅疲劳加载对应的等效应力幅值，最后根据所确定的应力幅值进行试验研究。

6.2.2 计算及评估方法

1）计算方法

(1) S-N 曲线

传统的疲劳计算方法是根据小尺寸试件的试验室加载结果，确定某一细节的 S-N 曲线，然后根据验算截面上的应力比，用强度设计所用标准荷载加以折算。近 20 年来，基于断裂力学原理的分析方法在钢桥疲劳研究中发挥了重要作用，为传统的疲劳分析方法提供了有力的理论依据和补充，该方法的最大特点是可以根据初始存在的裂纹确定裂纹扩展到指定裂纹长度所具有的剩余疲劳寿命，且可以判定在给定的应力状况下初始裂纹是否会扩展。然而就目前而言，便于工程应用、为工程技术人员所接受且运用最广泛的仍是传统的 S-N 曲线分析方法。

通常疲劳寿命定义为疲劳失效以前所经历的应力或应力循环次数，一般用 N 表示，在一定的平均应力 σ_m（或一定的应力比 ζ），不同应力幅 $\Delta\sigma$（或不同的最大应力 σ_{max}）的常幅应力下进行疲劳试验，测出试件断裂时对应的疲劳寿命 N，然后把试验结果画在以 $\Delta\sigma$（或 σ_{max}）为纵坐标，以 N 为横坐标的图纸上，连接这些点就得到相应于该平均应力 σ_m（或该应力比 ζ）的一条 S-N 曲线。由于这种曲线表示中值疲劳寿命与外加常幅应力之间的关系，所以也称为中值 S-N 曲线。S-N 曲线一般画在双对数坐标纸上，如图 6-16 所示。

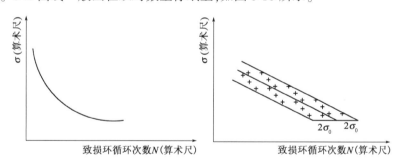

图 6-16　σ-N 曲线示意

对于钢结构而言，该曲线左支通常为一条直线，右支为一条水平段。S-N 曲线的左支常用下式表达：

$$N = C\sigma^{-m} \tag{6-1}$$

式中的 m 和 C 为材料常数，将上式两侧取对数，可得：

$$\lg N = \lg C - m\lg\sigma \tag{6-2}$$

可见，式(6-2)在双对数坐标系中为直线，1/m 为 S-N 曲线的负斜率，m 为材料常数。

(2) 荷载谱

与结构的静力设计不同，钢桥疲劳设计所采用的荷载不应是进行强度设计时所采用的标准活载,而是采用经常作用的各种实际车辆荷载。计算由这些车辆荷载所引起的各种累积损伤,为此需要研究活载的频谱值,即荷载谱。

荷载谱的制定,应将设计基准期内通过桥梁的每一类车型按不同形状的影响线计算出相应的内力历程,然后再将所有内力历程予以累计,即可得到所需要的荷载谱。但要将设计基准期内的每一辆车按不同形状的影响线计算出相应的应力历程,不仅困难,也不便于设计人员进行相关设计。因此,可以将运营荷载用一种"标准车"或几种"典型车辆"编组,即"标准疲劳车",将标准疲劳车代替实际运营车辆进行抗疲劳设计研究,各标准车或典型车辆编组作用次数需根据实际车辆荷载等效的原则确定。

目前国内外规范,如英国的 BS5400 规范、美国的 AASHTO 规范、欧洲的 Eurocode 1 规范以及我国《公路钢结构桥梁设计规范》(JTG D64—2015)中,均对桥梁疲劳标准荷载谱的计算方法进行了系统的分析研究,制定了代表车型荷载谱供设计者参考使用。

(3)抗疲劳设计方法

目前,抗疲劳设计方法一般可分为 4 大类:

①无限寿命设计。

此法限制应力不超过常幅疲劳极限,保证构件永远不发生疲劳破坏,具有无限寿命。对于等幅循环应力,无限寿命设计法的强度条件是构件的工作应力小于或等于常幅疲劳极限;对于变幅循环应力,强度条件是最大应力幅小于构件的等效等幅疲劳强度极限。无限寿命设计法适用于按标准荷载频谱受载的且属于规定构造细部级别的构件。

②安全寿命设计。

此方法根据疲劳曲线下限和疲劳荷载的上限来计算损伤,它提供了一个较保守的疲劳寿命估计,在使用寿命期内,无须对结构实施检测,故该法也称为有限寿命设计法。目前国际上大都采用这种设计思想进行抗疲劳设计,安全寿命设计法和无限寿命设计法都是采用截面的名义应力,根据细部疲劳的 S-N 曲线进行设计。无限寿命设计法采用 S-N 曲线的常幅水平部分,亦即等幅疲劳极限,安全寿命设计法则采用 S-N 曲线的左支,并考虑损伤累积引起的疲劳强度下降,即有限寿命部分。

③损伤容限设计。

该方法采用断裂力学原理进行抗疲劳设计,通过多个检测环节监测疲劳裂纹增长,一旦疲劳裂纹达到一个预设尺寸,则对损伤部位或构件进行修补或更换。此方法适用于应用安全寿命设计方法影响结构的经济性,或细部具有较高的疲劳开裂风险的情况。需要指出的是,此法与安全寿命设计方法相比较,存在一定程度的结构失效风险。

④依据试验设计。

当从规范或其他资料中不能得到确切的受载历程、足够的疲劳强度或裂纹增长数据以及构造细部过于复杂时,则通常需通过疲劳试验的结果进行抗疲劳设计。

2)评估方法

目前,结构疲劳性能评估的方法主要有:切口应力法、断裂力学方法、名义应力法、热点应力法和模型试验等。

切口应力法考虑结构疲劳细节的所有应力,包括焊缝形状等因素的影响,但该方法具有一定的局限性,只适用于从焊趾或焊根处开始失效的自然成形焊接节点;断裂力学方法主要用于分析裂纹状态,认为损伤是结构构件固有的,主要以线弹性断裂力学为理论基础,将最常见的开口型裂纹扩展分为三个阶段,并根据相关计算式确定结构的疲劳寿命;名义应力法以结构的名义应力为疲劳寿命估算的主要依据,结合对应疲劳强度 $S-N$ 曲线,按线性累积损伤理论估算结构疲劳寿命;热点应力法最开始用于焊接钢管结构的疲劳寿命评估,主要考虑特殊结构细节整体几何形状导致的应力集中效应时毗邻焊趾的母材上的最大主应力。当前,上述4种方法中,名义应力法应用最为广泛。

3)国内外相关规范

下面简要介绍英国规范(BS5400)、美国规范(AASHTO)、欧洲规范(Eurocode)、日本规范及我国规范《公路钢结构桥梁设计规范》(JTG D64—2015)中针对钢桥疲劳的相关规定。

(1)英国 BS5400 规范

英国 BS5400 规范第 10 章专门对公路和铁路桥梁的疲劳问题进行了阐述,将"疲劳"定义为结构某部分在承受循环应力作用下缓慢开裂的致伤过程,而其中单次应力对应的荷载均不足以一次性使结构损毁失效。此外,规范中没有考虑到风振、涡流激振导致的疲劳和腐蚀疲劳问题,疲劳计算的依据是 Palmgren-Miner 准则。该规范将疲劳细节划分为 10 级:A、B、C、D、E、F、F2、G、S 和 W。

同时,该规范主要根据疲劳细节、设计寿命、荷载谱及年交通量评估公路桥梁的疲劳性能,规范中给出了 3 种评估方法:

①不进行损伤度计算的评估方法,该评估方法相对比较保守,其适用条件也较为严格;

②按照单个车辆荷载计算损伤度的评估方法,这种评估方法比方法①更为准确,其适用条件为标准疲劳车荷载作用下的非 S 类疲劳细节;

③按照荷载谱计算损伤度的评估方法,只要目标疲劳细节的 S-N 曲线是确定的,此方法就能依据 Palmgren-Miner 准则进行精确计算。

(2)美国 AASHTO 规范

美国 AASHTO 规范中第 3 章、第 6 章等相关章节对钢结构疲劳问题进行了阐述,将"疲劳"定义为受拉板件在反复变化法向应力作用下裂纹萌生扩展的过程。规范根据引起结构细节疲劳的两个原因(荷载与面外变形)分别介绍相关疲劳分析过程,其中关于荷载引起的疲劳介绍较为详细,面外变形引起的疲劳主要考虑施工偏差对结构疲劳性能的影响,并给出了典型板件的工艺要求。该规范按照易受荷载导致疲劳开裂的结构细节给出了 8 个疲劳等级:A、B、B′、C、C′、D、E、E′;疲劳评估方法采用名义应力法。

(3)欧洲 Eurocode 规范

欧洲 Eurocode 规范中,EN1993-1-2、EN1993-1-9、EN1993-2 等分册对钢结构疲劳问题进行了阐述。规范中所述疲劳计算基础为基于大量试验研究得出的 S-N 曲线;规范假定所研究结构是在正常气候下具有一定抗腐蚀保护措施并且进行正常维护的结构,不考虑海水腐蚀和高温造成的局部损伤,并且规范将"疲劳"定义为在波动应力作用下结构局部裂纹萌生和发展的过程;规范的疲劳计算准则为 Palmgren-Miner 准则。

EN1993-1-9 中对构件正应力疲劳细节规定有 14 级:36、40、45、50、56、63、71、80、90、100、112、125、140、160;每个疲劳等级所属的数字表示在循环作用次数为 200 万次时疲劳细节发生疲劳破坏的应力幅值(单位为 MPa)。图 6-17 为各疲劳细节正应力疲劳强度 S-N 曲线。

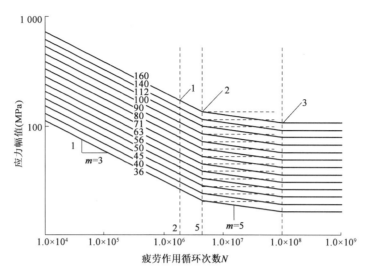

图 6-17 欧洲 Eurocode 规范正应力幅值疲劳强度 S-N 曲线

1-疲劳细节等级;2-常幅疲劳极限;3-截断疲劳极限

(4)日本规范

日本《钢桥疲劳设计指针》中定义了疲劳强度和接头的分类,并给出了疲劳强度计算公式及疲劳设计曲线(图 6-18):

$$\Delta\sigma^m \cdot N = C_0 \quad (\Delta\sigma > \Delta\sigma_{ce}, \Delta\sigma_{ve}) \tag{6-3}$$

$$N = \infty \quad (\Delta\sigma \leqslant \Delta\sigma_{ce}, \Delta\sigma_{ve}) \tag{6-4}$$

$$C_0 = 2 \times 10^6 \cdot \Delta\sigma_f^m \tag{6-5}$$

式中:N——疲劳寿命(到达疲劳极限状态为止应力反复变动的次数);

$\Delta\sigma$——正应力幅(MPa);

$\Delta\sigma_f$——应力变动 2×10^6 次的正应力基本容许应力幅(MPa)(表 6-2);

m——疲劳设计曲线斜率的系数,对于正应力接头取值为 3;

$\Delta\sigma_{ce}$——正应力的常幅疲劳极限(MPa),见表 6-3;

$\Delta\sigma_{ve}$——正应力的变幅疲劳极限(MPa),见表 6-3。

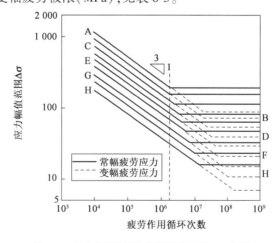

图 6-18 日本规范正应力幅值疲劳强度 S-N 曲线

该规范规定,对于疲劳设计中所采用的各种接头形式,其应力变化 2×10^6 次时的基本容许应力幅采用表6-2规定的数值。

正应力接头的强度等级($m=3$)　　　　　　　　　　　　　表6-2

等　级	2×10^6 次时的基本容许应力幅 $\Delta\sigma_f(\mathrm{N}\cdot\mathrm{mm}^2)$
A	190
B	155
C	125
D	100
E	80
F	65
G	50
H	40
H′	30

各种接头形式的常幅和变幅正应力的疲劳极限按照表6-3的规定取值。

正应力接头的疲劳极限($m=3$)　　　　　　　　　　　　　表6-3

等　级	常幅正应力 $\Delta\sigma_{ce}(\mathrm{N}\cdot\mathrm{mm}^2)$	变幅正应力 $\Delta\sigma_{ve}(\mathrm{N}\cdot\mathrm{mm}^2)$
A	190	88
B	155	72
C	115	53
D	84	39
E	62	29
F	46	21
G	32	15
H	23	11
H′	16	7

(5)我国规范

《公路钢结构桥梁设计规范》(JTG D64—2015)中对构件正应力疲劳细节规定分为14级,对疲劳细节等级分类的描述与Eurocode疲劳规范基本相同,对S-N曲线中疲劳细节类别、常幅疲劳极限、截止疲劳极限等的定义与Eurocode疲劳规范也基本相同,在此不再赘述。

通过上面对相关国家的规范进行对比分析,它们在下述方面具有共同点:

(1)规范所述结构细节对应疲劳强度 S-N 曲线均由相关试验数据得出,对应试验疲劳加载均为常幅加载。

(2)规范疲劳计算对应理论基础均为线性疲劳累积损伤理论。

(3)对于实际桥梁结构变幅加载疲劳问题,以上规范均基于线性疲劳累积损伤理论,按照损伤度等效的原则将实际变幅疲劳问题转化为常幅疲劳问题,然后根据相关准则得出待研究部位的疲劳评估结论。

通过对比分析,上述规范的区别主要体现在:

(1)结构疲劳强度 S-N 曲线不同。这种不同主要表现在某一细节 S-N 曲线上的特征点疲劳可靠度不同以及特征点定义及其分布不同。英国 BS5400 疲劳规范中 S-N 曲线对应安全保证率为 93.7%,而欧洲 Eurocode 疲劳规范中安全保证率为 95%;英国 BS5400 疲劳规范和日本疲劳规范中 S-N 曲线为两折线图,美国 AASHTO 疲劳规范中为单折线图,欧洲 Eurocode 疲劳规范及我国《公路钢结构桥梁设计规范》(JTG D64—2015)中为三折线图。

(2)结构疲劳细节不同,主要表现在疲劳等级的划分不同。英国 BS5400 疲劳规范分为 10 个等级,美国 AASHTO 疲劳规范分为 8 个等级,日本疲劳规范分为 9 个等级,欧洲 Eurocode 疲劳规范和我国《公路钢结构桥梁设计规范》(JTG D64—2015)分为 14 个等级。

(3)其他不同。如对焊接残余应力的考虑等,AASHTO 疲劳规范将焊接残余应力作为结构疲劳荷载的组成部分,Eurocode 疲劳规范则在结构细节疲劳强度 S-N 曲线中计入残余应力的影响。

综合对比来看,欧洲 Eurocode 疲劳规范在结构疲劳细节分类、车辆交通荷载模型规定等方面更为完备和系统,该规范也是当前应用最为广泛的疲劳规范之一,我国《公路钢结构桥梁设计规范》(JTG D64—2015)相关的条文规定以及疲劳细节分类与欧洲 Eurocode 疲劳规范基本相同。

4)疲劳验算关键位置

正交异性钢桥面板各典型疲劳易损部位均存在多个疲劳破坏模式,对于具体的疲劳易损部位而言,其实际疲劳抗力等于疲劳强度最低的主导疲劳破坏模式的疲劳抗力。因此,进行正交异性钢桥面板的疲劳性能评估时,通常首先对各典型疲劳易损部位及其主导疲劳破坏模式进行系统的对比分析,将各重要疲劳易损部位的疲劳抗力由低到高排序,确定结构疲劳性能的控制部位、疲劳破坏模式和疲劳抗力,以此作为正交异性钢桥面板的疲劳抗力。

钢桥面板中,车辆荷载产生的应力受铺装的刚度、轮载的离散性、轮载行驶位置的分布等影响较大,通过理论分析计算出应力范围进行疲劳安全性验算比较困难。一般情况下,正交异性钢桥面需要进行疲劳验算的部位如图 6-19 所示。

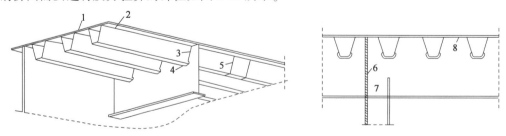

图 6-19 正交异性钢桥面板疲劳验算关键构造细节

1-桥面板;2-纵向加劲肋与面板的接缝;3-纵向加劲肋与横肋板腹板的焊缝;4-横肋板腹板的弧形缺口;5-纵向加劲肋接头;6-横肋板接头;7-横肋板与主梁腹板的焊缝;8-横肋板腹板与面板的焊缝

除了上述关键位置,对于大悬臂结构形式的钢箱梁还应注意验算其悬臂根部的疲劳性能,以港珠澳大桥连续钢箱梁为例,其悬臂根部的疲劳验算位置如图 6-20 所示。

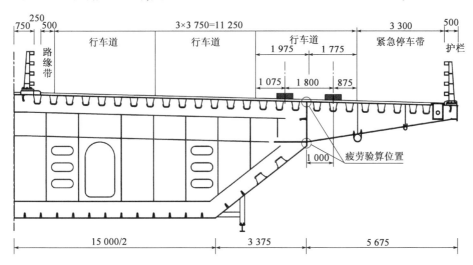

图 6-20　大悬臂钢箱梁悬臂根部疲劳性能理论性分析重要部位示意(尺寸单位:mm)

6.2.3　计算案例

下面以港珠澳大桥连续钢箱梁为例,介绍其钢箱梁悬臂根部的疲劳性能验算过程。此次疲劳验算主要根据日本《钢桥疲劳设计指针》,作用荷载考虑为中国标准车辆荷载提高 25% 后的数值,同时考虑了日本《钢桥疲劳设计指针》中的冲击系数。

1)验算条件

(1)车辆荷载

荷载原则上为每个车道 1 个车辆荷载,车轮的着地面积、轮载采用《公路工程技术标准》(JTG B01—2014)的规定。

车辆荷载的作用位置如图 6-20 所示,以主梁外腹板开始的 1.0m 位置外侧作为车轮行走的中心考虑,即从车道中心向外侧的 100mm 位置为车辆中心。此外,钢桥面板的条件如下:

①悬臂横肋板间隔 2.5m;桥面顶板厚度 18mm;桥面板 U 形加劲肋规格 U300×300×8-R40(mm);

②悬臂横肋板腹板高 1 426mm,腹板厚 16mm;悬臂横肋板下翼缘板高 300mm,下翼缘板厚 24mm。

(2)冲击系数

冲击系数计算主要依据日本的《道路桥示方书》和《钢桥疲劳设计指针》的相关规定。由于该桥悬臂横肋板的长度为 5.675m,跨径长度 L 考虑采用 2 倍悬臂横肋板长度,即 $L = 2 \times 5.675\text{m} = 11.35\text{m}$,求得冲击系数 i_f 为:$i_f = 10/(50 + L) = 10/(50 + 11.35) = 0.163$。

2)验算方法

该桥的设计使用寿命为 120 年,进行疲劳验算时,按照图 6-21 所示的流程来进行。

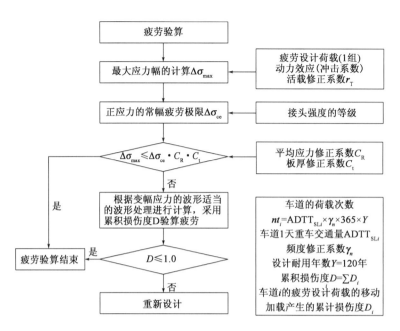

图 6-21 疲劳验算流程图

3) 应力幅计算

(1) 验算模型及计算弯矩

计算截面内力的方法采用了有限条法(Finite Strip Method),即考虑钢桥面结构中的纵向加劲肋,桥面板按正交异性板考虑,将桥面板转换为由分割的条状单元与由横肋板构成的力学计算模型(图 6-22)。

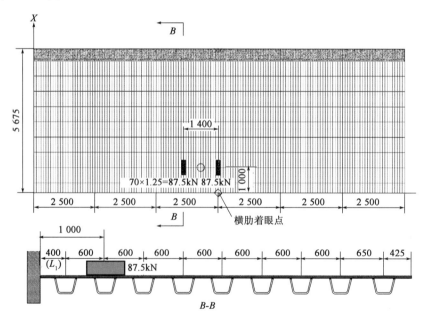

图 6-22 疲劳验算模型示意(尺寸单位:mm)

悬臂横肋板着眼点处的弯矩,计算如下:
① 弯矩(恒载)$M_{恒} = -290.4 \text{kN} \cdot \text{m}$;
② 弯矩(活载)$M_{活} = -137.4 \text{kN} \cdot \text{m}$;
③ 冲击系数 $i_f = 0.163$;
④ 最大弯矩 $i_f = 0.163$;
⑤ 最小弯矩 $M_{\max} = -290.4 - 137.4 \times 1.163 = -450.2 \text{kN} \cdot \text{m}$。

(2) 应力幅计算

模型截面信息的计算如下(图6-23):

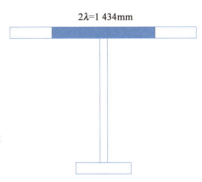

图6-23 疲劳验算截面有效宽度示意

① 有效宽度计算。
a) 横肋间距: $b = 1250\text{mm}$;
b) 悬臂长度: $L = 5675\text{mm}$;
$b/L = 0.22026$, $0.02 < b/L < 0.30$, 则有:
单侧有效宽度 $\lambda = [1.06 - 3.2 \times (b/L) + 4.5 \times (b/L)^2] \times b = 717\text{mm}$。

② 截面刚度计算。
a) 顶板。
宽度 $B = 1.434\text{m}$, 高度 $H = 0.018\text{m}$, 面积 $A = 0.02581\text{m}^2$, 形心高度 $y = 0.009\text{m}$, 则 $Ay = 0.00023\text{m}^3$, $Ay^2 = 2.1\text{e}^{-06}\text{m}^4$, 惯性矩 $I_0 = 3.9\text{e}^{-05}\text{m}^4$, 顶板惯性矩 $I_{顶} = I_0 + Ay^2 = 4.1\text{e}^{-05}\text{m}^4$。

b) 横肋腹板。
宽度 $B = 0.016\text{m}$, 高度 $H = 1.426\text{m}$, 面积 $A = 0.02282\text{m}^2$, 形心高度 $y = 0.731\text{m}$, 则 $Ay = 0.01668\text{m}^3$, $Ay^2 = 0.01219\text{m}^4$, 惯性矩 $I_0 = 0.00271\text{m}^4$, 顶板惯性矩 $I_{横肋} = I_0 + Ay^2 = 0.0149\text{m}^4$。

c) 下缘翼板。
宽度 $B = 0.3\text{m}$, 高度 $H = 0.024\text{m}$, 面积 $A = 0.0072\text{m}^2$, 形心高度 $y = 1.456\text{m}$, 则 $Ay = 0.01048\text{m}^3$, $Ay^2 = 0.01526\text{m}^4$, 惯性矩 $I_0 = 1.4\text{e}^{-05}\text{m}^4$, 顶板惯性矩 $I_{下翼缘} = I_0 + Ay^2 = 0.01528\text{m}^4$。

截面总面积 $A_{总} = 0.02581 + 0.02282 + 0.0072 = 0.05582\text{m}^4$, $\sum A_i y_i = 0.02739\text{m}^3$, 则有:
截面形心 $y_s = \sum A_i y_i / A_{总} = 0.49073\text{m}$, 截面惯性矩 $I_{总} = \sum I_i - A_i y_s^2 = 0.01678\text{m}^4$, 截面形心距离截面上缘距离 $y_u = 0.491\text{m}$, 截面形心距离截面下缘距离 $y_l = 0.977\text{m}$。

悬臂横肋板着眼点处的应力幅最大值的计算结果,如表6-4所示。

应力幅最大值计算结果　　　　　　　　　　　　表6-4

项　　目	单位	顶板	下翼缘板	备　　注
最大弯矩	kNm	-290.4	-290.4	恒载
最小弯矩	kNm	-450.2	-450.2	恒载+活载+冲击系数的影响
截面惯矩 I_s	m^4	0.01678	0.01678	
缘端距离	m	-0.491	0.977	
最大应力 $\sigma_{\max}$	N/mm^2	13.2	-16.9	

续上表

项　目	单位	顶板	下翼缘板	备　注
最小应力 σ_{min}	N/mm²	8.5	−26.2	
应力幅 $\Delta\sigma$	N/mm²	4.7	9.3	$\|\sigma_{max}-\sigma_{min}\|$
车辆荷载修正系数 γ_{T1}	—	2.2	2.2	$\gamma_{T1}=\lg L_{B1}+1.50(2.00\leq\gamma_{T1}\leq3.00)$ $L_{B1}=2.5\times2=5.0\text{m}$
同时加载系数 γ_{T2}	—	1.0	1.0	$L_{B1}=5.0\text{m}\leq50\text{m}$
活载修正系数 γ_{T}	—	2.2	2.2	$\gamma_T=\gamma_{T1}\times\gamma_{T2}$
最大应力幅 $\Delta\sigma_{max}$	N/mm²	10.3	20.5	$\Delta\sigma\times\gamma_T$

4) 疲劳验算

疲劳验算时采用的计算公式见前述公式(6-3)~(6-5)。对于上述所需验算的悬臂钢桥面板横肋板与腹板连接部位的疲劳强度,由于欧洲规范 Eurocode 3 中没有相关的规定,因此计算时采用日本《钢桥疲劳设计指针》的疲劳等级和疲劳强度。

钢桥面板的悬臂横肋板与外腹板的焊接连接部位的疲劳验算结果、各位置的焊接等级及疲劳下限要求,见表6-5。

疲劳验算结果及采用的焊接等级和疲劳下限　　表6-5

接头的种类	等级	$\Delta\sigma_{max}$（MPa）	$\Delta\sigma_{ce}$（MPa）	$\Delta\sigma_{ce}\cdot C_R\cdot C_t$（MPa）	安全性
①顶板和外腹板的焊接部。 十字焊接接头（不传递荷载的接头）：无修整的焊接接头	E	10.3	62	62	安全
②横肋板的腹板和主梁外腹板的焊接部。 十字焊接接头（传递荷载的接头）：角焊缝接头，焊缝根部破坏（焊喉截面）	H	9.9（上外） 13.2（上内） 20.0（下外） 26.7（下内）	23	23（上） 29.9（下）	安全
③悬臂横肋板的悬臂部的底板和主梁外腹板的焊接部。 十字焊接接头（传递荷载的接头）：熔透焊接，无修整的接头	E	20.5	62	80.6	安全
④内侧的横肋板的下翼缘板和主梁外腹板的焊接部。 十字焊接接头（传递荷载的接头）：部分熔透焊接，焊缝根部破坏（焊喉截面）	H	20.5	23	29.9	安全

表6-5中焊接接头种类的位置,如图6-24所示。

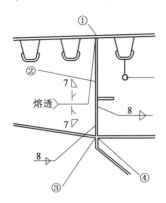

图6-24 疲劳验算焊接接头种类位置示意

通过理论分析,该桥钢桥面板悬臂横肋板与外腹板的焊接连接部位的疲劳应力幅最大值低于各接头的常幅疲劳极限值,得到的该位置处的疲劳性能是安全的;鉴于抗疲劳特性最不利的部位能够满足疲劳截止极限(与加载次数无关),因此,该位置理论上对于设计寿命按120年考虑时的疲劳性能也是安全的。

6.3 抗疲劳措施

正交异性钢桥面板发展面临的主要矛盾有:①良好的受力性能与高疲劳病害风险之间的矛盾;②具有竞争力的建设期经济性和欠佳的全寿命周期性能及成本之间的矛盾。上述主要矛盾的根源在于结构体系自身欠佳的疲劳性能。为此,国内外学者为提高正交异性钢桥面板的疲劳性能进行了大量研究,当前常用的闭口纵向加劲肋形式和主要板件的设计参数以及典型的构造细节均是长期探索的结果。

6.3.1 抗疲劳设计措施

1)构造设计细节

目前,国外的设计规范中,大部分不但对钢桥面板的疲劳验算作出了规定,而且还对抗疲劳设计构造细节进行了详细的规定。日本《道路桥示方书》和《钢桥疲劳设计指针》、美国AASHTO规范、欧洲Eurocode 3规范中对钢桥面板构造设计细节的规定,如表6-6所示。

正交异性钢桥面板抗疲劳设计构造细节规定的比较 表6-6

项 目	日本《道路桥示方书》[a]和《钢桥疲劳设计指针》[b]	美国AASHTO规范[c]	欧洲Eurocode 3规范[d]
桥面板厚度	日本《道路桥示方书》6.4.5节中指出:$t=0.035 \times b$(A类活载),$t=0.037 \times b$(B类活载),且$t \geqslant 12$mm; b——纵向加劲肋间隔(mm); 经常有大型车辆通过的位置:$t \geqslant 16$mm	$t \geqslant 14$mm或纵向加劲肋间隔的4%以上	$t \geqslant 14$mm(铺装厚度$\geqslant 70$mm); $t \geqslant 16$mm($40 \leqslant$铺装厚度< 70mm)

续上表

项　目	日本《道路桥示方书》[a]和《钢桥疲劳设计指针》[b]	美国 AASHTO 规范[c]	欧洲 Eurocode 3 规范[d]
纵向加劲肋间隔	无规定,但《日本道路桥示方书》6.4.7 节中考虑铺装裂缝基础上,作为参考文献,对纵向加劲肋的尺寸、间隔以及横肋板间隔进行了规定	—	$e \leq 300mm$ 并且 $e/t \leq 25$ e——纵向加劲肋间隔(mm) t——桥面板厚度(mm)
纵向加劲肋板厚	《日本道路桥示方书》6.4.6 节中规定最小纵向加劲肋板厚为 8mm; 但是,充分考虑防腐以及最佳环境状态时可取值为 6mm	6mm 以上	6mm 以上(闭截面) 10mm 以上(开截面)
纵向加劲肋的弯曲加工半径	《日本道路桥示方书》1.11(2)节中规定:纵向加劲肋内侧弯曲加工半径 $R \geq 5t$; 但是,对使用的钢材有限制	—	$R/t \geq 4$
桥面板与纵向加劲肋的熔透焊接量	纵向加劲肋板厚的 75% 以上	纵向加劲肋板厚的 80% 以上	焊缝根部未熔透部位 2mm 以下
纵向加劲肋的接头	建议采用高强螺栓接头,不得已时允许采用焊接接头(利用焊接垫板实施全截面熔透焊接); 跨径中央 $L/2$ 的范围不能设置纵向加劲肋的接头;过焊孔长度应在 80mm 以下	焊接接头	焊接接头
桥面板焊接	对接头位置有要求	对顺桥向的现场接头,采用焊接垫板对接焊缝连接方式	横桥向:利用 X 形坡口或利用焊接垫板的 V 形坡口实施完全熔透焊接; 顺桥向:容许利用焊接垫板的对接焊缝
纵向加劲肋与横肋板交叉部分的详细构造(有开槽时)	纵向加劲肋连续贯穿横肋板; 桥面板侧必须设置过焊孔; 给出了详细构造	纵向加劲肋连续贯穿横肋板; 桥面板侧必须设置过焊孔; 给出了详细构造	纵向加劲肋连续贯穿横肋板; 桥面板侧必须设置过焊孔; 开槽形状应根据各纵向加劲肋形状分别显示: V 形加劲肋:$r = 75mm$ U 形加劲肋:$r = 25mm$ 圆形:$r = 100mm$ 开槽部分应利用砂轮彻底研磨; 焊缝厚度 $\geq 0.5 \times$ 横隔板厚; 规定不能有咬边
竖向加劲构件的详细构造	顶板与加劲构件设置 35mm 的间隙,竖向加劲构件不与顶板焊接	—	—

注:[a]《道路桥示方书》I 钢桥编,日本道路协会,2002.3;
　　[b]《钢桥疲劳设计指针》,日本道路协会,2002.3;
　　[c] AASHTO LRFD Bridge Design Specifications 4th Edition 2007;
　　[d] BS EN 1993-2:2006(E):Design of steel structures-Part 2:Steel bridges。

2)新型构造细节

为提升正交异性钢桥面板纵向加劲肋与顶板构造细节的疲劳性能,目前常用的方法包括增加顶板厚度、提高焊缝熔透率等;与此同时,国内外学者开展了大量的研究工作,提出了新型的构造细节,主要包括:①镦边纵向加劲肋(U形加劲肋)与顶板焊接构造细节;②大焊脚焊缝构造细节;③U形加劲肋双面焊接构造细节,如图6-25所示。

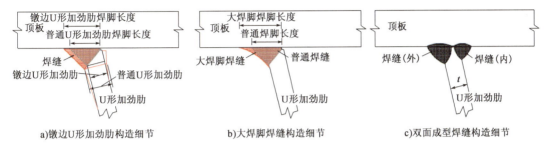

图 6-25 顶板与纵向加劲肋(U形加劲肋)新型连接构造细节示意

上述三种新型构造细节均通过提高U形加劲肋与顶板构造细节的局部横向抗弯刚度,增加可焊面积,改善局部几何构型不连续性,从而降低疲劳易损部位的局部应力集中。其中,镦边U形加劲肋构造细节通过镦厚U形加劲肋腹板上缘厚度的方式增大焊缝尺寸,焊缝的几何形状与普通焊缝类似,采用和普通焊缝相同的2道焊工艺即可成型;与传统等厚边U形加劲肋与顶板焊接构造细节相比,新型镦边U形加劲肋更易获得较大的焊缝构造尺寸,从而提高焊缝局部抗弯刚度,降低车辆局部轮载引起的局部弯曲应力。大焊脚焊缝构造细节可以通过引入自动化3道焊成型焊接工艺来增大焊缝几何尺寸,并且为使焊缝连接处刚度匀顺变化,可以采用船位焊接使焊缝形状成为弧形凹面。新型双面成型焊接构造则是采用专用自动化纵向加劲肋内焊系统(图6-26),在纵向加劲肋与顶板构造细节内侧焊接一道角焊缝,使得该构造细节由单侧坡口角焊缝变为双面角焊缝的形式(图6-27)。

图 6-26 U形加劲肋与顶板内部自动化焊接及装备

相对于普通焊缝,上述三种构造细节中前两者的焊喉深度与焊根到焊趾的距离均得到显著增大。需要指出的是,镦边U形加劲肋构造需对U形加劲肋母材进行镦边处理;大焊脚焊缝构造对焊接工艺提出了更高要求;U形加劲肋双面焊接构造则需研发专用的焊接设备。应该说,在当前技术条件下,此三种新型构造细节在技术上均是可行的,它们均是充分利用先进的制造技术,联合通过降低应力集中程度和控制焊接初始缺陷等方式来提升构造细节疲劳性能的有效措施。

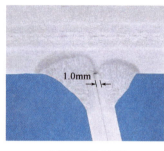
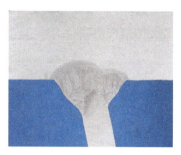

a)双面焊接部分熔透　　　　　　b)双面焊接全熔透

图 6-27　U 形加劲肋与顶板双面焊接构造细节示意

此外,横肋板与纵向加劲肋连接构造细节也是抗疲劳设计需关注的构造细节,横肋板与纵向加劲肋的刚度匹配、横肋板开孔形式以及两者连接部位的焊接质量等,是控制其疲劳性能的主要因素。目前,改善该部位疲劳性能的途径主要包括:①采用合理的横肋板开孔形式;②进行焊缝的焊后细部处理;③通过在横肋板平面位置、纵向加劲肋内部焊接小隔板形成内肋式构造,以改善局部刚度突变问题。

3)新型桥面板结构

对正交异性钢桥面板的结构体系进行改进,发展新型正交异性钢桥面板结构体系,也是提升正交异性钢桥面板疲劳性能的主要途径之一。其主要思路有:

(1)发展组合桥面板结构。在正交异性钢桥面板顶板上引入高性能水泥基复合材料结构层,通过剪力键将结构层与正交异性钢桥面板形成组合桥面板协同受力,显著增大桥面板的局部刚度,大幅度降低各疲劳易损部位的应力幅,改善桥面铺装的受力状况,从而为正交异性钢桥面板疲劳开裂和桥面铺装易损提供综合解决方案。例如,国内外有关学者研究提出的钢-UHPC 组合桥面板结构(图 6-28)。

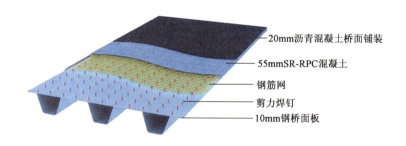

图 6-28　钢-UHPC 正交异性组合桥面板构造示意

超高性能混凝土(UHPC)作为一种新型的水泥基复合材料,以活性粉末混凝土(RPC)制备原理为基础发展的,其抗压强度在 150MPa 以上,并且因掺入了钢纤维而具有较高的受拉性能,其抗弯拉强度通常为 20~35MPa,因此其具有超高的抗压强度及抗弯拉强度。通过利用超高性能混凝土(UHPC)优异的力学性能及耐久性,来突破现有的技术障碍和瓶颈,使得钢-混凝土组合结构桥面板朝着轻质、高强、大跨、环保及经济耐久的方向发展,成为未来桥梁发展的方向之一。

(2)发展新型钢桥面板结构。对于该方案,国内有关学者提出采用"装配化"理念将传统焊接形式的正交异性钢桥面板,转变为采用栓钉连接的装配化正交异性钢桥面板,如图 6-29 所示。

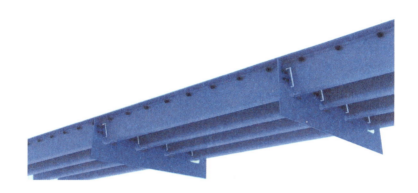

a)整体结构构造

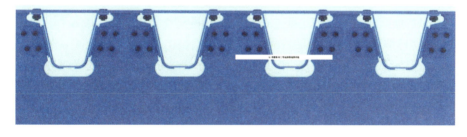

b)桥面板与U形加劲肋连接构造

c)实体模型试验

图 6-29

d)细节构造

图 6-29 装配化正交异性钢桥面板示意

该新型装配化正交异性钢桥面板结构的优点在于,通过采用栓钉将顶板、U 形加劲肋及横(隔)肋板进行连接,有效规避了正交异性钢桥面板焊接位置易发生疲劳破坏的难题,但需要着重考虑栓钉连接的可靠性、施工的便捷性以及此种连接方式对桥面铺装性能的影响等问题。

（3）增厚钢桥面板 + 热轧变厚度 U 形加劲肋的组合构造

笔者基于以往主持设计的诸多重大工程项目的工程实践经验,并根据所在团队研究提出的热轧变厚度 U 形加劲肋的试验研究成果,提出了"适当增厚钢桥面板 + 热轧变厚度 U 形加劲肋"的组合钢桥面板构造,以提升正交异性钢桥面板的抗疲劳性能,且该桥面板构造已成功应用于厦门翔安大桥工程,涉及该部分的具体设计内容,将在本书 12.3 节予以详细介绍。

关于"适当增厚钢桥面板",笔者认为钢桥面板的厚度至少应满足大于或等于 18mm;对于热轧变厚度 U 形加劲肋（图 6-30）,通过对其开展钢板化学成分检测（表 6-7）、力学性能检测（表 6-8）及焊接性能检测,试验结果表明：

①热轧 U 形加劲肋钢材的头部、中部及尾部的化学成分均匀,钢板成分能够满足要求。

②热轧 U 形加劲肋头部、中部及尾部的拉伸性能和弯曲性能均匀,且能满足要求;在 -20℃ 的冲击韧性稳定,低温冲击功基本可以满足≥120J 的要求。

③热轧 U 形加劲肋对接焊缝的拉伸、弯曲、低温冲击及接头硬度均能满足《铁路钢桥制造规范》（Q/CR 9211—2015）中对强度等级为 Q345 级、冲击韧性为 D 级和 E 级钢板对接焊缝性能的要求;热轧 U 形加劲肋与桥面板间角焊缝的接头强度要高于母材标准。此外,宏观断面结果表明,接头熔合良好,没有出现裂纹等焊接缺陷。

图 6-30 研究提出的热轧 U 形加劲肋钢桥面板构造

第 6 章 抗疲劳设计

表 6-7 热轧 U 形加劲肋钢板化学成分试验结果（%）

U形加劲肋厚（mm）	取样位置	碳（C）	硅（Si）	锰（Mn）	磷（P）	硫（S）	铜（Cu）	镍（Ni）	铬（Cr）	钼（Mo）	钒（V）	铌（Nb）	钛（Ti）	铝（Al）	硼（B）	碳当量（CEV）	数据来源
—	—	≤0.18	≤0.50	≤1.70	≤0.03	≤0.025	≤0.30	≤0.50	≤0.30	≤0.10	≤0.15	≤0.07	≤0.20	≥0.020	—	≤0.44	Q345D标准值
—	—	≤0.20	≤0.55	≤1.60	≤0.025	≤0.025	≤0.40	≤0.30	≤0.30	—	—	—	—	≥0.020	—	≤0.43	Q355D标准值
—	—	≤0.18	≤0.55	0.9~1.6	≤0.025	≤0.020	≤0.30	≤0.30	≤0.30	—	0.01~0.08	0.006~0.06	0.006~0.03	0.01~0.05	≤0.0005	≤0.43	Q345qD标准值
8	头	0.13	0.39	1.25	0.018	0.003	0.02	0.02	0.09	0.005	0.07	0.002	0.002	0.015	0.0004	0.38	检验值
8	中	0.14	0.38	1.24	0.017	0.003	0.02	0.02	0.09	0.005	0.07	0.001	0.002	0.015	0.0005	0.38	检验值
8	尾	0.13	0.38	1.25	0.017	0.002	0.02	0.02	0.09	0.005	0.07	0.002	0.002	0.015	0.0004	0.37	检验值
变厚度	头	0.15	0.4	1.28	0.009	0.003	0.01	0.02	0.07	0.023	0.09	0.001	0.002	0.013	0.0004	0.4	检验值
变厚度	中	0.14	0.39	1.26	0.009	0.003	0.01	0.02	0.07	0.023	0.08	0.001	0.002	0.012	0.0004	0.39	检验值
变厚度	尾	0.16	0.4	1.25	0.014	0.001	0.01	0.02	0.09	0.018	0.08	0.001	0.002	0.012	0.0004	0.41	检验值

热轧 U 形加劲肋钢板力学性能试验结果　　　　表 6-8

U形加劲肋厚度(mm)	取样位置	屈服强度(MPa) ReL	屈服强度(MPa) ReH	抗拉强度(MPa) Rm	伸长率(%) A	屈强比	纵向冲击 KV$_S$ (J) −20℃	纵向冲击 KV$_S$ (J) −40℃	数据来源
≤16	—	≥345	—	470~630	≥20	—	≥34	—	Q345D 标准值
≤16	—	—	≥355	470~630	≥20	—	≥34	—	Q355D 标准值
≤16	—	≥345	—	≥490	≥20	≤0.85	≥120	—	Q345qD 标准值
8	头	396	397	529	32	0.75	140,152,132	130,110,116	检验值
8	中	401	404	549	34	0.73	90,96,130	90,92,110	检验值
8	尾	383	383	533	32	0.72	120,120,120	100,100,92	检验值
变厚度	头	438	441	578	30	0.76	390,256,360	254,210,300	检验值
变厚度	中	430	434	571	32	0.75	340,332,290	316,280,284	检验值
变厚度	尾	424	424	594	31	0.71	320,150,270	78,36,36	检验值

注：冲击韧性试验为 10mm×5mm×55mm 的小试样，表格中未折算为标准试样的数值。

(4) 优化正交异性钢桥面板焊缝数量，降低初始缺陷出现的概率。例如采用大尺寸纵向加劲肋、增大纵向加劲肋、横肋板和横隔板间距，大量减少焊缝数量，从而显著降低正交异性钢桥面板的疲劳开裂风险。图 6-31 给出了日本桥梁建设协会建议的合理化正交异性钢桥面板的构造。

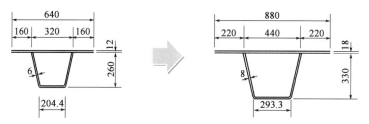

a) 加厚面板，加大纵向加劲肋断面尺寸及纵向加劲肋间距 (尺寸单位：mm)

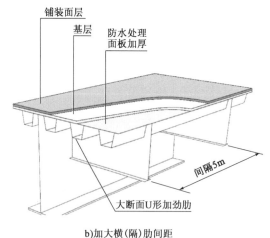

b) 加大横(隔)肋间距

图 6-31　日本桥梁建设协会建议的合理化钢桥面板构造示意

总而言之,新型正交异性钢桥面板构造细节和新型结构体系是推动正交异性钢桥面板发展的源动力。与此同时,高性能材料、智能化高精度加工制造新技术的发展,为提升正交异性钢桥面板的疲劳性能提供了广阔的空间和无限可能。应该说,革新设计理念和高性能材料,发展新型构造细节和新型桥面板结构,为突破正交异性钢桥面板的痼疾提供了一个解决方案。

6.3.2 设计案例

下面以笔者主持设计的港珠澳大桥连续钢箱梁与装配化连续钢箱梁通用图设计为例,介绍设计过程中为提高钢箱梁抗疲劳性能及受力性能,在结构构造设计上采取的措施,以供借鉴及参考。

1) 港珠澳大桥连续钢箱梁

港珠澳大桥连续钢箱梁的标准联采用 $6 \times 110m = 660m$ 六跨一联的形式,钢箱梁梁宽33.1m。钢箱梁梁高4.5m,梁高与跨径比值为1/24.4,主梁标准断面如图6-32所示。

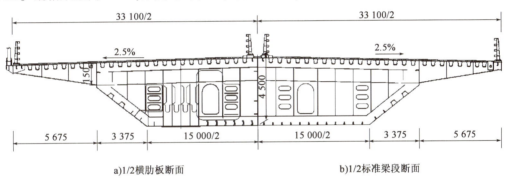

图6-32 港珠澳大桥连续钢箱梁主梁标准断面(尺寸单位:mm)

(1) 斜腹板与顶板的连接

优化前的方案[图6-33a)]采用了斜腹板,与相邻板形加劲肋间的空间较小,箱梁内的焊接作业以及涂装比较困难,易造成焊接缺陷产生疲劳;同时,由于边腹板与顶板连接位置与板形加劲肋间隔较大,钢桥面铺装产生裂缝的风险较高,且不利于结构的抗疲劳。优化后的方案[图6-32b)],将斜腹板与桥面板的节点构造进行了优化,增设了边腹板,且将边腹板与桥面板垂直布置,以确保其与顶板的焊接空间,保障焊接质量,改善抗疲劳特性;另外,将U形加劲肋与腹板的间隔控制在250mm以下,以有利于钢桥面铺装受力。

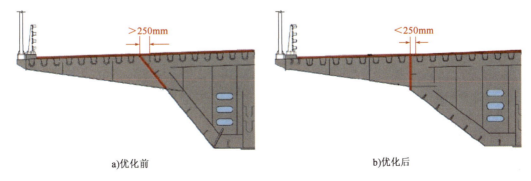

图6-33 斜腹板与顶板连接构造优化

(2)边腹板与顶板的连接

为了提高钢桥面板的抗疲劳特性以及防止钢桥面铺装出现裂缝,优化边腹板与顶板的连接位置,将边腹板与顶的交点调整至外侧车道中央,以提高该节点处桥面板的疲劳受力性能以及桥面铺装抗裂性能(图6-34)。

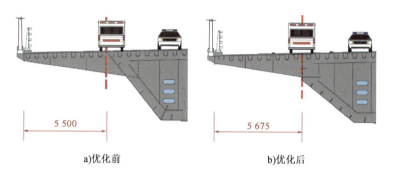

图6-34　边腹板与顶板连接位置优化(尺寸单位:mm)

(3)悬臂横肋板与边腹板的连接

优化前的方案[图6-35a)],箱梁内传递横隔板翼板受力的构件长度有所不足,有必要将其调整为切实能够传递受力的构造;调整后的方案[图6-35b)],对悬臂下翼缘板向箱内的传力构造进行了优化,并在箱内设置水平加劲肋,从而使得该处结构传力更加合理。

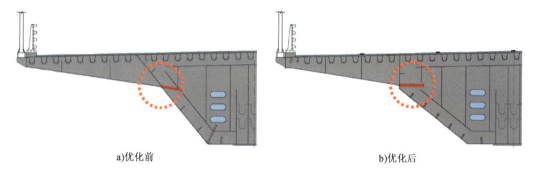

图6-35　悬臂横肋板与边腹板连接构造优化

(4)U形加劲肋在横隔板上的开口形式

主要优化U形加劲肋在横隔板的槽口形式,以改善该位置抗疲劳受力性能(图6-36)。

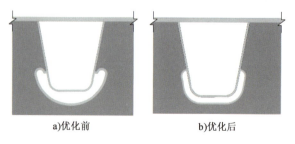

图6-36　U形加劲肋在横隔板的开口形式优化

(5)板形加劲肋在横隔板上的开口形式

从结构受力考虑,底板的板形加劲肋通常不需要与横隔板焊接;若采用焊接,一方面将增加焊接作业量;另一方面,当横隔板过焊孔形状与板形加劲肋位置的精度要求较高时,易造成拼装困难。因此,相应优化底板加劲肋的槽口形式,且将其与横隔板不进行焊接(图6-37)。

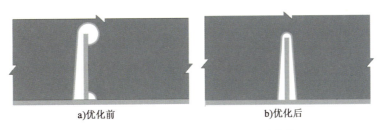

图6-37 板形加劲肋在横隔板的开口形式优化

(6)悬臂端部加劲肋

优化前的方案,悬臂桥面板外侧端部采用U形加劲肋,将会造成横隔板截面缺损较大;此外,外侧耳板与U形加劲肋间距较小,焊接施工困难;优化后的方案,对悬臂端部细节构造进行了优化,将U形加劲肋调整为板形加劲肋,确保施工质量,减少横隔板的缺损,从而改善局部受力及抗疲劳性能(图6-38)。

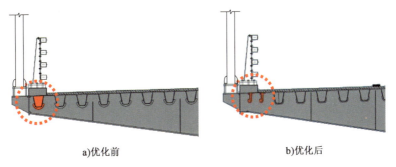

图6-38 悬臂端部细节构造优化

(7)加劲肋翼缘形状

优化横向加劲肋翼缘板的转折形式,将其由曲线形式优化为折线形式,由冷弯调整为焊接,从而避免对其冷弯所产生的附加应力(图6-39)。

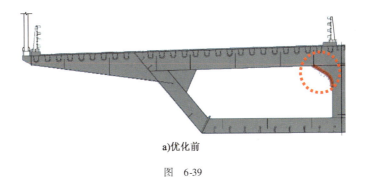

图 6-39

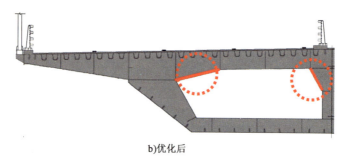

b)优化后

图 6-39　横向加劲肋翼缘板的转折形式优化

(8)边腹板及横向加劲肋的加劲构造

优化边腹板及横向加劲肋的加劲构造,改善边腹板与横向加劲肋的受力状态,提高整体的抗疲劳特性(图 6-40)。

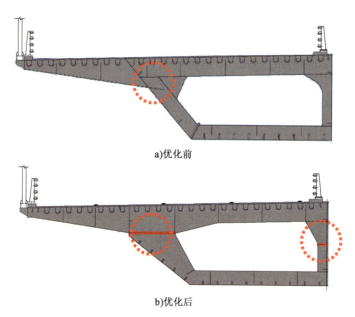

图 6-40　边腹板及横向加劲肋的加劲构造优化

(9)焊缝细节

优化钢箱梁斜腹板与底板,边腹板与斜底板的焊缝细节设计(图 6-41)。优化前的方案中由于外侧的焊接角度狭小,易出现焊缝空隙;优化后的方案可避免该问题,且可减少焊接量,焊接构造左右基本对称,有利于减少焊接变形,提高受力性能。

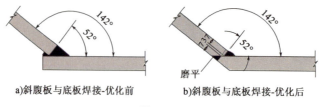

图　6-41

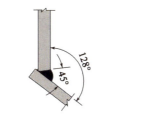
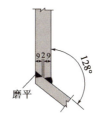

c) 边腹板与底板焊接-优化前   d) 边腹板与底板焊接-优化后

图 6-41　钢箱梁主要焊缝细节优化

(10) 板件钢材材质

优化钢箱梁结构各部位材质,根据结构受力状态,在不同部位采用不同强度等级的钢材(图 6-42)。

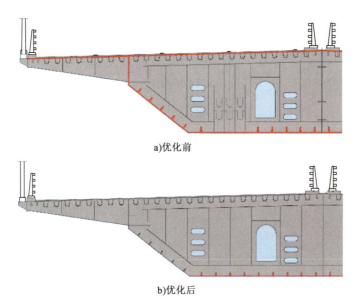

图 6-42　钢箱梁结构各部位材质优化

(11) 钢桥面板细节构造

港珠澳大桥钢桥面板抗疲劳的细节构造,如表 6-9 所示。

港珠澳大桥正交异性钢桥面板细节构造　　　　表 6-9

项　目	港珠澳大桥设计方案
桥面板厚度	$t = 16\mathrm{mm}$ 以上
纵向加劲肋间隔	$e = 300\mathrm{mm}$; $e/t = 300/18 = 16.7 \leqslant 25$; e 为纵向加劲肋间隔,t 为桥面板厚度
纵向加劲肋板厚	8mm 以上
纵向加劲肋的弯曲加工半径	内侧半径 $R \geqslant 5t$ $R = 40 \geqslant 5 \times t = 5 \times 8 = 40$

续上表

项 目	港珠澳大桥设计方案
桥面板与纵向加劲肋的溶透焊接量	纵向加劲肋板厚的80%以上； 焊缝根部未熔接部位应小于或等于1.6mm （尺寸单位：mm）
纵向加劲肋的连接	U形加劲肋的接头有栓接和焊接两种形式；日本的《疲劳设计指针》中规定原则上采用栓接，这主要是从抗疲劳的角度出发。 对于港珠澳大桥的U形加劲肋连接，考虑到120年的设计使用年限，推荐采用对钢桥面板的抗疲劳性能更为有利的栓接构造。此外，顶板处的过焊孔长度为80mm
桥面板的焊接	利用X形坡口或利用焊接垫板的V形坡口实施完全溶透焊接；接头位置避免布置于轮载正下方
纵向加劲肋与横肋板交叉部分的详细构造（有开槽时）	满足Eurocode规定的开槽形状（R25,R73）以及AASHTO规定的形状（$C \geqslant h/3$） （尺寸单位：mm）
竖向加劲构件构造	顶板与加劲构件设置35mm的空隙，不与顶板焊接 （尺寸单位：mm）

2）装配化连续钢箱梁通用图

目前,我国钢箱梁钢桥面板的U形加劲肋基本采用冷弯的结构形式,即钢结构制造单位从钢厂采购相应型号的钢板,经过预处理后进行冷弯成型,而后与顶板焊接为板单元(图6-43)。但该种方式会使U形加劲肋弯折处存在弯折应力,对结构受力及抗疲劳性能有不利影响。

图6-43 冷弯U形加劲肋成型制作

热轧U形加劲肋采用钢坯直接热轧成型(图6-44),免去了先轧制成钢板再进行冷弯的工序,可节省制造成本;同时,由于采用热轧成型的方式,其弯折处没有弯曲残余应力,并且能实现U形加劲肋的不同部位采用变厚度成型,即变厚度U形加劲肋。而冷弯U形加劲肋通常只能采用等厚度截面,若要对冷弯U形加劲肋端部进行墩粗,则成本将会大大增加。

图6-44 热轧变厚度U形加劲肋成型制作

笔者的研究团队通过对热轧U形加劲肋这种新型结构形式的深入研究,编制完成了我国首部公路桥梁用热轧U形钢标准,即中国公路学会团体标准《公路桥梁用热轧U形钢》(T/CHTS 20015—2021)。该标准已于2021年10月发布实施。

该标准将热轧U形加劲肋划分为等厚度截面U形加劲肋与变厚度截面U形加劲肋(图6-45),肢厚度有8mm、10mm、12mm,热轧U形加劲肋最小轧制厚度为8mm。桥梁用热轧变厚度U形加劲肋的结构形式及参数如图6-46所示。

将热轧U形加劲肋的研究成果应用于研发的装配化连续钢箱梁桥通用图中,为提高正交异性钢桥面的抗疲劳性能提供了一种新的思路。该通用图中,钢箱梁标准梁段的顶板厚度为18mm,桥面板加劲肋采用热轧变厚度U形加劲肋结构形式(即热轧变厚度的镦边U形加劲肋构造),从而整体提高该正交异性钢桥面板的抗疲劳性能。

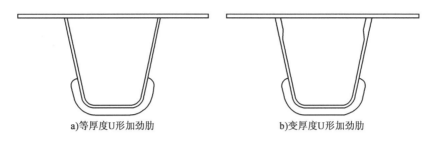

a) 等厚度U形加劲肋   b) 变厚度U形加劲肋

图 6-45　两种 U 形加劲肋示意

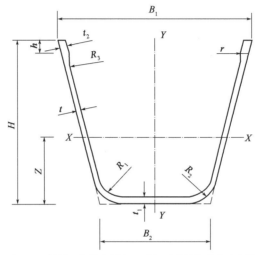

图 6-46　桥梁用热轧变厚度 U 形加劲肋结构形式及参数

B_1-开口宽度；B_2-底板宽度；H-U 形钢高度；t-肢厚度；t_1-底板厚度；t_2-变厚度肢厚度；h-变厚度肢高度；
R_1-内圆角半径；R_2-外圆角半径；R_3-肢厚度变化过渡圆弧；r-过渡圆角半径；Z-重心距离

热轧 U 形加劲肋高度为 300mm，上口宽 300mm，下口宽 180mm；U 形加劲肋标准横向间距为 600mm；热轧变厚度 U 形加劲肋与顶板接头处厚度采用 16mm，其底板厚 16mm，腹板厚 12mm，结构设计如图 6-47 所示。此外，顶板及 U 形加劲肋钢材材质均采用 Q420qD。

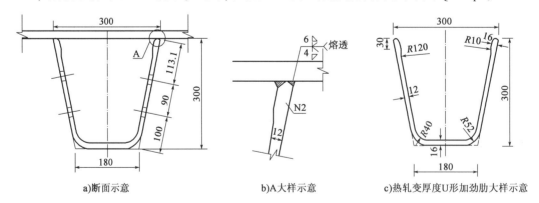

a) 断面示意   b) A 大样示意   c) 热轧变厚度U形加劲肋大样示意

图 6-47　钢箱梁热轧变厚度 U 形加劲肋结构设计（尺寸单位：mm）

需要指出的是，设计过程中在选用热轧 U 形加劲肋时，应注意以下几项选用原则：

(1) 材料应与母材相同，推荐选用现行《桥梁用结构钢》(GB/T 714) 中涵盖的材料。

(2) 材料强度级别低于 500MPa。

(3) 可以肢端单独变厚,可以底板单独变厚,也可以同时变厚;增加厚度可以是 2mm,也可以是 4mm。

(4) 热轧 U 形加劲肋宜结合 U 形加劲肋自动化内焊技术共同使用,并采用双面焊或双面熔透焊技术,从而有效保障其抗疲劳性能。

(5) 由于是热轧状态供货,部分 U 形加劲肋的冲击功可能达不到 120J(TMCP 的桥梁结构钢钢板能够达到 120J 的冲击功),使用时需注意。

6.4 钢桥面板疲劳病害处置

虽然既有正交异性钢桥面板的疲劳开裂案例在世界各国大量涌现,但全部更换钢桥面板是不现实的。应该说,疲劳裂纹维修加固与结构的抗疲劳设计是同一问题在既有结构和新建结构中的不同表现形式,受限于结构服役环境条件和施工空间等客观因素,对既有正交异性钢桥面板疲劳开裂进行维修加固,是一项具有挑战性的工作。

国内外学者过去一直致力于钢桥面板疲劳损伤修复研究,传统修复方法主要以机械修复和热修复为主。例如,英国 Severn 桥在修复纵向加劲肋与顶板连接处时,将既有焊缝局部切削,锤击后进行重新焊接,以改善细节疲劳强度;针对钢桥面板顶板穿透型裂纹,去除裂纹附近的铺装层,对焊缝清除、打磨后重新焊接;对于较长的平行裂纹,则采用在开裂位置顶板上方加焊钢板或更换带有部分纵向加劲肋的桥面板的方式修复。

而目前国内外钢桥面板疲劳裂纹维修加固较为新颖的思路及方法,主要可分为以下 3 种:①改变裂纹尖端应力场强分布;②增加结构的整体刚度,降低疲劳易损细节的应力幅;③通过裂纹所在位置的局部构造补强,抑制疲劳裂纹扩展。

对于第①种方式,国外有关学者通过对开孔周边施加螺栓预紧力或采用冷扩张技术改变开口周边母材应力分布,以阻止止裂孔周边母材二次疲劳开裂。对于第②种方式,常采用正交异性组合桥面板的加固理念,即通过在原有钢桥面板上铺设高韧性材料,借由剪力键的连接形成刚性铺装,从而显著提升原有结构的刚度,降低裂纹尖端应力强度因子幅值,抑制甚至阻止疲劳裂纹的扩展,实现对既有正交异性钢桥面板疲劳性能的加固和提升。图 6-48 给出了国内某座桥梁采用高性能材料 UHPC 对钢桥面板进行维修加固的过程。

a) 焊接剪力钉及安装钢筋　　b) 桥面摊料　　c) 材料振捣

图 6-48

d)桥面材料保湿　　　　　e)铺装后养护　　　　　f)加固成型

图 6-48　国内某座大桥正交异性组合桥面板加固流程示例

对于第③种方式,其核心是以降低疲劳易损细节处名义应力幅作为出发点。例如,对于 U 形加劲肋与顶板焊缝开裂,为了增加桥面板横桥向刚度,减少 U 形加劲肋与顶板连接焊缝在车辆轮载作用下的面外变形,日本有学者提出在两肋间增设倒 U 形加劲肋(板厚 9mm),并通过高强螺栓与原有桥面板连接;又如,为了尽可能避免加固方案对原有结构带来的损伤,国内有关学者提出在裂纹处通过粘贴钢板或高强材料进行局部补强的冷维护加固方法,采用的加固连接形式包括粘贴、栓接和粘-栓混合连接等(图 6-49)。

a)顶板U形加劲肋加固　　　　　　　　b)横隔板与U形加劲肋连接处加固

c)顶板U形加劲肋拼接处加固　　　　　　　　d)横隔板加固

图　6-49

e)横隔板上方加固　　　　　　　　　　f)横隔板与纵隔板连接处加固

图6-49　钢箱梁细节构造加固示例

总而言之,针对正交异性钢桥面板的典型疲劳细节,实际实施过程中应注意采用合理的加固方式及结构构造,从而尽量实现对原结构的零损伤或微损伤,保证正交异性钢桥面板疲劳加固的效果。

第 7 章

钢箱梁防腐与维护

钢箱梁结构长期暴露于自然环境中并承受荷载作用,往往会受到环境介质以及大气作用的侵蚀,特别是在一些环境质量恶劣的地区,结构本身会发生严重腐蚀,从而导致其耐久性、安全性以及使用寿命降低。钢箱梁的防腐涂装是延长结构服役寿命极为有效和便捷的防护措施,是决定钢箱梁结构服役寿命的关键因素,因此结合工程所处区域特点选择适合的防腐涂装体系是十分重要的。同时,在运营期伴随着桥梁使用年限的增加,防腐涂装将不可避免地出现局部损伤或破坏,因此为了保障桥梁运营的安全,及时对钢箱梁进行维护是十分必要的。

7.1 金属腐蚀与防护

7.1.1 金属腐蚀机理

金属腐蚀是指因环境或技术体系方面原因而产生的一种金属与所处环境之间的物理、化学相互作用,导致金属性质的变化及功能的损伤。金属的腐蚀破坏一般具有以下两个特点:一是破坏总是从金属表面开始,而后或快、或慢向内深入发展;二是在大多数场合下金属的腐蚀破坏与外形改变往往同时发生。若按腐蚀特征分类,金属腐蚀可分为全面腐蚀与局部腐蚀;若根据腐蚀介质情况来分类,可将金属腐蚀分为化学腐蚀和电化学腐蚀。其中,化学腐蚀是指金属在干燥气体和非电介质溶液中发生的腐蚀,这种腐蚀所生成的产物是金属表面形成不同厚度的膜,一般称为表面膜,这种表面膜对金属的腐蚀速度影响很大。但一般情况下,金属的化学腐蚀相比较而言是比较少的,大部分金属的腐蚀属于电化学腐蚀,即金属表面形成局部电池而引起的电化学反应。

金属的电化学腐蚀过程和电介质的性质有密切关系,当金属和电介质溶液接触时,组成金属晶格的离子由于受到极性分子(或其他电介质)的作用,在金属表面将会出现两个不同的反应区:一是金属变成金属离子而溶解,并释放出电子的反应区;二是由于氢离子还原和氢氧根离子生成而消耗电子的反应区。由此引发的结果是,金属和溶液界面会形成带有正负电荷的双电层,当金属带负电时,金属就被溶解亦即被腐蚀了。

由于金属在电介质溶液中具有不同的电极电位,如果将金属锌板和铁板放置于稀硫酸溶液中,由于锌电位低,铁电位高,二者之间存在一定的电位差,若用导线将它们连接起来,就会有电流产生,电子将从锌板流向铁板,如图 7-1 所示。

影响金属电化学腐蚀速度的因素通常可分为内在因素和外在因素两大类,内在因素包括:金属元素化学性质、合金成分、内应力、金属表面状态等;外在因素包括:介质的 pH 值、溶解度、浓度等。

对于钢结构桥梁而言,其腐蚀特性主要表现在:钢结构经过抛丸、压制成型、电焊组装等工艺过程后,常会造成结构热应力分布不均匀或晶粒变形,从而引起结构内部电极电位的差异,这是引起结构腐蚀的"隐患"所在。同时,引起桥梁钢结构腐蚀的因素是多

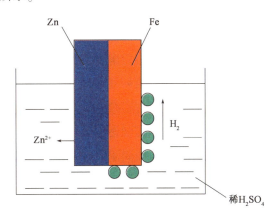

图 7-1 原电池反应原理示意

种多样的,但主要因素是电化学腐蚀,而钢结构桥梁一旦发生锈蚀,将会日趋严重,从而使得构件截面面积减少,降低了结构承载能力,最后甚至危及结构的安全性能。尽管目前钢结构桥梁在使用过程中的腐蚀是不可避免的,但其腐蚀的速度总体上是可以控制的,因此需要对桥梁钢结构采取有效的防腐措施。

7.1.2 防护方法

金属腐蚀防护方法可主要分为四大类,分别是:①提高金属材料内在的耐蚀性能;②处理改变腐蚀介质;③电化学保护;④涂覆非金属和金属保护层。

(1)提高金属材料内在的耐蚀性能

提高金属材料内在的耐蚀性能是采用不易与周围介质发生反应的金属及合金材料来加工产品,例如在钢材中加入 Cr(含量超过 12%)、Ni、Ti 等元素,将金属材料变成不锈钢,但此类防护法不合适大范围应用于钢结构桥梁的防腐蚀,主要原因之一是成本昂贵。

(2)处理改变腐蚀介质

处理改变腐蚀介质主要是改变腐蚀介质的性质,降低或消除其中有害成分以防止金属腐蚀,但该方法不适合于处于大气环境下的钢结构桥梁的防腐蚀。

(3)电化学保护

电化学保护是用直流电改变被保护的金属电位,从而使腐蚀减缓或停止的防护法。电化学保护又分为外接电源阴极保护法、保护器保护法、阳极保护法。

①外接电源阴极保护法:将需要保护的钢铁连接直流电源负极,进行阴极极化,达到保护作用;地下石油管道和船舶外壳多用此类保护法。

②保护器保护法:将低于钢铁电极电位的 Zn、Al 等金属材料作为牺牲阳极连接到钢铁表面,对钢铁进行阴极极化,达到保护作用。

③阳极保护法:利用直流电对对被保护钢铁进行阳极极化,使钢铁处于阳极钝化状态。

(4)涂覆非金属和金属保护层

该方法是指在钢铁表面涂覆非金属和金属保护层,借以隔开钢铁与腐蚀介质的接触,从而减缓或杜绝腐蚀。根据构成保护层的物质,主要可分为以下几类:

①化学保护层：采用化学或电化学方法使金属表面形成稳定的化合物膜层。由于大型钢结构构件表面通常不易获得化学保护层，因此该方法较难适用于钢结构桥梁。

②非金属保护层：在钢铁表面涂覆有机和无机化合物，如涂料、塑料、玻璃钢、橡胶、沥青等，其中，非金属保护层应用最广泛的是涂料和塑料涂层，且涂料涂层多年来广泛应用于各类大型桥梁钢结构构件的防腐蚀保护。

③金属保护层：在钢铁表面镀上一种金属或合金作为保护层，包括热喷涂、电镀、热浸镀、化学镀、机械镀、包镀、真空镀等。其中，热喷涂（电弧喷涂是热喷涂方法中的一种）基本不受构件大小和结构形式的限制，近年来应用较为广泛。

④复合保护层：将金属保护层、非金属保护层以及化学保护层结合起来综合应用，利用电化学保护原理，形成复合保护层，可达到更好的防腐效果。

需要指出的是，由于涂料涂装涂层与电弧喷涂复合涂层不仅所使用的工具比较简单，而且不受构造物的形状或大小限制，且均可形成防腐蚀保护涂膜，并可通过现场施工反复涂漆，因此近些年来作为经典的钢结构桥梁防腐技术方法得以广泛应用。

7.2 防腐蚀全寿命设计理念

以往的桥梁设计多从满足结构安全使用的角度出发，设计工作的重点主要集中于施工阶段对施工成本和短期性能进行优化，通常注重结构建成初期的运营安全，而忽视了整个桥梁服役期内的结构属性。由于桥梁劣化损伤现象日益严重，而用于维修加固桥梁的资金却很有限，为了更有效合理地利用资金，应在保证桥梁安全的前提下，使有限的资金发挥最大的效益。因此，在桥梁工程领域，人们在对以往认识缺陷反思的同时，提出了基于寿命周期成本（Life Cycle Cost，简称LCC）的桥梁设计理念。

寿命周期成本及全寿命经济性概念首先由美国军方于20世纪60年代提出，到20世纪80年代，在各个领域都有一定的研究与应用，它是进行投资决策的重要依据。从20世纪80年代开始，LCC方法逐渐应用到公路交通行业。所谓基于全寿命周期成本的桥梁设计理论，就是在设计阶段确定桥梁从建成到寿命终结时的总成本，在进行设计方案比选时，不仅要考虑初始建造成本、设计成本，还要考虑服役期间桥梁检查、养护和维护等各种成本，目的是保证桥梁结构在寿命周期内安全运营的前提下，使综合花费成本最少，实现技术可靠、经济合理。

目前，全世界每年因桥梁钢结构件腐蚀造成的经济损失高达数千亿美元，而且桥梁钢结构件由于腐蚀造成的事故危及桥梁的安全运行，腐蚀引起的灾难性事故屡见不鲜。钢结构防腐蚀作为钢结构桥梁设计的一部分，设计中应充分考虑其使用期间的维护、替换和管理等成本，以使其实现总费用最小化的全寿命设计，这样才能够使桥梁钢结构件的防腐设计在其使用期内具有可持续性。

钢箱梁防腐蚀的全寿命设计流程，如图7-2所示。在桥梁钢结构件设计建造时，要针对其自身的结构特点和所处的环境条件，采用适合的防腐蚀方法，同时合理考虑后期的涂层养护，才能确保桥梁的正常使用和耐久性。

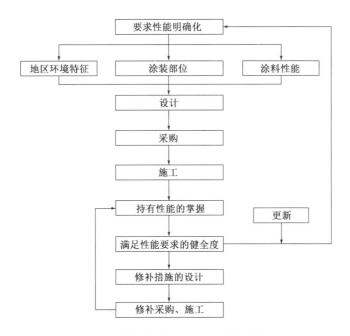

图 7-2　桥梁钢结构腐蚀全寿命设计流程图

7.3　防腐涂装体系

目前,钢结构桥梁的防腐涂装体系主要划分为涂料体系与金属涂层体系,两种涂装体系各有优缺点和适用条件,设计者应根据工程结构特点和所处的环境条件,选择适宜的防腐涂装体系。

7.3.1　涂料体系

涂料是指常温下具有流动性,或通过强制加热后具有可流动性,大面积涂于物体表面后可以形成连续的涂膜,经过一段时间使溶剂挥发或通过加温固化等途径,使得其具有所需理想性能的一种物质。防腐涂料是使用各种防锈颜料或腐蚀因子不易侵蚀的树脂涂料,利用涂膜隔离腐蚀因子(水、氧、酸、盐等),阻碍其对金属的侵蚀。

1)涂料防腐蚀原理

采用涂料涂层进行钢结构桥梁的保护,主要防腐蚀机理如下:

(1)覆盖作用

覆盖作用又称屏障作用,它是指采用合适的钢结构涂料,以正确的工艺技术,使其覆盖于钢结构桥梁的各个部位,形成一层完整、致密的涂层,使桥梁钢构件表面与外界腐蚀环境隔离。从电化学的理论来分析,涂层的作用还在于增大了局部电池阴极和阳极之间的阻抗,抑制了钢铁腐蚀反应的进行。

(2) 缓蚀作用

当有水分存在时,涂层中含有的化学防锈颜料将离解出缓蚀因子,从而引起阳极极化或阴极极化,或阴阳极同时极化,抑制腐蚀的发展。缓蚀作用可以弥补屏障作用的不足,屏障作用又能防止缓蚀离子的流失,两者相得益彰。

(3) 电化学作用

通过在涂料中加入可以使基体金属成为牺牲阳极的金属粉,使得金属粉之间和金属粉与基体之间能达到电接触程度,从而保护基体免受腐蚀。例如,环氧富锌底漆对钢铁金属基体的保护,环氧富锌底漆涂料中的锌粉含量较高,锌粉与钢铁表面又是紧密接触的,当水分侵入涂膜后,锌粉与钢铁组成微电池,由于Zn(锌)的电化学电位比铁低,因此腐蚀电流将从锌流向铁,从而钢铁受到阴极保护;另外,在形成的涂层内,锌粉也互相接触,其中一部分锌粉与空气中的二氧化碳、二氧化硫或盐分中的氯离子接触生成难溶性的碱式盐,它们会填充涂层中的空隙,从而保护下层的锌粒难以进一步作用,进而保护钢铁表面。

2) 防腐涂料种类

目前国内外常采用涂料涂层进行钢结构桥梁防腐蚀保护,从最早的单一涂料防腐到现在的重防腐涂装体系和热喷涂长效防腐体系,涂料用于金属防腐蚀已有数百年的历史,由于它经济易行,适用范围广,现在仍被广泛采用。随着涂装工艺的发展,重防腐涂装已成为钢结构桥梁防腐蚀的主流,而在重防腐涂料中,无论是国外品牌涂料,还是国内品牌涂料,其防腐涂装工艺和涂料品种都非常相似,即通常由底漆、中间漆和面漆组成。

(1) 防锈底漆

若要使得钢箱梁的防腐涂层达到长时间使用的目的,通常需采用长效保护的重防腐涂料体系方案,近些年的工程实践经验表明,可以通过完整的防腐蚀涂料体系来解决钢结构的长期腐蚀防护问题。海洋大气环境下的金属结构防腐涂料体系主要以防锈底漆、中间封闭层以及以耐紫外老化为主要功能的面漆的配套体系组成。其中,防锈底漆可主要为两大类:热喷涂 Al、Zn 或 ZnAl 的金属防蚀镀层;无机和有机富锌底漆。

无机或有机富锌底漆是以具有阴极保护作用的锌粉为主要颜料的富锌底漆,它通过锌粉粒子间的互相接触和与钢基体的接触形成电通路,从而起到电化学阴极保护作用。

(2) 中间漆

中间漆在防腐蚀涂料体系中起到承上启下的作用,使各涂层之间附着良好,形成一个整体防护体系。作为中间漆,其与底漆和面漆必须有良好的层间附着力。因此,需要精心设计中间层漆。设计中间漆的一般做法是:

①尽量选择与底漆和面漆相同、相近或相适配的基料,如在无机硅酸锌底漆和环氧富锌底漆上通常采用环氧云铁中间层漆进行配套;

②选择屏蔽型的颜料如云母氧化铁、铝粉、滑石粉等,使中间层漆具有较好的屏蔽阻挡作用;

③为了增强中间层漆与底漆的附着力,尤其是当底漆的表面比较粗糙时[如热喷涂 Zn(锌)或 Al(铝)层以及厚膜型无机富锌底漆],往往采用粘度较小的中间过渡层漆(封闭漆),这些中间过渡层漆能很好地渗透到金属镀层和无机富锌底漆的不平表面中,起到良好的锚固作用。

(3) 面漆

面漆是整个防腐蚀涂料体系的第一道关口,能够阻挡外界腐蚀介质渗透至涂层中。目前采用较多的面漆类型有氟碳面漆、聚硅氧烷面漆、聚氨酯面漆、氯化橡胶面漆及醇酸树脂面漆等。同时,由于面漆具有装饰和标志作用,防腐蚀涂料体系中面漆的装饰作用越来越受到人们的重视和关注,以大型桥梁为例,它们的外观色调是靠整个保护涂料体系的面漆来体现的。

需要指出的是,氟碳面漆具有较好的耐候性、耐寒性、耐高温、耐腐蚀、耐化学及表面自洁性能等,正是由于它具有其他涂料无法比拟的优点,近年来其在钢结构桥梁防腐涂装中的应用越来越多。

当前,涂料行业的发展已经从单纯重视防腐蚀进入了防腐蚀与维持被涂敷物外观并重的阶段。自 20 世纪 90 年代中期开始,以保护被涂敷物景观价值为目的,日本开始了自清洁低污染系列面漆研发,并在 20 世纪末取得了成果。自清洁氟碳面漆不仅保留了氟碳面漆使用寿命长的特点,还克服了目前大多数常规型氟碳面漆易产生雨痕污染的缺点。该面漆运用的是亲水表面耐粘污的原理,即配方中采用特殊的亲水助剂,施工以后能在较短的时间内使涂膜表面亲水化并长期保持,沉降在涂膜表面的砂土、灰尘等亲水性污染物很容易被雨水冲走,而亲油性污染物由于在亲水化表面无法很好地吸附,一旦受到雨水冲刷便很容易从涂膜表面被清除,从而起到了利用雨水这一天然资源进行自我清洁的作用,使被涂物长期保持整洁美观的状态。图 7-3 是传统型氟碳面漆与自清洁氟碳面漆涂装的天然气储罐(日本东京大田区)涂装 12 个月后的状态比较。

近年来,氟碳面漆在我国钢结构桥梁防腐中的应用也越来越广泛,尤其是 2006 年后开工建造的大型钢结构桥梁,大多数均采用了氟碳面漆。然而大部分钢结构桥梁采用的是常规型的氟碳面漆,而较为新颖的自清洁氟碳面漆尚未得到较为充分的重视和推广应用。

3)涂料涂装体系

目前,按照我国《公路桥梁钢结构防腐涂装技术条件》(JT/T 722—2008)的规定,

图 7-3 传统氟碳面漆与自清洁氟碳面漆的涂装效果对比

公路钢结构桥梁涂装体系应用较多的涂料品种主要有富锌底漆(如环氧富锌底漆和无机富锌底漆)、环氧云铁中间漆、耐候面漆(如丙烯酸聚氨酯面漆、聚硅氧烷面漆和氟碳面漆)等。

(1) 富锌底漆

富锌底漆可主要分为有机富锌底漆和无机富锌底漆两种,其锌粉含量通常大于 80%,高锌粉含量可使得其产生阴极保护作用。有机富锌漆的锌粉一般混合于环氧或聚氨酯等基料中,常见的是环氧富锌底漆;无机富锌漆又可分为水性和溶剂型。NACE(美国国家腐蚀工程师协会)研究表明:相同条件下,富锌底漆与其他类型底漆相比性能较好;在新建钢结构桥梁中使用富锌底漆,特别是海洋盐雾环境下,可获得较为长效的保护。

环氧富锌底漆由双组分组成。主剂组分主要由环氧树脂、锌粉、颜填料、助剂及溶剂组成,固化剂组分一般由聚酰胺树脂与混合溶剂组成。该种油漆的性能特点主要有:

①它对钢材表面处理有明确规定,表面处理后钢材清洁度必须达到瑞典工业标准 SIS 5590—1976 的 Sa2.5 级(国际标准 ISO 18501—1:1988 Sa2.5 级),钢材表面的粗糙度为 Rz30~75μm。

②在环氧富锌底漆干膜中,锌粉含量至少为 70%,以有效保护钢铁材料基体不受电化学腐蚀。

③涂膜具有优异的加工性能。

④配套性能好。环氧富锌底漆能与钢桥的常规涂料品种配套,具有良好的配套性能。

(2)环氧云铁中间漆

环氧云铁中间漆是由环氧树脂、着色颜料、体质颜料、防锈颜料、助剂和溶剂及固化剂等组成的双组分涂料,由于其中添加了防锈颜料云母氧化铁,故而得名环氧云铁漆。由于含有较高颜料体积浓度的鳞片状颜料,成膜后颜料能平行定向重叠排列,类似鱼鳞片的连接结构,因此具有较高的封闭性、耐热性和防蚀性。该种油漆的性能特点主要有:

①与环氧富锌底漆有良好的附着力,保护环氧富锌底漆免受损伤,对环氧富锌底漆起着封闭作用,对钢材进一步起保护作用。

②涂膜表面略粗,与丙烯酸聚氨酯面漆或氟碳面漆层间附着力好。

③有良好的韧性、硬度和干燥性能。

④触变性能好,一次喷涂干膜厚度可达 120μm 以上不流挂。

(3)耐候面漆

常用的面漆主要有脂肪族丙烯酸聚氨酯面漆、氟碳面漆、聚硅氧烷面漆等。

丙烯酸聚氨酯面漆具有良好的耐候性能,能有效地抵抗各种腐蚀介质和紫外线的侵蚀,不易粉化,不易龟裂,主要用于桥梁钢支座和腐蚀环境不是很恶劣的钢结构桥梁涂装。氟碳面漆具有良好的耐候性、耐寒性、耐高温、耐腐蚀、耐化学及表面自洁性能等,这是其他涂料无法比拟的优点。耐候面漆的性能特点主要有:

①面漆涂膜的致密性好,水蒸气渗透性和氧气渗透性较低,具有优良的耐水性和防锈性。

②具有优异的耐候性能。

③耐酸碱、耐盐雾性能优良,对钢铁具有优异的防护能力。

④涂料触变性能好。适合各种喷涂方式,如空气喷涂、高压无气喷涂及静电喷涂等方式,一次喷漆干膜可达 60μm 以上。

不同种类的涂料具有各自的优缺点,而涂层配套体系是发挥涂料防腐作用的重要保证,图 7-4 给出了目前常见的钢箱梁外表面防腐涂装配套体系。

4)涂料的环保性能要求

涂料作为一类涂布于物体表面在一定的条件下能形成薄膜而起保护、装饰或其他功能的材料,主要以植物油或合成树脂为主要原料,添加颜料、填料和相应助剂,用有机溶剂或水配制而成的一种液体或固体材料,这些添加剂常含有挥发性有机化合物(VOC)。VOC 一般指活泼的易产生环境危害的一类有机化合物,通常将沸点低于 250℃ 的有机化合物定义为 VOC。据美国涂料协会统计,涂料行业排放 VOC 占工业活动中排放量的 20% 以上,涂料产品中的 VOC 含量越高,对于环境的危害越严重。

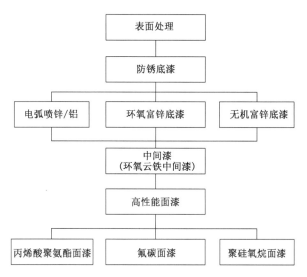

图 7-4 常见的钢箱梁外表面防腐涂装配套体系

为减少工业涂料产品中挥发性溶剂对大气的污染,许多国家和地区均在多年前即制定了限制工业涂料中 VOC 含量的法令,其中,美国等有关国家有明确法规限定了工业涂料的 VOC 含量。我国香港路政署也于 2008 年出台了《空气污染管制(挥发性有机化合物)规例指南》,明确了工业涂料的 VOC 含量,见表 7-1。

美国、欧盟及香港对于工业涂料 VOC 含量要求 　　表 7-1

制定单位		VOC 要求(g/L)	施行时间
美国环保署(EPA)		<450	1998 年
欧盟		420~450	2007 年
		<300	2013 年
香港路政署	底漆/中间漆	≤350	2008 年
	面漆	≤420	2010 年

我国是一个涂料生产大国,也是一个涂料消费大国,2020 年发布的《建筑用墙面涂料中有害物质限量》(GB 18582—2020)代替了原标准《室内装饰装修材料　内墙涂料中有害物质限量》(GB 18582—2008)和《建筑用外墙涂料中有害物质限量》(GB 24408—2009),该标准中明确了内外墙涂料的 VOC 限量标准;同时,我国 2020 年发布的《木器涂料中有害物质限量》(GB 18581—2020)代替了原标准《室内装饰装修材料　溶剂型木器涂料中有害物质限量》(GB 18581—2009)和《室内装饰装修材料　水性木器涂料中有害物质限量》(GB 24410—2009),该标准中明确了木器装修涂料中的 VOC 限量标准。但需要指出的是,目前我国内地制定的标准中尚未对工业涂料的 VOC 含量作出明确规定。

此外,异氰酸酯树脂是氟碳面漆以及聚氨酯面漆固化剂的重要组成部分,其中的限甲苯二异氰酸酯(TDI)是一种有毒化学品,较容易挥发,化学性质非常活泼。异氰酸酯树脂中挥发出的 TDI 单体被称为游离 TDI,主要的毒性作用是致敏和刺激作用。当人的眼部接触游离 TDI 蒸气后,会有疼痛流泪、结膜充血等化学性结膜炎症状;呼吸道吸入后会有咳嗽胸闷、气急、哮喘等症状;皮肤接触后可发生红色丘疹,接触性、过敏性皮炎,脱离接触后可好转和恢复。

国际上对涂料中游离 TDI 的含量有严格标准,国际化学品安全规划署(IPCS)规定其先进水平必须小于 0.5% 以保证涂料使用者的安全;目前我国《木器涂料中有害物质限量》(GB 18581—2020)中对双组分聚氨脂面漆中游离 TDI 含量的规定做出了明确规定:游离二异氰酸酯(TDI、HDI)含量总和须在 0.4% 以下。

7.3.2 金属涂层体系

金属涂层体系主要是指在钢铁表面镀上一种金属或合金作为保护层。目前钢结构桥梁中应用较为广泛的金属涂层体系为热喷涂防腐涂装体系(电弧喷涂是热喷涂方法中的一种)。

热喷涂是借助某种热源(火焰或电能)将欲喷涂的金属材料(丝材或粉末)熔化,利用压缩空气将金属熔滴雾化,高速喷射到经粗化处理的工件基体表面,熔滴在撞击到工件表面的瞬间冷凝而形成金属涂层。涂层的组织结构是由互相镶嵌、重叠的无数变形微粒机械地结合在一起,并含有一定数量孔隙的结构。涂层的孔隙率与喷涂工艺有关,通常为 5%~10%。

按照使用热源的不同,热喷涂可分为火焰喷涂、电弧喷涂、等离子喷涂等。电弧喷涂由于生产率和能源利用率高、涂层结合强度高、操作简便,适用于各种钢构件的防腐蚀施工,正逐步取代火焰喷涂,成为喷涂层性能好、应用最广的热喷涂方法。用于防腐的电弧喷涂涂层主要是 Zn 涂层、Al 涂层及其合金涂层。电弧喷涂层选择的基本原则是:Zn 涂层在中性和弱碱性环境介质中具有很好的耐腐蚀性能,Al 涂层在中性和弱酸性环境介质中的耐腐蚀性能表现良好;Al 涂层适用于弱酸介质、高温条件及在海洋环境下工作的钢铁结构件的腐蚀保护;Zn 涂层适用于矿井、淡水、大气及土壤中钢铁构件的保护。

英国和美国是很早就推行热喷涂防腐技术的国家。英国国家标准学会(BSI)在 1977 年制定的《钢铁结构件防腐蚀技术标准》(BS 5493—1977)中,对在工业及海洋大气防护寿命大于 20 年的钢铁结构件只推荐采用热浸镀或热喷涂的 Zn、Al 涂层技术。美国国家标准《热喷涂锌、铝及其合金和复合涂层保护钢铁的指南》(ANSI/AWS C2.18-93)为热喷涂技术在钢结构长效防腐上的应用提供了详细指导,并指出在乡村、工业、海洋环境下,热喷涂防腐技术可达 20 年以上长效防腐。

国际标准《钢铁构件腐蚀保护—金属涂层指南》(ISO 14713:1999)中指出,保护钢铁 20 年以上免维护,只能采用金属涂层防护体系。该标准还列出不同腐蚀环境下防腐涂层体系的最小涂层厚度和免维护年限,其中在严重的海洋环境下,热喷涂 Al(厚度 $150\mu m$) + 封闭或热喷涂 Zn(厚度 $250\mu m$) + 封闭条件下,涂装免维护年限可达到 20 年以上。

国际标准《金属和无机涂层—热喷涂锌、铝及其合金》(ISO 2063:2005)中对不同腐蚀环境可选用的热喷涂层及其最小涂层厚度作了规定,其中在海洋腐蚀环境下,热喷涂 Zn + 涂料涂装,厚度最低为 $100\mu m$;热喷涂 Al + 涂料涂装,厚度最低为 $100\mu m$;热喷涂锌铝合金 + 涂料涂装,厚度最低为 $100\mu m$;铝镁合金 + 涂料涂装,厚度最低为 $100\mu m$。

近年来,热喷涂防腐技术在我国的钢结构桥梁上也获得了成功的推广应用,从 2000 年武汉军山长江公路大桥钢箱梁首次大面积采用热喷涂中的电弧喷涂长效防腐技术开始,以舟山连岛工程桃夭门大桥、西堠门大桥和金塘大桥、杭州湾大桥、青岛胶州湾大桥、深圳湾大桥、湛江海湾大桥等为代表的几十座大型钢结构桥梁外表面的防腐蚀涂层也都采用了电弧喷涂复合涂层体系。

7.4 钢箱梁外表面防腐

目前,公路桥梁钢箱梁外表面的防腐涂装主要常采用重防腐涂装体系和涂料与电弧喷涂的复合涂层体系,实际应用过程中应依据指导性标准及配套原则选取合适的涂装方案。

7.4.1 指导标准及涂装配套原则

1)指导标准

目前,我国设计人员在设计公路钢结构桥梁涂装配套体系时,常采用《公路桥梁钢结构防腐涂装技术条件》(JT/T 722—2008)以及《色漆和清漆—防护涂料体系对钢结构的防腐蚀保护》(ISO 12944)指导其设计工作。设计铁路钢结构桥梁的涂装配套体系时,则主要遵循铁道行业标准《铁路钢桥保护涂装及涂料供货技术条件》(TB/T 1527—2011)。同时,国外钢桥的防腐蚀涂装体系,如日本钢桥涂装体系、英国钢桥涂装体系以及美国钢桥涂装体系,对我们设计钢结构桥梁涂装配套体系也具有重要的借鉴意义。

(1)《色漆和清漆—防护涂料体系对钢结构的防腐蚀保护》(ISO 12944)

1998年,国际化标准组织ISO(International Organization for Standards)推出了《色漆和清漆—防护涂料体系对钢结构的防腐蚀保护》(ISO 12944)。这份标准通过了欧洲标准委员会的批准认可,并取代了一些国家标准(如英国的BS 5493、德国的DIN 55928等),同时该标准经过多年的实践,被证明是有效实用的,受到世界各地的业主、涂料商和防腐蚀设计人员等的良好赞誉,且该标准于2017年、2018年进行了相应的修订完善。

ISO 12944中对涂料系统的耐久性定义为从涂装施工结束后至第一次维护的预期时间,该耐久性是一个技术考虑和计划参数,可以帮助业主建立一个维护计划。对于耐久性,ISO 12944标准划分了4个时间间隔:短期、中期、长期和特长期(表7-2)。

涂料系统的耐久年限 表7-2

等 级	耐久年限(年)	等 级	耐久年限(年)
短期	7	长期	15~25
中期	7~15	特长期	>25

ISO 12944标准在第二部分(ISO 12944-2:2017)中,对于大气环境的腐蚀级别做出了详细规定,对于大气环境腐蚀性级别进行了定义,也描述了钢结构所处的典型自然大气环境,并对其腐蚀性评估给出了建议。根据其定义,大气环境被分为6类大气腐蚀性级别,分别是:①C1:非常低;②C2:低;③C3:中等;④C4:高;⑤C5-I:很高;⑥CX:特别高。

在第五部分(ISO 12944-5:2018)中给出了不同腐蚀级别下的配套涂层品种及厚度的指导性数据,针对不同大气腐蚀环境列举出不同的配套体系,并根据防护年限的要求,规定了相应的涂膜厚度。

(2)《公路桥梁钢结构防腐涂装技术条件》(JT/T 722—2008)

该标准中规定了公路桥梁钢结构防腐蚀涂装的分类、要求、试验方法、检验规则、安全、卫生和环境保护以及验收的要求,对于桥梁防腐蚀行业的从业者而言,该标准起到了非常重要的指导作用。诚然,需要指出的是,目前该标准体系也存在着一定的不足,主要体现在:

①标准中未体现涂料的耐湿热性能。当前随着我国经济的快速发展,南方沿海地区正在建造或在规划诸多跨海大桥,因此在南方沿海高温高湿的环境中,钢桥的腐蚀速度将更快,其漆膜须具有良好的耐湿热性能。

②标准中对于氟碳面漆的溶剂可溶物氟含量规定为≥24%(优等品),而铁路标准《铁路钢桥保护涂装及涂料供货技术条件》(TB/T 1527—2011)中则将氟碳面漆中氟含量规定为≥22%;因为过高的氟含量将可能造成氟碳面漆的氟碳树脂对颜填料的湿润分散性能变差,易造成漆膜浮色发花和涂料返粗,所以需要选用合适的湿润分散剂来提高氟碳面漆的分散稳定性。

2)涂装配套原则

涂料涂层的配套性指涂装基材和涂料之间以及各层涂料之间的适应性。因此,良好的配套性将能保证涂层具有优异的防护和装饰性。

钢箱梁涂装体系配套的原则,建议如下:①底漆应与面漆配套。烘干型底漆宜与烘干型面漆配套,自干型底漆宜与自干型面漆配套。②底漆与面漆应具有较为相近的硬度和抗张强度。因为涂层间硬度的差异将会造成起皱现象,并且若底漆与面漆的强度不协调,将会使涂层间干燥收缩不同,易造成涂层龟裂。

7.4.2 设计案例

1)美国旧金山-新奥克兰海湾大桥

美国旧金山-新奥克兰海湾大桥位于旧金山市的东北部,跨越旧金山海湾,通往奥克兰及伯克利。大桥全部钢构共计重达4.5万t,大桥钢箱梁采用栓焊结构,箱梁总宽70m,高5.5m,单向典型梁宽28m,钢梁节段长10~15m。该桥钢箱梁外表面涂装配套方案见表7-3。

美国旧金山-新奥克兰海湾大桥钢箱梁外表面涂装配套方案　　　表7-3

涂装位置	涂料类型	膜厚(μm)	总膜厚(μm)	担保年限(年)
钢箱梁外表面	无机富锌底漆	90~150	215~325	20
	聚硅氧烷面漆	25		
	聚硅氧烷面漆	100~150		

2)香港昂船洲大桥

香港昂船洲大桥主跨为1 018m,是香港首座位处市区环境的大跨径桥梁。昂船洲大桥离海面高度73.5m,桥塔高度则为290m,主梁为钢箱梁结构,宽53m,标准梁长度为18m和24m。大桥于2003年1月开始动工兴建,2008年6月完工。昂船洲大桥的钢箱梁外表面涂装配套方案见表7-4。

香港昂船洲大桥钢箱梁外表面涂装配套方案　　表7-4

涂装位置	涂料类型	膜厚(μm)	总膜厚(μm)	担保年限(年)
钢箱梁外表面	富锌底漆	40	390	20
	环氧云铁中间漆	300		
	聚氨酯面漆	50		

昂船洲大桥2011年现场检查的涂膜状态,如图7-5所示。当时经现场抽样查看,昂船洲大桥整体涂膜状态良好,且涂膜表面基本无锈蚀、粉化出现,但外表面涂膜光泽存在一定程度的失光;大桥外表面涂装的实际膜厚均高于设计配套膜厚,抽样的外表面实际膜厚高于设计膜厚30%~40%。

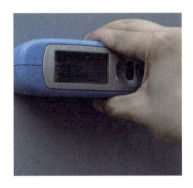

图7-5　昂船洲大桥钢箱梁外表面涂装状态检查

3) 港珠澳大桥

港珠澳大桥钢结构涂装面积约580万 m^2,共使用油漆约390万L,因此选择合适的涂装体系对保障大桥钢结构的耐久性和使用性能非常重要。根据大桥设计寿命要求,研究过程中设计了6种钢箱梁外表面腐蚀防护涂装配套体系,具体如下。

(1) 设计方案1:环氧富锌复合涂层+氟碳面漆方案

该方案(表7-5)参考了《公路桥梁钢结构防腐涂装技术条件》(JT/T 722—2008)中S07配套体系,考虑到大桥严酷的海洋腐蚀环境条件,对底漆、中间漆、面漆分别作了加强处理,其中环氧富锌底漆的厚度由80μm提高到100μm、厚浆型环氧云铁中间漆的厚度由150μm提高到200μm,面漆全部采用氟碳面漆,厚度也由70μm提高到80μm。整个配套体系防护性能明显高于香港昂船洲大桥钢箱梁外表面涂装配套体系,能够满足港珠澳大桥钢箱梁外表面的防护要求。

钢箱梁外表面涂装配套体系设计方案1　　表7-5

涂料种类	涂料名称	干膜厚度(μm)	总厚度(μm)
环氧富锌漆	环氧富锌底漆	100	380
环氧云铁漆	厚浆型环氧云铁中间漆	200	
氟碳面漆	氟碳面漆	40	
氟碳面漆	氟碳面漆	40	
设计依据:《公路桥梁钢结构防腐涂装技术条件》(JT/T 722—2008)中S07配套体系			

(2)设计方案2:环氧富锌复合涂层+聚氨酯面漆方案

该方案主要参考了香港昂船洲大桥钢箱梁外表面涂装配套体系,见表7-6。

钢箱梁外表面涂装配套体系设计方案2 表7-6

涂料种类	涂料名称	干膜厚度(μm)	总厚度(μm)
环氧富锌漆	环氧富锌底漆	40	
环氧云铁漆	厚浆型环氧云铁中间漆	300	430
聚氨酯面漆	聚氨酯面漆	50	
聚氨酯面漆	聚氨酯面漆	40	
设计依据:参考昂船洲大桥方案			

昂船洲大桥设计使用寿命为120年,该涂装配套体系采用环氧富锌底漆+厚浆型环氧云铁中间漆+聚氨酯面漆的涂料重防腐涂层体系设计,尤其是中间漆涂层采用300μm的超厚设计,预估整个涂层体系具有20~30年使用寿命。

该方案可能存在的主要问题在于过度依赖中间漆超厚设计带来的良好屏蔽作用,而将环氧富锌底漆厚度作了过薄设计。由于阴极保护是靠牺牲涂层厚度来实现的,因此在合理范围内涂层越厚保护寿命越长,根据我国《公路桥梁钢结构防腐涂装技术条件》(JT/T 722—2008)规定,环氧富锌底漆厚度应不低于60μm。

(3)设计方案3:无机富锌复合涂层+聚硅氧烷面漆方案

该方案主要参考了美国旧金山—新奥克兰海湾大桥钢箱梁外表面涂装配套体系,见表7-7。

钢箱梁外表面涂装配套体系设计方案3 表7-7

涂料种类	涂料名称	干膜厚度(μm)	总厚度(μm)
无机富锌漆	无机富锌底漆	90~150	
聚硅氧烷漆	聚硅氧烷面漆	25	215~325
聚硅氧烷漆	聚硅氧烷面漆	100~150	
设计依据:参考美国旧金山—新奥克兰海湾大桥方案			

该方案优点之一在于增加了无机富锌底漆的涂层厚度,由一般的75μm增厚至90~150μm,显著提高了涂层体系的抗蚀能力和防护的可靠性;优点之二在于增加了聚硅氧烷面漆的涂层厚度,由100μm提高到125~175μm,进一步增强了面漆的防护能力,整个涂层体系基本能够满足旧金山—新奥克兰海湾大桥150年的设计使用寿命。

但该方案存在的主要问题在于涂层配套偏于简单,只采用两道涂层,忽视了涂装施工对涂层体系质量的影响,也没有设计利用环氧云铁中间漆涂层的良好屏蔽作用,整个配套体系易受到施工缺陷及意外伤害等因素影响而降低预期的防护寿命。

(4)设计方案4:无机富锌复合涂层+氟碳面漆方案

该方案主要依据《公路桥梁钢结构防腐涂装技术条件》(JT/T 722—2008)中S09配套体系设计,见表7-8。

该方案主要利用无机富锌底漆涂层的阴极保护作用,并将氟碳面漆优化为自清洁氟碳面漆;存在的主要问题是无机富锌底漆施工性能较差,不易达到喷涂的保护效果。

钢箱梁外表面涂装配套体系设计方案 4　　　　表 7-8

涂料种类	涂料名称	干膜厚度(μm)	总厚度(μm)
无机富锌漆	无机富锌底漆	75	
环氧封闭漆	环氧封闭漆	—	
环氧云铁漆	厚浆型环氧云铁中间漆	150	305
氟碳面漆	氟碳面漆	40	
氟碳面漆	氟碳面漆	40	
设计依据:《公路桥梁钢结构防腐涂装技术条件》(JT/T 722—2008)中 S09 配套体系			

(5)设计方案 5:金属复合涂层 + 氟碳面漆方案

该方案主要依据《公路桥梁钢结构防腐涂装技术条件》(JT/T 722—2008)中 S11 配套体系设计,见表 7-9。

钢箱梁外表面涂装配套体系设计方案 5　　　　表 7-9

涂料种类	涂料名称	干膜厚度(μm)	总厚度(μm)
电弧金属喷涂	电弧喷 Zn/Al	150	
环氧封闭漆	环氧封闭漆	—	
环氧云铁漆	厚浆型环氧云铁中间漆	150	380
氟碳面漆	氟碳面漆	40	
氟碳面漆	氟碳面漆	40	
设计依据:《公路桥梁钢结构防腐涂装技术条件》(JT/T 722—2008)中 S11 配套体系			

该方案主要采用氟碳面漆与电弧喷涂 Zn/Al 涂层形成高性能的金属复合涂层体系,整个复合涂层体系具有良好的防腐蚀性能,可以满足大桥钢箱梁外表面的防护要求。

(6)设计方案 6:金属复合涂层 + 聚氨酯面漆方案

该方案主要依据 ISO 12944-5 中 A8.02 配套体系设计,见表 7-10。

钢箱梁外表面涂装配套体系设计方案 6　　　　表 7-10

涂料种类	涂料名称	干膜厚度(μm)	总厚度(μm)
电弧金属喷涂	电弧喷 Zn/Al	150	
环氧封闭漆	环氧封闭漆	—	
环氧云铁漆	厚浆型环氧云铁中间漆	150	380
聚氨酯面漆	聚氨酯面漆	40	
聚氨酯面漆	聚氨酯面漆	40	
设计依据:ISO 12944-5 标准中 A8.02 配套体系			

该方案采用聚氨酯面漆与电弧喷涂 Zn/Al 涂层形成高性能的金属复合涂层体系,虽然与氟碳面漆相比,使用聚氨酯面漆后整个涂装工程的造价相对较低,但聚氨酯面漆的耐老化性能要较差于氟碳面漆与聚硅氧烷面漆。

该桥通过进一步的试验研究论证,推荐"方案 1"与"方案 5"作为钢箱梁外表面防腐蚀涂层的两种设计方案。但考虑到由于金属复合涂层体系和涂料重防腐涂层体系二者互有优势,同时也各自存在一定的不足,并且由于港珠澳大桥作为一个举世瞩目的国际工程,特别关注于

HSE(健康、安全、环保)体系,考虑到热喷铝过程中,会产生大量的锌、铝、氧化锌及氧化铝蒸汽,可能使得作业工人得"锌热病",且长期吸入金属铝粉或氧化铝粉尘更会引起人体肺部的病变,所以最后在防护体系的底涂层的选择中,采用了"环氧富锌底漆"来取代"热喷锌铝"涂层。

因此,该桥基于大量涂装施工的质量可行性、安全环保和人员健康、现场维护及再涂装便利性、涂层长效性和全寿命周期成本的考虑,基于各配套方案的试验对比研究结果,最终采用了与C5-M海洋环境配套的环氧富锌底漆+环氧云铁中间漆+氟碳面漆的涂装体系(方案1)作为钢箱梁外表面的涂装方案,总膜厚380μm。该桥最终的钢箱梁外表面防腐涂装方案见表7-11,钢箱梁外表面涂装后实景见图7-6。

港珠澳大桥钢箱梁外表面涂装配套体系设计方案　　　表7-11

部　位	涂装体系及用料	技术要求(最低干膜厚度)	场　地
钢箱梁外表面(含桥面路缘石、护栏底座、路灯底座、外部检查车轨道和连接构件等,除钢桥面外)	表面净化处理	无油、干燥	工厂
	二次表面喷砂除锈	Sa2.5级,Rz30~70mm	工厂
	环氧富锌底漆2道	2×50mm	工厂
	环氧云铁中间漆2道	2×100mm	工厂
	氟碳面漆2道	2×40mm	工厂
	焊缝修补	同上要求	工地

图7-6 港珠澳大桥钢箱梁外表面涂装后状态

此外,考虑到涂料有害物质对施工人员健康及海洋生物的潜在危害,基于我国涂料技术现状和日益严格的环保要求,参考国内外特别是香港地区技术指标和规定,按照建设标准"就高不就低"的原则,该桥使用的涂料产品除了常规的技术指标要求外,还增加了VOC含量限值(面漆≤420g/L,中间漆和底漆≤350g/L)、游离六亚甲基二异氰酸酯/甲苯二异氰酸酯(HDI/TDI)含量限值(<0.4%)及其他有害物质含量限值等(表7-12)。港珠澳大桥是国内首次对防腐涂装材料的挥发性有机化合物及重金属等环保性指标作出了明确规定的重大工程,为推行环保型涂料在中国桥梁建设领域的推广应用作出了努力。

港珠澳大桥钢箱梁用涂料的环保性指标要求　　　表7-12

涂料种类	项　目	单位	技术要求
环氧富锌底漆、环氧云铁中间漆	VOC含量	$g \cdot L^{-1}$	≤350
氟碳面漆			≤420
环氧富锌底漆、环氧云铁中间漆、氟碳面漆	铅含量	ppm	≤1 000
	汞含量	ppm	≤1 000
	镉含量	ppm	≤100
	铬含量	ppm	≤1 000
	多溴联苯	ppm	≤1 000

续上表

涂料种类	项　　目	单位	技术要求
环氧富锌底漆、环氧云铁中间漆、氟碳面漆	多溴二苯醚	ppm	≤1 000
	游离六亚甲基二异氰酸酯(HDI)	%	<0.4
	甲苯二异氰酸酯(TDI)	%	<0.4

4）国内其他典型桥梁

由于我国沿海地区大气环境腐蚀性级别高，下面列举了近些年建设的大型钢结构桥梁的外表面涂装配套方案，见表7-13。

我国沿海地区近些年建设的钢结构桥梁钢箱梁外表面涂装配套方案　　表7-13

桥梁名称	结构部位	涂层体系	道数/膜厚(μm)	总膜厚(μm)	担保年限(年)
深港西部通道深圳湾大桥（深圳侧）	钢箱梁外表面	二次雾化电弧喷Al	180	60	30
		环氧封闭漆	1道		
		环氧云铁中间漆	2×40		
		丙烯酸聚氨酯面漆	2×40		
备注：深圳湾大桥2003年8月正式开工，2007年7月建成通车					
莞佛高速公路虎门大桥	钢箱梁外表面	无机富锌底漆	1×75	260	20
		环氧封闭漆	1×25		
		环氧云铁中间漆	2×40		
		丙烯酸聚氨酯面漆	2×40		
备注：虎门大桥1992年10正式开工，1997年6月建成通车					
广州珠江黄埔大桥	钢箱梁外表面（含锚箱）	环氧富锌底漆	1×80	320	20
		厚浆型环氧云铁中间漆	1×150		
		丙烯酸聚氨酯面漆	2×40		
备注：广州珠江黄埔大桥2004年12月正式开工，2006年12月建成通车					
湛江海湾大桥	钢箱梁外表面	电弧喷Al	150	340	30
		环氧云铁封闭漆	1×30		
		环氧云铁中间漆	1×80		
		丙烯酸聚氨酯面漆	2×40		
备注：湛江海湾大桥2002年11月正式开工，2006年12月建成通车					
厦门海沧大桥	钢箱梁外表面	醇溶性无机富锌底漆	1×80	265	20
		环氧封闭漆	1×25		
		环氧云铁中间漆	2×40		
		脂肪族丙烯酸聚氨酯面漆	2×40		
备注：海沧大桥1996年12月正式开工，1999年12月建成通车					
舟山连岛工程桃夭门大桥	钢箱梁外表面	电弧喷Al	200	330	30
		环氧封闭漆	2道		

续上表

桥梁名称	结构部位	涂层体系	道数/膜厚 (μm)	总膜厚 (μm)	担保年限 (年)
舟山连岛工程桃夭门大桥	钢箱梁外表面	环氧云铁中间漆	1×50	330	30
		丙烯酸聚氨酯面漆	2×40		
	备注:桃夭门大桥2001年3月正式开工,2005年12月建成通车				
舟山连岛工程西堠门大桥	钢箱梁外表面	电弧喷Al	200	330	30
		有色金属环氧封闭漆	2道		
		有色金属环氧中间漆	1×50		
		脂肪族丙烯酸聚氨酯面漆	2×40		
	备注:西堠门大桥2005年5月正式开工,2009年12月建成通车				
舟山连岛工程金塘大桥	钢箱梁外表面	电弧喷Al	200	330	30
		有色金属环氧封闭漆	2道		
		有色金属环氧中间漆	1×50		
		脂肪族丙烯酸聚氨酯面漆	2×40		
	备注:金塘大桥2005年9月正式开工,2009年12月建成通车				
杭州湾大桥	钢箱梁外表面	二次雾化电弧喷Al	200	330	30
		环氧专用封闭底漆	2道		
		环氧云铁中间漆	1×50		
		氟碳面漆	2×40		
	备注:杭州湾大桥2003年6月正式开工,2008年5月建成通车				
东海大桥	钢箱梁外表面	电弧喷Al	200	380	30
		环氧云铁封闭漆	1×30		
		环氧云铁中间漆	1×70		
		脂肪族丙烯酸聚氨酯面漆	2×40		
	备注:东海大桥2002年6月正式开工,2005年5月建成通车				

由上述表格可知:

①在我国,重防腐涂层和电弧喷涂复合涂层两种主要防腐涂层体系均有采用;

②重防腐涂层体系中,环氧富锌底漆和无机富锌底漆两种分体系均有采用;

③江浙沪等地区以采用电弧喷涂复合涂层体系为主,金属涂层全部为Al涂层,厚度在 180～200μm之间,封闭涂层多不设定涂层厚度;

④无论何种防腐涂层体系,中间漆涂层基本采用环氧云铁中间漆,厚度在50～150μm 之间;

⑤面漆涂层基本采用脂肪族丙烯酸聚氨酯面漆和氟碳面漆两种。

总而言之,设计者应注意根据实际工程结构特点、所处的环境条件特点、施工可行性及环保要求,选择适宜的钢箱梁外表面防腐涂装体系。

7.5 钢箱梁内表面防腐

传统的钢箱梁内表面防腐方式为,加工制造时在钢箱梁内表面涂装车间底漆或只是打磨除锈后做一道环氧耐磨漆,钢箱梁架设后在梁体内安装除湿机以保持箱内干燥。此种方法在理论上是可行的,但实际中钢箱梁由加工制作至现场安装及使用一般需要一年甚至更多的时间,而车间底漆通常只有 6 个月的保护寿命,因此钢箱梁在安装时大部分车间底漆存在防腐失效的风险。另外,钢箱梁安装就位后至配备除湿机前,尚需要一段时间,在此期间若箱内空气相对湿度较大,则当夜晚箱内温度下降时,水汽将在箱梁内表面凝结形成水珠,从而易导致箱梁内已失去涂装防护的部位及涂装死角产生腐蚀。此外,钢箱梁在安装过程中经常有雨水渗透进入箱体内部,当箱内空气相对湿度大时,也易导致涂层表面发霉、返锈等(图7-7)。

a)顶板表面涂层凝露后发霉　　　　　　　b)底板表面涂层浸水后发霉

图 7-7　钢箱梁内表面防腐涂装病害

现有研究表明,受空气相对湿度的影响,当空气中相对湿度超过 60% 以上时,钢铁的腐蚀速率将呈指数曲线上升;当空气相对湿度低于 50% 时,钢铁的腐蚀速率较低(图 7-8)。因此,当钢箱梁内部的空气相对湿度得以控制在低湿状态时,将不易发生腐蚀。

由上可知,若要保障钢箱梁内的防腐效果,一是需要选取合适的防腐涂装体系,二是保证钢箱梁具有良好的密封性,三是保持箱梁内的空气湿度在相对较低的水平状态。

1) 防腐涂装体系

设计钢箱梁内防腐涂装配套体系时,应根据工

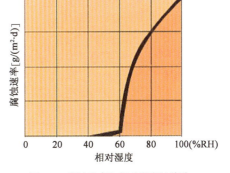

图 7-8　腐蚀速率与相对湿度的关系

程项目所在区域的气候特征,明确钢箱梁内部的腐蚀环境,并参考《色漆和清漆-防护涂料体系对钢结构的防腐蚀保护》(ISO 12944)和我国《公路桥梁钢结构防腐涂装技术条件》(JT/T

722—2008)给出的建议配套体系予以设计。

目前,我国《公路桥梁钢结构防腐涂装技术条件》(JT/T 722—2008)给出了封闭环境钢箱梁内表面涂层配套体系的建议,具体见表7-14。

封闭环境内表面涂层配套体系 表7-14

配套编号	工况条件	涂层	涂料品种	道数/最低干膜厚(μm)
S12	配置抽湿机	底面合一	环氧(厚浆)漆(浅色)	(1~2)/150
总干膜厚度				150
S13	未配置抽湿机	底漆层	环氧富锌底漆	1/50
		面漆层	环氧(厚浆)漆(浅色)	200~300
总干膜厚度				250~350

其中,对于S12配套体系,规范要求钢箱梁内的除湿机需常年工作,以保持内部系统相对湿度低于50%。

2) 钢箱梁密封防护技术

一般情况下,钢箱梁内的钢结构构件存在许多缝隙和开制的孔洞,现有防腐技术主要关注对钢铁基材的防腐涂装,而忽略对缝隙及孔洞的密封及填缝处理。在江河海洋等恶劣的腐蚀环境下,这些部位将非常容易成为水汽等腐蚀介质的聚集点,进而导致钢结构局部锈蚀的发生。

根据钢箱梁结构具有的振动和胀缩特点,其钢构件的缝隙及孔洞部位的密封防护宜采用弹性类型的密封剂,该密封剂不仅可以填补钢结构缝隙及孔洞,从而有效防止水汽等腐蚀介质入侵,同时还不会影响缝隙及孔洞部位置处应力的释放。因此,钢箱梁内部密封防护要求密封剂应具有一定的弹性,具有良好的防水性能,并且应与涂层具有良好的附着性能等特性。

目前,国内外普遍采用液态弹性密封胶对钢箱梁进行细部密封防护。液态弹性密封胶通过黏结基团与各种基材实现良好的黏结,其分子间相互渗透、吸附,从而可有效阻止腐蚀因子沿贴合面渗入进行腐蚀;同时,密封胶通过分子间的交联形成一层致密的分子网络结构,也可以有效阻止腐蚀因子的通过,进而屏蔽腐蚀源。当前常见的性能较好的密封剂一般有聚硫类密封剂、硅酮类密封剂、聚氨酯类密封剂以及硅烷改性聚合物类密封剂等。例如,广州珠江黄埔大桥、湖北荆岳长江大桥、杭州九堡大桥及宁波明州大桥等桥梁的钢箱梁细部密封防护采用的是硅烷改性聚合物密封剂;港珠澳大桥则采用MF860F聚硫防腐密封胶对钢箱梁各种接缝及钢结构的拼接板等部位进行密封(图7-9),通过材料本身的密封性以及密封材料与结合表面产生的黏结强度来阻止外界腐蚀介质与钢材的接触,有效阻隔腐蚀介质的侵入,形成一个封闭、稳定的内部环境,从而达到良好的防腐蚀效果。

需要指出的是,目前国内在相关标准中,对于密封剂与涂层附着力的要求还比较少,其中《悬索桥主缆系统防腐蚀涂装技术条件》(JT/T 694—2007)要求,硫化型橡胶密封剂与部分涂料(磷化底漆、环氧底漆、丙烯酸面漆、聚氨酯面漆、氟碳面漆及镀锌钢板等)的附着力应不小于4kN/m。当钢箱梁整体结构具有良好的密封性,做好各细部密封处理后,这将非常有利于钢箱梁内部空气相对湿度的处理与控制。

图 7-9　港珠澳大桥钢箱梁细部密封防护处理

3) 钢箱梁内部除湿系统

欧洲在 20 世纪 70 年代首次采用了转轮除湿设备对大桥钢箱梁进行干燥除湿的防腐保护,应用此技术使得钢箱梁内部的空气相对湿度被控制在所要求的低湿范围之内,降低了钢箱梁内部腐蚀、生锈的可能性,从而确保了其正常寿命及运行和安全,且后期维护成本得到较大幅度的降低。

目前,转轮干燥循环除湿技术作为钢箱梁内部防腐的重要方法在国内外得到了广泛的应用。例如,国内已建成的润扬大桥、卢浦大桥、黄埔大桥、舟山西堠门大桥、青岛海湾大桥、港珠澳大桥等都采用了转轮除湿设备作为钢箱梁内部的防腐措施(图 7-10)。

转轮除湿机的主体结构为一个不断转动的蜂窝状干燥转轮,干燥转轮是除湿机中吸收水分的关键部件,它是由特殊复合耐热材料制成的波纹状介质;除湿转轮两侧,由具有高度密封性能的材料制成的隔板分成两个扇形区:一个区域为处理湿空气端的 270°扇形区域;另一个为再生空气端的 90°扇形区域。除湿机在边除湿边再生的过程中,空气被不断除湿,转轮不断再生干空气,如此周而复始,连续进行箱体内部的空气除湿。由于除湿机转轮的转速很慢,一般每小时 8～16 周,因此所需动力较小;除湿机出口的空气参数,仅取决于进口空气的参数和再生能量的控制。

图 7-10　港珠澳大桥钢箱梁内部除湿系统

对除湿机进行选型过程中,应注意对钢箱梁内的湿负荷进行计算,根据结果选择合适的型号。此外,若除湿机空气输送距离较长,为了保证足够的送风压力,每台除湿机可配套一台加压风机,从而增加除湿空间的换气次数。当钢箱梁内部除湿系统正常运行后,将有效控制箱体内部的空气湿度,有利于维护和延长防腐涂层体系的防护功能,而高效的涂装防护体系也将为除湿系统的运行奠定坚实的基础;二者在钢箱梁内表面防腐蚀过程中相辅相成,互为创造有利条件。

另外,由于钢箱梁内部的除湿系统通常是自动运行的,当外部的湿空气进入钢箱梁内部,自动控制系统探测到空气湿度超限时将会启动除湿机使之工作,直至空气湿度降到至设定的低限后才停机。因此,钢箱梁梁体端部的进出口位置应注意设置可靠的密封门,平时密封门保持关闭状态,若有养护人员进出钢箱梁则随时注意将其关闭,从而保证钢箱梁内部的密闭状态。

4)设计案例

下面列举一些典型桥梁的钢箱梁内表面防腐方案,供读者参考。

(1)美国旧金山—新奥克兰海湾大桥

该桥钢箱梁内表面防腐方案见表7-15。

美国旧金山—新奥克兰海湾大桥钢箱梁内表面防腐方案　　　表7-15

部　位	涂装体系	膜厚(μm)	总膜厚(μm)	担保年限(年)
钢箱梁内表面	无机富锌底漆	90~150	90~150	20

注:该桥钢箱梁内部配套布置了除湿机。

(2)香港昂船洲大桥

该桥钢箱梁内表面防腐方案见表7-16。

香港昂船洲大桥钢箱梁内表面防腐方案　　　表7-16

部　位	涂装体系及用料	膜厚(μm)	总膜厚(μm)	担保年限(年)
钢箱梁内表面	环氧富锌磷酸漆	50	50	20

注:该桥钢箱梁内部配套布置了除湿机。

(3)港珠澳大桥

该桥根据大桥所处的腐蚀环境条件、依据相关标准并参考美国旧金山—新奥克兰海湾大桥和我国香港昂船洲大桥沿海类似典型桥梁的涂装配套体系,通过对不同涂装配套方案进行对比试验研究,最终提出了大桥钢箱梁内表面的防腐方案,见表7-17。

港珠澳大桥钢箱梁内表面防腐方案　　　表7-17

部　位	涂装体系及用料	技术要求(最低干膜厚度)	场　地
钢箱梁(含箱形横梁)内表面(含梁内检查车轨道、电缆支架等附属件)钢箱梁内配置除湿系统,保持箱梁内的空气湿度小于45%	二次表面喷砂除锈	Sa2.5级,Rz30~70mm	工厂
	环氧富锌底漆1道	80mm	工厂
	环氧厚浆漆1道	120mm	工厂
	焊缝修补	机械打磨除锈St3级后涂上述同部位油漆	工地

(4)国内其他典型桥梁

下面将主要列举我国沿海地区近些年建设的其他钢结构桥梁钢箱梁内表面防腐方案,见表7-18所示。

我国沿海地区近些年建设的其他钢结构桥梁钢箱梁内表面防腐方案　　表 7-18

桥梁名称	结构部位	涂层体系	道数/膜厚 (μm)	总膜厚 (μm)	担保期 (年)
深港西部通道深圳湾大桥	钢箱梁内表面	环氧富锌底漆	1×60	110/160	30
		侧面：改性环氧耐磨漆	1×50		
		顶面和底面：改性环氧耐磨漆	2×50		
		（钢箱梁内布置有除湿系统）			
	备注：深圳湾大桥 2003 年 8 月正式开工，2007 年 7 月建成通车				
莞佛高速虎门大桥	钢箱梁内表面	无机富锌底漆	1×60	80	20
		无机富铝面漆	1×20		
		（钢箱梁内布置有除湿系统）			
	备注：虎门大桥 1992 年 10 月正式开工，1997 年 6 月建成通车				
广州珠江黄埔大桥	钢箱梁内表面	厚浆型环氧云铁漆（钢箱梁内布置有除湿系统）	1×150	150	20
	风嘴内表面	环氧富锌底漆	1×80	280	
		厚浆型环氧云铁漆	2×100		
	备注：广州珠江黄埔大桥 2004 年 12 月正式开工，2006 年 12 月建成通车				
湛江海湾大桥	钢箱梁内表面	环氧富锌底漆	2 道,125	225	30
		环氧厚浆漆	1×100		
		（无除湿系统）			
	备注：湛江海湾大桥 2002 年 11 月正式开工，2006 年 12 月建成通车				
厦门海沧大桥	钢箱梁内表面	改性环氧厚浆漆（钢箱梁内布置有除湿系统）	2×50	100	20
	备注：海沧大桥 1996 年 12 月正式开工，1999 年 12 月建成通车				
舟山连岛工程桃夭门大桥	钢箱梁内表面	改性环氧耐磨漆（钢箱梁内布置有除湿系统）	125	125	30
	风嘴内表面	水性无机硅酸锌底漆	1×80	285	
		环氧厚浆漆	1×80		
		环氧面漆	2 道,125		
	备注：桃夭门大桥 2001 年 3 月正式开工，2005 年 12 月建成通车				
舟山连岛工程西堠门大桥	钢箱梁内表面	改性环氧耐磨漆（钢箱梁内布置有除湿系统）	1×125	125	30
	备注：西堠门大桥 2005 年 5 月正式开工，2009 年 12 月建成通车				
舟山连岛工程金塘大桥	钢箱梁内表面	无机富锌底漆	1×70	140	30
		环氧中间漆	1×70		
		（钢箱梁内布置有除湿系统）			

续上表

桥梁名称	结构部位	涂层体系	道数/膜厚 (μm)	总膜厚 (μm)	担保期 (年)
舟山连岛工程金塘大桥	风嘴内表面	锌加	1×40	200	30
		环氧中间漆	1×80		
		环氧面漆	1×80		
备注:金塘大桥2005年9月正式开工,2009年12月建成通车					
杭州湾大桥	钢箱梁内表面	改性环氧耐磨漆（钢箱梁内布置有除湿系统）	1×150	150	30
	风嘴内表面	环氧富锌底漆	1×80	230	
		环氧中间漆	1×25		
		环氧面漆	1×125		
备注:湛江海湾大桥2003年6月正式开工,2008年5月建成通车					
东海大桥	钢箱梁内表面	环氧富锌底漆	1×125	60	30
		环氧沥青漆	1×35		
		（钢箱梁内布置有除湿系统）			
备注:东海大桥2002年6月正式开工,2005年5月建成通车					

注:表中未单列涂装配套的风嘴内表面与钢箱梁内表面是相同的涂装配套体系。

由上述表格可知：

①我国沿海地区的绝大部分钢箱梁内部均布置了除湿系统。

②上述桥梁钢箱梁内表面的防腐涂装配套体系呈现出多样性特点，首先是底漆涂层的多样性，其次是单道涂层和两道涂层的设计案例基本各占一半，最后是涂层厚度从 $80\mu m$ 变化至 $225\mu m$，差别较大，但是以 $125 \sim 200\mu m$ 为主。

③钢箱梁的风嘴内表面基本采用底漆、中间漆和面漆的三涂层配套体系，且底漆基本为环氧富锌底漆，中间漆基本为环氧云铁漆，面漆则基本为环氧面漆，但各涂层的厚度有所差异。

因此，当设计钢箱梁内表面防腐方案时，应注意从防腐涂装配套体系、钢箱梁密封防护及配套除湿系统等多方面因素加以考虑，结合工程项目实际特点，最终设计制定适宜的方案。

7.6 钢箱梁维护

钢箱梁因腐蚀需要进行涂装维修的情形很多，金属材料的腐蚀是一个自发的过程，受到外界诸多因素的影响，如温差、磨蚀、紫外线、风雨、潮气、化学品、烟雾、接触腐蚀和微生物等，这些都会造成涂层的老化或者使其产生缺陷。而且由于钢箱梁各构件所处位置不同及腐蚀条件有差异时，也将导致其各部位的腐蚀状况有所不同。

从钢箱梁涂层老化失效的现象来看，各种涂层体系在人工老化和自然老化条件下，发生老化失效的外在表观现象是基本一致的，即在紫外光的光降解作用和水的降解共同作用下，涂层树脂发生降解，高分子链断裂，形成小分子而挥发，导致涂层体系面漆变得粗糙而失光、褪色；

在此过程中,紫外辐射输入的能量作用和露水结露的影响,使得涂层黏结剂风化进而导致涂层的粉化,使得涂层越来越薄。随着涂层老化的进一步深入,涂层开始出现孔隙和微裂纹,腐蚀性介质通过这些缺陷进入涂层,使其吸水率增大,达到一定程度时便会在涂层内部产生侧向压力,从而引起涂层的润胀;若润胀发生在局部范围,便会形成涂层的起泡。另外,由于电位差异引起的电化学反应,金属基体将会出现锈蚀点,随着锈蚀点的尺寸范围逐渐变大,涂层与金属界面之间的结合强度将逐步变小,最终导致涂层剥落而失效。整个涂层的老化及腐蚀失效的过程如图 7-11 所示。

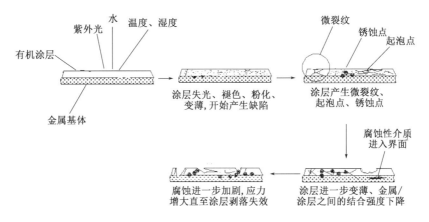

图 7-11 钢箱梁涂层老化及腐蚀失效示意

对于采用以金属喷涂层与涂层相结合的双重复合保护涂层,外层的涂层可以有效地阻挡住腐蚀因子对金属涂层和金属基体的侵蚀。防腐蚀体系中复合涂层的失效,首先是外层涂层的失效,其次是热喷涂涂层的失效。多数情况下,外层涂层的失效主要体现为涂层粉化及剥落等,由于该有机层的破损,腐蚀因子有机会渗入底面,从而再引起金属涂层的腐蚀;随着腐蚀产物的生成和积累又会引起涂层的附着力下降等。

复合涂层防腐蚀寿命以及涂层景观维持寿命的预测,一直是各国涂料技术人员所研究的重要内容,依据所使用的耐候面漆品种的不同,其寿命会有较大差别,参考日本涂料工业协会编写的《重防腐涂料指导书》(第 3 版),复合涂层体系的理论景观维持寿命公式如下,可作为参考。

$$理论景观维持寿命 = 面漆膜厚 \times 膜厚系数/年损耗膜厚 + 补正年数 \tag{7-1}$$

式中:膜厚系数——根据面漆测量时采用的检测方法而定,若采用 90-10 原则,则系数为 0.9;若采用 80-20 原则,则系数为 0.8。

年损耗膜厚——依据日本实测数据,聚氨酯面漆年损耗膜厚约为 $8\mu m$;氟碳面漆年损耗膜厚约为 $2.7\mu m$;环氧漆年损耗膜厚约为 $20\mu m$。

补正年数——聚氨酯面漆补正年数为 2;氟碳面漆补正年数为 7。

日本的跨海大桥建造历史相对悠久,对于复合涂层体系的防腐蚀寿命数据积累也较为丰富,因此日本对于复合涂层体系的防腐蚀寿命预测研究是值得我们借鉴的。

此外,为了保证钢箱梁的安全运营,延长钢构件防腐蚀涂层的使用寿命,需要注意对钢箱梁加强检查,并及时对其防腐蚀涂层的涂膜状态进行评估。我国对于运营期钢结构桥梁的腐蚀检查可以采用《公路桥涵养护规范》(JTG 5120—2021)中的规定,将对其的检查划分为经常检查、定期检查和特殊检查。

对钢箱梁防腐蚀涂层涂膜状态的评价,一般是在选定的检测位置,根据相应的标准,进行目测和相应的仪器测试,进而评定涂层的状态。评定时,可以参考的标准主要有美国的 ASTM 标准、国际标准《涂料和清漆 涂层老化评估》(ISO 4628)、欧洲防腐蚀涂层锈蚀标准以及我国的《色漆和清漆 涂层老化的评级方法》(GB/T 1766—2008)。

与此同时,为了保持钢箱梁防腐蚀涂层良好的技术状态和景观效果,减缓钢铁基材的腐蚀速度,延长其使用寿命,必须加强对其钢结构件防腐蚀涂层的维护和保养,适当之时还需对涂层进行维修乃至全面更新。我国《公路桥梁钢结构防腐涂装技术条件》(JT/T 722—2008)标准中界定了三种类型的涂装阶段:

(1)初始涂装阶段:新建桥梁钢结构的初次涂装(包含 2 年缺陷责任期内的涂装);

(2)维修涂装阶段:桥梁在其运营全过程中对涂层进行的维修保养;

(3)重新涂装阶段:彻底除去旧涂层、重新进行表面处理后,按照完整的涂装规格进行的涂装。

对于维修涂装阶段,又可将其细分为局部维修涂装与面漆整体重新涂装。对每一种钢箱梁维护方案来而言,都可以采用维修涂装和面漆整体重新涂装两种方案,而维修涂装方案又可以采取局部维修涂装和面漆整体重新涂装两种措施。

需要指出的是,尽管放弃对钢箱梁进行涂装维护确实不需要资金的投入,但却大大降低了结构的使用寿命。若将钢箱梁维护策略进行对比,就单一情况而言,局部涂装策略所需的费用最少,重新涂装策略所需的费用最多,但无论怎样,每种策略或方案都应注意采用全寿命周期成本进行分析比较。

同新建钢箱梁桥相比,运营状态下的钢箱梁防腐蚀涂层维护施工难度大,材料的适应性要求高,特别是若需对腐蚀部位进行喷砂除锈则将不可避免地带来环境问题、交通问题及施工安全问题等。因此,研制高性能、高环保性、低表面处理涂料技术将是钢箱梁防腐涂装技术的未来发展趋势之一。另外,还需要指出的是,我国目前仍需要大量积累防腐蚀涂层在恶劣环境下的性能数据,获取在严酷腐蚀环境下,防腐蚀涂层性能、膜厚变化等的现场数据,从而为我国钢结构桥梁防腐蚀技术的发展积累宝贵的经验。

第 8 章

抗风性能试验

随着桥梁跨径的不断增大,结构重量变轻,结构刚度和阻尼降低,桥梁对风致作用的敏感性越来越大。对于大跨径连续钢箱梁桥,其结构刚度相对于其他结构形式的大跨径桥梁(如斜拉桥、悬索桥)要大,但相对于混凝土梁桥或钢-混凝土组合梁桥要低,且其截面形式多为钝形截面,因此当钢箱梁结构重量较轻、阻尼低时,即使低于设计风速,在风的动力作用下也较易发生明显的涡激共振现象。同时,目前国内对于大跨径连续钢箱梁桥的风致振动及减振控制等方面的研究相对较少,因此本章将主要结合钢箱梁通用图抗风性能试验,具体阐述连续钢箱梁抗风设计及试验方面的内容。

8.1 概述

现代桥梁趋于大跨径、轻柔化,结构形式和景观造型创新,此时风对桥梁结构的影响,不仅仅是单纯的平均静风作用下桥梁结构的应力变形的增大,而且还包含风作用下的桥梁动力效应。从 1818 年有桥梁风毁记录资料以来,全世界已有近 20 座大跨径桥梁毁于强风,特别是 1940 年主跨 853m 的美国华盛顿州塔可马大桥在八级大风作用下发生强烈的风致振动最终导致颤振坍塌,揭开了全世界大跨径桥梁风致振动研究的序幕。经过半个多世纪的理论研究和工程实践,到 20 世纪末基本形成了传统的桥梁风致振动理论和方法。

风对桥梁结构的作用效应一般分为静力效应、静风效应和动力效应。静力效应主要表现为结构产生的变形与内力以及静力失稳;静风效应主要表现为风引起的结构静风失稳,如静风扭转发散和静风横向失稳;动力效应包含抖振和涡激共振等有限振幅振动,以及颤振和驰振等气动失稳现象。其中,颤振是一种自激发散振动,振动的桥梁通过气流的反馈作用不断吸收能量,从而使振幅不断增大,直至结构破坏的现象。驰振是由气动力的非线性引起的一种自激振动,是非扁平截面的细长钝体结构物上极易发生的发散振动。抖振属于强迫振动,由风的脉动成分激励起桥梁随机的限幅振动,与颤振相比,虽不具有毁灭性的破坏,但过大的振幅,将在桥梁上产生很大的惯性力引起桥梁的内力增大,导致强度问题,还会引起桥梁结构的疲劳和舒适度问题。涡振是气流流经钝体结构时产生旋涡脱落,使结构两侧表面受到交替变化的正负压力,而激励起结构横风向的限幅振动。当旋涡脱落频率和结构的某阶固有频率相等时,涡激共振将发生,一旦结构阻尼和质量均较小,涡激振动的振幅就会很大,而且涡振具有双重性,既是自激振动又是限幅的强迫振动,同抖振一样,虽不具有破坏性,但发生涡振风速较低,极易使结构产生疲劳,且较大的振幅会影响桥梁的正常使用,过大的振幅也会影响结构安全。表8-1给出了风对桥梁结构作用的效应分类。

风对桥梁结构作用的效应分类　　　　表8-1

效应分类		作　　用
静力效应	内力和变形	风荷载的静力作用或与其他荷载的组合静力作用
	静力失稳	
静风效应	静风扭转发散	风的静力扭转作用
	静风横向失稳	风的静力阻力与扭转共同作用
动力效应	抖振	紊流风随机激励作用
	涡激共振	旋涡脱落频率与结构自振频率相近或相等时的涡激力作用
	驰振	结构振动自激力的气动负阻尼作用
	颤振　扭转颤振	
	弯扭耦合颤振	结构振动自激力的气动阻尼和刚度作用

我国《公路桥梁抗风设计规范》(JTG/T 3360-01—2018)中指出:

(1)在设计使用年限内,桥梁结构及构件的抗风性能应满足:①在设计风作用水平或与其他作用效应组合下,应满足规定的强度、刚度及静力稳定性要求;②在设计风作用水平下,应满足规定的静风稳定性和气动稳定性要求;③在设计风作用水平或与其他作用效应组合下,应满足规定的耐久性、疲劳、行车及行人的安全性与舒适性要求。

(2)应根据桥址风环境、桥型、跨径、结构体系、结构或构件外形等因素对桥梁风致振动的可能性进行评估。

(3)应根据桥位风环境、桥型、跨径等因素选择合适的桥梁结构体系及构件气动外形,必要时通过增设气动措施、附加阻尼措施改善或提高结构抗风性能。

在桥梁抗风设计中,首先要求桥梁发生危险性的驰振和颤振临界风速高于桥梁的设计风速并具有足够的安全度,以确保施工状态和成桥状态下桥梁结构的抗风稳定性;同时要求将限幅振动的涡激共振和抖振的最大振幅控制在允许的范围内,以避免引起行车及行人舒适性降低、结构疲劳等问题。

对于刚度较大的梁式桥,虽然其跨径也在不断增大,设计者通常认为其抗风性能不成问题,甚至认为其抗风问题可以不必考虑,但其实这是一种片面的认识。例如,伏尔加河大桥全长154m,2010年5月当桥面风速达到18m/s时,该钢结构连续梁桥不停地振动,桥面振幅度达1m,后经调查研究认为是大桥发生了涡激共振而导致的结果。再如,日本东京湾通道大桥,主桥为10跨一联的连续钢箱梁桥,全长1630m,最大跨径为240m,钢箱梁为单箱三室结构,主跨墩底梁高10.5m,跨中梁高6m,桥面宽22.9m;由于桥址处的设计风速要求高达66.7m/s,因此设计之初就对该桥的抗风研究给予了重视,风洞试验研究表明该桥极易发生涡激振动;1994年10月完成主梁架设,次年2月便观察到明显的涡激振动现象,当风向与桥轴线接近,风速达到16~17m/s时，桥面发生明显的以一阶竖向模态为主的涡激振动，跨中振幅达50cm。又如，世界上最大跨径的连续钢箱梁桥里约—尼特罗伊桥，当风速接近16.7m/s时，中心航道主桥的钢箱梁将以一阶竖弯模态发生涡激振动，且1980年至1998年期间，该桥多次发生涡激振动现象，使得行人及驾驶者感觉到严重的不适。因此，对于跨径较大的连续钢箱梁桥，虽然通常不存在颤振失稳的问题，但常发生涡激共振现象，所以有必要对其抗风性能进行仔细的研究和检验，以保证其抗风安全和行车的舒适性。

桥梁涡激振动的主要影响因素包括：构件气动外形、构件自振频率、阻尼、风速、风攻角、风偏角、紊流度、Strouhal数（斯托罗哈数）、Reynolds数（雷诺数）等。目前研究涡激振动的方法主要有：

（1）现场实测。现场实测是利用风速仪、加速度计等仪器在现场对实际风环境及风振响应进行测量，是研究风振响应和风荷载问题最直接和最可靠的手段，但实测成本过高，且试验因素很难人为控制，因而实际中很少采用。

（2）风洞试验。风洞试验是在实验室中模拟实际结构和大气边界层的实际风环境，达到通过模型风效应来考察实际结构风效应的方法。现场条件下外形复杂的结构，风洞试验可以通过对实际条件作合理的简化而达到研究目的，是目前最主要的研究手段。风洞试验常常通过模型表面测压、测力、测振及测加速度方法研究桥梁涡振。由于试验成本小，试验参数可人为控制，能够准确测量涡激振动，锁定风速和振幅，因而得到广泛的应用。

（3）理论分析。目前涡激振动的理论研究仍是基于试验或半经验半理论的模型，虽能准确地与部分试验结果吻合，成功地解释了涡振中的一些气弹现象，但还存在缺陷，如何估算涡振风速及涡振振幅的问题仍没有得到有效解决，因而主要还是通过风洞试验的方法进行预测。

（4）计算风工程。计算风工程指利用计算机结合计算流体力学（CFD）的方法，模拟气流经过桥梁结构周围的流场分布，又称"数值风洞"。近些年，计算风工程得到了很好的发展，同风洞试验相比，具有研究费用低和试验周期短等优势，吸引了各国风工程学者的注意。该方法虽然对于流线型断面的桥梁模拟效果较好，但对于钝体截面流场非常复杂，以及桥梁栏杆等附属结构对涡振的影响无法准确模拟，数值计算结果的可信性仍还需风洞试验来检验。

当桥梁跨径小于200m时，我国《公路桥梁抗风设计规范》（JTG/T 3360-01—2018）给出了竖向涡激共振振幅的计算公式：

$$h_v < \gamma_v \frac{0.04}{f_v} \tag{8-1}$$

式中：h_v——竖向涡激共振振幅（m）；

f_v——竖向振动频率（Hz）；

γ_v——涡激共振分项系数。当采用风洞试验获取h_v时取1.0，采用其他方法获取时取0.8。

需要指出的是，对抗风性能不能满足要求的桥梁，应采取抗风减振措施，主要从改善桥梁断面的气动性能、提高结构的整体刚度、增大结构的阻尼等三方面考虑，具体来讲，即气动措施、结构措施和机械措施等。气动措施是指通过选择气动稳定性好的断面或附加外部装置或修改结构的截面外形，改善周围的绕流状态，提高气动稳定性，减小风振的幅度；结构措施主要通过增加结构的总体刚度,从而降低风致振动响应和提高其气动稳定性;机械措施是通过增加结构的阻尼或附加重物来提高结构的气动稳定性以降低风振响应。对于连续钢箱梁桥而言,目前应用较为广泛的机械措施是采用设置调谐质量阻尼器(Tuned mass damper,简称TMD)的方式来抑制钢箱梁的涡激共振,表8-2给出了国内外部分应用的案列。

国内外部分连续钢箱梁桥风振控制措施　　　　表8-2

桥梁名称	主跨跨径(m)	桥型	风振控制措施	用途
东京湾通道大桥	240	10跨连续钢箱梁	TMD	主梁涡激振动
大贝尔特大桥引桥	193	9跨连续钢箱梁	TMD	主梁涡激振动
崇启长江大桥	185	6跨连续钢箱梁	TMD	主梁涡激振动
港珠澳大桥深水区非通航孔桥	110	6跨连续钢箱梁	TMD	主梁涡激振动
港珠澳大桥跨越崖13-1气田管线桥	150	3跨连续钢箱梁	TMD	主梁涡激振动

TMD是附加在主结构中的一个子结构体系,由质量块、弹簧、阻尼器组成,质量块通过弹簧和阻尼器相连,而弹簧和阻尼器又与主结构相连。该体系的工作原理是:主结构承受动力作用产生振动时,带动质量块产生惯性运动;选取合适TMD结构参数,当TMD的自振频率与激励频率达到某种关系时,TMD将借助弹簧、阻尼器向主结构施加反向力,抵消部分输入结构的激振力,并通过阻尼器消耗振动能量,使主结构的振动反应很快衰减。由于TMD可利用钢箱梁内部的较大空间,置于桥梁结构内部,且具有结构简单、成本低、施工方便、机动灵活、控制效率高等特点,所以大跨径钢箱梁桥的风振控制措施广泛采用TMD。图8-1为港珠澳大桥连续钢箱梁内设置的TMD装置。

图8-1 港珠澳大桥连续钢箱梁内部两种类型TMD装置

日本东京湾通道大桥,在很低的风速下发生强烈涡振,实测发现涡激振动主要表现在一阶竖弯和二阶竖弯振动,因此最后设计了16台TMD,每台质量达10t,8台用于抑制一阶振动,其余8台用于抑制二阶振动,TMD安装在箱梁内部,对交通没有任何影响。安装完成后经实测,该桥的最大风致涡激振动的振幅仅为5cm。

需要注意的是,TMD在桥梁上应按控制的结构振型来布置,因为对于发生风致振动的桥梁,在参与振动的主振型中振型值最大处结构振动位移最大,在TMD质量一定情况下,安装在此处提供的广义质量最大,控制效率高。因此在实际工程中,TMD应尽量安装于靠近所需控制振型的振型坐标最大处。

8.2 静力试验研究

装配化连续钢箱梁桥不同于大跨悬索桥和斜拉桥,由于其结构刚度大、频率高,基本不会出现大跨径桥梁常见的静风失稳、颤振失稳和驰振失稳等现象,但涡激振动应是此类桥梁考察的重点。另一方面,笔者研究提出的钢箱梁通用图所对应的装配化连续钢箱桥为双幅布置,双幅桥面的间距较小,可能存在相互干扰,使得空气动力效应变得复杂。因此,有必要通过风洞试验对该装配化连续钢箱梁桥的抗风性能进行深入研究。

下面主要结合钢箱梁通用图抗风性能试验,具体阐述通用图所对应的连续钢箱梁静力试验和涡激振动试验的内容。试验研究针对的桥梁断面形式,如图8-2所示。

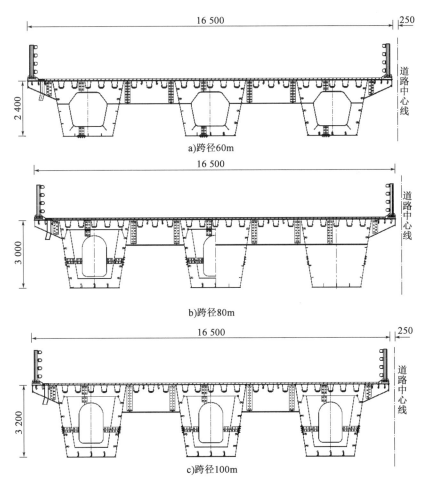

图8-2 抗风试验研究采用的钢箱梁断面形式示意(尺寸单位:mm)

8.2.1 试验概述

本次抗风性能静力试验主要是主梁节段模型静力试验。静力三分力系数是表征各类结构断面在平均风作用下受力大小的无量纲系数,它反映了风对桥梁的定常气动作用。该项试验的目的是通过主梁节段模型静力试验,测试主梁在不同风攻角下的三分力系数,为静风响应计算、抖振响应计算、静风稳定性计算及施工监控分析等提供计算参数,并可初步评价主梁发生驰振的可能性。

主梁节段模型采用 1/50 的几何缩尺比,模型长 2.095m。为控制模型的质量及质量惯矩,并保证模型自身具有足够刚度,模型采用优质木材及塑料板制作。主梁上的内、外侧防撞护栏和检修道护栏,主梁底部的检查车轨道、导流板等附属构件均采用工程塑料由数控雕刻机制作而成。节段模型端部直接安装在三分力测试天平上。为了保证气体流动,在主梁模型两端设置端板,并将测力系统置于洞壁外,以避免流场受到干扰。同时,在模型前方不干扰流场处设置风速仪,用来监控风洞内的风速。

该试验段断面为宽 2.4m、高 2.0m 的矩形断面,最小来流风速为 0.5m/s,最大来流风速为 45m/s。试验段中设有专门为结构节段模型静力三分力试验使用的侧壁支撑系统及测力天平系统,由计算机控制的模型姿态角 α(来流相对于模型的风攻角)调整结构角度变化的范围为 20°,变化间隔最小为 0.1°,并与数据采集系统相联。用于测量静力三分力的设计荷载为:阻力 F_D = 490N,升力 F_L = 1 176N,俯仰力矩 M_z = 118N·m。正式试验前还须进行天平的校准和标定,在(天平)精确度经校验合格后方可进行正式试验。另外,由于模型的旋涡脱落频率可能大于 20Hz,测力试验的数据采集频率设置为 256Hz,采样时间为 10s。

该试验在均匀流场中进行,试验风攻角 α 的变化范围为-12°~12°(将来流风指向主梁下底面时的 α 定义为正),风攻角变化步长 Δα = 1°。试验结果以静力三分力系数曲线和数据列表形式给出。

8.2.2 数据处理

作用于主梁断面上的静力三分力按所取坐标系不同,有两种表示方法,即按体轴坐标系(坐标系沿截面形心主轴建立)表示和按风轴坐标系(坐标系沿风向建立)表示,如图 8-3 所示。本次试验数据处理将按两种表示方法分别处理。其中风轴坐标系下的静力三分力系数按下式定义:

阻力系数:
$$C_D(\alpha) = \frac{F_D(\alpha)}{0.5\rho U^2 HL}$$

升力系数:
$$C_L(\alpha) = \frac{F_L(\alpha)}{0.5\rho U^2 BL} \tag{8-2}$$

力矩系数:
$$C_M(\alpha) = \frac{M_Z(\alpha)}{0.5\rho U^2 B^2 L}$$

式中:　　　　α——来流风攻角;

$0.5\rho U^2$——气流动压;

$F_D(\alpha)$、$F_L(\alpha)$ 和 $M_Z(\alpha)$——风攻角 α 情况下风轴坐标系下的阻力、升力和力矩；

H、B 和 L——节段模型的高度、宽度和长度。

通过将上式中 $F_D(\alpha)$ 和 $F_L(\alpha)$ 分别换成 $F_H(\alpha)$ 和 $F_V(\alpha)$，可得体轴坐标系下的阻力系数和升力系数的计算式。两种坐标系下的 $M_Z(\alpha)$ 及 $C_M(\alpha)$ 完全相同，但阻力和升力系数需要按照图 8-3 所示关系进行坐标转换。

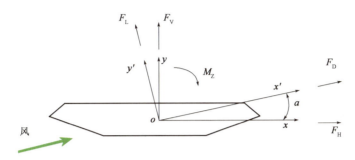

图 8-3 体轴坐标系和风轴坐标系示意

8.2.3 试验结果及分析

该试验分别在 $U=15\text{m/s}$ 和 $U=20\text{m/s}$ 两种来流风速下进行，并取两种风速下三分力系数的平均值作为最终结果。表 8-3 ~ 表 8-5 列出了主梁成桥状态的静力三分力系数；图 8-4 ~ 图 8-6 则分别给出了主梁成桥状态时的体轴及风轴坐标系的下静力三分力系数随风攻角变化曲线。

4×60m 钢箱梁主梁成桥状态静力三分力系数（实桥 $H=2.4\text{m}$，$B=16.5\text{m}$） 表 8-3

风攻角(°)	C_H	C_V	C_D	C_L	C_M
-12	1.902 9	-0.730 6	2.905 6	-0.657	0.052 9
-11	1.961 6	-0.652 3	2.781 3	-0.585 9	0.06
-10	1.999 3	-0.585 7	2.668 1	-0.526 3	0.069 9
-9	1.987 7	-0.532 9	2.536 4	-0.481 2	0.079 9
-8	1.984 9	-0.498 1	2.442 2	-0.453 1	0.083 2
-7	1.957 2	-0.443 7	2.314 4	-0.405 7	0.083 9
-6	1.908 1	-0.392 3	2.179 5	-0.361 1	0.089 1
-5	1.885 9	-0.329 3	2.076	-0.304 1	0.089 6
-4	1.786 3	-0.262 7	1.908	-0.243 9	0.087 6
-3	1.679 4	-0.204 2	1.750 6	-0.191 1	0.082 5
-2	1.601 8	-0.149 3	1.636 6	-0.141 1	0.074 4
-1	1.532 1	-0.132 4	1.547 7	-0.128 5	0.063 1
0	1.456	-0.121 6	1.456	-0.121 6	0.050 9
1	1.495 2	-0.067 1	1.486 9	-0.070 9	0.037 3
2	1.492 3	-0.006 4	1.489 9	-0.013 9	0.037
3	1.583 8	0.065 1	1.605	0.053	0.035

续上表

风攻角(°)	C_H	C_V	C_D	C_L	C_M
4	1.617 2	0.142 6	1.681 6	0.125 8	0.032 2
5	1.633 2	0.204 2	1.749 3	0.182 7	0.039 9
6	1.624 9	0.260 5	1.803 2	0.234 4	0.038 6
7	1.645 6	0.334 7	1.913 8	0.303 1	0.043 2
8	1.664 3	0.387 6	2.018 9	0.350 1	0.048 7
9	1.699 6	0.454 4	2.167 4	0.410 1	0.052 7
10	1.749 4	0.501 1	2.321 1	0.449 3	0.059 6
11	1.778 5	0.525 5	2.435 2	0.466 5	0.063 8
12	1.798 3	0.559 1	2.558 2	0.492 5	0.061 7

4×80m 钢箱梁主梁成桥状态静力三分力系数(实桥 $H=3.0\mathrm{m}, B=16.5\mathrm{m}$) 表 8-4

风攻角(°)	C_H	C_V	C_D	C_L	C_M
−12	2.045 2	−0.578 4	2.642 1	−0.524 8	0.078 0
−11	2.053 1	−0.532 7	2.542 8	−0.486 0	0.079 4
−10	2.054 7	−0.489 9	2.449 9	−0.449 9	0.082 3
−9	2.009 1	−0.467 2	2.333 8	−0.434 1	0.082 4
−8	1.959	−0.413 9	2.199 6	−0.387 4	0.079 6
−7	1.863 6	−0.342 9	2.023 5	−0.323 1	0.076 0
−6	1.756 7	−0.310 6	1.866	−0.296 7	0.070 6
−5	1.617 9	−0.314 8	1.692 5	−0.306 4	0.060 0
−4	1.593 8	−0.267 4	1.625 6	−0.263 3	0.049 7
−3	1.554 5	−0.217 2	1.554 5	−0.217 2	0.041 1
−2	1.563 4	−0.144 9	1.545 8	−0.148 8	0.032 1
−1	1.602	−0.057 9	1.587 2	−0.066	0.031 1
0	1.611 9	0.030 2	1.620 5	0.017 8	0.032 0
1	1.633 8	0.115 9	1.685 4	0.099	0.031 2
2	1.636 3	0.175 7	1.735 4	0.154 4	0.034 0
3	1.685 5	0.251 5	1.857	0.224 6	0.033 1
4	1.679 3	0.334 9	1.947 3	0.302 7	0.033 7
5	1.739 5	0.413 3	2.117 9	0.374	0.040 2
6	1.721 5	0.492	2.229 4	0.446 7	0.044
7	1.736	0.575 3	2.396 9	0.522 7	0.050 5
8	1.724 5	0.623 8	2.511 2	0.564 5	0.052 9
9	1.763 3	0.632 2	2.628 4	0.565	0.057 4
10	2.045 2	−0.578 4	2.642 1	−0.524 8	0.078 0
11	2.053 1	−0.532 7	2.542 8	−0.486	0.079 4
12	2.054 7	−0.489 9	2.449 9	−0.449 9	0.082 3

4×100m 钢箱梁主梁成桥状态静力三分力系数(实桥 $H=3.2\mathrm{m}, B=16.5\mathrm{m}$)   表 8-5

风攻角(°)	C_H	C_V	C_D	C_L	C_M
-12	2.0633	-0.7889	3.1458	-0.7092	0.0608
-11	2.047	-0.7312	2.9686	-0.661	0.0691
-10	2.0548	-0.6574	2.8084	-0.5955	0.0746
-9	2.0643	-0.5935	2.6773	-0.5393	0.0774
-8	2.0758	-0.5442	2.5763	-0.4969	0.0781
-7	2.0872	-0.5053	2.495	-0.4646	0.0817
-6	2.0427	-0.4921	2.3852	-0.4584	0.0802
-5	1.9834	-0.4421	2.2408	-0.4152	0.0763
-4	1.8893	-0.3696	2.062	-0.3495	0.0721
-3	1.7825	-0.346	1.9045	-0.3319	0.0666
-2	1.6233	-0.3699	1.7111	-0.3615	0.0552
-1	1.6143	-0.3124	1.6515	-0.3082	0.0452
0	1.5873	-0.249	1.5873	-0.249	0.0378
1	1.5861	-0.1708	1.5654	-0.1748	0.0303
2	1.6386	-0.075	1.6196	-0.0833	0.0291
3	1.6213	0.0185	1.6257	0.0061	0.031
4	1.6393	0.107	1.6867	0.0901	0.0309
5	1.6373	0.1662	1.7307	0.1449	0.032
6	1.7057	0.2485	1.8749	0.2213	0.0313
7	1.6905	0.335	1.9585	0.3025	0.0305
8	1.7646	0.4218	2.1509	0.3819	0.0373
9	1.7288	0.5045	2.2501	0.4589	0.0411
10	1.7322	0.6	2.4221	0.5471	0.0475
11	1.7065	0.6566	2.5365	0.5972	0.0492
12	1.7516	0.6565	2.6518	0.5892	0.0559

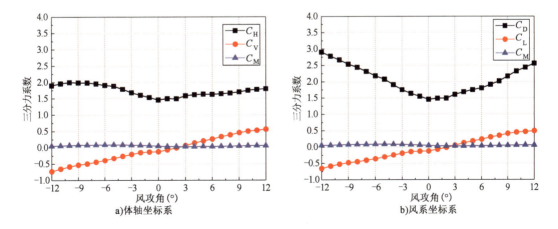

图 8-4　4×60m 主梁三分力系数

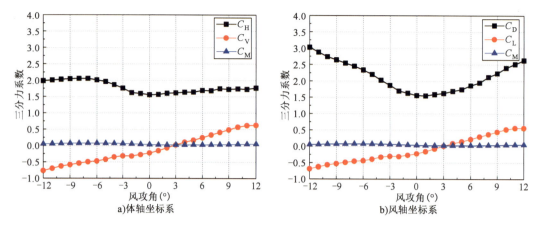

图 8-5 4×80m 主梁三分力系数

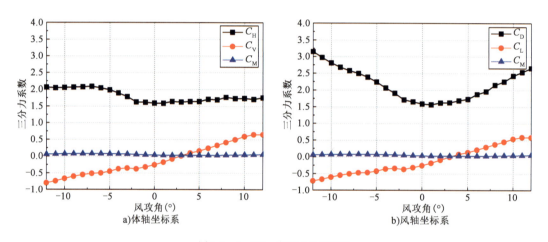

图 8-6 4×100m 主梁三分力系数

通过对该试验结果进行分析,从图 8-4 ~ 图 8-6 中可知,升力系数曲线和力矩系数曲线的斜率在较大的风攻角范围内基本均为正,说明该连续钢箱梁桥的主梁断面在较大的风攻角范围内具备气动力稳定的必要条件。

8.3 涡激振动试验研究

涡激共振现象通常发生在较低的风速情况下,其振动形式常为竖向涡振和扭转涡振。涡振虽不具有很强的破坏性质,但其发生风速较低,会造成结构疲劳,且严重影响行车的舒适性。该试验的目的是考察并行多跨连续钢箱梁桥主梁的涡激振动性能,并对主梁的涡激共振特性做出评价,且在做涡激振动试验的同时,也考察桥梁的颤振和驰振性能。

该试验段采用专门进行桥梁节段模型动力试验的装置,每个节段模型由 8 根拉伸弹簧悬挂于支架上,使其能产生竖向平动及绕节段模型截面重心振动的两自由度运动;由于该桥为双幅桥串列布置,因此试验支架置于洞壁内。

8.3.1 相似性准则

该试验的测振系统模拟了竖向和扭转两个自由度的振动特性。由于主梁节段模型的几何相似比 $\lambda_L = 1:50$,根据涡振节段模型试验相似准则(模型与实桥之间除满足几何外形相似外,还应满足弹性参数、惯性参数和阻尼参数的一致性条件),确定涡振节段模型各主要参数的相似比如表8-6所示。实桥结构主要参数与节段模型主要参数之间的对应关系则如表8-7~表8-9所示。同时,由于该桥是并行桥梁,需要考虑上下游桥梁断面的相互影响,因此专门制作了可以进行并行桥面试验的装置,分别测试上游桥面和下游桥面的动力响应。

主梁节段模型振动试验相似比   表8-6

参数名称	符号	单位	相似比	相似要求
长度	L	m	$\lambda_L = 1:50$	几何相似比
风速	U	m/s	$\lambda_U = \lambda_L \lambda_f$	Strouhal数相等
密度	ρ	kg/m³	$\lambda_\rho = 1$	材料密度不变
单位长度质量	m	kg/m	$\lambda_m = \lambda_\rho \lambda_L^2 = \lambda_L^2 = 1:50^2$	量纲不变
单位长度质量惯矩	I_m	kg·m²/m	$\lambda_I = \lambda_m \lambda_L^2 = \lambda_L^4 = 1:50^4$	量纲不变
时间	T	s	$\lambda_t = \lambda_L/\lambda_U$	Strouhal数相似
阻尼比	ξ	—	$\lambda_\xi = 1$	阻尼比相等

4×60m 主梁节段模型振动试验主要参数   表8-7

参数名称		符号	单位	实桥值	缩尺比	模型值
主梁几何尺寸	高度	H	m	2.4	1:50	0.048
	宽度	B	m	16.5	1:50	0.33
单位长度质量	成桥状态	m	kg/m	15 242	1:50²	12.773
频率	竖弯振动	f_h	Hz	1.516	—	3.011
阻尼比	竖弯振动	ξ_h	%	0.5	1	0.5

4×80m 主梁节段模型振动试验主要参数   表8-8

参数名称		符号	单位	实桥值	缩尺比	模型值
主梁几何尺寸	高度	H	m	3.0	1:50	0.060
	宽度	B	m	4.5	1:50	0.33
单位长度质量	成桥状态	m	kg/m	16 562	1:50²	13.879
频率	竖弯振动	f_h	Hz	1.153	—	2.933
阻尼比	竖弯振动	ξ_h	%	0.5	1	0.5

4×100m 主梁节段模型振动试验主要参数   表8-9

参数名称		符号	单位	实桥值	缩尺比	模型值
主梁几何尺寸	高度	H	m	3.2	1:50	0.064
	宽度	B	m	5.5	1:50	0.33

续上表

参 数 名 称	符 号	单位	实桥值	缩尺比	模型值
单位长度质量	成桥状态 m	kg/m	20 545	$1:50^2$	17.217
频率	竖弯振动 f_h	Hz	0.798	—	2.867
阻尼比	竖弯振动 ξ_h	%	0.5	1	0.5

8.3.2 试验概述

在主梁节段模型涡激振动试验中,需准确测量出试验中的来流风速以及模型的位移响应。为此,在模型的前方布置了风速仪,用于试验来流风速的测量;模型位移响应则采用激光位移计进行测量,该位移计量程为 ±100mm,精度为 ±0.2mm;此外,采用振动及动态信号分析仪进行实时监视以及计算机数据采集系统软件进行数据采集,最后通过位移计测量数据和换算关系得到模型振动时的竖向位移响应和扭转角位移响应。风洞试验室内的主梁节段模型如图8-7所示。

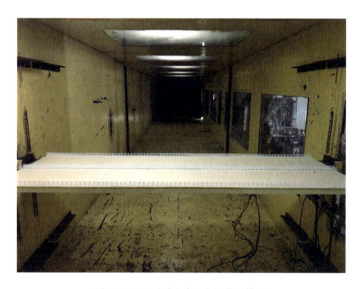

图 8-7　风洞试验室内的主梁节段模型

在零风速下,给予主梁节段模型以外部初始激励,使得模型产生纯竖向自由振动,根据激光位移计测得自由振动时的动态信号,便可计算出模型系统在竖弯振动时的固有频率、阻尼比等基本自振特性。结果表明,该模型在成桥状态的实测频率与目标要求值非常接近,满足风洞试验精度的要求。

该试验针对不同方案成桥状态的主梁,均分别进行了 0°、±3° 三种风攻角条件下的涡激振动试验,试验在均匀流场中进行。对于每一个模型工况,试验风速范围为 1～18m/s;试验中先以接近 0.5m/s 的风速步长递增,待寻求其涡激振动区间后,再适当减小风速增加的步长,以确定出精确的涡激共振起始风速和最大振幅。

8.3.3 试验结果及分析

图 8-8 ~ 图 8-10 给出不同方案主梁竖向涡激振动结果,其中横轴为无量纲的风速[即 $U/(fH)$,U 为风速,f 为竖弯振动频率,H 为主梁截面的高],纵轴为实桥主梁对应的竖向涡振振幅。

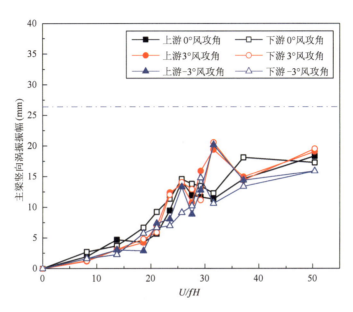

图 8-8 4×60m 钢箱梁主梁竖向振动随风速的关系曲线

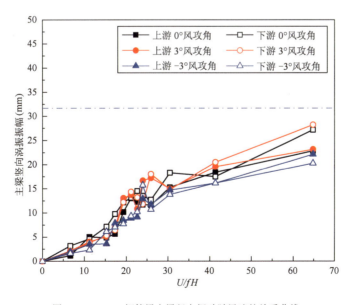

图 8-9 4×80m 钢箱梁主梁竖向振动随风速的关系曲线

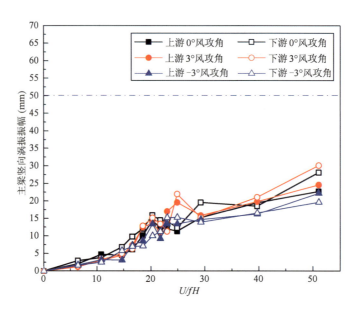

图 8-10　4×100m 钢箱梁主梁竖向振动随风速的关系曲线

试验结果表明,不同跨径布置的并向多跨连续钢箱梁桥在成桥状态下,主梁在 0°、±3°三种风攻角下没有出现比较明显的竖向涡激振动锁定风速区间(图中的位移均已通过相似准则换算至实际桥梁)。3 种主梁节段模型涡激振动试验的结果,见表 8-10。

装配化钢箱梁主梁节段模型涡激振动试验结果统计　　表 8-10

主梁形式 (梁高)	风攻角 (°)	最大振幅 (mm)	容许振幅 (mm)	相应无量纲 风速	实桥风速 (m/s)
$H=2.4\mathrm{m}$	+3	20.56	26.39	31.58	114.9
	0	18.35		50.35	183.2
	-3	20.20		31.58	114.9
$H=3.0\mathrm{m}$	+3	28.24	31.69	64.81	224.2
	0	27.19		64.81	224.2
	-3	22.14		64.81	224.2
$H=3.2\mathrm{m}$	+3	28.09	50.13	51.05	130.36
	0	30.12		51.05	130.36
	-3	22.22		51.05	130.36

注:表格中对应的实桥风速 = 无量纲风速×不同跨径的主梁频率×梁高,具体的频率值参见表 8-7~8-9。

根据表 8-10 可知,这种截面形式主梁的上下游桥面并没有出现较大振幅的振动,主要原因为两幅桥的桥面距离较近,中间空隙不易形成较大的涡脱,所以不会出现较大振幅的振动。此外,虽然有较小振幅的振动,但是换算至实际桥梁,其振动风速均在 100m/s 以上,远远超过我国所有地区的设计风速,因此不会造成任何抗风风险。

8.4 研究结论

针对跨径 $4\times60m$、$4\times80m$ 和 $4\times100m$ 的装配化钢箱梁通用图,通过采用风洞试验对装配化连续钢箱梁的抗风性能进行深入研究,分别开展主梁节段模型静力试验和涡激振动试验,试验结果表明:

(1)通过主梁节段模型静力试验获取了该装配化钢箱梁的静力三分力系数,静力升力系数曲线和力矩系数曲线的斜率在较大的风攻角范围内基本均为正,说明该连续钢箱梁桥的主梁断面在较大的风攻角范围内具备气动力稳定的必要条件。

(2)该装配化钢箱梁桥为双幅桥面布置,存在桥面间的相互干扰,但风洞试验结果表明,在设计风速范围内,不同跨径布置的并向多跨连续钢箱梁桥在成桥状态下,主梁在 $0°$、$±3°$ 三种风攻角下没有出现比较明显的竖向涡激振动锁定风速区间,该桥主梁不会出现涡激振动、驰振、颤振等现象,主梁的抗风稳定性和舒适性能均满足要求。

综上,以上跨径 $4\times60m$、$4\times80m$ 和 $4\times100m$ 的装配化钢箱梁的抗风性能可以满足规范及设计要求。

第 9 章

附属工程

常规跨径钢箱梁桥的附属工程设计主要包括:桥面铺装、桥面排水、伸缩缝及支座等。

常言道"人靠衣装马靠鞍",钢桥面铺装犹如钢箱梁桥的"门面",其性能好坏直接影响到桥梁的使用性能、耐久性能、行车安全性和舒适性。当前,钢桥面铺装结构形式种类繁多,设计者应因地制宜地选取合适的设计方案,并应予以足够的重视。此外,我国公路桥梁的桥面排水通常主要是通过桥面横坡和纵坡流入泄水口直接向下排放,或汇集到排水管排至地面排水设施,若桥面排水不畅,将导致雨水长期汇集于桥面,从而影响铺装性能,并对钢箱梁耐久性产生不利影响。因此,设计时应注意从排水顺畅和行车安全两方面考虑,加强桥面排水设计,引导雨水排出。

同时,对于常规跨径的钢箱梁桥,伸缩缝设计时应能保证梁体自由伸缩,满足承载、梁体转角和变形要求,保证车辆平稳通过,并应具有良好的密水性和排水性及降噪和防振功能。关于支座类型的选取,设计时应注意充分考虑钢箱梁结构特点、受力、转角及位移等方面的特点,采用适合的支座类型,确保结构的整体安全、稳定。

9.1 钢桥面铺装

钢桥面铺装(pavement of steel deck bridge)是指铺设于主梁钢制桥面板之上,供车辆安全舒适行驶,对钢桥面板具有保护作用的铺装结构,主要由结构层和界面功能层组成。结构层通常由保护层和磨耗层构成;界面功能层通常包括防腐层、防水黏结层、缓冲层、黏层等(图9-1)。其中,防腐层和缓冲层可以根据需要设置。

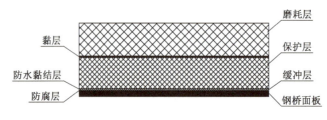

图 9-1 钢桥面铺装结构示意

钢桥面铺装是一个世界性的技术难题,我国钢结构桥梁以钢箱梁居多,由于我国特殊的交通、气候等条件,导致钢桥面铺装问题尤其突出,钢桥面铺装的早期损坏和维修严重影响了钢结构桥梁的交通功能和使用功能。但随着我国钢结构桥梁钢桥面板厚度或刚度的逐渐加厚，对桥梁超载管控管理的逐渐加强，使得钢桥面铺装的受力条件得到有效改善。同时，更为重要的是，伴随钢桥面铺装材料的发展，近些年来我国钢桥面铺装状况在整体上得到了较为显著的改善。但我国钢桥面铺装技术的应用时间较短，仍然有很多问题需要解决，钢桥面铺装的性能有待进一步提高。

众多实践证明，钢桥面铺装技术主要取决于铺装体系(由结构层、界面功能层组成，包括防腐层、防水黏结层、缓冲层、黏层等)在高温条件下的组合试件综合动稳定度指标的高低，一般来讲，钢桥面铺装体系组合试件综合动稳定度指标越高，安全性、耐久性就越好。笔者认为，高温、重载条件是验证钢桥面铺装体系组合试件综合动稳定度的关键条件，保证钢桥面铺装体系的综合高温性能及安全性、耐久性具有技术挑战性，而保证钢桥面铺装体系的综合低温性能，一般可以不必过度关注，也不存在太大技术难度。仿真加速加载试验及经验表明，在≥65℃条件下，若各种或各类型钢桥面铺装体系的组合试件综合动稳定度达到≥3 500 次/mm，则其综合高温性能及安全性、耐久性就非常好了，但要确保钢桥面铺装的安全性，组合试件(含层间黏结材料等)综合动稳定度不应低于 3 000 次/mm。

未来，钢桥面铺装技术的发展、创新，应聚焦于在≥65℃条件下，研发高温性能更加优秀的钢桥面铺装体系材料，提升其结构层、界面功能层力学性能指标，尤其是防腐层、防水黏结层、缓冲层、黏层等的黏结力、剪切力指标。

9.1.1 现状及影响因素

1) 应用现状

钢箱梁的桥面板体系通常为正交异性钢桥面板，在钢桥面上铺筑沥青铺装层的目的主要有 3 个：

(1) 提供舒适抗滑性能的行驶路面；
(2) 提供平整的行驶路面，以弥补桥面板的不平整；
(3) 提供防水层，保护桥面钢板。

目前，国内外典型钢桥面铺装材料应用较为广泛的主要包括浇筑式沥青混凝土及环氧沥青混凝土等形式。

浇筑式沥青混凝土于 20 世纪起源于德国，德文为 GuB，英文名 GussAsphalt(GA)，意义为"流动路面"，其含义是指浇筑式沥青混凝土具有流动性，摊铺时一般不需要碾压，只需要简单地摊铺整平即可完成施工。世界上首次将浇筑式沥青混凝土用于桥面铺装中的是 1929 年修建的苏丹尼罗河大桥，随后在诺曼底大桥、日本的明石海峡大桥等大桥桥面铺装中都得到应用。目前，浇筑式沥青混凝土在欧洲、日本、俄罗斯、中国等国家和地区都有广泛的应用。值得指出的是，德国浇筑式沥青混凝土桥面铺装主要依靠经验进行设计、施工，通过贯入度试验检验浇注沥青混合料的热稳定性。

20 世纪 60 年代末期，壳牌石油公司开始采用环氧树脂对石油基质沥青进行相关改性研究，得到壳牌环氧沥青混凝土(Shell Epoxy Asphalt)等高强度、热固性环氧改性沥青材料，随后在交通土建领域中得到广泛应用。美国圣马特奥—海沃德(San Mateo-Hayward)大桥首次将环氧沥青混凝土用到钢桥面铺装层中，并取得较好使用效果；而后环氧沥青混凝土在钢桥面铺装中得到了广泛应用,涵盖了美国、加拿大、巴西、荷兰、澳大利亚、日本和中国等国家,其中美国应用最为广泛。1967 年美国 San Mateo-Hayward 大桥首次采用环氧沥青混凝土用作正交异性钢桥面的铺装层,取得优良的使用效果。随后几十年,环氧沥青混凝土成为美国大跨径钢桥面铺装的主要铺装材料。

我国从 20 世纪 80 年代开始修建正交异性桥面板钢桥,对于钢桥面铺装技术的研究也是从这一时期开始。研究最早开始于广东马房桥,对正交异性钢桥面铺装的系统研究自 20 世纪 90 年代的广东虎门大桥开始。在此期间铺装层主要采用密级配 SMA 热碾压型沥青混凝土,并从南京长江二桥开始采用环氧沥青混凝土作为铺装材料,从江阴长江大桥开始采用浇筑式沥青混凝土作为桥面铺装材料。

我国的钢桥面铺装材料初期以双层 SMA 型结构为主,后期开始应用环氧沥青及浇筑式沥青混凝土铺装材料,表明我国钢桥面铺装材料也在不断改进和完善。与此同时,我国初期的钢桥面板厚相对较薄,一般为 12mm 厚,而后来钢桥面板厚度又提高至 14mm 及 16mm,再之后,港珠澳大桥将钢箱梁钢桥面板最小厚度提高至 18mm,这一发展历程反映出设计者开始从钢桥面板刚度的角度综合考虑系统解决钢桥面铺装问题。

虽然世界范围内的钢桥面铺装技术也是在不断发展完善中,到 20 世纪 90 年代形成了较完整的正交异性钢桥面铺装技术标准体系,但欧洲、美国、日本等钢桥面铺装研究较早的国家和地区,钢桥面铺装病害问题并没有得到完全解决,尤其是近些年随着交通荷载、轴载的增加,欧美等国家的钢桥面铺装病害问题也明显增多。表 9-1 给出了国内外部分钢桥面铺装主要破坏形式的情况。这些国家针对钢桥面铺装出现的新问题,从结构理论、材料设计、试验研究等方面开展研究工作,寻求适应不断发展的交通环境的钢桥面铺装解决方案。

国内外部分钢桥面铺装破坏形式概况 表 9-1

桥梁名称	主梁类型	铺装材料与结构	主要破坏形式
奥克兰港口桥(Auckland Harbor Bridge)	钢桁架梁	橡胶改性沥青混合料	纵向开裂、脱层
杨树街桥(Poplar Street Bridge)	钢桁架梁	橡胶改性沥青混合料	纵向开裂
怀伊桥(Wye Bridge)	钢桁架梁	单层沥青玛琋脂	纵向开裂
福斯湾桥(Firth of Forth Bridge)	钢桁架梁	单层沥青玛琋脂	纵向开裂
海尔·博格斯桥(Hale Boggs Bridge)	钢桁架梁	双层环氧沥青混凝土	鼓包、开裂、车辙、脱层
狮门桥(Lion Gate Bridge)	钢桁架梁	双层环氧沥青混凝土	层间滑移
广东虎门大桥	钢箱梁	单层改性沥青 SMA	裂缝、车辙
厦门海沧大桥	钢箱梁	双层改性沥青 SMA	裂缝、脱层
武汉军山大桥	钢箱梁	双层改性沥青 SMA	裂缝、黏结层破坏
武汉白沙洲大桥	钢箱梁	双层改性沥青 SMA	裂缝、滑移
香港青马大桥	钢桁架梁	单层沥青玛琋脂	局部气泡和黏结层脱层
江阴长江公路大桥	钢箱梁	单层沥青玛琋脂	开裂、车辙

世界钢桥面铺装技术的发展,也为我国钢桥面铺装的进步提供了参考借鉴。目前我国钢桥面铺装技术整体上处于探索和发展阶段,需要进一步总结已有经验教训并结合我国的交通

环境特点开展研究工作,以下几个方面可能是未来需要重点解决的技术问题:

(1)提高钢桥面铺装的高温稳定性、抗疲劳性和耐久性,解决钢桥面铺装早期病害和使用寿命短的问题。

(2)基于我国钢桥面铺装使用环境特点,研究设计适应我国高温、重载等特点的钢桥面铺装结构体系。

(3)掌握钢桥面铺装受力变形特点及其损伤破坏影响因素,进行钢桥面铺装结构体系优化设计。

(4)掌握环氧沥青铺装施工管理和控制技术,提高环氧沥青铺装施工质量,并降低环氧沥青铺装工程成本。

2)钢桥面铺装性能影响因素

我国应用的钢桥面铺装技术方案应该说基本覆盖了世界上典型的铺装方案,每种铺装方案的特点与差别也较为显著,且多数铺装方案整体上应用时间相对较短,因此工程项目在选择钢桥面铺装方案时存在一定的难度。纵观国内外钢桥面铺装应用及性能表现状况,很难简单地确定某种钢桥面铺装方案的优劣;但通过仿真加速加载试验,在相同荷载及温度条件下,其钢桥面铺装体系的组合试件的动稳定度量值越大性能也就越好;钢桥面铺装体系的高温性能至关重要。已有钢桥面铺装应用工程实践经验也表明,从交通荷载、环境气候、桥面结构、施工条件等方面综合考虑选择钢桥面铺装方案是非常必要和关键的。

影响钢桥面铺装寿命与使用性能的关键因素,可以归结为以下几方面:

(1)交通荷载。

交通荷载直接作用于铺装层结构,是钢桥面铺装设计的首要考虑因素,同时,交通荷载是钢桥面铺装结构变形和疲劳耐久性的直接影响因素,也是铺装材料高温稳定性的直接影响因素。由于我国经济社会发展的特点,交通荷载的重载比例较高,我国车辆的轴载、轮胎压力显著高于欧美国家,这对钢桥面铺装设计、材料性能提出了更高的要求。由于重载、超载对钢桥面铺装的影响非常显著,可直接产生铺装结构强度破坏,因此在设计和试验研究中宜根据实际情况适当考虑超载的影响。

钢桥面铺装设计时,关于交通荷载需考虑以下几点因素:

①交通量等级、累计标准轴次、货车比例。货车是钢桥面铺装设计需要考虑的主要交通,对货车比例较高的钢桥面铺装,设计中需重点考虑铺装的高温稳定性、抗疲劳耐久性。

②车辆行驶速度。车辆行驶速度决定轮载作用时间和效果,车速差异也可等效为温度影响。车速较低时,对铺装层的稳定性和黏结层强度提出了更高要求。

③桥面纵向坡度。纵坡决定交通荷载对桥面铺装的水平方向荷载作用,是钢桥面铺装层抗剪性能设计时需考虑的因素。

交通荷载等级可参考我国现行《公路沥青路面设计规范》(JTG D50)执行。需要指出的是,对于重交通以上的交通荷载等级情况,钢桥面铺装设计中需要重点考虑铺装材料的高温稳定性和抗疲劳耐久性。

(2)环境气候。

环境气候因素包括温度(极端最高气温、极端最低气温、最热月平均最高气温、最冷月平均气温)、湿度(相对湿度)、降雨(年降雨量、年内降雨量分布)、降雪(年降雪量、平均年降雪天数)等,这些因素影响钢桥面铺装结构与材料参数的确定。例如,寒冷地区考虑适当降低桥面铺装材料高温稳定性要求、提高材料变形能力要求、考虑铺装材料抗冻融性问题等,降雨量较大的地区需重点考虑桥面铺装防水、防滑及水损害问题,炎热地区需提供铺装材料高温稳定性等。

就我国而言,我国长江流域在北纬30°附近,我国大跨径钢结构桥梁多数位于该区域或以南地区,而美国大部分国土位于北纬30°以北,西欧位于北纬45°附近,因此我国大部分大跨径钢结构桥梁所处位置的气温较高,与世界上其他国家桥梁桥址的气温相差较大。根据世界典型地区代表城市的日均最高温度分布情况,我国大跨径钢结构桥梁所处位置的气温明显高于欧美国家的气温,且高温延续时间较长,又由于我国钢结构桥梁多为封闭式钢箱梁结构,因此我国钢桥面铺装的使用环境温度显著高于欧美国家。同时,由于沥青混凝土桥面铺装材料是温度敏感性材料,因此国外的钢桥面铺装方案通常较难直接搬过来套用。

由于钢桥面铺装温度主要受到环境温度、日照、主梁结构形式等因素影响,一般钢箱梁钢桥面铺装温度显著高于开口截面主梁钢桥面铺装的温度,开口截面主梁钢桥面铺装高温值低于钢箱梁钢桥面铺装10~15℃。通常情况下,可将我国典型大跨径钢桥面铺装的温度范围划分为三个区间,见表9-2;我国部分大跨径钢结构桥梁桥面铺装设计温度见表9-3。

铺装层温度区间划分　　　　　　　　　　　　　　　　表9-2

区域	温度范围
Ⅰ	-30~60℃
Ⅱ	-10~65℃
Ⅲ	-5~75℃

我国部分大跨径钢结构桥梁桥面铺装设计温度(℃)　　　　表9-3

桥梁名称	桥梁所在地经纬度	全年平均	极端最高	极端最低	月均最高	月均最低	设计温度
江阴长江公路大桥	N32°,E120°	15.2	38.1	-14.2	32.0	1.4	-15~70
南京长江二桥	N32°,E118°	15.3	43.0	-14.0	32.5	1.5	-15~70
海沧大桥	N24°,E118°	20.9	38.1	-4.0	28.5	1.5	-5~70
宜昌长江公路大桥	N30°,E111°	16.0	43.9	-14.6	28.1	2.8	-15~70
白沙洲大桥	N30°,E114°	16.6	41.3	-17.3	28.9	3.9	-15~75
武汉军山大桥	N30°,E114°	16.6	41.3	-18.1	28.9	3.9	-22~80
重庆鹅公岩长江大桥	N29°,E106°	22.0	44.0	-4.0	30.0	5.6	-4~75
港珠澳大桥	N22°,E114°	22.6(珠海侧)	38.7(珠海侧)	2.5(珠海侧)	31.8(珠海侧)	12.3(珠海侧)	0~60

虽然影响钢桥面铺装温度的因素很多,但考虑到极端温度出现频率较低,出现极端温度时可采用洒水降温、限时限行重载车辆、封闭交通等手段保护桥面铺装不产生过深车辙,因此为避免铺装材料的过度设计并控制工程造价,桥面铺装设计温度范围可不硬性要求必须覆盖极端情况,而是应在合理的设计温度下进行铺装材料设计与性能评价。

(3)桥面结构。

桥面结构对钢桥面铺装的影响主要在于桥面板刚度,而桥面板刚度主要受桥面板厚度影响,桥面板刚度与交通荷载、铺装层厚度、铺装层模量等综合因素共同决定了铺装层的受力和变形。一般情况下,当桥面板厚度高于16mm时,可显著降低桥面铺装的受力及变形水平;对于重载交通,当钢桥面板厚度低于14mm时,需要重点考虑钢桥面铺装材料的抗疲劳性能及耐久性能的设计。

目前,我国《公路钢桥面铺装设计与施工技术规范》(JTG/T 3364-02—2019)对正交异性钢桥面板刚度的验算提出了要求,采用钢桥面板顶面最不利荷载位置处的最小曲率半径和纵向加劲肋间距挠度两项指标对正交异性钢桥面板的刚度进行评价,此两项指标宜通过有限元方法计算获得。

(4)防水黏结层。

对于钢桥面铺装结构体系而言,只有铺装结构体系形成牢固稳定的复合结构,才能保证铺装层的可靠性,不出现脱层、开裂等病害,因此需要对铺装层进行合理的组合设计,实现铺装结构的一体化目标。防水黏结层是钢桥面铺装结构的关键环节,有较多的钢桥面铺装病害与防水黏结层有关。因此,防水黏结层一方面要与钢桥面板具有较强的黏结,另一方面也要与铺装层形成稳定的黏结,同时其自身应具有良好的密水防腐性能。

我国钢桥面铺装黏结强度指标要求主要针对不同材料的工程特性确定,黏结强度要求也与铺装层体系类型有关。目前一般采用拉拔试验评价黏结强度,我国《公路钢桥面铺装设计与施工技术规范》(JTG/T 3364-02—2019)给出了黏结强度的试验方法(图9-2)。通常情况下,黏结层25℃黏结强度一般在1.4~3.0MPa之间,60℃黏结强度一般在0.3~1.75MPa之间,笔者认为这两组技术指标均偏低,难以满足钢桥面铺装体系的安全性和耐久性。高温情况钢桥面铺装易在防水黏结层发生脱层或滑移病害,因此钢桥面铺装的高温黏结性能和抗剪强度性能是关键技术指标。

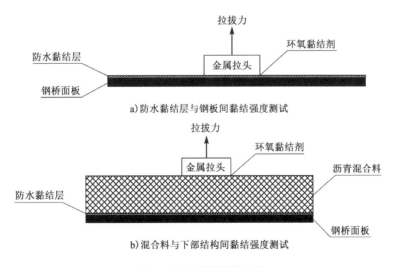

图9-2 钢桥面铺装结构示意

总而言之,钢桥面铺装方案需要根据设计条件和影响因素,并综合铺装材料、铺装结构、铺装施工实施方案及较为成功的工程案例等综合优化确定。

9.1.2 一般要求

在对钢桥面铺装设计时,其一般要求如下:

(1)钢桥面铺装设计与施工应遵循安全、耐久、适用、环保、经济的原则。

(2)钢桥面铺装设计应综合考虑桥梁结构特点、交通荷载、环境气候、施工条件、恒载限制等因素,参考类似条件的桥面铺装工程经验进行。

(3)公路钢桥面铺装设计使用年限宜不小于15年;交通荷载分级标准应符合现行《公路沥青路面设计规范》(JTG D50)的有关规定,设计车轴荷载标准应结合具体情况适当考虑超载系数。

(4)铺装结构的设计可按下列顺序进行:

①确定桥梁的交通荷载等级;②初步拟定桥面铺装组合结构的厚度及材料类型;③根据初拟方案,开展材料和混合料设计并进行相关性能试验,测试铺装结构层材料的力学参数;④进行正交异性钢桥面板刚度验算,当刚度不满足要求时,采取增加桥面系刚度、提高桥面铺装结构层材料性能等技术措施;⑤验证铺装组合结构的高温稳定性能、疲劳性能及界面联结性能。⑥对通过验证的桥面铺装结构进行技术、经济分析,确定铺装结构方案和材料要求。

(5)钢桥面铺装结构层宜采用浇筑式沥青混合料、环氧沥青混合料或改性沥青混合料。钢桥面铺装体系是一种结构物,铺装结构体系中各层材料不应存在性能短板,并以简单为宜,一般而言,其性能指标越高其可靠性就越高,且应具有一定的结构安全系数。

(6)铺装层总厚度应满足桥梁设计的恒载要求,单层厚度应根据沥青混合料压实厚度确定,沥青混合料公称最大粒径应与单层厚度相匹配。

(7)关于钢桥面铺装材料的性能要求,应根据铺装材料设计指标要求,对钢桥面铺装的基本路用性能、高温稳定性、抗疲劳耐久性、黏结层强度等指标进行检测和评价,并要求其能够满足工程设计目标及要求。其中,钢桥面铺装材料的高温稳定性、抗疲劳耐久性、密实防水性、铺装层整体性是重点评价内容。

(8)桥面铺装边缘部位、桥面构造物与铺装接触部位宜设置防排水构造。

(9)钢桥面铺装结构的性能检验评价方法包括:对铺装与钢板组成复合梁进行各种设计条件(荷载、温度、黏结强度等)的仿真模拟试验评价;采用模拟设计温度、足尺模型进行加速加载试验评价。应根据工程需要、铺装方案特点、试验费用与周期等因素综合确定模型试验评价方法。

需要指出的是,为深入了解实际桥面铺装层的应力、应变场,较为适宜的方法是采用可靠的手段测量实际桥面板体系中的应力、应变场。其中,钢桥面铺装结构加速加载试验目前已得到国内外研究者们的普遍认可,通过仿真加速加载试验研究,能够在较短时间内模拟车辆荷载对桥面铺装结构设计年限内的作用效果。

9.1.3 典型钢桥面铺装方案

钢桥面铺装是一个集铺装材料、铺装结构、施工工艺、质量控制及工程造价等因素的综合问题,此外,还取决于钢桥面板结构构造、铺装工作温度、交通荷载、主要技术指标等条件,应针对具体工程特点综合研究设计钢桥面铺装方案。另外,对于一种钢桥面铺装设计方案,应通过仿真加速加载试验研究对其钢桥面铺装设计方案予以验证,考察其性能的优秀与否,并根据试验验证成果优化调整钢桥面铺装设计技术指标、铺装材料及施工工艺,以获得最优、安全、耐久的铺装设计施工方案。验证一种钢桥面铺装体系的安全性、耐久性是否满足要求,应通过仿真加速加载试验,考察其在≥65℃条件下,钢桥面铺装体系的组合试件综合动稳定度是否能够达到≥3 500次/mm,但要确保钢桥面铺装的安全性,组合试件综合动稳定度不应低于3 000次/mm。

由于技术规范中列示、提出的钢桥面铺装体系各项材料技术指标仅满足一般性中等水平要求,因此在实际工程项目设计施工中应该选择单项技术指标更高的各层钢桥面铺装材料,以便保证钢桥面铺装体系在≥65℃条件下,其组合试件综合动稳定度能够达到≥3 500次/mm。

目前在我国钢桥面铺装工程中使用的铺装材料主要有环氧沥青混凝土、浇筑式沥青混凝土、改性沥青SMA和密级配改性沥青混凝土等,这四种材料各有特点,可以根据具有相似使用条件的桥面铺装工程使用情况选用,但同时也应考虑工程实施条件能否满足铺装材料的施工要求,比如环氧沥青混凝土对施工工艺、机械设备、环境温度、拌和站设置等均有较为特殊的要求,在铺装材料选择时需要充分考虑这些因素。

我国《公路钢桥面铺装设计与施工技术规范》(JTG/T 3364-02—2019)给出了铺装结构层组合设计方案的参考,具体见表9-4。

铺装结构层组合设计方案　　　　　表9-4

铺装材料	方案1		方案2		方案3		方案4		方案5	
	磨耗层	保护层	磨耗层	保护层	磨耗层	保护层	磨耗层	保护层	磨耗层	保护层
改性沥青混合料 SMA、AC	√	—	—	—	√	—	—	—	√	√
浇筑式沥青混合料	—	√	—	—	—	—	—	√	—	—
环氧沥青混合料	—	—	√	√	—	√	√	—	—	—

应该说,上面的铺装方案是在总结我国近年来钢桥面铺装研究成果及工程应用经验基础上,结合德国、日本、美国常用铺装结构层材料类型而提出的,在国内均有实际工程案例,可供设计者参考。另外,国内一些钢桥面铺装工程采用双层SMA铺装结构时,常将改性沥青SMA用于保护层,而改性沥青AC很少用于保护层。在日本一些钢桥面铺装工程中,当保护层采用浇筑式沥青混合料时,磨耗层有采用改性沥青AC。

此外,我国《公路钢桥面铺装设计与施工技术规范》(JTG/T 3364-02—2019)给出了界面功能层与铺装结构层匹配性能较好的两个组合示例(图9-3),供设计者参考。

9.1.4　新型钢桥面铺装方案

我国开展正交异性钢桥面铺装研究已经约30余年,20世纪90年代我国钢桥面铺装主要采用双层SMA热碾压型沥青混凝土,1999年江阴长江大桥开始采用浇筑式沥青混凝土作为桥面铺装材料,2000年南京长江二桥开始采用环氧沥青混凝土作用铺装材料,2004年安庆长江大桥开始使用浇筑式沥青混凝土加铺SMA的铺装方案。我国应用的钢桥面铺装应该说基本覆盖了世界上典型的铺装方案,虽然积累了一些成功的经验,但整体上我国钢桥面铺装病害问题仍然较严重。

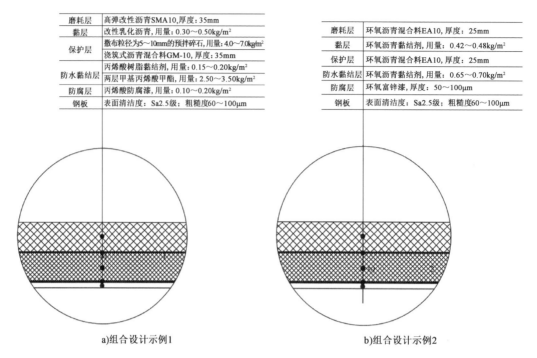

图9-3 钢桥面铺装组合设计示例

为努力解决我国工程技术人员面临的钢桥面铺装技术难题,打破钢桥面铺装在工程应用中所产生的困境,我国学者长期以来对此进行了广泛而深入的研究。笔者在主持港珠澳大桥设计过程中,面对世界上最大规模的单体钢桥面铺装工程(50万 m^2),根据工程建设条件及特点,结合所在研究团队大量而深入的研究成果,最终提出了GMA新型浇筑式沥青混凝土钢桥面铺装方案。此外,国内有关企业、院所经多年研究,近年来也提出了另一种新型钢桥面铺装方案,即ECO[Ecology(环保)、Conservation(节能)、Optimization(动力)]改性聚氨酯混凝土铺装方案。下面主要就以上两种新型钢桥面铺装方案,进行简要介绍及说明。

1) GMA浇筑式沥青混凝土铺装方案

浇筑式沥青混凝土具有沥青含量高、矿粉含量高和施工温度高的"三高"特点,故具有良好的防水性能、低温抗裂性能和变形协调性能,在大跨径钢桥面铺装中得到广泛应用。根据组成及工艺差异可分为英国类浇筑式MA(Mastic Asphalt)和德国类浇筑式GA(Guss Asphalt)两大类。无论是MA还是GA,它们都具有高细集料含量、高沥青含量、低粗集料含量的组成特点,在高温下具有良好的自流成型的特点,所以又被称为MA类铺装材料。

MA和GA的主要区别在于生产工艺不同,即MA浇筑式沥青混凝土首先通过拌和楼将细集料与沥青胶结料拌和均匀,形成沥青砂胶,然后将沥青砂胶放入沥青混合料拌和车(简称cooker车)中并加入粗集料进行2次搅拌;GA浇筑式沥青混凝土则主要采用聚合物改性沥青和连续级配集料通过沥青拌和楼1次搅拌成型。此外,相比较于MA,GA的湖沥青用量较少,细集料级配要求较宽松,因此其质量稳定性不及MA浇筑式沥青混合料,但GA的工效更高。

在浇筑式沥青混合料中,MA的优点是性能稳定,缺点是施工效率低,为充分发挥MA的性能稳定优势和 GA 的工效优势,采用 GA 的生产工艺拌和 MA 浇筑式沥青混合料,称之为 GMA 浇筑式沥青混凝土铺装方案。GMA 浇筑式沥青混合料按照 MA 备料方式备料,配合比设计及技术指标参照 MA 体系进行,但工艺采用 GA 的方式。GMA 浇筑式沥青混凝土铺装的优点在于既保证了浇筑式沥青混合料的性能稳定性,又保证了其施工效率,因此可被用于大规模的工业化生产及施工。图 9-4 为港珠澳大桥钢桥面铺装大规模施工情景。

图 9-4　GMA 新型浇筑式沥青混凝土铺装在港珠澳大桥中的应用

2)ECO 改性聚氨酯混凝土铺装方案

ECO 改性聚氨酯混凝土铺装方案(图 9-5)主要是针对国内重载超载现象严重、幅员辽阔、高低温温差大等特点近些年来出现的一种新型钢桥面铺装技术,该技术方案摒弃了以往传统铺装技术即通过改性手段改善沥青性能的研究方向,采用高分子聚合物作为结合料,从而有效解决钢桥面铺装的力学性能不足、高低温稳定性差、车辙、水损和疲劳等典型病害问题。

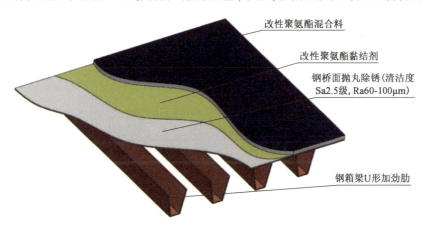

图 9-5　ECO 改性聚氨酯混凝土铺装方案结构示意

ECO 改性聚氨酯混凝土的材料特点主要体现在:

(1)采用 100% 高分子聚合物作为结合料;

(2)黏结剂采用反应性改性聚氨酯涂料,与钢板黏结强度最高可以达到 16MPa 以上;

(3)结合料采用多组热固性高分子材料,通过加入特殊组分,以化学键连接无机集料和有机结合料,从而提高整体结合强度,使得其具有优异的韧性、延展性和拉伸强度。

(4)集料采用密集配设计,最大粒径为9.5mm。

ECO改性聚氨酯混凝土铺装方案通常可分为单层结构方案和复合型结构方案。单层结构方案主要由ECO改性聚氨酯混合料(包含结合料与集料)和ECO改性聚氨酯防水黏结层组合而成(图9-6);复合型结构方案主要由ECO改性聚氨酯混合料(包含结合料与集料)和改性沥青SMA组合而成(图9-7)。

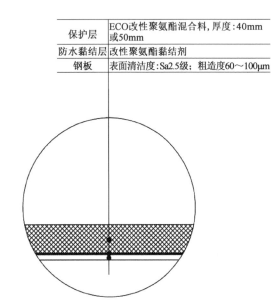

图9-6 单层ECO改性聚氨酯混凝土方案示意

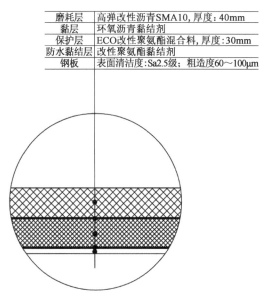

图9-7 复合型ECO改性聚氨酯混凝土方案示意

由于该铺装方案的材料全部由不含沥青的高分子材料组成,因此其力学性能相比较于传统沥青类材料要有较大幅度的提高;同时,由于该铺装结构的孔隙率几乎为零,所以可以有效避免水分及氯离子钢板腐蚀。此外,该铺装体系施工时采用"冷拌和"工艺,对施工环境要求较低,可常温拌和,因此施工便捷性良好。该铺装体系与传统铺装体系的对比分析情况见表9-5。

ECO改性聚氨酯混凝土新型铺装与传统铺装体系对比情况 表9-5

项	目	ECO结构	双层SMA结构	GA+SMA结构	双层EA结构
混合料	油石比	15%~17%	6%	7%~9%	6%~7%
结合料	聚合物与沥青占比	100%聚合物	>95%沥青	>95%沥青	<15%聚合物(美国环氧) <25%聚合物(日本环氧)
	性质	热固性	热塑性	热塑性	半热固性
	与集料连接	含硅烷偶联剂,化学键连接无机集料和有机胶	集料主要靠力学及表面吸附	集料主要靠力学及表面吸附	与沥青形成化学键或裹覆在集料表面
层间结合	防水黏结层	改性聚氨酯防水黏结材料	溶剂型沥青橡胶黏结层	反应性树脂黏结层(如MMA)	环氧沥青黏结层
		16MPa	2.0MPa	5.0MPa	2.75MPa
	黏结强度	6.2MPa(25℃)	1.84MPa(25℃)	2.85MPa(25℃)	3.17MPa(25℃)
	剪切强度	10.26MPa(25℃)	3.69MPa(25℃)	—	9.72MPa(25℃)

续上表

项 目		ECO 结构	双层 SMA 结构	GA + SMA 结构	双层 EA 结构
高温稳定性能	黏结强度	4.4MPa(70℃)	0.3MPa(70℃)	0.3MPa(70℃)	1.3MPa(70℃)
	剪切强度	4.3MPa(70℃)	0.20	—	1.65
	线膨胀系数（对比钢）	1.1~1.3 倍	>3 倍	>3 倍	>3 倍
	车辙动稳定度,次/mm	23 000(80℃)	3 000(70℃)	350(60℃)	10 000(80℃)
防水防腐	防水性能	良好	一般	良好	良好
施工	搅拌方式	常温搅拌、环保	170℃	200~240℃	110~130℃/170~185℃
	结构工艺	单层结构	工序较多	工序较多	工序较多
	能否快速开放交通	2h	SMA 降温	1~2d	25~40d/3~7d

综合来看,该新型铺装方案的高温稳定性高、低温抗裂性良好、抗氯离子渗透性能强、对环境要求较低,因此可适用于跨径较大、刚度较柔、重载交通地区等各类钢结构桥梁,未来将在我国钢桥面铺装工程中具有广阔的应用前景。

9.1.5 设计及工程应用案例

大跨径钢结构桥梁钢桥面铺装是一个世界性的技术难题,由于我国特殊的交通、气候等条件也导致钢桥面铺装问题尤其突出。纵观国内外钢桥面铺装应用及性能表现情况,很难简单地确定某种钢桥面铺装方案的优劣,且已有钢桥面铺装应用工程经验也表明,从气候、交通、桥面结构、施工等方面综合因素考虑选择钢桥面铺装方案是非常必要和关键的。下面主要就前述章节提及的两种新型钢桥面铺装方案并结合具体工程应用的案例,予以具体介绍。

1) GMA 浇筑式沥青混凝土铺装设计及工程应用

港珠澳大桥钢桥面铺装工程面积达约 50 万 m^2,是目前世界上最大规模的钢桥面铺装工程,因工程的重要性和影响,保证其钢桥面铺装的优良使用性能意义重大。面对如此浩大的工程,关于钢桥面铺装,设计者面临的主要问题是如何确保钢桥面铺装的质量,以及如何保障钢桥面铺装的生产效率。下面以笔者主持设计的港珠澳大桥 GMA 钢桥面铺装为例,介绍其具体设计及研究过程。

(1)工程概况。

港珠澳大桥主体工程桥梁工程长约 22.9km,钢箱梁桥总长约 15.8km,两座通航孔桥分别为青州航道桥和江海直达船航道桥,总长分别为 1 150m 和 994m;其余为深水区非通航孔桥,总长为 13.656km。大桥所处区域属南亚热带海洋性季风气候区,桥区天气特点为温暖潮湿、气温年较差不大,降水量多且强度大。

该桥设计使用年限内每车道累计标准轴载作用次数为 1 140 万次,属于中等交通条件。同时,该桥顶板最小厚度为 18mm,顶板 U 形加劲肋高 300mm,厚 8mm,钢桥面板结构具有相对较高的刚度,这为钢桥面铺装的抗疲劳提供了良好的条件。110m 跨径的深水区非通航孔桥钢箱梁断面见图 9-8。

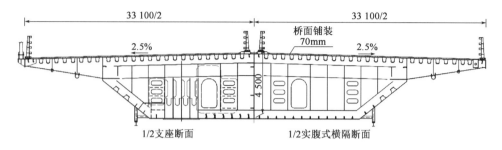

图 9-8 港珠澳大桥深水区非通航孔桥钢箱梁断面图(尺寸单位:mm)

(2)典型钢桥面铺装方案比较。

我国早期钢桥面铺装方案主要以双层 SMA 铺装方案为主,但出现破坏的情况较多,随着浇筑式沥青铺装技术和环氧沥青铺装技术的引进,后面两种铺装方案逐渐得到广泛应用并形成主导。

纵观我国浇筑式沥青混凝土铺装应用较成功的工程案例,其整体上重载交通比例较低,交通荷载多数属于中等或轻等交通等级。其中,港珠澳大桥邻近区域的香港青马大桥、香港昂船洲大桥、深圳湾大桥采用的是 MA 浇筑式铺装层结构与传统生产工艺,经过多年的通车运营,其整体表现优良,使用状况良好(表 9-6)。我国内地使用的浇筑式沥青混凝土绝大部分属于 GA 体系,使用状况整体良好。

粤港澳地区应用 MA 类浇筑式沥青混凝土铺装的典型工程 表 9-6

项 目	香港青马大桥	香港昂船洲大桥	深圳湾大桥
主跨跨径(m)	1 377	1 018	200
交通等级	中等	中等	中等
钢桥面板厚度(mm)	16	18	18
铺装防水层材料	甲基丙烯酸树脂	甲基丙烯酸树脂	甲基丙烯酸树脂
铺装结构下层	40mm 厚单层 MA,表面撒布 14mm 粒径沥青碎石	25mm 厚 MA	40mm 厚 MA
铺装结构上层		31mm 厚 SMA	40mm 厚 SMA
使用年限	25 年	13 年	15 年
使用状况	整体良好,局部维修	良好,无明显病害	良好,无明显病害

20 世纪 60 年代,美国首次将环氧沥青混凝土用作正交异性钢桥面板的铺装层,取得了良好效果,而后逐渐成为美国钢桥面铺装的主要材料。20 世纪 90 年代,随着日本对环氧沥青混凝土的不断深入认识,该类型铺装在其国内逐渐获得较大范围的推广应用。

环氧沥青混合料按照施工温度可主要分为温拌施工类环氧沥青(拌和温度约为 110~120℃)和热拌施工类环氧沥青(拌和温度约为 160~180℃)。温拌环氧沥青铺装对施工环境要求高,施工难度大,病害率较高;热拌环氧沥青铺装较温拌环氧沥青铺装具有施工便捷、养生时间短、出现病害少等特点,在重交通情况下表现良好。虽然环氧沥青混凝土具有优良的抗疲劳、耐高温、高模量等性能,通常适用于重载、高温环境条件,但其施工控制要求严格,铺装性能的表现很大程度上依赖于施工质量的控制。

浇筑式沥青铺装与热拌环氧沥青铺装的分析比较如表 9-7 所示。

浇筑式沥青铺装与热拌环氧沥青铺装比较　　　　表 9-7

铺装类型	浇筑式沥青铺装	热拌环氧沥青铺装
工程应用	较多	较少
材料性能	高温、中等交通条件下表现良好	高温、重载交通条件下表现良好
工期	较短	较长
维修养护	容易	较难
经济性	造价较低	造价较高
施工对天气要求	一般	高
成熟度	技术成熟	技术较成熟
应用表现	优良	优良

对于该桥而言,因受场地限制,只能在珠澳口岸人工岛设置沥青混合料搅拌站,钢桥面最远运输距离达约 23km,且施工区域位于外海,气象多变。环氧类沥青混合料的抗气候干扰能力和短期内进行大规模工业化施工的可行性弱,且施工质量控制难度大、后期维养困难,因此该方案在技术上可行,但施工实施不具备条件。而浇筑式沥青混凝土方案的高温稳定性虽然弱于前者,但其在外海复杂气候条件的适用性及应对能力强,施工窗口期长,后期维养方便,在该桥具备可实施性。同时,港珠澳大桥的地理位置与前述 3 座大桥(青马大桥、昂船洲大桥、深圳湾大桥)位于同一区域,气候条件及交通等级均基本一致,借鉴已成功的工程实践经验,将使得方案选择的风险性大大降低。

经综合分析,鉴于港珠澳大桥建设标准高、铺装规模大、外海长距离运输等因素,考虑该桥的使用条件、桥区环境及参考邻近地区同类铺装成功经验,并考虑技术方案的稳定性和大规模施工的可控性,最终选择 GMA 浇筑式沥青加 SMA 沥青混凝土的铺装结构设计方案(图 9-9)。

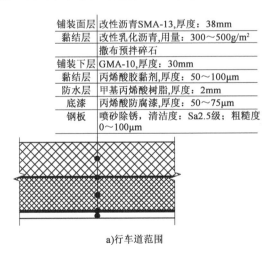
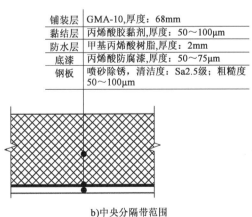

a)行车道范围　　　　b)中央分隔带范围

图 9-9　港珠澳大桥钢桥面铺装设计方案

针对该铺装体系,主要从高温性能、疲劳性能及体系黏结性能和水稳定性能等方面展开研究,并通过加速加载试验进行验证,从而确定了该桥钢桥面铺装的关键技术指标。

(3)高温性能。

国内外对于 MA 沥青混合料的性能评价指标较多(表 9-8),关于其高温性能常采用硬度值和流值为 5mm、15mm 时的马歇尔稳定度来进行评价,国内有关学者通过推导动稳定度与黏弹性本构方程的联系,揭示了车辙动稳定度可以良好地反映沥青混合料的高温抗变形能力。需要说明的是,考虑到港珠澳大桥运营车辆荷载的重载水平不高,且受当时的加温保温条件所限,钢桥面铺装仿真加速加载试验的试验温度确定为 60℃。

不同国家浇筑式沥青混合料性能指标要求 表 9-8

技术指标	试验温度	单位	英国 MA	日本 GA	德国 GA	中国 GA	评价性能
流动性	240℃	s	—	≤20	—	≤20	施工和易性
硬度	35℃	0.1mm	10~20	—	—	—	高温稳定性
马歇尔稳定度/流值	60℃	kN/mm	≥4kN/5mm	—	—	—	高温稳定性
			≥8kN/15mm	—	—	—	
贯入度	60℃	mm	—	1~6	10~35	1~4	高温稳定性
贯入度增量	60℃	mm	—	—	≤0.4	≤0.4	高温稳定性
动稳定度	60℃	次/mm	—	≥300	—	—	高温稳定性
极限弯拉应变	-10℃	10^{-3}	—	≥8×10^{-3}	—	≥8×10^{-3}	低温稳定性
冲击韧性	15℃	N·mm	—	—	—	—	抗疲劳性能

对于该桥 GA 方式生产的 MA 类浇筑式沥青混合料,除硬度值和马歇尔稳定度两项指标外,研究主要采用动稳定度作为评价其高温性能的一个重要指标,并从沥青胶结料、可溶沥青用量、矿料级配、拌和时间以及表面碎石压入等方面开展室内试验研究,分析上述因素对高温性能的影响。试验结果表明:

①MA 类浇筑式沥青混凝土采用特立尼达湖沥青(TLA)与普通 A-70 沥青混合后的沥青作为胶结料,其混合比例将影响高温性能,随着 TLA 比例的增高,浇筑式沥青混凝土的高温性也将有所提高,TLA 沥青对沥青结合料的抗车辙性能具有良好的改善作用。

②在 MA 铺装体系中,沥青用量是以可溶沥青占 ME(沥青胶砂,mastic epuré 的简称)的质量百分比计算的,ME 是两阶段生产 MA 过程中的第一生产阶段的产品,即没有添加粗集料之前的沥青胶砂。研究通过采用 4 种不同的 ME 用量拌和 MA 类浇筑式沥青混合料,结果表明(图 9-10),随着可溶沥青用量的增加,混合料的流动度逐渐减小,施工工作性提高,但动稳定度有所下降,高温抗车辙能力受到一定程度的降低。

③研究采用 3 种矿料级配来分析对 MA 类浇筑式沥青混凝土高温性能的影响。试验结果(表 9-9)表明,细集料的级配对高温性能有一定程度的影响,但影响不显著。主要原因是集料在浇筑式沥青混凝土中呈密实悬浮结构,对高温抗车辙能力的影响不如骨架结构明显。

不同矿料级配对高温性能的影响 表 9-9

试验项目	试验条件	单位	级配 A	级配 B	级配 C
流动度	240℃	s	13	11	11
车辙试验动稳定度	60℃	次/mm	187	195	206

④在60℃试验温度环境下,采用室内小型模拟 cooker 车设备进行试验,结果表明(图9-11),GMA 沥青混合料的高温抗车辙性能随着拌和时间的增长将不断提高,0~60min 高温动稳定度增速较为缓慢,60min 后动稳定度增速较快。

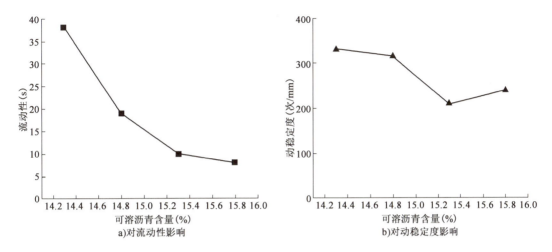

图9-10 不同可溶沥青含量对高温性能的影响

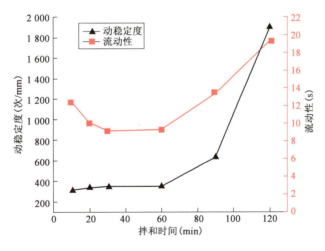

图9-11 小 cooker 工艺下不同拌和时间对高温性能的影响

为尽量模拟实际施工拌和环境,采用大型拌和楼与大型 cooker 车试生产 GMA 混合料,拌和温度为220℃(对应试件1~试件5)和230℃(对应试件6~试件8),拌和时间对动稳定度、流动性及硬度值的影响如图9-12所示。

拌和温度220℃和230℃条件下,随着拌和时间增加,GMA 混合料动稳定度逐渐升高,230℃时超过3.0h 升高趋势明显,220℃时超过3.5h 升高趋势明显;在2.0~3.0h,8组试件动稳定度在365~855次/mm 之间;230℃的动稳定度大于220℃时,拌和温度影响明显;拌和时间在1.0~3.5h 时,流动性波动较小,基本在6~8s 之间,当搅拌时间超过4h 后,流动度值增加趋势明显,说明混合料老化速度加快;GMA 混合料的硬度值随拌和时间增加整体上逐渐降低,超过3.5h 后下降趋势明显,小于1mm,混合料老化程度较深。

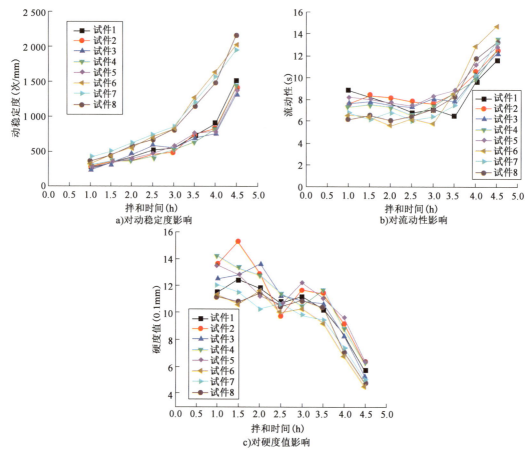

图 9-12 大 cooker 工艺下不同拌和时间对高温性能的影响

⑤研究采用的碎石粒径尺寸为 9.5mm,通过采用不同的碎石撒布量来研究其对高温性能的影响。试验结果(表 9-10)表明,撒布碎石的方式对 MA 类浇筑式沥青混凝土高温性能的提高有一定程度的影响。

不同撒布碎石量对高温性能的影响   表 9-10

碎石撒布量 (kg/m^2)	拌和温度 (℃)	动稳定度 (次/mm)
0	220	565
8	220	611
10	220	569

注:试验采用室内小型模拟 Cooker 拌和机,加入粗集料后拌和 60min。

综上,通过试验研究发现,MA 类浇筑式沥青混凝土高温性能的主要影响因素为沥青胶结料的混合比例、可溶沥青含量以及拌和时间、拌和温度等,次要影响因素为细集料的矿料级配以及碎石撒布量等。

基于上述研究成果并结合进一步相关试验分析结果,为保障浇筑式沥青混合料的高温性能,实施过程中:a. 沥青结合料采用由 A-70 道路石油沥青和特立尼达湖精炼沥青(TLA)混合组成,其中混合沥青TLA所占比例为70%,A-70沥青为30%;b.英国标准BS 1447:1988中规定,可溶沥青占ME(沥青胶砂)质量的百分率范围为14%~17%,考虑钢桥面铺装车辙动稳定度和冲击韧性的性能要求,ME可溶沥青最佳沥青含量取为15%;c.实施中设定目标拌和温度为220℃,要求GMA的出料温度控制在210~230℃之间,出料至摊铺的拌和时间要求为2.0~2.5h;d.GMA沥青混合料表面采用撒布预拌碎石的方案,碎石粒径为10~15mm,预拌沥青含量0.3%~0.5%,碎石撒布量7~12kg/m2,要求碎石完全压入GMA中。

(4)疲劳性能。

钢桥面铺装沥青层疲劳开裂是铺装结构的主要破坏模式之一。冲击韧性主要是指材料在冲击荷载作用下吸收变形功和断裂功的能力,是评价材料韧性的一项重要指标。为此,项目课题组成员华南理工大学的张肖宁教授团队采用四点弯曲疲劳试验研究了MA类浇筑式沥青混合料材料的疲劳性能,试验结果表明:

①初始劲度模量、累积耗散能、冲击韧性与沥青混合料的疲劳寿命具有相关性,根据试验结果(表9-11),可建立冲击韧性与疲劳寿命的关系,如图9-13所示。

四点弯曲疲劳试验结果　　　　　　表9-11

试件批号	初始劲度模量(MPa)	累积耗散能(kJ/m³)	疲劳寿命(次)	冲击韧性(N·mm)
1	12 315	286 893	1 546 026	2 154
2	14 280	197 869	1 329 276	1 697
3	13 847	211 745	1 074 462	847
4	14 597	137 109	831 555	202
5	11 736	335 814	1 780 029	2 040

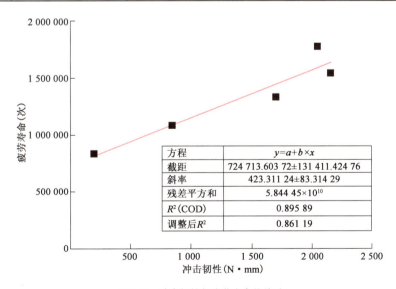

图9-13　冲击韧性与疲劳寿命的关系

根据图9-13可知,冲击韧性与沥青混合料的疲劳寿命具有线性相关性,通过建立线性回归方程公式(9-1),其相关系数 $R^2=0.861$,相关程度良好,因此可采用冲击韧性值作为评价浇筑式沥青混凝土疲劳性能的一个重要指标,以及设计与施工质量的控制指标。

$$N_f = 423.31I + 724\,714 \tag{9-1}$$

式中:N_f——疲劳寿命(次);

I——冲击韧性(N·mm)。

②应力水平与劲度模量均影响沥青混合料的疲劳寿命,但两者之间并非独立的变量,需综合考虑两者对疲劳寿命的影响。根据美国沥青协会、美国加州交通部、华南理工大学交通学院道路工程研究所的相关研究表明,疲劳寿命与劲度模量、应变水平之间呈指数相关,通用方程形式如下:

$$N_f = C \times S_m^{k_1} \times \varepsilon_t^{k_2} \tag{9-2}$$

式中:N_f——疲劳寿命(次);

S_m——混合料弯拉劲度模量(MPa);

ε_t——应变值(10^{-6}mm/mm);

k_1,k_2——方程系数。

根据室内不同应变水平MA类铺装材料疲劳寿命试验结果(表9-12),提出并建立如下疲劳寿命预测方程,该方程拟合的相关系数$R=0.991$,相关程度较好。

$$N_f = 10^{21.94} \times S_m^{-1.06} \times \varepsilon_t^{-4.64} \tag{9-3}$$

不同应变水平疲劳寿命试验结果　　　　　表9-12

应变水平(10^{-6}mm/mm)	S_0(MPa)	疲劳寿命(次)
600	14 177	43 807
700	13 466	17 420
800	13 738	10 378
900	13 154	8 535
600	15 375	36 799
700	13 851	23 047
800	15 736	12 489
900	16 888	7 979
300	12 315	1 546 037
300	14 280	1 329 291
300	13 847	1 074 459
300	14 597	831 553
300	11 736	1 780 041

采用式(9-3)对试验数据进行处理分析,理论计算疲劳寿命与实测疲劳寿命的对比如图9-14所示。根据图中对比可知,理论计算值与实测值关联性良好。

(5)加速加载试验。

为了更好地评价浇筑式沥青混凝土的性能,采用足尺模型仿真加速加载试验(图9-15),对MA、GMA浇筑式沥青铺装进行了高温性能与疲劳性能的大型加速加载试验,并对技术指标进行了全面评定。其中,高温性能试验在60℃钢桥面温度和0.7MPa轮胎压强下进行,疲劳性能试验在15℃钢桥面温度和根据实桥计算出的轮胎压强下进行。

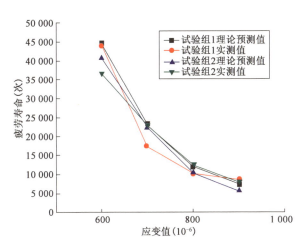

图 9-14 疲劳寿命理论计算值与实测值关系

图 9-15 加速加载试验

通过加速加载高温性能试验,MA 工艺和 GMA 工艺两种铺装体系及两者分别与 SMA 组合后的复合铺装体系的动稳定度试验结果如图 9-16 所示;MA 工艺和 GMA 工艺两种铺装体系高温加速加载试验的车辙变形试验结果见图 9-17;试验现场加速加载 5 万次后的变形如图 9-18 所示。

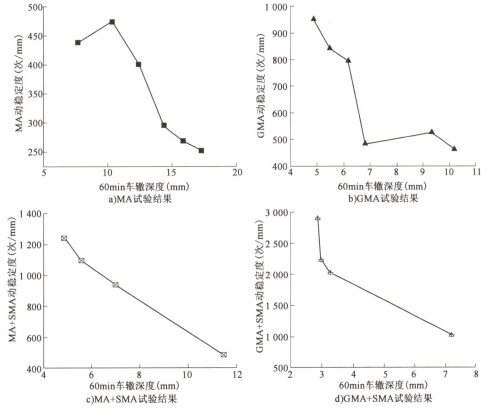

图 9-16 高温加速加载试验动稳定度结果

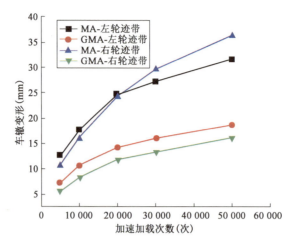

图 9-17 高温加速加载试验车辙变形结果

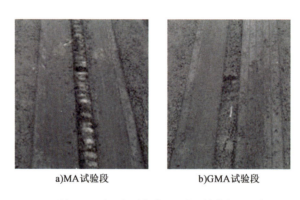

图 9-18 高温加速加载 5 万次后铺装变形

试验结果表明:试件组 MA 的动稳定度为 253~475 次/mm,平均值为 339 次/mm,GMA 的动稳定度为 462~955 次/mm,平均值为 677 次/mm,结果显示 GMA 浇筑式沥青混合料的高温性能优于 MA 沥青混合料;高温条件下车辙变形的发展趋势与动稳定度相关性良好,采用动稳定度作为铺装高温性能的评价指标是可行的;MA 和 GMA 分别与 SMA 组成的复合铺装结构,其车辙动稳定度提高显著,且 GMA + SMA 复合结构的动稳定度要高于 MA + SMA 复合结构。

同时,通过开展加速加载疲劳性能试验,结果表明:经过 200 万次疲劳性能加速加载试验后,MA 和 GMA 两种铺装体系均未出现疲劳裂缝,具备良好的抗疲劳性能。

(6)关键技术指标。

基于 GMA 浇筑式沥青混凝土展开的高温性能试验、疲劳性能试验、加速加载试验的研究成果,对不同批次、不同工艺的浇筑式沥青混凝土的车辙试验数据与冲击韧性试验数据进行统计分析,对各项性能检测指标进行大批量的试验分析,同时调研、参考和借鉴国内外标准规范要求及邻近地区同类铺装项目(青马大桥、昂船洲大桥、深圳湾大桥)的技术要求和国内典型工程(泰州大桥、南京四桥)的技术要求等,该桥最终提出的钢桥面铺装设计方案中的关键技术指标要求如表 9-13 所示。

关键技术指标要求　　　　　　　　　表9-13

技术指标	单位	技术要求	
马歇尔稳定度(60℃)	kN	流值5mm时	≥8.6
		流值15mm时	≥8.0
硬度值(35℃)	0.1mm	5.0~7.6	
流动性(240℃)	s	≤6.5	
冲击韧性值(15℃)	N·mm	≥400	
车辙动稳定度(60℃,轮压0.7MPa)	次/mm	300~800	

平衡好高温性能与疲劳性能是确定该技术标准的一项重要因素,为了保证铺装体系的高温性能与疲劳性能,最终采用动稳定度和冲击韧性的双指标控制:动稳定度控制范围为300~800次/mm,实际实施中设计要求其宜控制在500次/mm以上;冲击韧性值要求不低于400N·mm。

按照设计要求对GMA-10进行配合比设计及混合料拌制,实际生产的GMA浇筑式沥青混合料性能检测结果如表9-14所示。依据实测结果,实际生产的GMA沥青混合料可以满足技术指标的要求,且其具有良好的高温性能及抗疲劳性能。

实际生产的GMA沥青混合料性能检测结果　　　　表9-14

性能指标	硬度 (0.1mm)	冲击韧性 (N·mm)	GMA动稳定度 (次/mm)	GMA+SMA组合 结构动稳定度 (次/mm)	流值5mm时 马歇尔稳定度 (kN)
第1批次	9	589	513	3 552	7.6
第2批次	6	519	657	3 705	8.0

港珠澳大桥于2018年2月交工验收,2018年10月正式通车,目前大桥运营已近4年,钢桥面铺装整体状况良好。应该说该项目的研究及应用成果,对于处在高温多雨地区、工作条件复杂的钢桥面铺装技术方案的选择具有良好的借鉴意义。

2)ECO改性聚氨酯混凝土铺装性能特点及工程应用

研究人员通过对ECO改性聚氨酯混凝土铺装开展大量试验研究,其技术性能特点如下。

(1)层间结合性能。

该铺装体系采用反应性聚氨酯材料作为黏结剂,此黏结材料能够与主结构层进一步反应,从而将聚氨酯混凝土与钢板黏结成为整体。经测试,黏结后的黏结强度最高可达到16MPa以上。同时,由于ECO的结合料采用多组热固性高分子材料,并加入特殊组分,无机集料和有机结合料之间以化学键连接,从而提高了整体结合强度。经测试,25℃条件下铺装材料与钢板整体拉拔强度可达6MPa以上(表9-15)。因此,该铺装体系的层间结合性能整体较为优异,有利于解决钢桥面铺装脱层、抗剪切等问题。

黏结性能试验测试结果　　　　　　　　表9-15

铺装材料	25℃黏结强度(MPa)	70℃黏结强度(MPa)
ECO改性聚氨酯混凝土	6.23	4.41
SMA-13改性沥青混凝土	1.92	0.37
EA-10环氧沥青混凝土	4.83	1.33

(2)高温稳定性。

该铺装体系采用热固性材料,受热不熔化,在动车辙稳定度试验中,90℃时试验结果为12 000次/mm,表现出高的抗高温车辙性能。此外,由于铺装材料的线膨胀系数为钢材的1.1~1.3倍,因此由温度引起的铺装层结构间剪切应力较小。

(3)低温抗裂性。

ECO改性聚氨酯铺装材料在-10℃时的最大弯拉应变达到3 500$\mu\varepsilon$以上,体现了该铺装材料具有较强的柔性和低温抗裂性能,试验结果如表9-16所示。

低温抗裂性能试验测试结果 表9-16

铺装材料	最大弯拉应变($\mu\varepsilon$)	弯曲劲度模量(MPa)	抗弯拉强度(MPa)
ECO改性聚氨酯混凝土	3 545	7 870	27.9
SMA-13改性沥青混凝土	2 893	4 908	14.2
EA-10环氧沥青混凝土	2 706	7 760	21.0

(4)抗疲劳性能。

通过对ECO改性聚氨酯铺装材料进行复合件弯曲疲劳试验,在循环荷载1 000万次作用下,试验结果表明,铺装层表面未出现裂缝,因此其具有良好的抗疲劳性能。

(5)防水、防渗透性能。

ECO改性聚氨酯铺装材料采用密集配,且胶石比达到15%~17%,因此该材料的空隙率极低(几乎为0),经试验测试,其抗水防渗透性能等级可达到P12级(表9-17)。同时,该材料抗氯离子透过率小于100C(几乎为0),因此具有良好的防腐性能,可适用于撒融雪盐地区以及沿海氯离子丰富地区的钢桥面铺装。

防水、防渗透性能试验测试结果 表9-17

铺装材料	抗氯离子渗透(m^2/s)	电通量(C)	抗水渗透等级
ECO改性聚氨酯混凝土	0.18×10^{-12}	0	P12
水泥混凝土	1.54×10^{-12}	—	P6

(6)耐久性及水稳定性。

通过对ECO改性聚氨酯铺装材料进行耐磨性及水稳定性试验研究,结果表明(表9-18、表9-19),其耐磨性能要优于C50水泥混凝土,保障摩擦系数在0.6以上,可保障行车路用安全性;材料的冻融劈裂强度比为93%,满足规范要求的大于80%,其水稳定性能良好。

耐磨性能试验结果 表9-18

铺装材料	单位面积磨损量(kg/m^2)	剥落物质量(g/m^2)	吸水率(%)
ECO改性聚氨酯混凝土	0.40	0	1.6
水泥混凝土	5.18	28.8	8.8

水稳定性能试验结果　　　　　　　　　　表 9-19

铺 装 材 料	冻融前强度(MPa)	冻融后强度(MPa)	冻融劈裂强度比(%)
ECO 改性聚氨酯混凝土	7.85	7.30	93

目前,该 ECO 改性聚氨酯混凝土铺装体系已应用于国内诸多重大工程项目,应用于新建桥梁的主要有:温州瓯江北口大桥、武汉杨泗港青菱大桥、上海北横通道、沈阳长青桥等;应用于桥面改造的工程项目主要有:闵浦大桥、宁波明州大桥等。总体来看,该铺装体系在上述工程的应用整体良好。下面选择典型案例予以介绍。

(1)温州瓯江北口大桥。

温州瓯江北口大桥是世界上首座"三塔四跨"钢桁梁悬索桥,采用"两桥合建"的设计,上层为六车道高速公路,下层按一级公路标准建设,是宁波至东莞国家高速公路和国道 G228 线两大项目共线跨越瓯江的控制性工程,已被列为交通运输部首批"绿色公路"之一。

该桥钢桥面铺装采用"3.5cmECO 改性聚氨酯混凝土 +3.5cm 高弹改性沥青 SMA"的铺装结构方案,截至 2022 年,该桥已完成全桥 62 659m² 的铺装(图 9-19)。

图 9-19　温州瓯江北口大桥钢桥面铺装施工完成后

(2)沈阳长青桥。

沈阳浑河长青大桥位于沈阳市东南部,桥梁由主桥和南北引桥组成,原主桥为三孔中承式钢管混凝土拱桥。新建桥梁采用多跨变截面连续钢箱梁,建成后车道数到达双向十车道,日均通行量超过 5 万辆,重载情况普遍。

该桥钢箱梁桥面铺装方案采用了单层 ECO 改性聚氨酯混凝土结构,厚度为 4cm。投入使用一年后,经对铺装的性能进行检测,结果表明:在经过一年的服役后,该桥铺装表面未出现任何裂纹、露骨、脱层等病害,桥面铺装完整性较好,整体表现性能稳定;使用性能无明显变化、冬季低温抗滑性能未发生明显下降(图 9-20)。

图 9-20　沈阳长青桥投入使用后的改性聚氨酯钢桥面铺装

应该说,该铺装体系在北方寒冷地区的良好应用,突破了传统钢桥面铺装无法在0℃左右环境施工的限制,为钢桥面低温施工开辟了一条新的道路,延长了冬季可施工周期。

(3)闵浦大桥。

闵浦大桥于2009年12月建成通车,是横跨上海黄浦江的第八座越江双层斜拉桥,全长3 982.7m,主桥全长1 212m,主跨长708m。主桥采用双塔双索面钢桁梁双层斜拉桥形式,是中国首座采用全焊接的大跨径钢桁梁斜拉桥,也是当时世界上最大跨径的双层斜拉桥。大桥上层是设计时速为120km的高速公路,桥面宽43.6m,双向八车道;下层为双向六车道二级公路。该桥上层主跨桥面铺装直接铺设在正交异性钢板上,上弦杆附近钢板设计厚度为16mm,其余部分的钢桥面板厚为14mm。

该桥原设计采用的铺装方案为环氧沥青混凝土铺装方案,厚度为5.5cm。但自运营以来,该桥桥面铺装相继出现较多的裂缝、网裂等早期病害,并由此引发坑槽等后期病害,期间也曾多次对桥面进行翻修维护,但效果一般。2020年,闵浦大桥采用ECO改性聚氨酯混凝土铺装技术对其进行整桥铺装更换,合计面积约26 025m²。截至目前,桥面使用效果良好(图9-21)。

图9-21　闵浦大桥改性聚氨酯混凝土铺装翻修维护效果

9.2　桥面排水

桥梁在营运过程中遇到雨水是不可避免的,但若雨水长期聚集于桥面,将对钢桥面铺装和钢箱梁桥面板的耐久性产生不利影响。由于该桥桥区降水量多且强度大,因此尤其需注重桥面排水的设计。

9.2.1　设计要点

我国公路桥梁的排水设计通过桥面横坡和纵坡流入泄水口直接向下排放或汇集到排水管排至地面排水设施或河流中,一般设计时主要从排水顺畅和行车安全两方面考虑。我国《公路排水设计规范》(JTG/T D33—2012)对桥梁桥面排水作出下列规定,设计者在设计时应予以考虑。

(1)公路排水系统的设置应以保障结构稳定和行车安全为目的,保证公路排水系统的有效性和耐久性,桥面排水应避免水流下渗对桥梁结构耐久性造成影响。

(2)桥面排水系统应与桥梁结构及桥下排水条件相适应,避免水流下渗对桥梁结构耐久性造成影响。大桥和特大桥的桥面排水系统尚应与桥面铺装设计相协调。

(3)桥面应有足够的横向和纵向排水坡度。桥面横向排水坡度宜与路面横坡度一致,当设有人行道时,人行道应设置倾向行车道 0.5% ~ 1.5% 的横坡。当桥面纵坡小于 0.5% 时,宜在桥面铺装较低侧边缘设置纵向渗沟排水系统。

(4)桥面排水对桥下通行有影响时,桥面水通过横坡和纵坡排入泄水口后,应汇集到纵向排水管或排水槽中,通过设在墩台处的竖向排水管排入地面排水设施或河流中。竖向排水管出口处应设置排水沟,并适当加固,避免冲刷和漫流。

(5)桥面泄水口宜设置在桥面行车道边缘处,间距可依据设计径流量计算确定,且最大间距不宜超过 20m。在桥梁伸缩缝的上游方向应增设泄水口,在桥面凹形竖曲线的最低点及其前后 3 ~ 5m 处应各设置一个泄水口。

一般情况下,泄水口间距要考虑降雨强度和汇水面积,还要考虑桥面横向和纵向坡度、泄水口泄水能力以及允许过水断面漫流的宽度。在具体设计时,可以按确定路面拦水带或缘石泄水口间距的同样方法考虑桥面的泄水口。对于国外,奥地利的经验是:当桥面横坡为 2.5%,纵坡为 1.0% 时,泄水口的最大间距为 25m;而当纵坡为 0.5% 时,则泄水口最大间距为 10m;但最低限值为每 400m^2 桥面至少应设置一个泄水口。日本的规定是泄水口的间距不大于 20m。

在伸缩缝的上游方向设置泄水口主要是有助于减少流向伸缩缝的水量。日本的规定是在伸缩缝上游 1.5m 处设置泄水口。凹形竖曲线底部相继设置 3 个泄水口是为了预防最低点处的泄水口被杂物堵塞而导致积水。

(6)桥面泄水口的形状可为圆形或矩形。圆形泄水口的直径宜为 15 ~ 20cm;矩形泄水口的宽度宜为 20 ~ 30cm,长度宜为 30 ~ 40cm。泄水口顶部应采用格栅盖板,其顶面宜比周围桥面铺装低 5 ~ 10mm。泄水管可采用铸铁管、PVC 管或复合材料管,内径不宜小于 15cm。泄水管伸入铺装结构内部的部分应做成孔隙状,其周围的桥面板应配置补强钢筋网。

设计时应注意泄水口顶面应略低于周围桥面铺装,这样有利于桥面水向泄水口汇流并增加截流率。由于设置泄水口,部分桥面板钢筋网被切断,因此要求泄水口周围应配置补强钢筋,使之具有足够的强度承受车辆荷载的作用。泄水管伸入铺装结构内部的部分做成孔隙状主要是为了不影响铺装结构内部水的排出。

另外,需要指出的是,以往许多大跨径钢桥将泄水口设置于钢路缘附近的桥面板上,附近铺装很难压实且易渗水,铺装层间水下渗后将无法排出(图 9-22),对铺装和钢桥面板将产生危害。为避免此种情况的发生,排水口宜设置在钢路缘立面或钢路缘外侧,且其底部不高于桥面板。

(7)桥面排水管或排水槽宜设置在悬臂板外侧,并与周围景观相协调。排水管宜采用铸铁管、PVC 管、PE 管、玻璃钢管或钢管,其内径应大于或等于泄水管的内径。排水槽宜采用铝、钢或玻璃钢材料,其横截面应为矩形或 U 形,宽度和深度均不宜小于 20cm。纵向排水管或排水槽的坡度不得小于 0.5%。桥梁伸缩缝处的纵向排水管或排水槽应设置可伸缩的柔性套筒。寒冷地区的竖向排水管,其末端宜距地面 50cm 以上。

a) 应避免的泄水口设置　　　　　　　　b) 桥面积水情景

图 9-22　钢桥面排水不畅示例

(8) 伸缩缝结构应能避免桥面水下落至梁端、盖梁和墩台等结构上。伸缩缝两侧的现浇混凝土应采取浇筑微膨胀混凝土、抗渗混凝土等防渗漏的措施,避免雨水下渗影响到梁端、盖梁和墩台等桥梁结构。

(9) 设计时着重注意桥面排水系统与梁体间的连接构造,确保连接紧密,排水顺畅,避免桥面排水不畅对结构耐久性产生不利影响而引起结构腐蚀。

另外,随着我国经济的高速发展,交通事故发生率危险化学品运输事故也同比速地居高不下,危险化学品运输事故也时有发生。而较一般运输事故而言,危险化学品运输事故往往会衍生出泄漏、燃烧、爆炸等更严重的后果,造成生命财产的损失以及环境污染等一系列社会问题。对于桥面交通事故造成的危化品泄漏,如果不及时阻绝其扩散的途径,危化品就会沿着桥面的排水设置排入到水体中,从而造成水源污染。因此,未来对桥梁排水系统环保功能的要求也将会越来越高。

9.2.2　设计案例

下面主要以港珠澳大桥和南沙大桥为例,介绍两座桥梁钢桥面排水系统的内容。

1) 港珠澳大桥

港珠澳大桥钢桥面排水系统设计主要考虑了排水路径的设置和环保措施等两方面。

(1) 排水路径。

钢箱梁桥面的排水路径主要分为两种,即路表水的排出和钢桥面铺装层间水的排出。

该桥钢箱梁桥面路表水的排出主要是利用桥面纵、横坡来排导路表水,具体技术方案为:在钢桥面边缘设置泄水槽以收集路表水,并且在泄水槽内设置垃圾收集分离装置用以过滤,而后将收集到的雨水通过设置在泄水槽侧面或底面的泄水管进行排出。中央分隔带处的路表水则是通过设置在内侧防撞护栏底座两侧的沟槽,由横向排导至路侧的泄水槽内。

钢桥面铺装层间水的排出主要考虑螺旋排水管的排水方案,即将钢桥面铺装层间水沿桥面横坡流入螺旋排水管,而后通过螺旋排水管(图 9-23)沿桥纵向汇聚至泄水槽后排出。其中,螺旋排水管的钢丝采用直径为 1.5～1.99mm 的不锈钢丝。

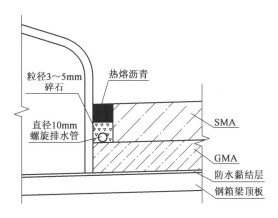

图 9-23　铺装层间不锈钢螺旋管布置示意

(2)主要排水构造设计。

①泄水槽。

钢桥面两侧顺桥向设置的泄水槽标准间距为 5m,顺桥向两侧或底部设置泄水管,且泄水槽内部设有与泄水槽和护边配套的排水及垃圾收集分离式装置(图 9-24),该装置主要由球墨铸铁盖板、球墨铸铁及复合混凝土组合盖框和 316L 不锈钢垃圾收集篮组成,其中不锈钢垃圾收集篮可取出。

a)装置示意　　　　　　　　　　　b)现场安装

图 9-24　港珠澳大桥排水及垃圾收集分离式装置

②中央分隔带排水沟槽。

钢箱梁桥中央分隔带处防撞护栏立柱所在的路缘石两侧均预留有 50mm 宽、约 80mm 高的排水沟槽(图 9-25)用于排导中央分隔带处的路表水,且沟槽内填充有厚约 70mm 的弹性混凝土。

(3)环保措施。

通常情况下,运营期大桥对水体的可能污染源为桥面运行车辆的危险品泄漏及桥面径流。一般情况下,危险品运输事故泄漏可能引起的危害较大,对此,一方面应注意加强大桥桥梁防撞栏强度设计,另一方面,在大桥运营阶段应根据《道路危险货物运输管理规定》的相关要求严格规范危险货物运输的管理,严格监控运载危险品的车辆,杜绝危险货物运输事故的发生。

对该桥而言,按目前的运营政策,大桥禁止通行携带有毒有害危险品的车辆,所以桥面上不会出现大面积石油或危险品泄漏的事故。因此,该桥对水体的可能污染源仅为桥面径流。

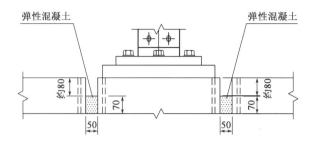

图 9-25 中央分隔带排水沟槽示意(尺寸单位:mm)

公路桥面径流污染主要是指运营期间,货物运输过程中在桥面上的抛洒、汽车尾气中微粒在路面上的降落、汽车燃油在路面上的滴漏以及轮胎与路面的磨损物等,当桥区降雨形成桥面径流,这些物质被挟带排入水体或农田的现象。20 世纪 70 年代以来,国内外学者针对公路路面及桥面径流污染进行了大量的研究,研究结果表明:桥面径流污染评价指标主要有 SS(固体悬浮物)、COD(化学需氧量)、重金属 Pb 及 Zn 等。其中,SS 是公路路面及桥面径流中最主要的污染物,其主要来源是轮胎磨损颗粒、筑路材料磨损颗粒、运输物品的泄漏、制动连接装置产生的颗粒及其他与车辆运行有关的颗粒物等;重金属中含量最多的是 Pb 和 Zn,Pb 主要来自汽车尾气的排放,Zn 主要来自轮胎的磨损。与城市污水相比,公路路面及桥面径流水质与其具有不同的污染特征,包括污染物成分复杂、SS 含量高、COD 含量相对较低等。

目前公路路面径流污染控制技术主要分为非工程措施技术类和工程措施技术类等两大类。

非工程措施是通过加强管理来达到控制污染的目的,主要包括加强公路运输管理、路面清扫及限制除冰剂使用等。其中,加强公路运输管理是对污染源的控制,可以从根本上降低路面径流中污染物的含量,主要措施是严格控制污染物排放量明显超标的车辆上路、禁止超载及运送散装粉状货物的车辆上路等。

工程措施主要包括:植被控制、设置滞留池、设置渗滤系统以及设置湿地系统等四大类。植被控制是利用地表密植的植物,对地表径流中的污染物进行截流的一种措施。滞留池系统分为干式滞留池系统和湿式滞留池系统两种,其去除颗粒状污染物的基本机理是沉淀;其中,干式滞留池与污水处理中的平流沉淀池类似,地表径流在池中滞留、沉淀,以悬浮固体为主的污染物得以大量去除;湿式滞留池是池中平时保持有一定水量的滞留池。渗滤系统是指使地表径流雨水暂时存储起来并渗透到地下的一种暴雨径流控制方法,通常包括渗坑、渗渠及渗井等。

对于港珠澳大桥钢桥面排水系统而言,主要采用设置滞留池的方式对桥面径流污染物进行控制,设计时在桥面两侧每隔 5m 设置一个 600mm×400mm×515mm(长×宽×高)的泄水槽(图 9-26),且泄水槽具备一定的滞留池功能,泄水管中心距泄水槽底部约 22.5cm,当桥面水体由桥面汇聚进入泄水槽后,水体中的 SS 可沉淀于泄水槽底部,而后再由排水管排放入海,日常养护中要求对泄水槽底的沉淀物进行及时清理,而且该泄水槽一定程度上还可起到对暴雨情形下的桥面径流进行有效控制的作用。同时,该桥通过加强公路运输管理及日常桥面清理工作,桥面径流污染可以得到进一步有效控制。

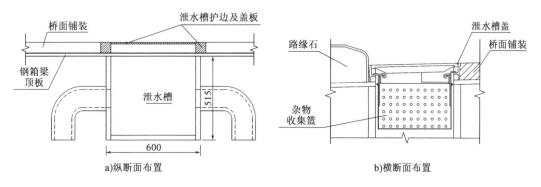

图 9-26 泄水槽构造示意(尺寸单位:mm)

2)南沙大桥

南沙大桥的桥面排水系统主要采用了智能化电控排水系统,该排水系统主要由三部分组成:树脂混凝土预制线性排水沟体(图9-27)、与预制线性排水沟体排水孔匹配的定制电磁阀,以及配套的电气智能自动化控制系统等。

该排水系统的特点及优势主要如下:

(1)树脂混凝土预制线性排水沟体。

①施工安装便捷,工厂化生产。施工时两面进行找平,不会造成桥面的高低不平,沟体部分由树脂混凝土材料构成,内壁光滑,水流速度快,路面垃圾和污泥在雨水的冲刷下可快冲刷掉,减少了路面维护成本,也大大提高了行车舒适度和安全度。

②在桥面整体沟道贯通,连续截水,排水效率高。在需要排放同体积水量的前提下,线性排水沟盖板表面有效收水断面更大,相对的排放时间约为点式排水的1/5,短时间内可高效地排水,不会造成桥面积水。

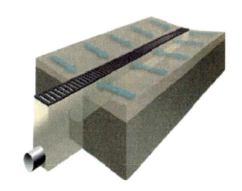

图 9-27 预制线性排水系统示意

③具有排放沥青铺装的层间水功能,延长铺装寿命,减少维护成本。

④景观效果好。线性排水系统梁体下无纵向排水管,后期养护更加方便。

⑤盖板由具有防腐及承重功能的玻璃钢材料制成,和沟道间有锁扣相连,牢固稳定。

(2)智能控制系统。

该排水系统的智能控制系统有两种阻断污染物下泄的方法:

①污染物桥面现场手动控制系统;

②远程自动化控制系统。

智能控制系统是该智能化排水系统的核心,平时泄水孔处于打开状态,可以正常排水。当桥面有污染物泄漏时,第一时间用手动或远程控制方式启动桥上智能排水系统,关闭泄水孔,阻绝污染物扩散,并发出警报。等待专业人员现场处理,保护环境,减少成本。

南沙大桥桥面智能化电控排水系统如图9-28所示。

a)中央控制室控制台　　b)电控箱

c)紧急控制按钮　　d)电磁阀机构

e)桥面排水系统

图9-28　南沙大桥桥面智能化电控排水系统

9.3　伸缩缝

桥梁伸缩缝是桥梁构造的重要组成部分,如果设计不当、施工质量差、缺乏科学的养护方法,都会使桥梁伸缩缝出现破坏,伸缩缝两侧出现不同高低的错台,使车辆通过时产生跳动与冲击,从而对桥梁造成附加的冲击荷载,并使驾乘人员感到不适,严重的甚至引起行车事故,从而影响了桥梁的正常运营。

影响钢结构桥梁伸缩的因素主要有:

(1)温度变化。温度变化是影响伸缩缝的主要因素,由于温差变化比较大,使桥梁内部温度分布不均匀,引起桥梁端部产生变位。

(2)各种荷重所引起的桥梁挠度。活载、恒载等会使桥梁端部发生角变位,而使伸缩装置产生垂直、水平及角变位。如果梁比较高,且伴有振动的情况,应格外注意。

(3)地震影响使构造物发生变位。地震对伸缩装置的变位影响比较复杂,当有可靠资料可计算得出地震对桥梁墩台的下沉、回转、水平移动及倾斜量时,在设计中宜给予考虑。

在设计中,一般要求伸缩缝在平行、垂直于桥梁轴线的两个方向均能自由伸缩,牢固可靠,车辆行驶通过时应平顺、无突跳与噪声;可防止雨水和垃圾、泥土渗入阻塞;安装、检查、养护、消除污物均应简易方便。在设置伸缩缝处,栏杆与桥面铺装应断开。为使施工和安装方便,其部件本身要有足够的强度,并应与桥面铺装牢固连接,需特别注意的是,在伸缩缝附近的栏杆结构也应能相应地自由变形。

在对常规跨径钢箱梁桥的伸缩缝进行设计时,需注意以下事项:

(1)对于常规跨径的钢箱梁桥,应视需要设置变形缝或伸缩缝,一般情况下其伸缩量有限,所用到的伸缩装置伸缩量不大,多为中、小规格型号。

(2)目前常用的伸缩装置分类如表9-20所示。

常用伸缩装置分类 表9-20

装置名称	类型	伸缩量 e(mm)
模数式伸缩装置	单缝式	$20 \leqslant e \leqslant 80$
	多缝式	$e \geqslant 160$
梳齿板式伸缩装置	悬臂型	$60 \leqslant e \leqslant 240$
	简支型	$80 \leqslant e \leqslant 2\,000$
无缝伸缩缝	—	$20 \leqslant e \leqslant 100$

(3)伸缩装置类型的选取应根据桥梁结构功能需求、伸缩量大小进行综合考虑,其性能应符合现行《公路桥梁伸缩装置通用技术条件》(JT/T 327)的规定。

(4)伸缩缝的变形量计算应考虑以下因素,并进行适当组合:

①活载作用下的制动、冲击产生的位移量;
②主梁体系温度影响产生的位移量;
③纵向风荷载下的位移量;
④地震作用下的位移量。

(5)梁端应根据伸缩缝构造要求预留安装槽口,并设置好预埋件。

(6)在正常设计、生产、安装、运营养护条件下,伸缩装置设计使用年限不应低于15年。当公路桥梁处于重要路段或伸缩装置结构特殊时,伸缩装置设计使用年限宜适当提高。

9.4 支座

支座是连接桥梁上部结构和下部结构的重要承力部件,一般应满足受力特性要求、梁体水平位移及转角变位要求、可靠性要求及方便安装、维修和养护的要求。

1)支座类型

常规跨径的钢箱梁桥,所选用支座规格一般不超30MN(即3 000t竖向承载能力),可选用的支座按材料可分类如下:

(1)钢支座:分为普通钢支座和减隔震钢支座。普通钢支座主要包含球型钢支座;减隔震钢支座包含摩擦摆式减隔震支座、弹塑性钢减震支座、圆柱面钢支座等。其中各类钢支座又可分为固定支座、单向活动支座、双向活动支座。

(2)橡胶支座:分为普通橡胶支座和隔震橡胶支座。其中普通橡胶支座包括板式橡胶支座、四氟滑板橡胶支座、盆式橡胶支座;隔震橡胶支座包括天然橡胶支座、高阻尼橡胶支座、铅芯橡胶支座等。

常用的支座分类如表9-21所示。

常用支座分类　　　　　　　　表9-21

支座分类	常见类型	参照现行标准
橡胶支座	板式橡胶支座	《公路桥梁板式橡胶支座》(JT/T 4)
	天然橡胶支座	《橡胶支座第2部分:桥梁隔震橡胶支座》(GB 20688.2)
	高阻尼隔震橡胶支座	《公路桥梁高阻尼隔震橡胶支座》(JT/T 842)
	铅芯橡胶支座	《公路桥梁铅芯隔震橡胶支座》(JT/T 822)
盆式支座	盆式支座	《公路桥梁盆式支座》(JT/T 391)、《公路桥梁多级水平力盆式支座》(JT/T 872)
	减隔震型盆式支座	《公路桥梁弹塑性钢减震支座》(JT/T 843)
球型钢支座	球型支座	《桥梁球型支座》(GB/T 17955)、《公路桥梁多级水平力球型支座》(JT/T 873)
	减隔震型球型支座	《公路桥梁弹塑性钢减震支座》(JT/T 843)
摩擦摆支座	摩擦摆式减隔震支座	《公路桥梁摩擦摆式减隔震支座》(JT/T 852)
	双曲面球型减隔震支座	《桥梁双曲面球型减隔震支座》(JT/T 927)

2)支座选型

由于钢材的线胀系数较大,因此温度引起的钢结构桥梁位移较大。支座选型时应充分考虑桥梁在结构、受力、转角、位移等方面的特点,采用合适的支座类型,确保桥梁整体安全、稳定。

(1)支座选用应根据桥梁所需承载力、结构功能、抗震需求等进行综合考虑。

(2)在正常施工和使用的条件下,支座应能承受可能出现的各种荷载作用和变形而不发生破坏;在偶然荷载发生后,支座仍能保持必要的稳定性。

(3)在正常维护的条件下,支座应具有良好的工作性能,应能在设计使用年限内满足各项功能要求。

(4)一般情况下,设计基本地震动水平峰值加速度小于或等于≤0.15g 时,可采用普通支座,如板式橡胶支座、天然橡胶支座、盆式支座、球型支座等;设计基本地震动水平峰值加速度 A_h 为 $0.40g \geq A_h \geq 0.20g$ 时,宜采用具有减隔震功能的支座,如高阻尼橡胶支座、铅芯橡胶支座、摩擦摆式减隔震支座、弹塑性钢减震支座等;设计基本地震动水平峰值加速度 $A_h > 0.40g$ 时,应进行专项抗震设计。

(5)弯、坡、斜等特殊钢结构桥梁,受力条件复杂,宜选用具有受力各向同性优势的支座、具有自动复位功能的支座。

(6)桥梁支座安装位置处,梁底应进行合理的局部设计,确保安全、稳定。支座与上部结构宜采用螺栓连接,方便后期维养、更换。

(7)设计时应考虑支座的安装空间及限位装置的设置空间,连接构件尽量避免与结构受力筋、加劲肋干扰。

(8)支座选用应考虑后期维修、养护及更换所需空间及可操作性。

(9)若需设置抗拉支座,抗拉支座应具有可靠的抗拉性能,且支座的上、下部与梁体、墩台之间应有可靠的连接,宜采用螺栓连接。

(10)支座的防腐性能要求宜与主体钢结构桥梁要求一致。处于高湿度、高盐度等严重腐蚀环境时,支座应具有抗腐蚀性能;处于严寒环境时,支座应具有耐低温性能。

(11)支座设计应检算设计位移量是否满足桥梁因温度、混凝土收缩徐变、制动力、地震力等荷载作用引起的位移、转角需求;上下各部件的轴线应对正,有预偏时应按预偏量设置。

总之,支座类型选择应兼顾受力性能、耐久性、经济性等综合指标,经比较后择优选用。

3)支座布置

在满足承载力、位移、转角等功能需求的前提下,支座的布置应满足如下要求:
(1)支座布置应保证力的顺利传递。
(2)支座上下表面应水平,宜通过预埋钢板或楔形块进行调平。
(3)曲线桥的支座宜沿桥梁的切线方向布置。

第 10 章

制造运输

钢箱梁的制造过程通常包括制造及材料准备、板件加工、部件组装、焊接、拼装连接、涂装、出厂检验及存放等环节。其中,主梁构件宜采用标准化制造,便于运输和快速装配安装,同时,通过工业化的生产方式可以降低构件的缺陷率,从而保证结构整体质量,提高施工效率,最终实现装配化建造。

钢梁构件在工厂内制造完成后,通常采用公路或水运方式运输至桥位场地,进而进行构件的组装及梁体的安装架设,具体的运输方式需经过综合比较优选后予以确定。在钢梁构件存放和运输过程中应注意采取有效的措施防止构件变形,并应注意钢结构涂装面的保护。

10.1 装配化要求

装配化技术作为工业民用建筑的一个热点技术,也非常适用于钢结构桥梁的设计与施工,具有诸多优点。装配化技术主要是指建筑物或钢结构桥梁的部分或者全部构件在工厂进行生产制造加工后,再通过交通工具运输到施工的现场,最后通过不同的连接方式拼装形成整体。

由于钢结构桥梁制造具有单元化、自重轻等特点,其构件便于运输且易于安装,因此相比混凝土结构桥梁,钢结构桥梁的施工质量和工期都更加可控。同时,钢结构桥梁的装配化构件可以在工厂进行制造,通过工业化的生产方式可以降低构件的缺陷率,从而保证构件的质量。总而言之,装配化钢结构桥梁具有结构构造简洁、自重轻、可实现标准化构件制造以及快速安装等诸多优点。

对于常规跨径钢箱梁的制造,对其装配化的要求主要体现在制造的标准化、精细化、自动化和信息化等方面,具体体现为,从材料、制造、组装、焊接及成型等方面形成标准化制造工艺流程。近年来,国内钢箱梁制造厂商依托重大工程项目,研发了一系列自动化、智能化制造装备及生产线。

1)钢板下料

目前钢板下料的主要装备有智能下料切割生产线、智能钢板预处理线(图 10-1)、数控切割机等。上述设备不仅效率高,切割面质量好,能确保板件尺寸精度,同时还带有自动划线和喷号功能,可以在下料前将母材各类信息喷写在各个板件上,实现板件材质跟踪,可以同时划出组装基线,取消了人工划线工序,避免出现人为偏差。

a)钢板辊平

b)钢板预处理

图 10-1　港珠澳大桥钢箱梁钢板预处理线

2)U 形加劲肋加工

主要装备有自动化 U 形加劲肋加工生产线(图 10-2)、正交异性桥面板自动打磨机,全面提高其加工质量,为实现 U 形加劲肋自动组装、定位,确保坡口根部焊接质量奠定基础。

a)切割

b)铣边

c)钻孔

d)U 形加劲肋成品

e)数控折弯

f)坡口加工

图 10-2　港珠澳大桥 U 形加劲肋加工自动化生产线

3)板单元组装和定位焊接

主要装备有 U 形加劲肋顶板单元组焊一体专机、U 形加劲肋与底板自动组装机床、板形加劲肋板单元装配专机(图 10-3)。桥面板单元与其他板单元相比,形状比较规则,容易实现自动定位、压紧及定位焊等功能,提高定位焊缝的质量稳定性。

4)U 形加劲肋、板形加劲肋板单元焊接

主要装备有板单元智能焊接生产线、U 形加劲肋顶板外侧焊缝自动焊接设备、U 形加劲肋与底板单元焊接专机、板形加劲肋板单元焊接机器人,能有效避免人工操作的不稳定因素,提高焊接质量稳定性和生产效率。U 形加劲肋、板形加劲肋单元自动化焊接应用示例如图 10-4 所示。

a) U形加劲肋组装定位

b) 板形加劲肋组装定位

图10-3 港珠澳大桥U形加劲肋、板形加劲肋单元组装定位

图10-4 港珠澳大桥U形加劲肋、板形加劲肋单元自动化焊接系统

5) 横隔板单元焊接

主要装备有横隔板龙门式智能焊接机器人(图10-5)。横隔板单元加劲肋目前主要采用气体保护半自动方法手工焊接,受人为因素的影响,这种方法焊接变形大、焊接质量不稳定。若采用机器人自动化、智能化焊接系统,将横隔板的焊接顺序和焊接规范参数等信息输入程序,通过程序控制横隔板上加劲肋的焊接,则可以实现质量稳定、焊接变形小、焊接效率高的目的。

图10-5 港珠澳大桥横隔板单元自动化焊接系统

10.2 制造工艺要求

10.2.1 一般规定

对钢箱梁进行制造时,需注意以下事项:

(1)制造单位应对设计图纸进行工艺性审查。

(2)钢箱梁加工前应制定详细的工艺。

(3)制造单位可根据设计图绘制施工图并编制制造工艺,钢箱梁的制造必须根据施工图和制造工艺进行。

(4)制造单位应根据钢箱梁的接头形式,进行相应的焊接工艺评定试验,并编制详细的焊接工艺评定报告。通过试验确定合适的焊接坡口尺寸、焊接参数和焊接工艺,制定控制焊接变形和降低焊接残余应力的有效措施,以确保焊接质量和结构的安全。在保证焊接质量的前提下,应尽可能地选用焊接变形小、焊缝收缩小的焊接工艺。

(5)为了确保钢箱梁的安装精度,制造单位应在工厂内对所有的钢梁节段进行整体试拼装,并应对试拼装误差实行有效管理,避免误差累积。

(6)制造单位根据自身加工能力确定施工方案,如有条件,焊缝均应采用自动焊接。焊接时应尽量采用平焊,避免仰焊。

(7)钢箱梁的涂料应具有良好的附着性、耐腐蚀性,具有出厂合格证和检验资料,并符合耐久性要求。

(8)钢箱梁的制造和验收应符合现行国家标准和行业标准的相关规定。

(9)钢箱梁运输应满足下列要求:

①运输过程中,应做好钢箱梁的防护。

②钢箱梁运输过程中,应加强支撑,防止变形或倾覆。

③运输过程中可采用辅助撑架,防止钢梁变形或倾倒。

10.2.2 材料复验

材料是指制造钢箱梁所使用的材料,包括钢材、螺栓、圆柱头焊钉、焊接材料和涂装材料等。钢箱梁材料复验时需注意下述事项。

1)钢材

(1)钢材材质及质量要求。

①钢材应符合设计文件要求,必须有出厂质量证明书,并按规定进行复验。

②主体结构钢材化学成分和力学性能应能满足现行《桥梁用结构钢》(GB/T 714)或现行《低合金高强度结构钢》(GB/T 1591)要求。

③设计文件有厚度方向性能要求的钢板,应符合现行《厚度方向性能钢板》(GB/T 5313)要求。

④钢材表面质量应符合现行《热轧钢板表面质量的一般要求》(GB/T 14977)的规定,若

发现钢材缺陷需要修补时,应符合相关技术规定。当钢材的表面有锈蚀麻点或划痕等缺陷时,其深度不得大于该钢材厚度允许偏差值的 1/2。

⑤钢材表面的锈蚀等级应符合现行《涂覆涂料前钢材表面处理 表面清洁度的目视评定 第1部分:未涂覆过的钢材表面和全面清除原有涂层后的钢材表面的锈蚀等级和处理等级》(GB/T 8923.1)规定的 B 级及 B 级以上。

⑥钢板厚度允许偏差应符合现行《热轧钢板和钢带的尺寸、外形、重量及允许偏差》(GB/T 709)的规定。行车道范围内顶板厚度偏差宜考虑不允许出现负公差。

⑦钢材进厂后按技术要求进行管理可在钢材端面涂上识别色,搬运和堆放时,应注意不使钢材出现永久变形和损伤。

(2)钢材供货状态。

钢材的采购技术条件应满足设计及招标文件要求。进场材料按下列要求复验:

①钢材复检应按同一厂家、同一材质、同一板厚、同一出厂状态每 10 炉(批)抽检一组,每检验批抽检一组试件。

②审核生产厂家提供的《质量证明书》。

③化学成分:

a. 普通桥梁钢:复验 C、Si、Mn、P、S 等元素含量。

b. 耐候桥梁钢:复验 C、Si、Mn、P、S、Ni、Cr、Cu 等元素,并计算耐腐蚀指数 I 是否满足设计文件要求。

$I = 26.01(\%Cu) + 3.88(\%Ni) + 1.20(\%Cr) + 1.49(\%Si) + 17.28(\%P) - 7.29(\%Cu)(\%Ni) - 9.10(\%Ni)(\%P) - 33.39(\%Cu)(\%Cu)$。

④力学性能:屈服强度 R_{eL}、抗拉强度 R_m、伸长率 A 及冲击功 KV_2 等。

⑤对于 Z 向钢及厚度大于 20mm 的钢材,应按现行《厚钢板超声检验方法》(GB/T 2970)的规定抽取每种板厚的 10%(至少 1 块)进行超声波复测,质量等级为 Ⅱ 级。

⑥对于 Z 向钢,应根据现行《厚度方向性能钢板》(GB/T 5313)的相关规定进行检验。

2)焊接材料

(1)焊接材料及质量要求。

①焊接材料应满足设计要求,并根据焊接工艺评定试验结果确定,所选择的焊接材料应与母材匹配。

②常用焊接材料标准可参考表 10-1;耐候桥梁钢用焊材应符合设计文件要求。

常用焊接材料标准 表 10-1

材 料 名 称	现 行 标 准
焊条	《非合金钢及细晶粒钢焊条》(GB/T 5117)
气保焊丝	《熔化极气体保护电弧焊用非合金钢及细晶粒钢实心焊丝》(GB/T 8110)
	《非合金钢及细晶粒钢药芯焊丝》(GB/T 10045)
	《热强钢药芯焊丝》(GB/T 17493)
埋弧焊丝、焊剂	《埋弧焊用非合金钢及细晶粒钢实心焊丝、药芯焊丝和焊丝-焊剂组合分类要求》(GB/T 5293)

③焊接材料进厂时应有质量证明书,焊接材料的质量管理应符合现行《焊接材料质量管理规程》(JB/T 3223)的规定。

(2)焊接材料复验项目。

①审核生产厂家提供的《质量证明书》。

②药芯焊丝:首次使用的药芯焊丝检验熔敷金属的化学成分(C、Si、Mn、P、S等元素)和力学性能(屈服强度R_{eL}、抗拉强度R_m、伸长率A、冲击功KV_2);连续使用的同一厂家、同一型号的药芯焊丝,每一年进行一次熔敷金属力学性能检验。同时,厂家应在质保书中提供药芯焊丝扩散氢含量检测值。

③实芯焊丝:首次使用的实心焊丝检验熔敷金属的化学成分(C、Si、Mn、P、S等元素)和力学性能(屈服强度R_{eL}、抗拉强度R_m、伸长率A、冲击功KV_2);连续使用的同一厂家、同一型号的实心焊丝,逐批进行化学成分检验。

④手工焊条:首次使用的焊条检验熔敷金属的化学成分(C、Si、Mn、P、S等元素)和力学性能(屈服强度R_{eL}、抗拉强度R_m、伸长率A、冲击功KV_2);连续使用的同一厂家、同一型号的手工焊条,每一年进行一次熔敷金属力学性能检验。

⑤埋弧焊丝:逐批检验埋弧焊丝的化学成分(C、Si、Mn、P、S、Ni等元素含量)。

⑥埋弧焊剂:首次使用的埋弧焊剂检验化学成分(P、S元素含量)、焊剂与焊丝组合逐批复验熔敷金属力学性能(屈服强度R_{eL}、抗拉强度R_m、伸长率A、冲击功KV_2);连续使用的同一厂家、同一型号的埋弧焊剂,逐批进行熔敷金属力学性能检验(屈服强度R_{eL}、抗拉强度R_m、伸长率A、冲击功KV_2)。

⑦耐候桥梁钢用各类焊材:逐批检验化学成分(复验C、Si、Mn、P、S、Ni、Cr、Cu等元素含量),并计算熔敷金属的耐腐蚀指数I是否满足设计文件要求。

耐大气腐蚀指数 $I = 26.01(\%Cu) + 3.88(\%Ni) + 1.20(\%Cr) + 1.49(\%Si) + 17.28(\%P) - 7.29(\%Cu)(\%Ni) - 9.10(\%Ni)(\%P) - 33.39(\%Cu)(\%Cu)$。

3)涂装材料

(1)涂装材料应根据设计文件要求、结构部位及桥址环境条件等选定,以确保预期的涂装效果。禁止使用过期产品、不合格产品和未经试验的替用产品。

(2)为保证防腐材料的质量和防腐效果,考虑到不同厂家材料及施工工艺的兼容性,不同油漆的供应商宜为同一厂家。

(3)涂装材料的品种、规格、技术性能指标必须符合设计文件和技术规范的要求,具有完整的出厂质量合格证明书,涂料供应商应提供涂装施工全过程的技术服务,对涂料保证年限进行承诺。

(4)涂装材料各项性能指标应满足《公路桥梁钢结构防腐涂装技术条件》(JT/T 722—2008)的要求。新材料除满足各项指标要求外,应用前还应进行涂层相容性、环境适应性等相关试验,并组织专家论证后方可应用。涂装材料供应商应提供满足各项性能指标的第三方检测报告,具体指标可参考表10-2。

各种涂料性能指标应完全满足《公路桥梁钢结构防腐涂装技术条件》(JT/T 722—2008)附录B的要求。

涂层体系性能要求　　　　表 10-2

腐蚀环境	防腐寿命（年）	耐水性（h）	耐盐水性（h）	耐化学品性能(h)	附着力（MPa）	耐盐雾性能（h）	人工加速老化(h)	耐阴极剥离性(h)
C3	30	240	240	—	≥5	1 000	1 000	—
C4						1 500	2 000	—
C5				240		2 000	4 000	—
CX						3 000	4 000	—
Im1		4 000	—	72		—	—	—
Im2						3 000	—	—
Im3						3 000	—	—
Im4						—	—	4 200

注：1. 耐水性、耐盐水性涂层试验后漆膜外观无变化；
　　2. 耐化学品性能涂层试验后不生锈、不起泡、不开裂、不剥落，允许轻微变色和失光；
　　3. 人工加速老化性能涂层试验后不生锈、不起泡、不开裂、不粉化，允许 2 级变色和 2 级失光；
　　4. 耐盐雾性涂层试验后不起泡、不剥落、不生锈、不开裂，拉开法附着力不小于 3MPa；
　　5. 耐阴极剥离性试验后，涂层不起泡、不剥落、不生锈、不开裂，剥离面积的等效直径不大于 20mm。

（5）涂装材料进场复验应按相关规定执行。涂料复验应逐批进行，且每批不超过 10t。
①富锌底漆至少应复验固体份中金属锌含量、不挥发物含量、附着力等项目；
②中间漆至少应复验不挥发物含量、附着力、弯曲性等项目；
③面漆至少应复验不挥发物含量、附着力、弯曲性、耐冲击性等项目。

4）连接紧固件

（1）高强螺栓连接副。
①高强螺栓规格和性能首先应符合设计要求，高强螺栓、螺母及垫圈必须按批配套供货，且有产品出厂质量证明书（耐候钢高强螺栓连接副化学成分应满足耐腐蚀指数 I≥6.0），具体可参考表 10-3 所列标准要求。

高强螺栓连接副标准　　　　表 10-3

名　　称	标　　准
《钢结构用高强度大六角头螺栓》	GB/T 1228
《钢结构用高强度大六角螺母》	GB/T 1229
《钢结构用高强度垫圈》	GB/T 1230
《钢结构用高强度大六角头螺栓、大六角螺母、垫圈技术条件》	GB/T 1231

②高强螺栓连接副在运输、保管过程中应防雨、防潮，并应轻装、轻卸，防止损伤螺纹。高强螺栓连接副应按包装箱上注明的批号、规格分类保管，室内架空存放，堆放不宜超过五层。
③高强螺栓复验规则。
检验频次：高强螺栓按现行《钢结构用高强度大六角头螺栓、大六角螺母、垫圈技术条件》（GB/T 1231）有关规定进行复验。
检验项目：高强螺栓连接副按其生产批号逐批抽样复验。

(2)普通螺栓。

①普通螺栓技术指标应满足图纸要求,图纸未规定,一般按照现行《六角头螺栓》(GB/T 5782)、现行《1 型六角螺母》(GB/T 6170)、现行《平垫圈 C 级》(GB/T 95)的规定执行。

②普通螺栓应由生产厂配套供货,必须有生产厂按批提供的产品质量保证书。

③普通螺栓在运输、保管过程中应防雨、防潮,并应轻装、轻卸,防止损伤螺纹。

5)圆柱头焊钉

(1)圆柱头焊钉及标准。

①圆柱头焊钉、焊接瓷环质量标准及检验应符合设计文件要求及现行《电弧螺柱焊用圆柱头焊钉》(GB/T 10433)的相关规定。

②应使用防水型焊接瓷环,瓷环与栓钉尺寸公差应匹配,且应符合下列要求:

a. 在电弧燃烧过程中有效隔离空气,防止焊缝产生气孔;

b. 保证良好的焊缝成型;

c. 在焊接过程中应保持完整;

d. 焊后易于清除。

③焊接瓷环应保持清洁、干燥,使用前对由于雨、露而致表面潮湿的瓷环,在烘干箱中经 150℃ ×2h 烘干,瓷环从烘干箱中取出后应在 4h 内使用,否则应重新烘干。

④不得使用损坏的焊接瓷环。

(2)圆柱头焊钉复验项目。

①圆柱头焊钉进厂后按照生产批号逐批进行复验。

②审核生产厂家提供的《产品质量保证书》、产品合格证。

③复验项目如下:

a. 化学成分:复验 C、Si、Mn、P、S 等元素含量。

b. 力学性能:屈服强度 R_{eL}、抗拉强度 R_m、伸长率 A。

6)其他材料

其他材料如密封胶,密封胶宜采用 HM106 航空密封胶,主要性能指标可参考表 10-4 的规定。

密封胶性能指标　　　　表 10-4

项　目	单　位	性 能 数 据
密度	g/cm³	不大于1.65
固体含量	%	不大于97
使用期(活性期)	h	在0.5~4内可调
干燥时间(不黏期)	h	不大于8~24
黏度	Pa·s	400~1 200
拉伸强度	MPa	不小于2.0
扯断伸长率	%	不小于150
黏接性能	kN/m	不小于4

10.2.3 板件加工

板件加工的内容主要包括:钢板预处理、下料、坡口加工、钻孔、弯曲等工序,主要设备包括:预处理设备、辊板机、门式切割机、数控切割机、铣边机、刨边机、斜面铣、折弯机、压力机、摇臂钻床及数控钻床等。对钢箱梁的板件加工时,一般需注意以下事项:

(1) 为保证钢结构加工质量,厚度大于 6mm 的钢板(填板除外)均不得采用热轧卷材(开平板),必须采用热轧钢板(压平板)。

(2) 对于主要零件的下料,应使钢板的轧制方向与其主要应力方向一致,但当钢板纵向、横向力学性能相近,并满足设计要求时,连接板等非焊接件可不受此限制。《日本道路桥示方书》中对下料规定为:"原则上应使钢材的轧制方向与其主要应力方向一致;但垂直轧制方向下料,满足设计所要求的力学性能时,可不受此限制";《铁路钢桥制造规范》(TB 10212)对此也有相应的规定。

(3) 钢板经过预处理后方可下料,以确保下料钢板的平整度和降低钢板的轧制残余应力,为加工和焊接变形的控制提供良好的条件。

(4) 所有高强螺栓连接孔的粗糙度为 $\sqrt{12.5}$,孔距公差为 ±0.4mm。

(5) 板件须按设置预拱度后的线形进行精确放样,制作台座,预弯钢梁各钢板组件。

1) 下料前准备工作

钢材进行表面预处理后,方可下料,下料前的准备工作有:

(1) 钢板在下料前宜进行辊平、抛丸除锈、除尘及涂防锈底漆等处理。
(2) 对于产品在车间内制作不超过 6 个月的情况,可不进行喷涂防锈底漆。
(3) 下料前应移植钢板的牌号、规格等信息。
(4) 下料尺寸应按要求预留加工余量,样板、样杆、样条制作的允许偏差可参考表 10-5。
(5) 下料前应检查钢材的炉批号、材质、规格和外观质量。
(6) 主要板件下料时,应使钢材的轧制方向与其主要应力方向一致。
(7) 钢材的起吊、搬移、堆放过程中,应注意保持其平直度。

样板、样杆、样条制作允许偏差(mm) 表 10-5

序号	项目	允许偏差
①	两相邻孔中心线距离	±0.5
②	对角线、两极边孔中心距离	±1
③	孔中心与孔群中心线的横向距离	≤0.5
④	长度	+0.5 0
⑤	宽度	0 −1
⑥	加工样板的角度	±10′

2) 板件下料

(1) 板件下料时除考虑焊接、修整收缩量,还应考虑桥梁线形和预拱度的影响。

(2)切割下料前需确认图纸、文件及所用下料程序正确无误后,方可进行下料。

(3)为了确保切割面的质量,减少对母体金属力学性能的影响,需进行切割工艺试验。进行焰切工艺评定的试件,应根据各种不同的板厚分档分别评定。当厚度为20mm时,其工艺评定的结果亦适用于不大于20mm的各种厚度的钢材;当厚度为40mm时,其工艺评定的结果亦适用于大于20mm且小于等于40mm的各种厚度的钢材;当厚度大于40mm时,应按每10mm为一级,分别进行工艺评定。

(4)板件下料宜采用数控精密切割,可采用自动或半自动切割下料。手工切割只可用于次要零件或切割后还须再行加工的零件。

(5)切割质量应符合下列要求:

①精密切割边缘表面质量应符合表10-6的规定,切割面硬度应不超过HV350;

②尺寸允许偏差应符合工艺要求,如工艺无具体要求,允许偏差±2.0mm。

精密切割边缘表面质量要求 表10-6

项 目	用于主要板件	用于次要板件	备 注
表面粗糙度	$\sqrt{25}$	$\sqrt{50}$	GB/T 1031 用样板检查
崩坑	不允许	1m长度内允许有一处1mm	超限应补修,按焊接有关规定
塌角	圆形半径≤0.5mm		—
切割面垂直度	≤0.05t,且不大于2.0mm		t为钢板厚度

(6)横隔板弧形切口应采用数控精密切割,切割精度要求如图10-6所示,同时应对弧形切口两侧进行倒棱$R=2$mm,不包括焊接边。

(7)钢板下料后,应在板件上标明产品名称、板件号,对有材料追溯要求的主要板件还应标明钢材炉批号并做好记录。

(8)型钢切割线与边缘垂直度允许偏差应不大于2.0mm。

(9)手工切割尺寸允许偏差应为±2.0mm。

(10)剪切、锯切下料,根据车间设备能力规定下料规格。剪切、锯切的质量标准如下所示:

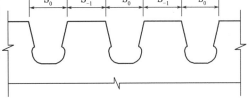

图10-6 横隔板弧形切口尺寸精度

①剪切、锯切断面的粗糙度Ra≤100μm。

②剪切、锯切断面的倾斜度≤1/10厚度。

③剪切、锯切的允许偏差:±2mm。

(11)切割注意事项:

①精密切割所用氧气纯度须在99.5%以上。

②精密切割需在专用工作台上进行,台面要保持水平。

③下料时应预留切口宽度,数控件由操作者在下料前在设备上进行补偿,门切件由操作者在调整割距间距时预留,半自动切割件在号料时预留。

④使用火焰精密切割时宜选用快速割嘴。

⑤使用数控切割机切割的首件应先进行自检,合格后再进行批量切割。

3)板件矫正与弯曲

(1)板件矫正宜采用冷矫,冷矫时的环境温度不得低于-12℃。矫正后的钢材表面不应有明显的凹痕或损伤。

(2)主要板件冷作弯曲时,环境温度不宜低于-5℃,内侧弯曲半径不宜小于板厚的15倍。

(3)钢箱梁U形加劲肋可采用热轧或冷弯成型,U形加劲肋成型后应对其检查,U形加劲肋尺寸允许偏差可参考表10-7的规定。若U形加劲肋采用数控折弯机压制,则须一次达到设计规定的角度,成型后要求圆角外边缘不得有裂纹,手孔切割边缘要打磨匀顺。

钢箱梁U形加劲肋加工允许偏差 表10-7

项 目	简 图	允许偏差(mm)
开口宽B		+3.0 0
底宽b		±1.0
肢高 h_1,h_2		±2.0
两肢差 $\|h_1-h_2\|$		≤1.5
旁弯		$L/4000$,且≤2.5
竖弯		$L/2000$,且≤5
四角平面度(扭转)		≤3
长度		±2.0

(4)冲压成型仅适用于次要板件,并应根据工艺试验结果用冷加工法矫正,矫正后应检查,不应出现裂纹。

(5)板件矫正允许偏差可参考表10-8的规定。

板件矫正允许偏差 表10-8

板件	名 称	简 图	说 明	允许偏差(mm)
钢板	平面度		每m范围(连接部位)	f≤1.0
	直线度		全长范围 $L≤8m$	f≤3.0
			全长范围 $L>8m$	f≤4.0

4)板件加工基准划线

(1)划线前,需确认是否需要考虑加工工艺余量值,确认后再进行划线。

(2)用钢针精确划线公差为±0.5mm;用划规精确划线号孔,任意孔心距公差为±0.5mm;用钢针精确号孔、任意孔心距公差为±1.0mm。

5)板件机加工

(1)加工面的表面粗糙度不得大于Ra25,零件边缘加工深度不应小于2mm,零件边缘硬度不超过 HV350 时,加工深度不受此限制。

(2)机加工后零件应磨去边缘飞刺,使断面光滑匀顺。

(3)焊接坡口形状尺寸及允许偏差依据焊接工艺评定确定。

6)边缘加工

(1)钢箱梁钢构件边缘加工允许偏差可参考表 10-9 的规定。

边缘加工允许偏差　　　　　　　　表 10-9

序　号	项　　目	允　许　偏　差
1	U 形加劲肋坡口钝边	±0.5mm
2	U 形加劲肋坡口角度	±2°
3	自由边打磨倒圆角半径	≥2mm
4	零件宽度、长度	±1mm
5	加工边直线度	1/3 000,且不大于 2mm
6	相邻两边夹角	±6′
7	加工面垂直度	0.025t,且不大于 0.5mm
8	加工表面粗糙度	50μm

(2)顶紧传力面的表面粗糙度不得大于 12.5μm;顶紧加工面与板面垂直度偏差应小于 0.01t(t 为板厚),且不得大于 0.3mm。

(3)对不等厚对接的过渡斜坡,采用斜面铣床进行加工,确保加工斜面的角度。

(4)加工时应避免油污污染钢材,加工后磨去边缘的飞刺、挂渣,使端面光滑匀顺。

(5)钢箱梁内横隔板边垂直度偏差不得大于 1.0mm。

7)板件尺寸

钢箱梁钢构件板件的尺寸允许偏差可参考表 10-10 的规定。

钢箱梁板件尺寸允许偏差　　　　　　　　表 10-10

序号	名　　称		允许偏差(mm)		备　　注
			长度	宽度	
1	顶板、底板、腹板		±2	±2	—
2	横隔板	外形尺寸	±2	±2	
		槽口中心距 S1、S2	±2(任意两槽口间距) ±1(相邻两槽口间距)		
		对角线差	≤5		
3	横隔板接板、横肋板	外形尺寸	±2	±2	
		槽口中心距 S1、S2	±2(任意两槽口间距) ±1(相邻两槽口间距)		
4	其他板件		±2	±2	—

8)板件制孔

(1)主体结构螺栓孔应采用钻孔工艺,不得采用冲孔、气割孔,制成的孔应呈正圆柱形,孔壁表面粗糙度不大于 25μm。

(2) 钻孔前应对工件进行校直或整平,且每次钻孔板层厚度不允许超过 80mm。

(3) 使用样板钻孔时,应使用足够数量的卡具卡紧,防止钻孔时工件与样板间产生间隙或滑移现象。

(4) 采用先孔法工艺时,为保证构件的拼装质量,对其用来定位的栓孔应全数检查,保证栓孔孔径的质量。

(5) 螺栓孔径允许偏差可参考表 10-11 的规定。

螺栓孔径允许偏差　　　　　　　　　　　　表 10-11

序号	螺栓直径	螺栓孔径（mm）	允许偏差(mm)	
			孔径	孔壁垂直度
1	M8	10	+0.5 0	板厚 $t \leq 30$ 时,不大于 0.3; 板厚 $t > 30$ 时,不大于 0.5
2	M20	22	+0.7 0	
3	M22	24	+0.7 0	
4	M24	26	+0.7 0	
5	M27	29	+0.7 0	
6	M30	33	+0.7 0	

(6) 螺栓孔距允许偏差可参考表 10-12 的规定,有特殊要求的孔距偏差应符合设计文件的规定。

螺栓孔距允许偏差　　　　　　　　　　　　表 10-12

序　号	项　　目		允许偏差(mm)
1	两相邻孔中心线距离		±0.5
2	极边孔距		±1
3	孔群中心线与构件中心线的横向偏移		≤2
4	两端孔群中心距	$L \leq 10\text{m}$	±1.5
		$L > 10\text{m}$	±2

10.2.4 部件组装

1) 一般规定

(1) 组装前必须熟悉施工图和工艺文件,按图纸核对板件编号、外形尺寸、坡口方向及尺寸,确认无误后方可组装。

(2) 对于不满足钢板轧制尺寸要求的板件,可采用多块钢板进行拼焊接组合,并应符合下列规定:

① 组装时应将相邻焊缝错开,错开的最小距离可参考图 10-7 的规定。

②节点板需要接宽时,接料焊缝应距其他焊缝、节点板圆弧起点、高强螺栓拼接边缘部位100mm以上;节点板应避免纵、横向同时接料。

(3)组装前必须彻底清除待焊区域的铁锈、氧化铁皮、油污、水分等有害物,使其表面显露出金属光泽。清除范围可参考图10-8的规定。

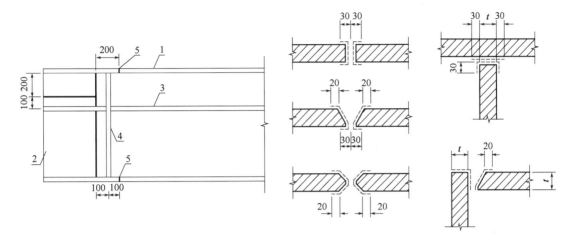

图10-7 焊缝错开的最小距离示意(尺寸单位:mm)
1-盖板;2-腹板;3-水平肋或纵肋;4-竖肋或横肋;5-盖板对接焊缝

图10-8 组装前的清除范围示意(尺寸单位:mm)

(4)大型构件在露天进行组装时,工装的设计、组装及测量应考虑日照和温差的影响。

(5)构件应在胎架或平台上组装,组装胎架或平台应具有足够的强度、刚度,稳定可靠,满足支撑、定位、固定及操作等工作需要。

(6)构件组装应以纵、横基线作为定位基准。

(7)采用埋弧焊焊接的焊缝,应在焊缝的端部加装引板,引板的材质、厚度、坡口应与所焊件相同;引板长度不应小于80mm。

(8)进行产品试板检验时,应在焊缝端部加装试板;当无法加装在焊缝端部时,应在相同环境相同条件下施焊。试板材质、厚度、轧制方向及坡口应与所焊对接板材相同,其长度应大于400mm,宽度每侧不得小于150mm。进行不等厚板产品试板检验时,可利用薄板进行等厚对接试验。

(9)组装完成后应做好钢印编号,并防止损坏。涂装结束后应增加油漆标记。

2)钢箱梁板单元组装

钢箱梁主要由顶板单元、底板单元、腹板单元、横隔板单元、挑臂单元及其他板件组成,如图10-9所示。

组装精度是确保结构几何尺寸精度和焊接质量的前提,钢箱梁单元组装应注意下述事项。

(1)所有板单元应在组装胎架上进行组装,每次组装前应对所使用的组装胎架进行检查,确认合格后方可组装。

(2)在组装顶、底板单元时,应以板件的边缘和端头(非二次切头端)作为定位基准。

(3)组装后应在规定位置写上编号,并填写相应的组装记录以便追溯。

(4)钢箱梁板单元与 U 形加劲肋组装间隙示意如图 10-10 所示。U 形加劲肋与桥面板组装尺寸允许偏差可参考表 10-13 的规定;钢箱梁板单元组装尺寸允许偏差可参考表 10-14 的规定。

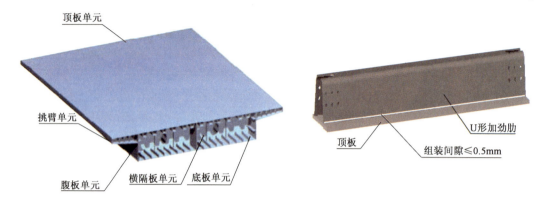

图 10-9　钢箱梁结构示意　　　　　　图 10-10　钢箱梁板单元与 U 形加劲肋组装间隙示意

U 形加劲肋与桥面板组装尺寸允许偏差　　　　表 10-13

名　称	简　图	说　明	允许偏差
U 形加劲肋与桥面板的组装		坡口钝边 p	1.0mm
		组装间隙 b	≤0.5mm
		坡口角度 α	50°±2°

钢箱梁板单元组装尺寸允许偏差(mm)　　　　表 10-14

序号	名　称	图　例	项　目		允许偏差
1	钢箱梁顶板、底板、腹板		U 形加劲肋组装间隙 Δ		≤0.5,局部允许 1
			板形加劲肋组装间隙 Δ		≤1
			S、$S1$	端部及横隔板处	±1
				其他部位	±2
			板形加劲肋垂直度		≤1
			横隔板、横肋板接板间距		≤2
			横隔板接板垂直度		≤1
			四角不平度		≤5
2	横隔板		板形加劲肋垂直度		≤1
			板形加劲肋组装间隙		≤1

(5) 焊接接头组装允许偏差可参考表 10-15 的规定。

焊接接头组装允许偏差　　　　　　　表 10-15

焊口形状	项目(单位)	允许偏差
(V形坡口示意图)	坡口角度 α(°)	±5
	坡口钝边 p(mm)	±2
	坡口间隙 b(mm)	±2
	坡口错边 S(mm)	<1
(带衬垫坡口示意图)	坡口间隙 b(mm)	±2
	坡口错边 S(mm)	<1
	衬垫与板间隙 a(mm)	<0.5
(T形坡口示意图)	坡口角度 α(°)	±5
	坡口钝边 p(mm)	±2

(6) 钢箱梁 U 形加劲肋与横隔板槽口的组装允许偏差可参考表 10-16 的规定。

U 形加劲肋与横隔板槽口的组装允许公差　　　　　　　表 10-16

名称	简图	说明	允许偏差(mm)
U形加劲肋与横隔板槽口的组装	(示意图：80mm，不得起熄弧，开5mm 双面坡口，围焊打磨匀顺，组装间隙 t，棱边倒角 r)	横隔板与顶板及 U 形加劲肋间的组装间隙 t	≤1.0mm
		横隔板弧形缺口打磨倒圆角半径 r	≥1.0mm

(7) 采用衬垫对接焊接时，陶瓷衬垫、钢板衬垫与母材之间的组装间隙应小于或等于 0.5mm，尤其需要注意的是，当钢箱梁纵向 U 形加劲肋与端横隔板采用钢衬垫进行熔透焊接时，钢衬垫板与 U 形加劲肋间、钢衬垫板的两个侧边与端横隔板及面板之间的组装间隙均应小于或等于 0.5mm。

关于衬垫，美国《钢结构焊接规范》(AWS D1.1 *Structural Welding Code-Steel*) 中对衬垫要

求如下:坡口焊缝或角焊缝的根部可以用铜、焊剂、玻璃纤维带、陶瓷、铁粉或类似材料作为衬垫以防熔穿。美国《桥梁焊接规范》(AASHTO/AWS D1.5M/D1.5)中对焊接衬垫的要求如下:坡口焊接与填角焊接可以通过加铜、熔剂(陶瓷)、玻璃胶、铁粉或类似的材料作为衬垫,以提供适当的背面形状或防止烧穿。欧洲标准《钢结构和铝结构的施工 第2部分:钢结构用技术要求》(EN1090-2:2008)则规定,对于单面熔透焊缝的衬板,使用或不使用金属或非金属垫板材料均可,除非另有规定。

钢箱梁制造的一般工艺流程如表10-17所示。

钢箱梁组装制作工艺一般流程　　　　　　表10-17

序号	示　意　图	技　术　要　求
1		在专用组装胎架上铺设底板单元并固定,确保平面度满足组装要求
2		按线组装定位隔板单元及中腹板单元,注意控制隔板垂直度
3		以纵横基准线为基准组装边腹板单元,并点焊固定;注意设立防护并控制垂直度
4		以纵横基准线为基准组装顶板单元

续上表

序号	示 意 图	技 术 要 求
5	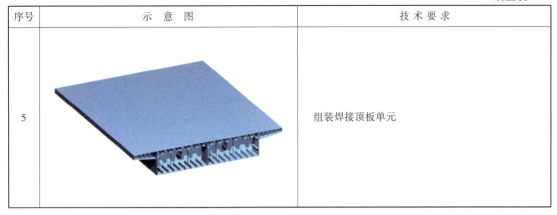	组装焊接顶板单元

10.2.5 焊接

1) 一般规定

(1) 钢箱梁焊接宜采用小线能量的焊接方法(如气体保护焊),以利于减小焊接变形。

(2) 所有类型的焊缝在焊接前应做焊接工艺评定试验,编制完善的焊接工艺评定试验报告。制定现场横向环焊缝的焊接工艺时,应能保证容许的焊缝间隙可在一定范围内调整,且应按最大缝宽30mm做焊接工艺评定试验。焊接工艺必须按照评审通过的焊接工艺评定报告编制,焊接工艺评定应符合设计要求,施焊应严格执行焊接工艺的规定。

(3) 焊接工作宜在室内或防风防雨设施内进行,焊接环境湿度应不大于80%;焊接低合金钢的环境温度不应低于5℃,焊接低碳钢的环境温度不应低于0℃。当环境温度或湿度未满足上述要求时,应在采取必要的工艺措施后进行焊接。雨、雪、大风、严寒等恶劣气候条件,不应进行桥上焊接作业。

(4) 主要部件应在组装后24h内焊接,超过的可根据不同情况在焊接部位进行清理或去湿处理后再施焊。

(5) 焊接前必须彻底清除待焊区域内的有害物,焊接时不得随意在母材的非焊接部位引弧,焊接后应清理焊缝表面的熔渣及两侧的飞溅物。

(6) 焊前预热温度通过焊接试验和焊接工艺评定确定,预热范围一般为焊缝两侧100mm以上,距焊缝30~50mm范围内测温。为防止T形接头出现层状撕裂,在焊前预热中,必须特别注意厚板一侧的预热效果。

(7) CO_2 气体保护焊焊接时,要及时清除喷嘴上的飞溅物,且干燥器始终处于良好的工作状态。CO_2 气体保护焊施工风力不宜大于5级,当风力影响到焊接质量时,应采取相应措施。

(8) 焊接材料应通过焊接工艺评定确定。焊剂、焊条必须按表10-18或产品说明书烘干使用。烘干后的焊接材料应随用随取。当从烘干箱取出的焊接材料超过4h时,应重新烘干后使用。

焊条、焊剂烘干温度一般要求　　　　　表 10-18

焊接材料	烘干温度(℃)	保温时间(h)	保存温度(℃)	说　明
碱性焊条	350~400	2	150±10	烘干的焊接材料从烘干箱取出超过 4h,应重新烘干
烧结焊剂	350±10	2	150±10	

（9）Ⅰ、Ⅱ级焊缝焊后应记录杆件的名称、件号、焊缝位置、焊接日期,以及焊接参数、质量状况、操作者等信息。Ⅰ级焊缝焊后应增加追溯标识,以便对其进行追溯。

（10）焊接后必须用气割切掉两端的引板或产品试板,并磨平切口,且不得损伤母材。

（11）结构焊接变形矫正应采用反变形矫正、机械矫正等方法,不得采用火工矫正方法,以保证桥梁钢结构材料的力学性能不受影响。

（12）原则上不得采用仰姿焊接,以利于改善焊接工人劳动条件,避免焊缝外观不良、焊根熔深不足、咬边等缺陷。

2）定位焊接

（1）定位焊前应按图纸及工艺文件检查焊件的几何尺寸、坡口尺寸、根部间隙、焊接部位的清理情况等,如不符合要求不得采用定位焊。

（2）焊接工艺要求需要焊前预热时,则定位焊焊前也需要按同样的预热温度预热。

（3）定位焊应距设计焊缝端部 30mm 以上。当焊缝长为 50~100mm 时,间距为 400~600mm（图 10-11）;对于板厚大于 50mm 的构件,定位焊缝的间距建议为 300~500mm。定位焊的焊脚尺寸不得大于设计尺寸的一半,且不小于 4mm;因吊运需加强的部位,可按工艺规定加长、加密。

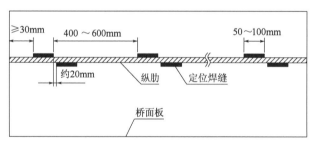

图 10-11　钢箱梁板单元定位焊缝要求示意

（4）定位焊不得有裂纹、夹渣、焊瘤、焊偏、弧坑未填满等缺陷。如遇定位焊缝开裂,必须查明原因,清除开裂焊缝,并在保证构件尺寸的情况下做补充定位焊。

3）桥面板焊接

（1）桥面板 U 形加劲肋焊缝应采用机械化、自动化的多嘴头焊接设备焊接。

（2）U 形加劲肋和横隔板间角焊缝与 U 形加劲肋和面板间焊缝交叉处 80mm 范围内均不得起熄弧。U 形加劲肋与横隔板焊缝在弧形切口端部应围焊,同时应打磨匀顺,并对弧形切口端部 40mm 长度范围内的焊缝进行超声波捶击处理。

（3）国内已建桥梁对 U 形加劲肋与桥面板的熔透率范围多在 75%~100%,如表 10-19 所示。鉴于我国正交异性钢桥面板疲劳病害的基本情况,建议我国钢箱梁桥面板尽可能采用热轧变厚度 U 形加劲肋,U 形加劲肋与顶板焊接（双面焊或单面焊）熔透深度应达到 100%t（t 为

U形加劲肋厚度),焊缝喉厚≥t,且不得漏焊(图10-12);建议钢箱梁其他受力部位的焊接也应采用熔透焊。

国内桥梁顶板 U 形加劲肋熔透率要求一览表　　　　　表10-19

桥 梁 名 称	顶板 U 形加劲肋熔透率		
	厚度(mm)	设计要求	熔透率(%)
天津塘沽海河大桥	6	熔透	100
南京长江三桥	8	焊缝有效厚度≥0.8倍板厚	≥80
苏通长江大桥	8	焊缝有效厚度≥0.8倍板厚	≥80
	10		
昂船洲大桥	9	根部未焊透,厚度为0~2mm	78~100
南京长江四桥	8	焊缝有效厚度≥0.75倍板厚	≥75
港珠澳大桥	8	焊缝有效厚度≥0.8倍板厚	≥80

4)焊接材料

(1)焊丝表面的油、锈必须清除干净,焊剂中不允许混入熔渣和脏物。

(2)气体保护焊所使用的 CO_2 气体纯度应不小于99.5%。

5)焊接工艺要求

焊接时除应严格执行焊接工艺、保证焊接设备的完好性外,还应注意以下的焊接工艺要求:

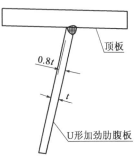

图10-12　钢箱梁 U 形加劲肋与顶板焊缝熔透示意

(1)焊接时严禁在母材的非焊接部位引弧。

(2)坡口焊缝或角焊缝焊接时,可采用焊接衬垫,也可用手工电弧焊或其他焊接方法进行打底焊。

(3)要求熔透的双面焊缝,正面焊完后在背面焊接之前,应采用机械加工或碳弧气刨清除焊缝根部的熔渣、焊瘤和未焊透部分,直至露出正面打底的焊缝金属时方可进行背面焊接。对于自动焊,若经工艺试验确认能保证焊透,可不做清根处理。碳弧气刨后表面应光洁,无夹碳、粘渣等缺陷,清根后应修磨创槽,除去渗碳层。

(4)多层多道焊时,应连续施焊,逐层逐道清渣,发现焊接缺陷及时清除,焊接接头应错开50mm 以上。

(5)允许对各层焊道进行锤击法消除焊接应力处理,但不宜对根部焊缝、盖面焊缝或焊缝坡口边缘的母材进行锤击。用锤击法消除中间焊层应力时,应使用圆头手锤或小型振动工具。

6)修正

(1)清理与割除。

①飞溅与熔渣的清理:焊接完毕,应清理焊缝表面的熔渣及两侧的飞溅。埋弧焊焊道表面熔渣未冷却时,不得铲除焊渣。

②引板、产品试板或临时连接件的割除:焊件焊接后,两端的引板、产品试板或临时连接件必须用机械加工、碳弧气刨或气割切掉,并磨平切口,不得损伤焊件。

(2)焊后矫正。

因焊接变形而超标的构件宜采用机械方法进行矫正。如矫正后构件变形仍不能达到技术标准要求的,应该作废。

(3)标识。

对于重要构件或重要节点的焊缝,焊缝外观检查合格后,应在焊缝附近做出追溯标识。

7)焊缝返修及修磨

(1)埋弧自动焊施焊时不宜断弧,如有断弧则必须将停弧处气刨或铲磨成1:5斜坡,并搭接50mm再引弧施焊,焊后搭接处应修磨匀顺。

(2)应采用碳弧气刨或其他机械方法清除焊接缺陷,在清除缺陷时应刨出利于返修焊的坡口,并用砂轮磨掉坡口表面的氧化皮,露出金属光泽。

(3)焊接缺陷修补时,预热温度应按焊接工艺的规定再加30~50℃,预热范围为缺陷周围不小于100mm的区域。返修的焊缝应修磨匀顺,并按原质量要求进行复检。返修次数不宜超过两次。

(4)焊接的临时连接件切除时采用火焰切割,切割高度距钢板表面3mm,避免损伤母材,并打磨平整。

(5)对于施工过程中的工艺孔洞,必须在设计指定的位置切割,施工结束后按原状恢复,其焊缝按Ⅰ级熔透焊缝进行超声波检查。

(6)焊瘤、凸起或余高过大,采用砂轮或碳弧气刨清除过量的焊缝金属。

(7)当焊缝表面需要修磨时,均应沿主要受力方向进行,使磨痕平行于主要受力方向。

(8)焊接裂纹的清除范围除应包括裂纹全长外,还应由裂纹端外延50mm。

(9)焊缝缺陷的具体修补方法可参考表10-20的规定。

焊接缺陷修补方法   表10-20

序号	焊接缺陷种类	焊接缺陷修补方法
1	电弧擦伤	对直径$\varphi \leq 4mm$,深度$h \leq 0.5mm$的缺陷,用砂轮修磨匀顺;对直径$\varphi > 4mm$,深度$h > 0.5mm$的缺陷,补焊后用砂轮修磨匀顺
2	咬边	深度$0.3 \leq h \leq 0.5mm$处用砂轮修磨匀顺; 深度$h > 0.5mm$处补焊后用砂轮修磨匀顺
3	焊缝表面高低不平、焊瘤	用砂轮修磨匀顺
4	未焊透、夹渣、气孔、凹坑、焊瘤等	用气刨或磨削清除后补焊并用砂轮修磨
5	焊接裂纹及弯曲加工时的边缘裂纹	查明原因,提出防治措施,清除裂纹,按补焊工艺补焊后修磨匀顺
6	烧穿	先在一面补焊,后在另一面刨槽封底补焊
7	飞溅	铲除

8)焊接质量检验

(1)焊缝外观质量检验。

所有焊缝应进行外观检查,不得有裂纹、未熔合、焊瘤、夹渣、未填满弧坑及漏焊等缺陷,其质量要求可参考表10-21的规定。外观检查不合格的焊缝,必须进行修补并打磨匀顺。

焊缝外观质量要求　　　　　　　　表10-21

序号	项目	简图	质量标准(mm)		
1	咬边		横、纵向受拉对接焊缝	不允许	
			U形加劲肋角焊缝翼板侧受拉区		
			横向受压对接焊缝 $\Delta \leq 0.3$		
			主要角焊缝 $\Delta \leq 0.5$		
			其他焊缝 $\Delta \leq 1$		
2	气孔		对接焊缝	不允许	
			主要角焊缝	直径小于1	每m不多于3个，其间距不小于20mm
			其他焊缝	直径小于1.5	
3	焊脚尺寸		主要角焊缝 K_0^{+2}，一般角焊缝 K_{-1}^{+2}，手弧焊全长10%范围内允许 K_{-1}^{+3}		
4	焊波		$h \leq 2$（任意25mm范围内）		
5	余高（对接）		$b \leq 15$ 时，$h \leq 3$；$15 < b \leq 25$ 时，$h \leq 4$；$b > 25$ 时，$h \leq 4b/25$；单面焊接的横向对接焊缝背面余高 $h \leq 2$		
6	对接焊缝余高铲磨		$\Delta 1 \leq 0.5$；$\Delta 2 \leq 0.3$；表面粗糙度 $R_a = 50 \mu m$		

（2）无损检测。

无损检测的检验要求如下：

①无损检验前应对焊缝及探伤表面进行外观检验，焊缝表面的形状应不影响缺陷的检出，否则应做修磨。

②经外观检验合格的焊缝，方可进行无损检验。无损检验的最终检验应在焊接24h后进行。钢板厚度t≥30mm焊接件应在焊接48h后进行无损检验。

③要求同时进行超声波检验和磁粉检验的焊缝，磁粉检验必须安排在超声波检验合格后进行。

④用两种以上方法检验的焊缝，必须达到各自的质量要求，该焊缝方可认为合格。

⑤进行局部探伤的焊缝，当发现裂纹或超标缺陷时，裂纹或缺陷附近的探伤范围应扩大1倍，必要时延至全长。

⑥开坡口部分熔透角焊缝的超声波探伤有效熔深应为坡口深度减去3mm。

钢箱梁正交异性板单元焊缝无损检验的质量分级、检验方法、检验部位及现行标准,可参考表10-22的规定。

焊缝质量及无损检验等级分级 表10-22

焊缝部位	质量等级	探伤方法	检验等级	现行标准
顶(底)板纵横向对接	I级	超声波	B级	GB/T 3323 JB/T 6061 TB 10212 GB/T 11345
		X射线	B级	
现场环向对接焊缝	I级	超声波	B级	
		X射线	B级	
中(边)腹板与顶(底)板间熔透焊缝	I级	超声波	A级	
		磁粉	—	
横隔板对接焊缝	II级	超声波	A级	GB/T 11345
斜底板与底板间熔透焊	I级	超声波		
支座横隔板与顶、底、腹板及其加劲之间焊缝	I级	超声波		
非支座横隔板,横肋板与顶、底、腹板及其加劲之间焊缝	II级	磁粉	—	
U形加劲肋与顶(底)板间角焊缝	II级	磁粉	—	JB/T 6061

(3)超声波相控阵检测。

钢箱梁的焊接接头质量是保障钢箱梁耐久性的重点之一。加强对钢箱梁焊缝焊接质量的控制,对保障结构构造的安全、耐久至关重要。

然而,当前由于受检测条件的限制,采用普通A型脉冲反射式超声波探伤系统控制钢桥面板与U形加劲肋间角焊缝的内部质量,通过近些年有关单位的反复实践表明,检测结果与实际情况符合性相对较差,技术争议较多。其中,主要的技术瓶颈为如何对钢桥面板与U形加劲肋间角焊缝的根部未焊透尺寸进行可靠性评价。目前,随着新技术的不断推广和应用,超声波相控阵检测技术成为解决该技术难题的有效途径之一,且超声波相控阵检测技术已成功推广应用于港珠澳大桥钢箱梁桥面板与U形加劲肋间角焊缝的检测,并取得了良好的效果。

超声波相控阵检测是超声波检测的一种新技术,其主要是依据惠更斯(Huyghens-Fresnel)原理:波动场的任何一个波阵面等同于一个次级波源;次级波场可以通过该波阵面上各点产生的球面子波叠加干涉计算得到。

常规的超声波检测技术通常采用一个压电晶片来产生超声波,一个压电晶片只能产生一个固定的声束,其波束的传递是预先设计选定的,并且不能变更。超声波相控阵检测技术的关键是采用了全新的发生与接收超声波的方法,采用许多精密复杂的、极小尺寸的、相互独立的压电晶片阵列(例如16、32甚至多达128个晶片组装在一个探头壳体内)来产生和接收超声波束,通过功能强大的软件和电子方法控制压电晶片阵列各个激发高频脉冲的相位和时序,使其在被检测材料中产生相互干涉叠加及可控制形状的超声场,从而得到预先希望的波阵面、波束入射角度和焦点位置。因此,超声波相控阵检测技术实质上是利用相位可控的探头阵列来实现的。

超声波相控阵探头的每个压电晶片都可以独立接受信号控制(脉冲和时间变化),通过软件控制,在不同的时间内相继激发阵列探头中的各个单元,由于激发顺序不同,各个晶片激发的波有先后,这些波的叠加形成新的波前。因此,可以将超声波的波前聚焦并控制到一个特定的方向,可以以不同角度辐射超声波束,从而实现同一个探头在不同深度聚焦(电子动态聚焦)。超声波相控阵探头实现电子聚焦、波速偏转的原理及超声波相控阵的扫描方式如图10-13、图10-14所示。

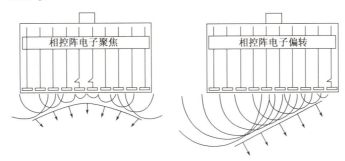

图10-13　超声波相控阵探头电子聚焦与波束偏转原理示意

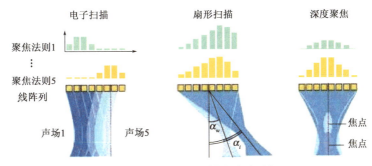

图10-14　超声波相控阵扫描方式示意

相比较于传统的A型脉冲反射式超声波探伤方法,使用超声相控阵检测技术对公路钢桥面板与U形加劲肋间角焊缝的未熔透深度尺寸进行测量,可以精准地对钢桥面板与U形加劲肋间的角焊缝焊接质量进行检测和评估。通过选择合理的检测基准和检测灵敏度,将该技术应用到钢桥面板与U形加劲肋间角焊缝的质量控制,可以保障钢桥面板构造的安全性和耐久性。

需要指出的是,与常规的超声波检测技术相同,超声波相控阵检测同样需要对试块对比仪器进行调整,设定检测灵敏度。对钢桥面板与U形加劲肋间角焊缝进行检测的主要对象是焊缝根部未焊透尺寸,为实现检测目的,除使用标准试块外,还应注意使用与检测对象构造形式、材料声学性能及材料厚度等相同条件下制作的对比试块,以此来修正检测参数和检测灵敏度。

10.2.6　矫正

钢箱梁板件的矫正,一般应注意符合下述规定。

(1)冷矫的环境温度不宜低于5℃,矫正时应缓慢加力,总变形量不应大于变形部位原始长度的2‰。

(2)矫正后的钢材表面不得有凹痕和其他损伤。

(3)板单元采用反变形制作工艺,不应采用热矫。

(4)钢箱梁板单元矫正后的尺寸允许偏差可参考表10-23的规定。

板单元矫正允许偏差　　　　　表10-23

序号	名称	项目		允许偏差(mm)	示意图
1	钢箱梁顶板、底板、腹板	长度、宽度		±2	
		对角线差		≤4	
		平面度 Δ	横向	≤S/250	
			纵向	≤5	
		角变形		δ≤b/150	
		板边直线度		≤3	
		板形加劲肋垂直度		≤2	
		四角不平度		≤5	
2	横隔板	宽度 h_1、h_2		±2	
		长度 L		±2	
		横向平面度 Δ		≤h_1/250 且≤6	
		板边直线度		≤2	
		纵向平面度		≤4/4 000 范围	

10.2.7 拼装

预拼装是钢结构桥梁制造的重要工序,钢箱梁节段采用激光全站仪定位的连续匹配的拼装方法,保证梁段间接口的匹配精度和桥梁整体线形精度。预拼装过程需完成接口顶板的配切、临时连接件的安装、连接板配孔、线形调整等工作。

1)预拼装要求

(1)钢箱梁宜进行全桥预拼装,可采用连续匹配预拼装,且不少于3个节段。

(2)提交预拼装的零部件应是经验收合格的产品,且将构件毛刺、电焊熔渣及飞溅清除干净。

(3)预拼装应具备足够面积的拼装场地和配套的起吊设备,拼装场地应平整、坚实,在预拼装过程中不应发生支点下沉。

(4)预拼装应在专用的预拼装胎架上进行,梁段应处于自由状态。

(5)预拼装时还应检查面板对接焊缝的工艺间隙、坡口以及接口是否平齐。

2）预拼装流程

钢箱梁的预拼装工艺流程如图 10-15 所示。

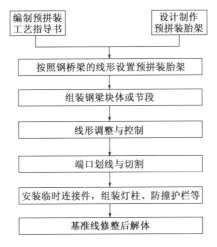

图 10-15 预拼装工艺流程图

钢箱梁预拼装的允许偏差可参考表 10-24 的规定。

钢箱梁预拼装允许偏差　　　　表 10-24

项　目	允许偏差(mm)	条　件	检验方法及器具
梁高 H	±2	工地接头处	钢卷尺、水平尺
	±4	其余部分	
跨度 L	±(5+0.15L)	L 为试装时最外两吊点中心距	钢卷尺、弹簧秤
	±2	分段时两吊点中心距	
全长	±20	分段累加总长	钢卷尺、弹簧秤，当匹配试装分段累计部长超过±20mm时，要在下段试装时调整
	±2	分段长	
腹板中心距	±3	可量风嘴距离	钢卷尺
盖板宽	±1	盖板单元纵向有对接时盖板宽	钢卷尺
	±3	箱梁段、盖板宽	
横断面对角线差	≤4	工地接头处的横断面	钢卷尺
旁弯	3+0.1L 最大 12	桥面中心连线在平面内的偏差	紧线器、钢丝线（经纬仪）、钢板尺
	≤5	单段箱梁	
左右支点高度差（吊点）	≤5	左右高低差	平台、水平仪、钢板尺
盖板、腹板平面度	$H/250$ 取小值 $2t/3$	H 为加劲肋间距；t 为板厚	平尺、钢板尺
扭曲	每米不超过 1 且每段不超过 10	每段以两边隔板处为准	垂球、钢板尺
工地对接板面高低差	≤1	安装匹配件后板面高差	钢板尺

10.2.8 涂装

1) 一般规定

(1) 涂装材料应优先采用环保材料,推广应用耐候桥梁钢可采用免涂装工艺。

(2) 根据施工的要求配备专用涂装房,涂装房由喷砂房和喷漆房组成。喷砂房与喷漆房必须隔离,以便喷砂、涂漆独立进行施工。喷砂房地面宜铺设钢板,喷漆房地面应坚固、平整,四周及顶面密封;端面设可移动门,便于钢梁进出;预留空压机、除湿机及暖风机管道位置。

(3) 涂装房内布置若干保证工作亮度的照明灯,使涂装作业的最小照明度为 500 勒克斯(Lux);喷漆、预涂、漆膜修整时除有固定的防爆灯外,还应使用便携式手提防爆灯。

(4) 涂装房按照《涂装作业安全规程 涂漆前处理工艺安全及其通风净化》(GB 7692—2012)对施工环境、劳动保护、作业安全进行控制;墙上应安装一定数量的大功率轴流风机及除尘设备,以便定时换气、排出空气中的粉尘及挥发性溶剂气体,保证施工环境和安全;喷漆房内应保持空气的洁净和流通,以保证涂层质量并干燥固化效果。

(5) 施工过程中通过采用各种设备控制施工环境,使其不受季节、气候的影响而进行全天候施工。一般应确保涂装房内环境温度在 5~38℃ 之间,空气相对湿度小于 85%,钢梁表面温度超过空气露点 3℃ 以上。

(6) 涂装房电力供应应满足电驱动涂装设备的正常使用要求。

(7) 喷砂设备应配备磨料自动除尘系统,保证磨料清洁;涂装厂房应配备漆雾处理系统,以满足环保及职业健康安全要求。

(8) 涂装施工前应进行涂装工艺试验,确定合理的涂装工艺参数,制定切实可行的涂装施工工艺。

2) 表面处理

(1) 结构预处理。

构件在喷砂除锈前应进行必要的结构预处理,包括:

①粗糙焊缝打磨光顺,焊接飞溅物用刮刀或砂轮机除去。焊缝上深度为 0.8mm 以上或宽度小于深度的咬边应补焊处理,并打磨光顺。

②锐边用砂轮打磨成曲率半径为 2mm 的圆角。

③切割边的峰谷差超过 1mm 时,打磨到 1mm 以下。

④表面层叠、裂缝、夹杂物,须打磨处理,必要时补焊。

(2) 除油。

表面油污应采用专用清洁剂进行低压喷洗或软刷刷洗,并用淡水枪冲洗掉所有残余物;或采用碱液、火焰等处理,并用淡水冲洗至中性。小面积油污可采用溶剂擦洗。

(3) 除盐分。

喷砂钢材表面可溶性氯化物含量应不大于 $7\mu g/cm^2$。超标时应采用高压淡水冲洗。当钢材确定不接触氯离子环境时,可不进行表面可溶性盐分检测;当不能完全确定时,应进行首次检测。

(4)除锈。

①磨料要求:

a. 喷射清理用金属磨料应符合现行《涂覆涂料前钢材表面处理　喷射清理用金属磨料的技术要求　导则和分类》(GB/T 18838.1)的要求。

b. 喷射清理用非金属磨料应符合现行《涂覆涂料前钢材表面处理　喷射清理用非金属磨料的技术要求　第1部分:导则和分类》(GB/T 17850.1)的要求。

c. 根据表面粗糙度要求,选用合适粒度的磨料。

②除锈等级。

a. 无机富锌底漆或水性涂料,钢材表面处理应达到现行《涂覆涂料前钢材表面处理　表面清洁度的目视评定　第1部分:未涂覆过的钢材表面和全面清除原有涂层后的钢材表面的锈蚀等级和处理等级》(GB/T 8923.1)规定的Sa2½级~Sa3级。

b. 其他溶剂类涂料,钢材表面处理应达到现行《涂覆涂料前钢材表面处理　表面清洁度的目视评定　第1部分:未涂覆过的钢材表面和全面清除原有涂层后的钢材表面的锈蚀等级和处理等级》(GB/T 8923.1)规定的Sa2½级;不便于喷射除锈的部位,手工和动力工具除锈至现行《涂覆涂料前钢材表面处理　表面清洁度的目视评定　第1部分:未涂覆过的钢材表面和全面清除原有涂层后的钢材表面的锈蚀等级和处理等级》(GB/T 8923.1)规定的St3级。

③表面粗糙度:

a. 喷涂无机富锌底漆或膜厚大于300μm的涂层,钢材表面粗糙度为$R_z = 50 \sim 80 \mu m$。

b. 喷涂其他防护涂层,钢材表面粗糙度为$R_z = 30 \sim 75 \mu m$。

(5)除尘。

①喷砂完工后,除去喷砂残渣,使用真空吸尘器或无油、无水的压缩空气清理表面灰尘。

②清洁后的喷砂表面灰尘清洁度要求不大于《涂覆涂料前钢材表面处理　表面清洁度的评定试验　第3部分:涂覆涂料前钢材表面的灰尘评定(压敏粘带法)》(GB/T 18570.3)规定的3级。

(6)表面处理后涂装的时间限定。

涂料宜在表面处理完成后4h内施工于准备涂装的表面上;当所处环境的相对湿度不大于60%时,可以适当延时,但最长不应超过12h;但只要表面出现返锈现象,应重新除锈。

3)涂装工艺

(1)涂装环境。

①溶剂型涂料涂装环境。

溶剂型涂料施工环境温度为5~38℃,空气相对湿度不大于85%,并且钢材表面温度大于露点3℃;在有雨、雾、雪、大风和较大灰尘的条件下,禁止户外施工。施工环境温度在-5~5℃时,应采用低温固化产品或采取其他措施。

②水性涂料涂装环境。

水性涂料施工环境温度为5~35℃,空气相对湿度不大于80%,在施工环境温度15~30℃、空气相对湿度不大于60%时效果更佳。在有雨、雾、雪、大风和较大灰尘的条件下,禁止户外施工。施工环境温度较低时,可以适当提高水性漆温度或/和提高喷涂基材表面温度,以改善涂装效果。

(2)涂料配制和使用时间。

①涂料应充分搅拌均匀后方可施工,推荐采用电动或气动搅拌装置。对于双组分或多组分涂料,应先将各组分分别搅拌均匀,再按比例配制并搅拌均匀。

②混合好的涂料按照产品说明书的规定熟化。

③涂料的使用时间按产品说明书规定的适用期执行。

(3)涂覆工艺。

①大面积喷涂应采用高压无气喷涂施工。

②细长、小面积以及复杂形状构件可采用空气喷涂或刷涂施工。

③不易喷涂到的部位应采用刷涂法进行预涂装或第一道底漆后补涂。

(4)涂覆间隔。

按照设计要求和材料工艺进行底涂、中涂和面涂施工。每道涂层的间隔时间应符合材料供应商的有关技术要求。超过最大重涂间隔时间时,进行拉毛处理后涂装。

4)涂装检验

(1)涂装检验项目。

①外观。

涂料涂层表面应平整、均匀一致,无漏涂、起泡、裂纹、气孔和返锈等现象,允许轻微橘皮和局部轻微流挂。

金属涂层表面均匀一致,不允许有漏涂、起皮、鼓泡、大熔滴、松散粒子、裂纹和掉块等,允许轻微结疤和起皱。

②厚度。

施工中随时检查湿膜厚度,以保证干膜厚度满足设计要求。干膜厚度采用"85-15"规则判定。对于结构主体外表面,可采用"90-10"规则判定。涂层厚度达不到设计要求时,应增加涂装道数,直至合格为止。漆膜厚度测定点的最大值不能超过设计厚度的3倍。

③涂料涂层附着力。

涂层附着力检验应在涂层完全固化后进行。当检测的涂层厚度不大于250μm时,各道涂层和涂层体系的附着力按划格法进行,不大于1级;当检测的涂层厚度大于250μm时,附着力试验按拉开法进行。

(2)涂装检验频次。

①外观:全检。

②厚度:每个测量单元测5处,每处测5个点(5个点平均值为该处厚度值)。

③附着力:钢箱梁每个节段宜内外表面分别为一个附着力测量单元;拼接板等小件可按不大于100t为一批组成一个附着力测量单元。每个测量单元测一处,一处测三个点(三个点附着力值均必须大于设计值,取其平均值作为该测量单元附着力值)。

10.2.9 出厂检验

钢结构桥梁制造完成后应进行检验,出厂前应进行验收。钢箱梁验收时应具备:

(1)产品合格证;

(2)钢材、焊接材料和涂装材料的出厂质量证明书及复验资料;

(3) 焊接工艺评定报告及其他主要工艺试验报告；
(4) 工厂高强螺栓摩擦面抗滑移系数试验报告；
(5) 焊缝无损检验报告；
(6) 焊缝重大修补记录；
(7) 产品试板的试验报告；
(8) 预拼装验收报告；
(9) 涂装检测记录。

此外，钢结构桥梁进行计量时，钢板应按矩形计算，但大于 $0.1m^2$ 的缺角一般应扣除；焊缝重量应按焊接构件重量的 1.5% 计；吊耳、临时匹配件、摩擦试板、产品试板等一般可按全桥构件重量的 2.0% 估算。

钢箱梁制造的尺寸允许偏差如表 10-25 所示。

钢箱梁制造尺寸允许偏差　　　　表 10-25

序号	项目	允许偏差(mm)	说明	检测工具和方法
1	梁高 H	±2	工地接头处	钢卷尺
2		±4	其余部分	
3	梁长	±3	分段长	钢盘尺、弹簧秤
4	梁宽	±5	双车道	钢盘尺
		±6	四车道	
		±8	六车道	
5	横断面对角线差	≤4	工地接头处的横断面	钢盘尺
6	旁弯	≤5	单段箱梁	紧线器、钢丝线(或经纬仪)、钢板尺
7	顶板、底板平面度	$h/250, 2t/3$ 取小值	h 为加劲肋间距，t 为板厚	平尺、钢板尺
8	拱度	-5, +10	相对拱度	紧线器、钢丝线、钢板尺
9	扭曲	每米不超过 1，且每段不超过 10	以两边隔板处为准	垂球、钢卷尺、水准仪

10.3　钢箱梁板单元加工制造

下面主要以钢箱梁正交异性板单元为例，介绍其加工制造的流程。

10.3.1　U 形加劲肋板单元制造

U 形加劲肋板单元的制造精度直接影响到钢箱梁的制造质量。正交异性板边直线度、坡口角度和 U 形加劲肋压制偏差等都是影响 U 形加劲肋与顶(底)板组装焊接质量的重要因素。为提高 U 形加劲肋板单元的制造精度及施工质量，通常可采取下列措施：

1) 提高钢板的平整度

对于 U 形加劲肋厚度为 6mm、8mm 的钢板，若采用冷压加工成型，其在制造过程中，需保证 U 形加劲肋与顶板的间隙小于或等于 0.5mm。钢板预处理前可采用赶板机赶平(图 10-16),使钢板轧制内应力分布均匀且部分消除,矫正钢板的塑性变形,提高钢板平面度,达到 1mm/m。

a)钢板辊平　　　　　　　　　　　　　b)钢板预处理

图 10-16　钢板辊平及预处理生产线

2)提高 U 形加劲肋加工质量

为提升钢箱梁 U 形加劲肋的制造加工质量,制造时宜采用自动化的生产线(图 10-17),实现机械化操作,使得其加工质量和效率都得到大幅度提高。若部分顶板 U 形加劲肋采用高强螺栓联接,为了保证相邻顶板的 U 形加劲肋顺利连接,可采用先孔法工艺加工 U 形加劲肋和拼接板的孔,所有孔在板件状态下钻制。

a)切割下料　　　　　　b)边缘加工　　　　　　c)栓孔加工

d)坡口加工　　　　　　e)数控压型　　　　　　f)U 形肋成品

图 10-17　U 形加劲肋加工流水线

3)采用正交异性板单元组装定位机床

顶(底)板单元可采用正交异性板单元组装定位机床,见图 10-18。该机床可实现自动打磨、除尘、组装、定位焊,具有全自动操作、定位精度高、压紧可靠、定位焊质量稳定的特点,特别是焊缝区域自动打磨、除尘功能,使作业效率和生产环境得到很大改善,结合改进的 U 形加劲肋加工技术,U 形加劲肋与顶(底)板的组装间隙可完全控制在 0.5mm 内,在焊接过程中避免因较大焊接间隙造成 U 形加劲肋根部焊穿而造成内部焊接缺陷。

板单元组装时将顶(底)板置于组装胎上,顶板坡口朝下,底板坡口朝上,将基准头(有坡口端)和基准边与胎型的定位挡靠严。严格控制纵向限位挡到横基线(U 形加劲肋第一排螺栓孔中心线或 U 形加劲肋端头)的距离,确认无误后划出横基线。用自动组装机床上的纵向定位装置在顶(底)板两端划线作为纵基线。

(1)板单元设置双向反变形。

由于焊接的收缩,板单元焊接后将产生横向和纵向变形,严重影响板单元平面度。为了控制

图 10-18　正交异性板单元组装定位机床

板单元焊接变形和减小残余应力,针对机器人焊接和龙门多极焊接的方式,可分别采用船位焊双向反变形翻转胎架和平位反变形焊接胎架。船位焊反变形胎架采用液压自动夹紧、翻转,翻转角度可调,从而使得板单元处于最适合的焊接角度,船位焊接焊丝能够更容易伸到坡口根部,焊接过程中的焊速、焊枪摆动幅度都由机器人自动控制实施,更容易实现最理想的焊接参数,能有效保证焊接熔深和焊缝外观成形,见图 10-19。

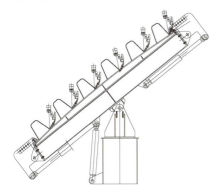

图 10-19　板单元焊接双向反变形胎架

(2)板单元焊接采用多头机器人焊接系统。

多头机器人焊接系统(图 10-20)采用世界先进的电弧跟踪技术,可实现对坡口根部位置偏差的智能化跟踪调整,跟踪精度达到 0.2mm,解决了以往多头龙门焊机探针或光电跟踪偏差大的问题。经测算,该系统的焊接效率约为普通自动焊小车效率的 2.6 倍。同时,该自动化焊接系统与双向反变形船位焊接结合,焊缝成型好,熔深和内部质量稳定可靠,板单元不用矫正即可达到质量要求,同时可以最大限度地减小残余应力和应力集中,有效提高板单元抗疲劳性能,增强结构耐久性。

(3)超声波相控阵检测 U 形加劲肋与顶板的坡口角焊缝。

一方面,由于 U 形加劲肋与钢桥面板焊接时,易产生气孔、夹渣、未熔合、烧穿等质量缺陷,采用磁粉探伤一般仅能检测到焊缝的表面缺陷,较难以检测到焊缝内部的缺陷;另一方面,由于U形加劲肋厚度多为8mm,少数采用6mm和10mm,而对于现行《焊缝无损检测超声检测技术检测等级和评定》(GB/T 11345)的适用范围是板厚大于或等于8mm,对于8mm的U形加劲肋坡口焊缝探伤处于边缘板厚,采用超声波探伤存在定位和缺陷判断困难,且对操作人员要求较高。鉴于此,为高效检测U形加劲肋与顶板的坡口角焊缝焊接质量,准确检测U形加劲肋焊缝熔透率,无损检测人员可采用超声相控阵技术对U形加劲肋角焊缝熔透率进行检测。

图10-20 U形加劲肋反变形多头机器人焊接系统

图10-21 U形加劲肋角焊缝超声相控阵检测

港珠澳大桥钢箱梁对于U形加劲肋焊缝的无损检测要求采用超声波相控阵检测技术,并依据国家有关规范和技术条件对焊缝熔透和缺陷进行了判定,同时该项目进行了大量的对比试验。相关试验结果表明,超声相控阵检测结果与焊缝断面宏观金相分析结果基本一致,能直观、准确地反映焊缝熔透率及缺陷位置。目前,超声相控阵检测技术(图10-21)已在港珠澳大桥钢桥面板U形加劲肋焊缝检测中得到成功应用,并取得了良好的效果。

10.3.2 顶板、底板及腹板单元制造

顶板单元是钢箱梁的重要组成部分,直接承受着车轮反复荷载,其制造精度将直接影响到钢箱梁的质量,显得尤为关键。钢箱梁板单元的自动化制造工艺及流程(图10-22、10-23),主要如下:

(1)钢板在预处理前用赶板机赶平,严格控制平面度。

(2)顶板采用机器多嘴精切(含坡口),一端留配切量。横隔板接板数控精切下料,U形加劲肋下料后经过矫正、机加工、钻孔、压制成型。

(3)用板单元自动组装机床组装,打磨、除尘、组装、定位焊均为自动化;板单元的组装进度和质量都能得到有效保证。

(4)U形加劲肋板单元焊接采用机器人配合双向反变形船位焊接,采取电弧跟踪的技术,

从而保障焊接质量。

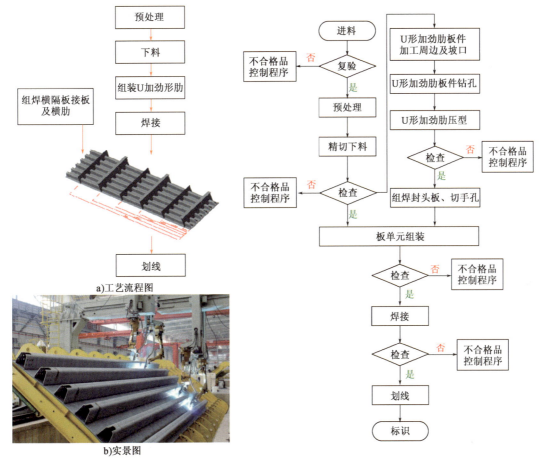

图 10-22 钢箱梁顶板单元自动化制造工艺示意　　图 10-23 钢箱梁顶板单元制造工艺流程示意

（5）每道横隔板接板及横肋板均以横基线为基准组装，避免误差累积，确保梁段组装时与横隔板在同一平面内；将顶板单元的纵、横基线返到无U形加劲肋面，以备节段组装用；顶板U形加劲肋组装前组焊封头板、切手孔；

（6）最后采用相控阵检测技术对顶板与U形加劲肋坡口角焊缝进行超声波探伤检验，控制U形加劲肋焊缝的质量。

钢箱梁顶板单元制作的关键技术要点及保障质量的措施主要有：

1）U形加劲肋坡口加工精度及几何尺寸控制

顶板单元制作时，需注重U形加劲肋坡口加工精度及几何尺寸控制，流程如图10-24所示。

2）U形加劲肋与顶板的组装精度及间隙控制

钢箱梁顶板单元组装精度是疲劳性能的重要影响因素，组装精度包括组装位置、组装间隙等方面，制作过程中需对此予以重点关注。

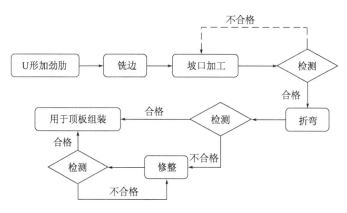

图 10-24　钢箱梁 U 形加劲肋坡口加工精度及几何尺寸控制

3) U 形加劲肋与顶板焊缝熔透率

U 形加劲肋与顶板焊缝熔透率的保障措施如图 10-25 所示。

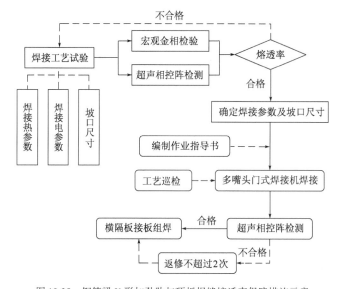

图 10-25　钢箱梁 U 形加劲肋与顶板焊缝熔透率保障措施示意

钢箱梁底板单元的制造工艺示意如图 10-26 所示。主要流程如下：

(1) 预处理：钢板在预处理前用赶板机赶平，严格控制平面度。

(2) 下料：底板可采用机器多嘴精切（含坡口），一端留配切量。U 形加劲肋下料后经过矫正、机加工、压制成型。

(3) 组装及焊接：底板 U 形加劲肋组装前组焊钢衬垫；采用板单元自动组装机床进行组装，打磨、除尘、组装、定位焊均为自动化；焊接时 U 形加劲肋板单元焊接机器人配合双向反变形船位焊接，采取电弧跟踪的技术。

钢箱梁的腹板通常布置多道板形加劲肋，腹板在顺桥向不同区段也常采用不同的钢板厚度。腹板单元的制造工艺示意如图 10-27 所示。主要流程如下：

(1)钢板在预处理前用赶板机赶平,严格控制平面度。

(2)主板、上接板采用用数控精切,其他板件可以采用机器多嘴精切,过程中严格控制平面度和直线度。

(3)加工焊接坡口,人孔围板压型,采用CO_2半自动焊,焊后修整严格控制直线度。

(4)在液压自动翻转双向反变形胎上用机器人焊接。

焊接过程中,按工艺规定的顺序施焊,严格控制焊接变形,焊接后在平台上进行修整检验。

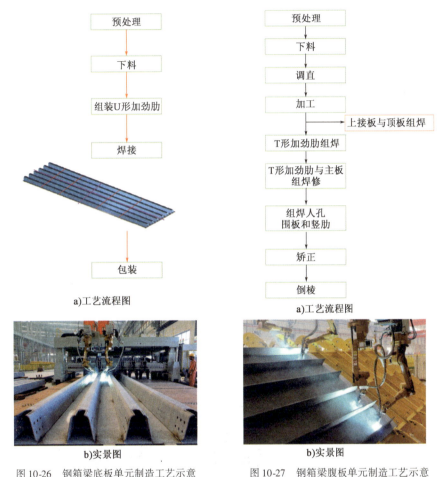

图 10-26 钢箱梁底板单元制造工艺示意　　图 10-27 钢箱梁腹板单元制造工艺示意

10.3.3 加劲肋板单元制造

钢箱梁除采用 U 形加劲肋外,还常采用板形加劲肋作为腹板或底板及顶板的加劲肋,该类型的加劲肋制造时常采用的工艺措施主要有:

1)提高加劲肋直线度

板形加劲肋可采用门式切割机切割,一台门式切割机最多可配备 12 把火焰割炬,可一次完成 11 条加劲肋的切割。由于板形加劲肋长细比和柔度大,在切割下料前虽然经赶平处理消除了一部分钢板轧制内应力,并且下料时采用双枪对称切割工艺很大程度上避免了构件由于切割受热和内应力释放不均造成的变形,但切割后可能还会出现旁弯现象。因此,对此一般可采用调直机对于板形加劲肋下料后进行调直矫正。

2)采用自动坡口加工机床加工板形加劲肋坡口

板形加劲肋均为中厚板,焊接形式多为坡口焊,肋板直线度和坡口角度是影响板形加劲肋与顶(底)板组装焊接质量的重要因素。

自动坡口加工机床(图10-28)采取多刀密齿小角度大直径的专用组合式刀具,形成震波最小的入刀和出刀点,选择了抗弯强度高、经过涂层处理的刀片,形成了独特的专用刀具工艺和技术,改变了传统的加工模式,大幅度地提高了切削速度。另外,由于有效减弱了切削时的震幅,切削面的质量和粗糙度都有极大提高。

图10-28 自动坡口加工机器

3)采用自动组装定位机床

自动组装定位机床能实现自动打磨、除尘、组装、定位焊,具有全自动操作、定位精度高、压紧可靠、定位焊质量稳定的特点,特别是焊缝区域自动打磨、除尘功能,使作业效率和生产环境得到很大改善。

钢箱梁加劲肋板单元的制造工艺示意如图10-29所示。

a)工艺流程图　　b)实景图

图10-29 加劲肋板单元制造工艺示意

主要流程如下:

(1)钢板在预处理前用赶板机赶平,严格控制平面度。

(2)钢板下料时,底板采用机器多嘴精切(含坡口),一端留配切量。

(3)加劲肋钢板精切下料后用调直机调直,严格控制直线度。

(4)采用自动打磨机对板单元所有自由边棱角进行标准化圆角打磨处理,并采用自动坡口机加工坡口。

(5)采用磁力吊进行钢板吊装,以防钢板产生永久变形,并采用板式加劲肋自动组装定位机床进行组装。

(6)采用电弧跟踪技术,在液压自动翻转双向反变形胎上采用焊接机器人配合双向反变形船位焊接工艺进行焊接。

10.3.4 横隔板单元制造

横隔板不仅是钢箱梁的骨架,而且在节段组装时起到内胎架的作用,其制造精度直接影响到节段的几何尺寸和相邻节段箱口间的匹配精度。由于横隔板单元具有钢板薄、加劲肋横竖交错布置,且为单面不对称结构的特点,因此焊接时易产生较大的焊接变形,其焊接变形主要有波浪变形、纵向挠曲变形及角变形。横隔板的焊接变形以及对变形的修整,都将影响横隔板的槽口间距。

若钢板不平整,强行组装成横隔板单元后,势必会产生较大的装配应力,这是直接导致横隔板产生焊接波浪变形的主要原因。因此,钢板预处理前用赶板机赶平,可以有效改善钢板轧制内应力,矫正钢板的塑性变形,提高钢板的平整度。

此外,采用火焰切割较薄板件时,通常容易引起钢板的弯曲变形。为了解决此问题,可采用先进的数控空气等离子切割机(图10-30)用于横隔板的切割,等离子切割速度快、切割面光洁、热变形小、几乎没有热影响区。同时,该类型设备一般具备自动

图 10-30 高精度数控空气等离子切割机

划线和打号功能,在切割下料的同时划出组装基线,对优化工序、提高效率起到至关重要的作用。

横隔板组装焊接通常在平台上进行,共设 2 个组装焊接平台,可同时进行组装和焊接。横隔板的焊接宜采用焊接机器人进行,以保障焊接质量。焊接机器人可以自动根据 CAD 图纸确定焊接轨迹,进行横隔板的焊接,自动根据组装偏差调整焊接轨迹,并可以按照程序自动完成所有加劲肋焊缝的焊接,焊接质量稳定、效率高。由于焊接机器人可以严格控制焊角尺寸及焊接顺序,因此可以减少横隔板产生波浪变形、纵向挠曲变形及角变形。横隔板加劲肋的焊接一般可采用 2 台焊接机器人自动焊接,2 台机器人对称施焊,一次焊完一条加劲肋的双面角焊缝,如图 10-31 所示。

钢箱梁横隔板单元的制造工艺示意如图 10-32 所示。

10.3.5 现场施工技术

1)现场焊接自动化技术

为稳定和提高钢箱梁焊接质量,现场焊接时可将数字化焊接机器人、无盲区焊接小车应用于钢箱梁总拼场地。由于钢箱梁对接焊缝通常较长,若采用人工焊接则质量不易保证,而采用

数字化机器人焊接,无损检测结果表明数字化焊接机器人的焊接质量远高于人工焊接,且焊缝外观成形美观(图10-33)。

图10-31 横隔板单元自动化焊接

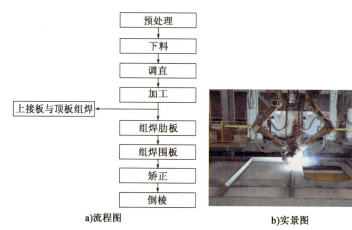

a)流程图　　b)实景图

图10-32 横隔板单元制造工艺示意

图10-33 现场自动化焊接及焊缝外观质量

2)顶板横向对接焊缝焊接技术

顶板采用焊接连接时,坡口形状和尺寸的加工精度会对接头的焊接质量和焊接的经济性产生一定的影响。坡口角度减小时,根部间隙必须加大。同样,当根部间隙较小时,钝边高度不能过大,坡口角度或坡口面角度不能太小,确保焊条(丝)能到达根部附近,并利于其与所焊板件熔合,有效避免熔合不良等焊接缺陷。美国桥梁焊接规范对焊接坡口的加工精度和焊接接头的组装精度规定得十分详细,现行《铁路钢桥制造规范》(TB 10212)对焊接接头组装的允许误差做了具体要求。

针对钢桥面板横向对接焊缝,现场施工时可采用单面焊双面成型技术,施焊方便,背面成型良好,焊接质量稳定、可靠,国内外船舶行业及大型钢箱梁制造企业在焊接生产中已广泛使用。在单面焊中采用陶质衬垫,由于可使用较大的根部间隙,背面无须清根,不仅大大提高了生产效率,而且焊缝根部质量也容易得到保证。由于陶质衬垫对坡口根部间隙不敏感,衬垫长度可任意接长、剪短,尤其适合于现场安装焊缝。顶板间焊缝全部采用单面焊双面成形工艺,采用背面贴陶质衬垫的根部留6mm间隙坡口,填充顶面焊缝根据施焊空间采用埋弧自动焊焊接或半自动焊焊接,如图10-34所示。

顶面焊缝焊接完成后,应对焊缝进行打磨处理,以防止产生表面裂纹或诱发产生应力腐蚀开裂。顶板焊缝应顺应力方向打磨,过焊孔位置的焊缝应打磨匀顺,成型不好的焊缝打磨成圆滑过渡,以减小应力集中。

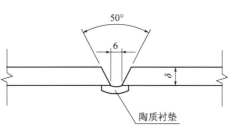

图10-34 顶板焊接示意(尺寸单位:mm)

3)纵向加劲肋栓接施工技术

钢桥面板纵向加劲肋采用栓接连接方式时,影响钢桥面板施工质量的因素较多,如纵向加劲肋接头的弧形缺口质量、栓接面质量控制、纵向加劲肋错边量、高强螺栓施拧工艺等。

(1)U形加劲肋弧形缺口施工工艺。

为确保U形加劲肋弧形缺口质量,纵向加劲肋建议采用数控精密切割下料,将弧形缺口一次切割而成,以避免采用人工火焰切割造成切割面的崩坑、塌角等缺陷。

(2)栓接面处理工艺。

采用砂轮磨去栓孔的飞边、毛刺,确保栓接面无任何凸起杂物,同时应避免栓接面其他涂层污染,对于防滑涂层损伤部位,应及时补涂装,保证栓接面涂装质量。要求每批试件的抗滑移系数安装时最小值不得小于0.45。摩擦面在大气中暴露时间超过6个月,必须检查摩擦面的情况,或降低抗滑移系数的状况,有疑点时必须进行试验。

(3)摩擦面间隙处理工艺。

摩擦面间隙处理是确保高强螺栓连接质量的关键之一。为此,当错边量$\delta \leqslant 1.0$mm时,可不做处理;当$\delta = 1.0 \sim 3.0$mm时,将厚板一侧磨成1:10的缓坡,使间隙小于1.0mm,用砂轮磨时,应使砂轮打磨方向与受力方向垂直;当$\delta > 3.0$mm时,加垫板,垫板厚度不小于3mm,垫板材质和摩擦面处理方法与构件相同。通过对摩擦面间隙进行处理,可有效提高栓接面的接触率,从而大幅提升高强螺栓的连接质量。

(4)高强螺栓施拧工艺。

钢桥面板纵向加劲肋采用高强螺栓连接方案时,由于桥面板的焊接收缩而导致高强螺栓的摩擦系数衰减,严重影响高强螺栓连接质量。对于桥面板采用的横向对接焊接方案,高强螺栓的施工方案具体为:桥面板横向焊缝CO_2打底→高强螺栓初拧→桥面板横向焊缝埋弧自动焊盖面→高强螺栓终拧。为提高栓接面的正压力,高强螺栓群施拧时,应按照由中央向外拧紧的施工顺序(图10-35)。为了保证螺栓预拉力误差在±10%设计值以内,各施工期终拧扭矩要根据扭矩系数变化分别计算确定。

 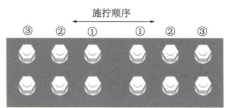

图 10-35　高强螺栓施拧顺序示意

4）纵向加劲肋焊接连接施工技术

（1）钢衬垫组装间隙控制。

纵向加劲肋嵌补段现场焊接时常采用钢衬垫板（图 10-36），钢衬垫板一般厚 4mm，宽 50mm。由于衬垫钢板较薄，在切割下料成窄板条时变形较大，与同样较薄的纵向加劲肋壁板之间往往不密贴，而且存在组装间隙，容易在定位焊缝里存在焊接缺欠或缺陷，同时也会在焊根处产生较大的应力集中。钢衬垫板单侧焊接的对接焊接头，其疲劳强度较低，且受钢衬垫板与板件之间的组装间隙和焊接质量的影响很大。纵向 U 形加劲肋作为弹性支承在横隔板上的连续梁，在汽车轮载沿桥轴方向移动时，U 形加劲肋下翼缘钢衬垫板对接焊接头处于拉应力状态，如图 10-37 所示。在钢衬垫板对接焊接头的焊根处将产生较大的应力集中。应力集中将随着组装间隙 Δ 的增加而变大，并由此引发疲劳裂纹。

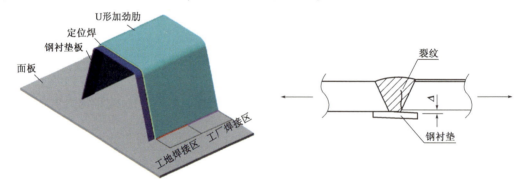

图 10-36　纵向加劲肋现场接头结构形式示意　　图 10-37　纵向加劲肋嵌补段对接处裂纹成因示意

为减小钢衬垫的变形，施工时可采用等离子数控切割机下料，然后采用折弯机进行折弯。组装钢衬垫时，采用"反装法"组装 U 形加劲肋钢衬垫，通过专用卡具确保 U 形加劲肋钢衬垫密贴。经检测合格后，再采用 CO_2 气体保护焊进行周圈定位焊接。

（2）纵向加劲肋嵌补段组焊。

在焊接纵向加劲肋嵌补段时，若没有将定位焊熔透，极易在对接焊缝中造成焊接缺欠或缺陷，并且由于 U 形加劲肋对接焊及其与面板的角接焊均处于仰焊位置施焊，仰焊工作条件恶劣，同时为防止熔化焊缝金属滴落，需采用多道小线能量焊接，增加焊接材料消耗，容易存在焊接缺陷，焊缝成型差且咬边深度较大，焊缝外观较差。

对于此，施工时需严格控制 U 形加劲肋嵌补段组装错台，要求接头错台不大于 1mm；同时，为提高焊接质量，需进行焊接工艺试验，确定合理的焊接方法及参数，选择优秀的焊接操作人员施焊。在外观检测合格后,对焊缝进行磁粉和Ⅰ级超声波探伤,并利用超声冲击工艺使焊缝焊接残余应力重新分布,达到减少应力集中的目的。

10.4 运输要求

钢梁构件在厂内制作完毕后,考虑经济、现场作业、架设工期等要求,通常采用公路或水路运输至桥位架设场地,从而进行构件的组装及安装架设。但从经济性考虑,应结合现场作业条件、架设工期、经济等要求,对运输方式进行比较优选。一般公路运输构件长度为14m、宽度为3.2m,装载高度从地面起为4.5m。

在对钢箱梁进行运输时,需注意以下事项:

(1)为保证钢梁节段间高强螺栓连接的顺利进行,加工单位在钢梁构件存放和运输过程中应采取切实可行的措施防止构件变形。

(2)在构件存放和运输过程中,应注意钢结构涂装面的保护,如有损伤应及时修补。

此外,需要特别指出的是,在钢箱梁运输前,在厂内存梁期间,应注意夯实厂内存梁的地基基础,合理设置钢箱梁临时支点,避免因钢箱梁临时支承点的不均匀沉降,导致其支点位置受力不均匀而发生隔板变形。

10.4.1 运输装载和加固

1)货物积载图

根据钢梁构件特点,制定合理的钢梁构件积载图方案,尽量保证构件对称摆放、车辆承载均衡。钢梁构件的装载图如图10-38所示。

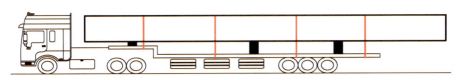

图10-38 钢梁节段(纵向)装载示意

2)钢梁构件装载要求

(1)钢梁构件运输时,按安装顺序进行配套发运。

(2)汽车装载不超过行驶中核定的载质量。

(3)装载时保证均衡平稳、捆扎牢固。

(4)运输钢梁杆件时,根据构件规格、重量选用汽车。大型货运汽车载物高度从地面起控制在4m内,宽度不超出车厢,长度前端不超出车身,后端不超出车身2m。

(5)钢梁杆件长度未超出车厢后栏板时,不准将栏板平放或放下;超出时,杆件、栏板不准遮挡号牌、转向灯、制动灯和尾灯。

(6)钢梁构件的体积超过规定时,须经有关部门批准后才能装车。

3）钢梁构件加固要求

（1）采用软介质封车带或钢丝绳对货物进行下压捆绑加固,利用紧绳器或手动葫芦拉紧后捆绑于车辆两侧。

（2）加固时,钢丝绳和货物间必须采取防磨措施,防磨材料必须使用软介质材料,例如橡胶垫、皮管子等,不得使用金属材料。

（3）加固车时,用铁线（或钢丝绳）拉牢,形式应为八字形、倒八字形、交叉捆绑或下压式捆绑。

（4）在运输全过程中,货物不得发生滑移、滚动、倾覆、倒塌或坠落等情况。

10.4.2　构件防护

为了保证钢梁装车、运输过程中,钢梁成品构件不变形且表面油漆不破坏等,特制定以下保护措施。

1）钢梁构件的装卸要求

（1）构件装车和卸车均要配置相应起重能力的起重设备。

（2）装卸过程中,钢丝绳严禁直接接触杆件,起吊部位应加垫,避免损伤涂装面。

（3）构件上标有重心标识"⊕"和起吊点,起吊时根据重心位置选择起吊点,保证装卸及搬运的安全。

2）钢梁构件运输过程中的防护要求

（1）防止变形。

构件在运输、堆放过程中应根据需要设计专用胎架。转运和吊装时、吊点及堆放时搁置点的设定均须合理确定,确保构件内力及变形不超出允许范围。转运、堆放、吊装过程中应防止碰撞、冲击而产生局部变形,影响构件质量。

（2）防止涂装破坏。

所有构件在转运、堆放、拼装及安装过程中,均需轻微动作。搁置点、捆绑点均需加橡胶垫进行涂装面保护。

10.4.3　运输安全保障措施

1）一般要求

（1）钢桥梁运输单位必须建立完善的安全管理网络,设立健全的安全管理领导机构,成立专门机构负责安全管理工作,按照相关法律法规、政策、标准开展管理活动。

（2）应要根据钢桥梁运输的危险特性规范编制应急预案,要建立互动机制,定期组织教育培训、演练,对预案进行评审及修订,实现持续改进。

2）重点安全防范措施

应重点防范车辆伤害、坍塌、物体打击、高处坠落4类安全事故,必须做到但不限于以下防范措施,具体见表10-26。

钢桥梁运输重点安全防范措施　　　　　　　　　表10-26

序号	防范事故类型	重点防控工序	重点防控设备/工具	防 范 措 施
1	车辆伤害	1. 运输； 2. 绑扎； 3. 存放； 4. 拆卸	1. 汽车； 2. 轮船； 3. 火车	1. 检查厂内机动车辆,杜绝带病作业； 2. 操作人员必须持证上岗； 3. 严格执行绑扎、运输方案要求； 4. 严格执行交通规则
2	坍塌	运输	汽车	1. 提前预判运输线路环境,确保线路安全； 2. 汽车停放在可靠区域
3	物体打击	1. 绑扎； 2. 拆卸	汽车	1. 检查并修复设备/工具,防止松动； 2. 清理现场杂物,保证高处物件规范摆放
4	高处坠落	1. 绑扎； 2. 拆卸	1. 汽车； 2. 火车	1. 严格执行绑扎、运输方案要求； 2. 佩戴齐全劳动保护用品

第 11 章
安装施工

钢箱梁通常在工厂内先制作成小节段梁段,而后桥位现场组拼成大节段进行安装,或者在工厂内直接制作为大节段钢箱梁,再运输至桥位现场进行安装。钢箱梁的安装施工一般可分为支架上安装施工(陆地、水上)、整体安装施工及顶推安装施工等。每种施工方式各有其特点及适用性,工程实践中宜根据桥梁结构特点及施工环境条件选择合理的施工方案。钢箱梁安装施工的装配化对钢箱梁钢构件的厂内制造及现场的高精度装配安装施工均提出了较高要求,但这种装配化施工模式不仅可以有效提升施工质量和标准化程度,同时也可以提高生产效率,是我国钢结构桥梁建设走向工业化发展的必由之路。

11.1 装配化要求

装配化施工主要是指通过工业化建造方法将工厂制造的桥梁工业化产品(如钢构件、部件)在施工安装现场通过机械化、信息化等工程技术手段,按不同要求进行组合和安装,最终实现快速、高质量建成。这种装配化施工模式通过工业化方式来进行节段构件的制造及安装,不仅可以有效提高桥梁构件的质量和标准化程度,同时也提高了生产效率。安装施工的装配化,一般需注意以下几个方面:

(1)临建设施装配化。

将用于保障施工和管理的设施,通过在工厂预制,然后在施工现场进行装配使用,是施工现场装配化的重要体现之一。

(2)结构构件装配化。

将在工厂厂内制造及预制好的桥梁钢构件及混凝土构件,在施工现场进行装配化安装以形成桥梁结构主体的过程,是施工现场装配化的重要组成部分。

(3)安装施工机械化。

根据工程现场实际情况采取与工程状况相适应的机械化组合机具,用以减轻或解放人工劳动力,完成人力难以完成的装配安装任务。

(4)现场管理信息化。

运用计算机等信息化手段,在施工现场实行科学化组织管理,包括构配件定位信息化、结构组装信息化,以及流程协同信息化等。

(5)操作人员专业化。

装配化施工需要专业化技术人员进行操作,以保证装配化施工的质量。

当前,装配化的施工方式得到了越来越广泛的应用。实际施工过程中应充分了解施工现场的环境条件以及钢箱梁结构的具体特点,对钢箱梁的节段进行合理的划分,并科学制定施工工序流程,准确掌握装配化施工的各项技术要点,严格遵守装配施工规范,提高施工操作的规范性和标准性。

我国已建造成的港珠澳大桥,其主体桥梁工程全部为钢结构桥梁(图11-1),其整个建造过程遵循了"大型化、工厂化、标准化、装配化"的设计理念,这为大桥的高质量建成提供了强有力的保障。

图11-1 港珠澳大桥钢箱梁安装施工

11.2 钢箱梁安装方案

常规跨径钢箱梁的安装方案主要有:支架上安装方案(陆地、水上)、整体安装方案及顶推安装方案等,每种施工方案各有其特点及适用性,工程实践中宜根据桥梁结构特点及施工环境条件选择合理的方案。

11.2.1 一般要求

钢箱梁的安装施工应符合《公路桥涵施工技术规范》(JTG/T 3650—2020)及《钢结构工程施工质量验收标准》(GB 50205—2020)中的相关规定。

1)支架上安装方案的要求

(1)钢箱梁安装可采用支架上分段安装、整孔安装、分段顶推等。

(2)钢箱梁在吊装、对位、拼接各环节应采取下列措施:

①吊具的刚度应满足吊装需要,吊点应均匀布置,避免钢箱梁发生扭转、翘曲和侧倾。

②应轻吊轻放,支垫平稳,安装前应对临时支架、起重机起吊能力和钢箱梁结构在不同受力状态下的强度、刚度及稳定性进行验算。

(3)支架上分段安装钢箱梁应满足下列要求:

①支架应具备钢箱梁就位后平面纠偏、高程及倾斜度调整等功能。

②支架纵横向线形应与设计要求的梁底线形相吻合,同时兼顾支架变形产生的影响。

③钢箱梁安装宜减少分段,从简支梁的一端向另一端顺序安装,并应及时纠偏调整,避免误差累积;应严格控制其平面精度和高程,钢梁与设计位置的偏差不得超过5mm。

④拼装过程中应减少相邻梁段接缝偏差,在纵、横向及高度方向的拼接错口宜不大于2mm。

2)整体安装方案的要求

(1)梁体吊装前应做好专项方案,并进行吊装工况下的结构应力验算。

(2)吊点应设置在支承处或横隔板位置处。

(3)钢梁制造前应在梁体设置吊点连接设施,并能保证较大集中荷载的传递。

(4)可设置吊具减小吊装荷载产生的水平力。吊装过程中吊装荷载产生的水平力较大,可采用扁担梁作为吊具进行吊装。

(5)应严格控制其平面精度和高程,钢梁与理论位置的允许偏差应为±5mm。这主要是考虑到安装条件及环境,设置精确调整装置,如三向千斤顶等,将允许偏差控制在±5mm以内是可行的。

3)顶推施工方案的要求

(1)顶推的方式应根据钢箱梁的结构特点确定,并制定专项方案进行顶推期结构验算,包括强度、整体稳定性、局部应力、局部稳定性等。

(2)应设置导梁,导梁和钢梁之间宜采用螺栓连接,其长度宜为最大顶推跨径的0.75倍,并具有足够的刚度和强度。

(3)钢箱梁的支点和顶推施工点处应采取必要的加固措施,防止梁体在顶推施工过程产生变形和失稳。

(4)钢箱梁顶推落位后应利用墩顶布置的微调装置精确就位,其轴线允许偏差应为±10mm,高程偏差应符合设计要求。

11.2.2 支架法安装方案

支架法安装施工是通过搭设支架、安装模板等结构,以支架模板作为承重构件或拼装胎架,在现场进行钢箱梁节段安装。钢箱梁支架上安装(图11-2)主要是指利用支架作为临时支撑,分节、分段吊装并连接成整体的施工方法,通常主要应用于简支钢箱梁、连续钢箱梁等的安装。

图11-2 钢箱梁支架法安装施工示意

简支钢箱梁与连续钢箱梁的支架法安装工艺流程,分别如图 11-3、图 11-4 所示。

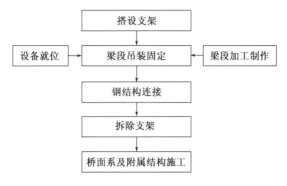

图 11-3　简支钢箱梁支架法安装施工工艺流程

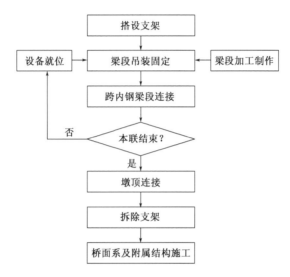

图 11-4　连续钢箱梁支架法安装施工工艺流程

用于安装的支架应参照相关规范、标准进行专项设计;吊装设备选择时应根据地形地貌、地基条件等现场环境以及钢箱梁的分段设计选择合适的设备。

采用支架法进行钢箱梁安装施工时,应注意下述事项。

(1)支架使用前必须经过验收,当地基为非刚性地基时,宜通过加载预压确认地基承载能力并消除地基非弹性变形。

(2)应按照设计要求的节段和顺序进行钢箱梁节段安装;当设计无要求时,应注意符合安全、便利的原则。

(3)在起重设备满足使用的前提下,宜尽量减少钢箱梁节段的划分分段;安装顺序宜从联端向另一端依次顺序安装,并应及时纠偏调整,避免误差累积。

(4)如限于现场条件必须进行横向分块时,首次安装的块段必须能够自稳,且宜根据实际情况加设防倾措施;后续安装的构件应与已安装构件连接,形成稳定体系。

(5)支架上焊接连接钢箱梁块件时,定位应预留焊接收缩量和反变形量,保证成桥后的桥面高程及横坡要求。

(6)在支架上移动梁段时,应采用千斤顶、移位器、滑靴、轨道梁或滑道等专用工具,加力支点或反力点应设置在轨道梁上;若采用支架以外的反力点进行拖拉时,应验算支架强度、变形和抗倾覆稳定性。

11.2.3 整体安装方案

钢箱梁整体安装方案适用于采用架桥机、起重机、大型起重船或桥面吊机对整孔钢箱梁或大节段钢箱梁的安装。整体安装施工主要包括整体提升及整体吊装等。港珠澳大桥、深中通道等重大工程的钢箱梁安装均采用了大型起重船进行整体安装的方案(图11-5);哈尔滨跨滨北铁路跨线桥的钢箱梁安装则采用了大型起重机进行整体安装(图11-6)。

图11-5 起重船海上整体安装钢箱梁施工示意

图11-6 起重机陆上整体安装钢箱梁施工示意

需要指出的是,对于陆地上进行钢箱梁的整体安装,架桥机是高效铺设铁路线和高速公路不可缺少的机械设备。随着工程技术水平的提高,架桥机也由最初的小跨径、整体梁简支架设发展到现在大跨径、悬臂架设、分段拼装等各种形式,使现代桥梁的施工既在安全上得到更好的保证,也在其建设周期、经济成本以及环境保护上发挥着举足轻重的作用。架桥机架设钢箱梁的现场施工示意见图11-7。

采用整体安装法进行钢箱梁安装施工时,一般需注意下述事项。

图 11-7　架桥机整体安装钢箱梁施工示意

（1）安装方案应进行专项设计，并应根据施工阶段、顺序或步骤等进行结构分析，主体结构、临时结构、设备、吊具等应满足安全要求。

（2）钢箱梁整体安装的设备应根据钢箱梁结构形式、跨径大小、施工方案、工程进度、现场条件等因素选择，其数量及性能应能满足施工需求。

（3）吊点的最大负载不应大于起重设备的负荷能力；吊装的变形应在允许范围之内。

（4）钢箱梁整体安装应按照施工方案规定的顺序、步骤进行；一孔或一个大节段梁安装宜在一天内完成，若当天无法完成时，宜采取加固措施。

（5）采用多吊点安装钢箱梁时，应保证各点运动同步差在允许范围内；应控制安装过程中加速度在 $0.1g$ 以内。

（6）应根据结构特点和施工方法进行施工监测，监测整体安装过程结构的移动位移、移动速度、运动同步差及牵引力、关键部位应力应变、结构变形、环境参数等，并控制在允许范围内。

11.2.4　顶推安装方案

顶推施工作为桥梁建设重要的一种施工方式，因其具有施工干扰小、操作简单、稳定性好及质量控制有保证的特点而被广泛使用。顶推施工法在 1959 年首次在奥地利 Ager 桥预应力混凝土连续梁结构中得到成功应用；1963 年，顶推法再次成功地在委内瑞拉的卡罗尼河桥中得到应用，该桥的中孔跨径为 96m，并首次使用了钢导梁和临时墩；此后，欧洲许多国家和日本等相继采用顶推法建造了多座桥梁，顶推施工方法在世界建桥史上得到了快速发展。

我国于 1977 年首次在西（安）延（安）铁路狄家河桥上采用了顶推法施工，而后广东万江公路大桥也顺利应用了顶推法施工。20 世纪 80 年代，顶推法施工铁路预应力混凝土连续梁的发展出现了较长时间的停滞，主要转向了公路桥梁的建设。进入 20 世纪 90 年代后，顶推法施工预应力混凝土连续梁结构又进入了一个新的发展阶段。据统计，目前世界上采用顶推法建成的桥梁有 1 000 多座，其中，中国有百余座。

顶推施工方法早期在混凝土梁桥上应用得较多，在钢结构桥梁上应用得较少。但随着顶推施工技术和箱形薄壁结构有限元仿真技术的发展，顶推安装法也越来越多地应用在大跨径钢箱梁桥的安装中。钢箱梁的顶推安装方案主要是利用千斤顶和滑动支座将钢箱梁向前推，常见的等截面连续钢箱梁和变截面连续钢箱梁的顶推施工如图 11-8、图 11-9 所示。

图 11-8 等截面连续钢箱梁顶推安装施工示意

图 11-9 变截面连续钢箱梁顶推安装施工示意

在国内百余座采用顶推法施工的桥梁中,公路桥梁多于铁路桥梁,直线桥梁多于弯桥和斜桥,混凝土桥梁多于钢结构桥梁。顶推施工的顶推跨径、顶推吨位及顶推方式也呈多样化发展:从用水平加竖向千斤顶直接顶推梁体到只用水平千斤顶并通过拉(杆)索拖拉梁体;从单点集中顶推到多点分散顶推;从间歇式顶推到连续顶推;从拖动(推动)到步履式平移顶推等。钢箱梁顶推安装的施工工艺流程如图 11-10 所示。

顶推施工中的拖拉式多点顶推工艺是国内外桥梁顶推施工较常用的方法,其主要通过千斤顶(或卷扬机)牵引钢绞线(或钢丝绳)拖动,使得梁体在支撑墩顶设置的滑道上进行滑移,牵引梁体安装就位(图 11-11)。拖拉法顶推施工的前期准备工作是在梁体纵轴方向的一端预先开辟顶推平台,将预制成型的梁体按设计高程连成整体,然后借助滑动装置并通过水平方向的液压千斤顶施力将梁体推向另一端,按此方法分段预制、连续顶推,待整个梁体顶推就位落梁后,即完成施工。

由于拖拉法顶推施工需要设置滑道系统(四氟滑板、钢垫梁等)、牵引系统(穿心式连续液压千斤顶、顶推反力架、牵引索、拉锚器等)和竖向调节系统(竖向千斤顶、钢垫梁)等,施工须在钢箱梁梁底开孔安装拉锚器、限位装置等,因此不利于钢箱梁的成品保护。同时,该施工方案通过千斤顶牵拉钢绞线,因此施工速度较慢,自动化程度较低,同步性控制较差,且临时墩将承受较大的水平荷载,施工成本较高。

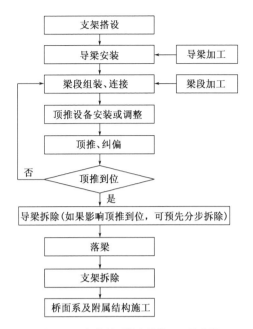

图 11-10　钢箱梁顶推安装施工工艺流程

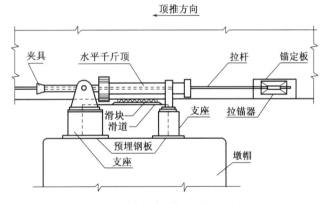

图 11-11　拖拉式顶推施工装置示意

顶推施工方法按照驱动钢梁前进的方式不同,又可以分为单点顶推和多点顶推。单点顶推存在的主要问题为,在顶推前期和后期,垂直千斤顶顶部同梁体之间的摩擦力不能带动梁体前移,必须依靠辅助动力才能完成顶推,并且单点顶推施工中没有设置水平千斤顶的高墩,尤其是柔性墩在水平力的作用下会产生较大的墩顶位移。为了克服单点顶推的缺点,工程实践中又提出了多点顶推施工方法。多点顶推施工方法按照设置支承座类型可分为滑动支承座上的顶推与滚动支承座上的顶推两种形式,其中,滑动支承座上的顶推分为梁体滑动及支承座滑动两种类型。

步履式顶推施工方法是近年来在中国发展起来的一种机械化要求较高的施工方法,其基本原理是利用竖向千斤顶将梁体多点整体顶起,水平千斤顶向前顶推实现梁体移动,然后下放临时搁置完成梁体的一步移动,循环"顶""推""降""缩"几个步骤逐步完成梁体的顶推,其动力是利用液压泵站的驱动来实现顶推。步履式顶推法于 2010 年在杭州九堡大桥中首次成功运用,当时创新性地采用了步履式多点连续顶推(图11-12)。

步履式顶推设备(图11-13)集成化、自动化程度较高,操控安全、方便,设备集顶升、平移、横向调整于一体,可实现梁体竖向、顺桥向移动或调整,从而保证梁体的坡度及线形。同时,顶推装置的滑移面由箱梁底部改到顶推设备内部,因此桥墩将不受较大的水平荷载,可以满足永久结构受力安全的要求,实现自平衡顶推。

图11-12 杭州九堡大桥顶推施工

图11-13 步履式顶推设备系统示意

需要指出的是,步履式顶推施工方法的每套顶推设备均由多个小型千斤顶组成,虽然单个千斤顶的正常工作概率可以得到保证,但多个千斤顶全部正常工作的概率就会有所降低,并且由于步履式顶推对液压与电气同步性控制的精度要求较高,实际使用过程中同步性需要重点考虑。因此,恰当地选择同步性控制精度指标,研究步履式顶推中梁体偏位的原因、控制措施并制定纠偏策略是该施工方案的关键点。

此外,顶推施工法从施工环境、技术要求和施工控制等方面均与支架法、吊装法及悬臂法等有较大差异。顶推施工中临时辅助结构的设置增大了顶推施工桥梁的跨径,并且使变曲率竖曲线连续梁的无应力线形得到良好的控制。但临时墩的高程(墩体的不均匀沉降)、导梁的参数、梁体施工精度以及局部稳定性等问题是顶推法施工需注重解决的问题。

桥梁在顶推施工过程中,会受到诸多确定因素(如桥梁设计参数、施工精度)和不确定因素(如温度、湿度和风荷载)的影响,为了保证钢箱梁顶推施工过程中结构受力安全及顶推到位后桥梁线形满足设计要求,必须在顶推施工过程中进行施工控制。通常,顶推施工控制主要包括顶推施工过程结构受力安全控制及线形控制。其中,受力安全控制通常采用有限元软件进行施工全过程受力计算分析,对施工过程受力较大截面布置应变计进行监测;线形控制则主要通过控制钢箱梁的拼装线形来实现。钢箱梁采用顶推安装方案时,顶推法施工控制的流程如图11-14所示。

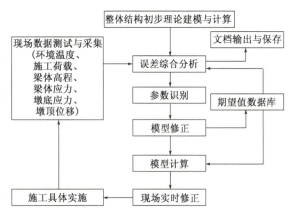
图11-14 顶推法施工控制流程示意

11.2.5 安装质量检验

钢箱梁的安装质量检验主要包括外观质量检验和实测项目检验等。

1) 外观质量

(1) 梁底与支座以及支座底与垫石顶之间不应出现缝隙。

(2) 钢箱梁线形不应出现弯折及变形。

(3) 钢箱梁内外表面不应有凹痕、划痕、焊疤、电弧擦伤等缺陷,边缘应无毛刺。

(4) 焊缝应平滑,无裂纹、未溶合、夹渣、未填满弧坑、焊瘤等外观缺陷,预焊件的装焊应符合设计要求。

(5) 高强螺栓连接摩擦面应保持干燥、整洁,不应有飞边、毛刺、焊接飞溅物、焊疤、氧化铁皮、污垢等,除设计要求外摩擦面不应涂漆。

(6) 钢箱梁防护损伤应修复。

2) 实测项目

公路常规跨径钢箱梁的安装,其安装质量检验实测项目及要求如表 11-1 所示。

钢箱梁安装质量检验实测项目及要求 表 11-1

项 目		允许偏差	检查数量	检验方法
轴线偏位(mm)	钢梁纵轴线	±10	全数检查	全站仪测量
	两孔相邻横梁中线相对偏差	±5		钢尺测量
梁底高程(mm)	墩台处梁底	±10		水准仪测量
	两孔相邻横梁相对高差	±5		
支座偏位(mm)	支座纵、横向扭转	±1		钢尺测量
	固定支座顺桥向偏差 连续梁或60m以上简支梁	±20		钢尺测量
	固定支座顺桥向偏差 60m及以下简支梁	±10		钢尺测量
	活动支座按设计气温定位前偏差	±3		钢尺测量
支座底板四角相对高差(mm)		±2		钢尺测量
焊缝尺寸		满足设计要求		量规;检查全部,每条焊缝检查3处
焊缝探伤				超声法:检查全部 射线法:按设计要求,设计未要求时按10%抽查,且不少于3条
高强螺栓扭矩		±10%		扭矩扳手;检查5%,且不少于2个

当钢箱梁采用步履式顶推施工时,顶推施工质量的控制标准如表 11-2 所示。

钢箱梁顶推施工允许偏差 表 11-2

项 目	允许误差(mm)
梁轴线偏位	10
临时墩顶纵向位移	20
梁底高程	10

11.3 跨径 4×80m 钢箱梁安装

下面主要以中交公路规划设计院有限公司(暨装配化钢结构桥梁产业技术创新战略联盟)研发的装配化钢箱梁系列通用图技术成果为例,介绍80m跨径装配化钢箱梁安装的相关内容。

11.3.1 安装方案

该装配化钢箱梁桥上部结构的安装主要考虑了整体安装方案与顶推安装方案2种,可根据不同的施工条件因地制宜地选择施工方法。

1) 整体安装方案

钢箱梁整体安装方案主要是将钢箱梁小节段现场组拼为大节段后,现场整孔吊装钢箱梁大节段,其安装步骤主要如下:

(1)施工基础及桥墩,完成钢箱梁制作,将钢梁节段运输至现场并完成现场组拼;墩顶支座就位,准备吊装钢箱梁。

(2)将第1跨钢箱梁吊装就位,并利用微调装置对钢箱梁进行精确定位。

(3)整孔吊装第2跨钢箱梁,利用梁端调位装置和临时牛腿调整该梁段与第1跨钢箱梁的连接;完成该跨钢箱梁现场连接,拆除临时调位装置及临时牛腿,并按照同样的工序安装后续梁段。

(4)待完成所有钢箱梁安装工作后,开展桥面系施工,内容主要包括护栏安装、桥面防水排水和桥面铺装施工、支座及伸缩缝安装等。

2) 顶推安装方案

对于跨河、跨谷以及桥墩较高的主线桥梁,可采用在一岸进行主梁组拼,然后顶推就位的施工方法,若跨径较大,可根据需要设置临时墩支撑。钢箱梁顶推安装方案的安装步骤主要如下:

(1)在顶推所在墩一侧的一定距离处设置拼装平台,并在拼装平台的一侧进行顶推;在拼装平台支架上组拼钢箱梁至一定长度后,吊装导梁,完成导梁与钢箱梁的拼接,准备顶推。

(2)顶推钢箱梁至一定距离后,在平台支架上继续组拼钢箱梁节段而后顶推;导梁前端顶推至桥墩后,将导梁提升至墩顶支座处。

(3)重复上述步骤,直至所有钢箱梁顶推至相应的墩位;拆除拼装平台、拆除导梁。

(4)开展桥面系施工,内容主要包括护栏安装、桥面防水排水和桥面铺装施工、支座及伸缩缝安装等。

顶推过程中若主梁下挠较大,可增设临时塔和临时拉索,提前采取措施将主梁拉起,确保导梁底面始终高于墩台座。

11.3.2 安装流程

(1)按照整体安装方案,钢箱梁安装的施工流程示意如图11-15所示。

a)施工基础及桥墩

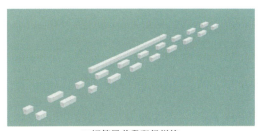
b)钢箱梁节段现场拼接

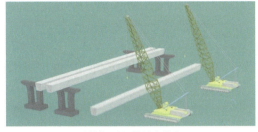
c)吊装第1跨钢箱梁大节段

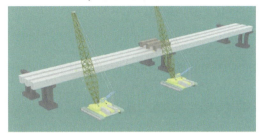
d)安装反牛腿于已架设钢梁,吊装第2跨钢箱梁大节段

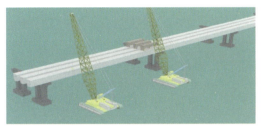
e)按照类似方法,完成第3跨钢箱梁架设

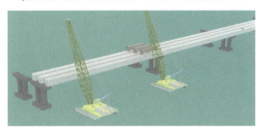
f)完成第4跨钢箱梁架设

g)安装钢护栏节段

h)完成钢护栏节段间连接

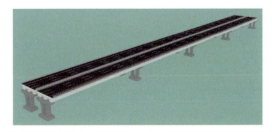
i)完成桥面防水排水、桥面铺装、支座及伸缩缝等附属设施施工

图 11-15 跨径 4×80m 装配化钢箱梁整体安装法施工流程示意

（2）按照顶推安装方案，钢箱梁安装的施工流程示意如图 11-16 所示。

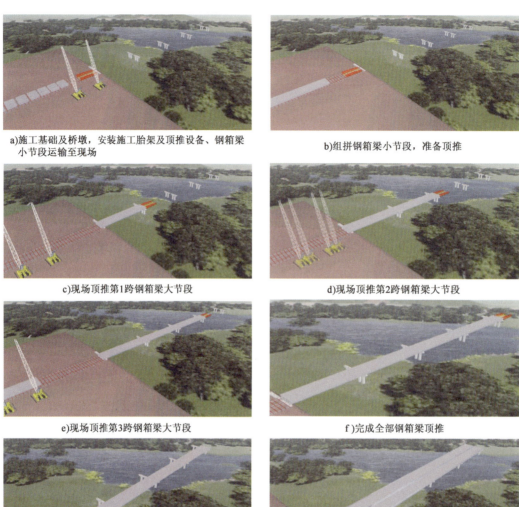

图 11-16　跨径 4×80m 装配化钢箱梁顶推安装法施工流程示意

11.4　跨径 6×110m 钢箱梁安装

下面主要以中交公路规划设计院有限公司负责设计的港珠澳大桥深水区非通航孔桥跨径 6×110m 钢箱梁为例,介绍其装配化钢箱梁安装的相关内容。

11.4.1　安装方案

港珠澳大桥深水区非通航孔桥采用连续钢箱梁体系,中间墩一侧设置固定减隔震支座,另一侧设置横向滑动减隔震支座,其他中墩与过渡墩一侧设置纵向滑动减隔震支座,另一侧设置双向滑动减隔震支座;标准联采用 6×110m=660m 六跨连续钢箱梁桥。

该桥为减少现场焊接工作量,加快施工进度,其钢箱梁架设采用大节段吊装方案。根据当时国内已有的加工、运输能力,吊装设备情况,该项目将一个等宽联钢箱梁划分为 6 个梁段,吊装梁段重量最大约为 2 700t,梁段长度最大为 133m,这对梁段加工的组拼、存放场地、梁段上船及运输以及现场安装都提出了较高要求。其安装顺序主要如下:

(1)浮式起重机吊装第 1 跨。
(2)浮式起重机吊装第 2 跨梁段,调整梁段位置,并与已就位的第 1 跨梁段连接。
(3)浮式起重机依次吊装第 3、4、5 跨梁段,调整梁段位置,并与已就位的前一跨梁段连接。
(4)浮式起重机吊装第 6 跨梁段,第 5 跨梁段与相邻梁段连接,一联钢箱梁合龙。

该桥钢箱梁现场连接采用栓焊连接方式,大节段钢箱梁吊装时,除每联首节大节段钢箱梁支撑在两个主墩上外,其余梁段均一端支撑在主墩上,另一端则支撑在已就位梁段上(即梁段间的支撑),即:在待装梁段接口顶板上设置牛腿,在已就位梁段接口顶板处设置临时支座,吊装时牛腿搭接在临时支座上,从而起到支撑及精确调位作用。

待梁段吊至设计位置后,与已架设的相邻梁段采用牛腿搭接;在合适的温度时段,焊接定位马板,完成顶板对接焊缝,再完成腹板、底板的对接焊接,最后拧紧箱梁顶板 U 形加劲肋的高强螺栓,完成箱梁外顶板 U 形加劲肋对接焊接。

11.4.2　安装流程

按照该桥大节段整体安装方案,钢箱梁安装的施工步骤如下:

(1)步骤 1:①钢箱梁制作完成,运输驳船运至起吊区域,抛锚定位;②浮式起重机抛锚定位;③安装墩顶支座及墩顶调位装置,准备安装钢箱梁。
(2)步骤 2:选择平潮时段,浮式起重机整体吊装第一联第一跨钢箱梁至安装位置。
(3)步骤 3:①选择平潮时段,大型浮式起重机整体吊装该联第二跨;②利用梁端调位装置和临时牛腿调整梁段与第一跨的连接;③完成钢箱梁现场连接;④拆除临时调位装置及临时牛腿;⑤按照同样的吊装流程吊装后续梁段。
(4)步骤 4:①按照步骤 3 整体吊装一联的最后大节段;②完成连接;③进入下一联吊装工作。

按照上述步骤,安装施工的流程见图11-17。

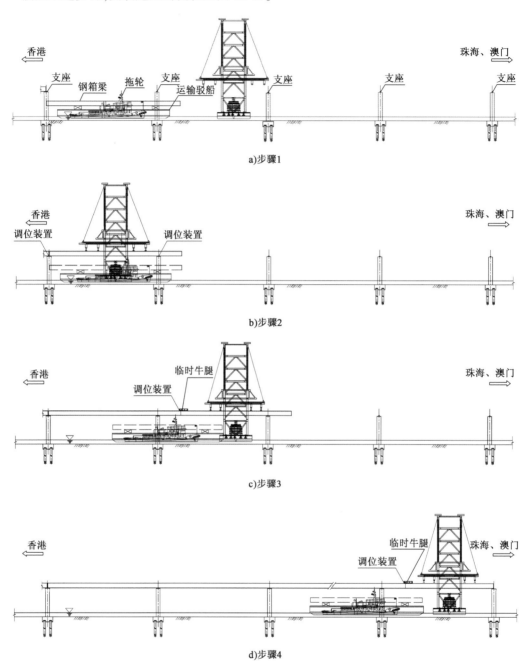

图 11-17 跨径 6×110m 装配化钢箱梁整体安装施工流程示意

第 12 章

工程实例

当前,我国已经成为桥梁大国,但总体发展仍不均衡,能够体现桥梁行业工业化成就的钢结构桥梁数量很少,而港珠澳大桥作为世界上最长的跨海桥梁,其设计使用寿命为 120 年,钢结构桥梁用钢量达 42.5 万 t,大桥的成功建造拉开了我国大范围推广装配化钢结构桥梁的序幕,并且大桥作为"国家名片"为行业树立了良好的典范。

基于港珠澳大桥桥梁工业化建造的成功设计实践经验,笔者研究团队通过对装配化钢结构桥梁系列通用图进行研发,最终形成了多种系列的装配化钢桥通用图成果。其中,通过将装配化钢箱梁桥通用图技术成果推广应用于东莞-番禺高速公路、厦门翔安大桥等工程,进一步推动了我国钢结构桥梁建设的转型升级和高质量发展,并且取得了良好的应用效果。

12.1 港珠澳大桥

12.1.1 工程简介

港珠澳大桥跨越珠江口伶仃洋海域,是连接香港、珠海、澳门的超级跨海通道,是列入《国家高速公路网规划》的重要交通建设项目,是我国具有国家战略意义的世界级跨海通道。港珠澳大桥海中主体工程长 29.6km,主体工程桥梁工程全长 22.9km,大桥的设计及施工采用了"大型化、标准化、工厂化、装配化"的创新建设理念。

港珠澳大桥深水区非通航孔桥总长 13.86km,采用 110m 等跨径等梁高连续钢箱梁桥(图 12-1),钢箱梁采用大悬臂单箱双室结构。其中,等宽联采用 6×110m=660m 六跨连续钢箱梁桥,主梁采用整幅等截面连续钢箱梁;变宽联采用 5×110m=550m 五跨连续钢箱梁桥,主梁采用整箱变宽+分离箱变宽的结构形式;顶板为正交异性板结构。典型联桥型布置如图 12-2 所示。

该桥地处珠江伶仃洋入海口,属于近海离岸跨海通道工程,海域宽度超过 40km,就建设条件而言,其特点主要体现在:

(1)大桥处于南亚热带海洋性季风气候区,桥位区热带气旋影响十分频繁,气象条件恶劣,台风多,风力大,高温高湿;桥区重现期 120 年 10m 高度 10min 平均风速达 47.2m/s;实测极端最高气温为 38.9℃,极端最低气温 −1.8℃;年内各月平均相对湿度均在 70%以上。

图 12-1 港珠澳大桥深水区非通航孔桥示意

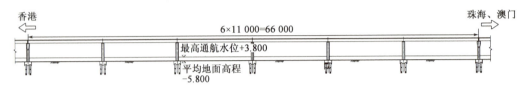

图 12-2 深水区非通航孔桥典型联桥型布置示意(尺寸单位:mm)

(2)水文条件复杂,水动力条件差,行洪、纳潮、防淤要求严。

(3)穿越桥区的航道多、航线复杂、通航船型类型众多、船舶通航密度大、通航要求高,航行安全管理要求高。

(4)地震设防水准高,地质条件变化大。桥位处覆盖层较厚,最厚可达89.3m,下伏基岩为花岗岩,岩面及风化厚度差异较大;软土分布范围广、厚度大;海水和地下水均具有较强的腐蚀性。

(5)香港大屿山机场位于大桥东岸登陆点附近,澳门机场位于大桥西岸附近,机场航空限高严。

(6)桥轴线穿越白海豚保护区,环保要求高。

12.1.2 设计理念

港珠澳大桥三大目标为:建设世界级的跨海通道,为用户提供优质服务,成为地标性建筑。每个目标均具有丰富和深刻的内涵和要求。

基于并服务于项目建设条件、建设目标和需求,笔者(港珠澳大桥总设计师)提出了"大型化、工厂化、标准化、装配化"的建设理念和指导方针。全面践行该建设理念是项目的总体设计思想,以适应工程复杂建设条件,保证施工安全和航运安全、确保工程质量品质、减少现场工作量、减少海中作业时间、降低施工风险、保护海洋生物、保障工期。"大型化、工厂化、标准化、装配化"理念是项目追求的最高境界,其核心是装配化,其本质是工业化。

港珠澳大桥是中国交通建设史上规模最大、技术最复杂、标准最高的工程,作为世界级挑战性的通道,它的建设必须采用世界先进技术和方法,以及与之匹配的先进建设理念,必须推行"以需求和建设目标引导设计",推行先进的"大型化、工厂化、标准化、装配化"建设思想,依靠当代先进的科学技术和国家强大的工业化实力,确保其"新技术、高品质、长寿命"重要目标的实现。相对来说,桥梁建设的工业化水平在港珠澳大桥上达到了空前的高度。"大型化、工厂化、标准化、装配化"建设理念将引领中国桥梁及交通建设领域的工业化革命,是我国迈向桥梁强国的里程碑项目。

12.1.3 技术标准

项目主要技术指标如下:

(1)公路等级:双向六车道高速公路。
(2)设计行车速度:100km/h。
(3)行车道数:双向六车道。
(4)设计使用年限:120年。
(5)建筑界限:桥面标准宽度33.1m,净高5.1m。
(6)桥面横坡:2.5%,最大纵坡≤3.5%。
(7)设计荷载:将《公路桥涵设计通用规范》(JTG D60—2004)中规定的汽车荷载(公路-Ⅰ级)提高25%用于该项目设计计算;按照香港 United Kingdom Highways Agency's Departmental Standard 规定的汽车荷载进行计算复核。

连续钢箱梁的横断面布置如图12-3所示。

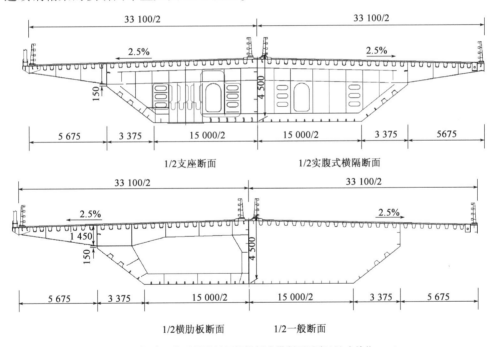

图12-3 深水区非通航孔桥钢箱梁标准横断面示意(尺寸单位:mm)

12.1.4 设计方案

1)结构体系及构造

该桥采用连续钢箱梁结构体系,中间墩一侧设置固定减隔震支座,另一侧设置横向滑动减隔震支座,过渡墩与其余中墩一侧设置纵向滑动减隔震支座,另一侧设置双向滑动减隔震支座。

等宽联钢箱梁梁宽33.1m,钢箱梁梁高4.5m,梁高与跨径比值为1:24.4;钢梁边腹板高

1.6m,与中腹板间距10.875m;平底板长度15m,斜底板水平长度3.375m,按照1∶1.286 9设置。根据结构受力要求,考虑加工制造及运输条件限制,等宽联节段设置了5种典型节段长度,即6m、10m、14m、15m、12.6m。

变宽联钢箱梁梁宽由33.1m以三次抛物线变化为38.8m,采用整箱变宽+分离箱变宽的结构形式,分离箱之间设置横向连接箱及横向连接梁;变宽联钢箱梁的梁高、悬臂尺寸、边腹板尺寸等与等宽段相同。

图12-4　钢箱梁大悬臂构造

与传统的全封闭断面钢箱梁相比,该桥大悬臂断面钢箱梁底板宽度较窄,底板及其加劲肋的面积较小,由于深水区非通航孔桥的桥长很长,因此该种结构形式可以节省大量的用钢量,并可以减轻钢箱梁吊装重量及降低总体造价。

钢箱梁大悬臂长5.675m,根部梁高1.45m,端部梁高0.52m,呈线性变化,并且在悬臂端部顶板对应护栏立柱底座位置设置有两道横桥向加劲肋。此外,悬臂腹板与顶板采用部分熔透的双面角焊缝,与顶板U形加劲肋、板形加劲肋和其竖向加劲肋均采用双面角焊缝连接,与下翼缘采用熔透焊缝。钢箱梁大悬臂构造如图12-4所示。

2)抗疲劳设计

为了提高钢箱梁桥面板的抗疲劳性能,并综合考虑悬臂处刚度、钢箱梁抵抗畸变和横向弯曲变形的性能要求等因素,深水区非通航孔桥钢箱梁采用了实腹式横隔板和横肋板交替布设的构造,即横隔板间距为10m,中间每隔2.5m设置一道横肋板。由于横隔(肋)板间距较小,若全部采用实腹式横隔板,钢箱梁内部通透性将较差,涂装难度大,运营养护条件恶劣,工作量大,因此才采用了实腹式横隔板和框架式横肋板的组合体系。

在细节研究及疲劳验算的基础上,确定了钢桥面板的细部构造:桥面板厚度不小于18mm,纵向U形加劲肋间隔300mm、厚度不小于8mm、内侧弯曲加工半径不小于5倍板厚;桥面板与纵向U形加劲肋熔透量不小于纵向加劲肋板厚的80%;纵向U形加劲肋接头采用高强螺栓连接,过焊孔长度80mm;桥面板的焊接利用X形坡口或利用焊接垫板的V形坡口实施熔透焊接,接头位置避免布置在轮载正下方;横肋板间隔不大于2.5m;竖向加劲构件与顶板之间设置35mm的间距;对纵向U形加劲肋与顶板、横隔板(横肋板)之间的组装、焊接及细部处理做了严格的规定(图12-5)。

理论分析表明,该桥钢桥面板构造能够确保抗疲劳安全。通过进一步开展试件疲劳试验,对病害最突出的"横隔板在U形加劲肋附近开槽处、横隔板与U形加劲肋焊缝、顶板与U形加劲肋焊缝、U形加劲肋对接(栓接)"等构造细节进行疲劳性能验证,试验结果表明,

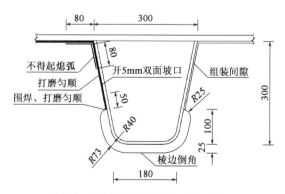

图12-5　港珠澳大桥钢桥面板组装、焊接、细部处理要求(尺寸单位:mm)

构造完全满足抗疲劳性能的要求。

3）抗风设计

根据该桥结构抗风性能试验研究结果,大悬臂钢箱梁在设计风速范围内发生了涡激振动现象,且位移和加速度影响了桥梁结构安全和运营期间的舒适性。

为解决此问题,在给定结构设计方案的前提下,提出的涡振抑制措施包括:安装附加的主动或被动控制面(亦称气动措施),增加结构阻尼(亦称机械措施)。通过对"栏杆上加导流板、加装风嘴、对护栏进行不同程度封闭、主梁内设置 TMD(调谐质量阻尼器)"等方案进行同等深度的技术经济综合比选,最后推荐采用设置 TMD 的方案。其主要原因在于:涡激振动对结构阻尼非常敏感,结构阻尼的增大可以缩短风速锁定区,明显降低涡激振动的振幅,从而有效抑制涡激振动。因此,增设阻尼器是该大悬臂连续钢箱梁提高抗涡激振动性能的主要措施。最终,深水区非通航孔桥连续钢箱梁每联的次边跨跨中均布置 4 个 TMD 装置(图 12-6),每联共计 8 个。

研究提出的 TMD 主要技术要求包括:①摆动质量(单个 TMD 质量)有 3 000/3 750/4 000/6 250kg 四种;②质量块最大位移 ±250mm、±300mm;③阻尼比 10%;④安装 TMD 后主梁结构的等效阻尼比应大于 1%;⑤TMD 的阻尼常数、弹簧刚度及最大速度由制造商分析确定;⑥TMD 系统设计寿命要求与桥梁主体结构相同。

通过采取合理的抗风设计措施,港珠澳大桥最终经受住了"天鸽""山竹"等超强台风的考验。

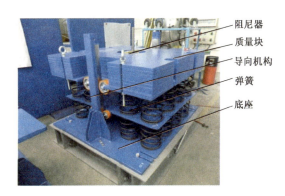

图 12-6　TMD 装置构造示意

4）抗震设计

港珠澳大桥桥位处于我国东南地震带、全国地震重点监视区,跨越 3 条地震断层,历史上发生 7 级(9 度)地震,由于地震动参数峰值加速度较大,若在连续钢箱梁桥桥墩处设置一般支座将难以保证结构的抗震安全性及经济性。因此,为了降低结构的地震反应,确保结构安全,设计时在各个桥墩处设置了减隔震支座(图 12-7),利用其良好的滞回耗能特性和自恢复功能,在强震作用下达到减隔震耗能的效果,使结构的地震反应得到很好的控制。该支座具有常规使用和减隔震功能,同时还具备在罕遇地震作用下的防落梁功能;支座设计寿命为 60 年,并进行了分区段设计:深水区非通航孔桥的等宽段高墩区采用高阻尼橡胶支座,等宽低墩区采用铅芯橡胶支座及双曲面球型支座,变宽段则采用双曲面球形支座。

需要指出的是,若采用传统的桥梁抗震设计,地震发生时桥梁墩身开裂的位置将处于水中,导致后续将无法对其修复。而通过进行减隔震设计,在墩顶处设置减隔震支座,则可使得桥梁下部结构在强震作用下墩底部的非线性变形转移至墩顶,降低下部结构墩身内力及基础规模,并避免了水下维修(图 12-8)。

图 12-7　港珠澳大桥连续钢箱梁减隔震支座

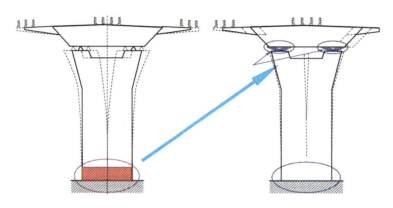

图 12-8　传统抗震效果与减隔震效果区别

总体而言,港珠澳大桥构建了完整的超长跨海桥梁减隔震示范工程,使我国桥梁的减隔震技术步入国际前沿,其抗震设计思路为跨海超长桥梁抵御强震提供了一种新途径。

5)钢箱梁制造与安装

深水区非通航孔主梁架设采用大节段整孔逐跨吊装方案,标准节段长110m,吊重约2 300t(不含吊具),最长节段长133m,最大控制吊装重量约2 750t(不含吊具)。

由于该桥钢箱梁结构规模及数量巨大,健康、安全、环保、制造标准、品质及耐久性要求高,为此实施了"全新的厂房、尖端的设备、先进的技术、科学的管理"的工作方针,大幅度提升"车间化、机械化、自动化"水平。通过"全面实现车间化作业、广泛使用机械自动化设备、采用计算机辅助制造技术、世界先进的电弧跟踪自动焊技术、反变形船位施焊技术、U形加劲肋焊缝相控阵超声波检测技术及信息化质量控制手段",从而大幅度提升钢箱梁制造质量水平。

通过对所有板单元采用全自动化制造,钢箱梁由板单元制成小节段,然后在工厂车间内整体组装成大节段,小节段及大节段拼装全部在厂房内进行(图 12-9)。最后,为减少现场焊接工作量,加快施工进度,钢箱梁架设采用大节段吊装方案,即钢箱梁大节段通过船舶运输至桥位,采用单台或双台浮式起重机现场起吊安装。

12.1.5　工程实践

港珠澳大桥钢结构桥梁用钢量达40余万t,工期4年。而作为对比,已建成的美国加州旧金山新海湾大桥钢结构总量约4万t,工期约4年;香港昂船洲大桥用钢量约3万t,工期约3

年。港珠澳大桥钢结构桥梁的工作量远远大于上述国际知名大型项目,因此,如何能够按时保质保量完成钢结构桥梁的制造和施工,并达到建设目标要求的世界级质量水平,是一项严峻挑战。

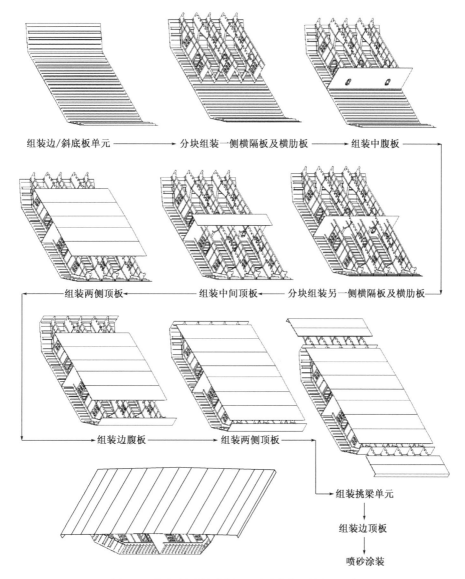

图 12-9　港珠澳大桥钢箱梁工厂内小节段组拼流程示意

为了应对挑战,设计提出了基于"大型化、工厂化、标准化、装配化"的建设理念、总体思想和指导方针,并在工程实践中联合各方开展了一系列关键技术及难题的攻关,主要体现在:

(1)研究提出了基于荷载谱、构造细节、制造工艺、检验标准和试验验证的长寿命正交异性钢桥面板抗疲劳系统解决方法。

通过采用多参数优化理论与正交试验方法对各关键构造细节特征参数进行优化,确定了关键构造细节抗疲劳最优参数组合;考虑随机荷载谱、关键构造细节、制造工艺理论综合分析与试验验证相结合,提出"理论+设计+制造"三位一体的正交异性钢桥面抗疲劳系统解决方法。

同时,通过开展足尺构件模型试验和足尺节段模型试验(图12-10),基于试验和理论研究成果,提出了构造细节三维疲劳裂纹扩展的数值模拟方法(图12-11)、基于概率断裂力学的正交异性钢桥面板疲劳寿命预测方法、基于应变能指标的正交异性钢桥面板疲劳抗力评估新方法等。研究结果表明:在加工工艺精度和焊接质量严格控制的条件下,港珠澳大桥正交异性钢桥面板各关键疲劳易损部位的抗疲劳性能设计能够满足120年设计使用寿命的要求。

图12-10　钢箱梁足尺疲劳模型试验

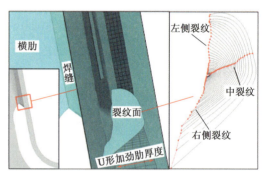

图12-11　钢箱梁关键构造细节三维疲劳裂纹数值模拟方法

(2)研发了钢箱梁正交异性钢桥面板板单元制造及检测关键技术,建立了世界先进的钢箱梁板单元制造自动化、智能化生产线。

通过系统开展材料、制造、组装、焊接及成型检测全方位研究,研发了钢箱梁新型的U形加劲肋加工生产线、钢箱梁板单元自动组装定位焊技术及自动化智能化焊接装备(图12-12)、钢箱梁总拼自动化焊接设备,以及焊接数据信息化管理系统等,最终建立了钢箱梁板单元制造自动化、智能化生产线(图12-13)。

在国内首次采用世界上先进的电弧跟踪技术,解决了以往光电跟踪和机械跟踪精度低的难题,跟踪精度达到0.2mm,能够稳定保证80%以上焊接熔深要求;首次提出并应用了超声波相控阵探伤检测及判定方法,有效解决了以往难以检测钢箱梁U形加劲肋与桥面板间角焊缝的熔透深度和内在质量的技术难题(图12-14)。

图12-12 U形加劲肋板单元自动组装、定位机床及定位焊断面

图12-13 钢箱梁板单元制造自动化、智能化生产线

图12-14 钢箱梁超声波相控阵探伤检测

正是基于大量使用自动焊接技术替代人工制造方式,该桥的生产效率提高约2倍,人工使用成本降低约50%,从而保障了大桥40余万t钢结构得以在4年内完成。

(3)研发了超长大节段钢箱梁整体式安装关键技术。

通过系统开展外海大节段钢箱梁安装施工关键技术研究,形成了大节段钢箱梁安装施工工艺(图12-15),研发了专用吊具及精确调位千斤顶设备,实现了高效安装大节段钢箱梁并满足安装精度要求(图12-16)。同时,研究提出了双浮式起重机抬吊超大型钢箱梁施工技术,采用两艘浮式起重机抬吊同步协同作业安装,实现了外海复杂环境下超长大节段钢箱梁的整体吊装安装(图12-17)。

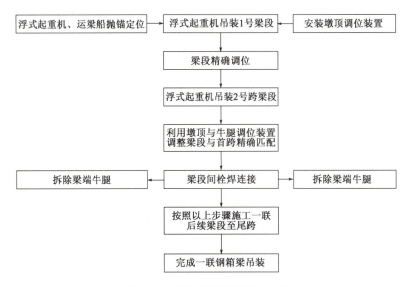

图12-15 整跨钢箱梁吊装施工工艺

图12-16 钢箱梁现场安装施工

图12-17 双浮式起重机抬吊超大型钢箱梁

(4)研发了钢桥面GMA浇筑式沥青铺装试验、设计、施工、质量控制关键技术及装备,建立了先进的自动化生产线。

港珠澳大桥钢桥面铺装面积达 50 万 m^2，是世界上最大规模的钢桥面铺装工程。通过采取全仿真形式足尺模型加速加载试验，开展了高温性能试验和疲劳性能试验，完成了对浇筑式沥青混凝土 GMA 施工工艺评价研究，完成了施工质量控制关键参数评价研究，确定了硬度、车辙动稳定度、冲击韧性、沥青混合料拌和温度、拌和时间等技术指标要求。同时，通过研发全自动生产、空气筛和多点驱动概率筛精细分级、产品质量溯源信息化等一系列最新技术，建立了世界领先的铺装集料自动化生产线（图 12-18、图 12-19）。

a)集料工厂外观

b)粗集料生产线

c)细集料生产线

d)集料的包装和仓储

图 12-18　集料工厂和集料自动化生产线

图 12-19　质量可溯源信息化技术应用

总而言之,通过采用先进的工厂化、标准化集料生产线装备生产高质量钢桥面铺装集料,为保证钢桥面铺装施工质量提供了优良的材料基础;采用工厂化、标准化、自动化的混合料拌和工厂装备生产 GMA 沥青混合料,有效保证混合料施工质量;在钢桥面钢板喷砂除锈、黏结防水层施工也采用先进的自动化施工设备(图 12-20),实现了施工的标准化,有效保证了施工质量并提高了施工速度。综合基于工厂化、标准化、自动化的关键技术和关键设备,为践行大桥"大型化、工厂化、标准化、装配化"建设理念、实现钢桥面铺装的"高品质、长寿命"目标,奠定了坚实的基础。

a) 钢桥面车载式抛丸机

b) 全自动喷涂防水黏结层施工装备

c) 全线钢桥面防水黏结层施工

d) 铺装碎石自动撒布及碾压

图 12-20　连续钢箱梁钢桥面铺装自动化施工装备

12.2　东莞—番禺高速公路 70m 跨径装配化钢箱梁桥

12.2.1　工程简介

东莞至番禺高速公路桥头至沙田段(简称莞番高速),是《广东省高速公路网规划》(2004—2030)中编号 S18 的加密线,是东莞市"一环六纵三横"主干线的第三横。该项目西连南沙大桥,东接河惠莞高速,是东莞中部贯穿东西的一条非常重要的主干线;项目建成后将与南沙大桥、河惠莞高速共同构建起珠江三角洲东西两岸的一条重要横向通道,可以有效疏解虎门大桥的交通压力,同时也将对东莞市东西向干线路网予以有益的补充。莞番高速全长 64.5km,采用双向六车道高速公路标准,项目概算约为 222 亿元。

莞番高速项目在跨重要的地方路段处采用标准化、装配化的钢箱梁结构,如根据地方道路的路幅宽度,采用了45m、50m、55m跨径的装配化钢箱梁;特殊路段,如跨越铁路的路段,采用了70m跨径的装配化钢箱梁。

在标准化、装配化理念的指引下,莞番高速项目大力推广应用装配化多箱室钢箱梁,推动常规跨径钢箱梁的标准化设计、装配化施工,期望通过批量化制造实现钢结构桥梁规模化,充分发挥钢结构材料强度高、施工速度快、制造和安装周期短的作用,进而获取较大的综合效益。

12.2.2 设计方案

该项目装配化钢箱梁结构的设计主要基于装配化钢箱梁通用图的成果,在此基础上根据该项目实际情况对局部位置进行了适当的调整及拓展。以70m跨径的装配化简支钢箱梁桥为例,该钢箱梁上跨莞太路,采用三主梁结构,梁高3.0m,桥面宽度16.25m,主梁间距为5.14m;钢箱梁主要由顶板及顶板加劲肋、腹板及腹板加劲肋、底板及底板加劲肋、横隔板及横肋板组成;三片钢箱主梁的外形完全一致,顶板宽3.2m,底板宽2.2m;桥面横坡通过绕横断面中心的桥面板的内侧顶板位置旋转实现。其主梁标准截面如图12-21所示。

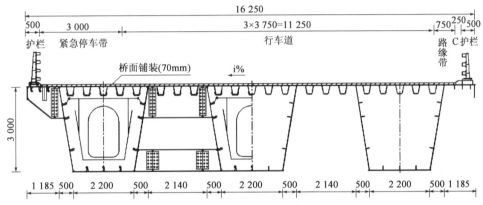

图12-21 莞番高速公路70m跨径装配化钢箱梁断面(尺寸单位:mm)

该桥的钢箱梁材质采用Q420qD钢材,钢桥面板厚18mm,顶板U形加劲肋厚12mm;在支点位置,底板厚度为22mm,其余位置底板厚18mm,底板采用板形加劲肋,规格为140mm×14mm;钢箱梁腹板厚度为14mm,其加劲肋类型及规格与底板加劲肋相同;此外,钢箱梁端横隔板厚度为20mm,支座位置横隔板厚度为16mm,其余位置的实腹式横隔板厚度为12mm。该钢箱梁的梁段划分为10.96m和12.0m两种类型,其梁段一般构造如图12-22所示。

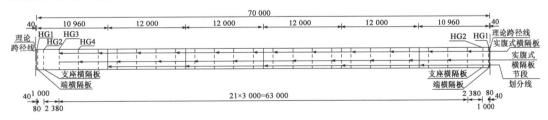

图12-22 70m跨径装配化钢箱梁梁段一般构造(尺寸单位:mm)

对于该项目其他跨径及桥面宽度的钢箱梁桥,设计时保持单片钢箱梁的顶板宽度和底板宽度不变(顶板宽3.2m,底板宽2.2m),保持主梁外形基本一致,通过调整钢箱主梁的片数、钢箱梁顶底板板厚及梁高,从而来适应不同跨径、不同桥面宽度的装配化钢箱梁结构形式。

另外,根据该项目实际情况,钢箱梁节段采用陆路运输的方式,在工厂内加工为板单元,拼装成块体单元,而后运送至现场再进行组装、吊装。为了更快捷地运输钢箱梁节段,减少审批等流程,按照车货总尺寸均小于28m(长)、3.75m(宽)、4.5m(高)控制。经调研,目前最大的平板货车尺寸为:前部平台长度3.7m,高1.5m;后部平台长度14m,高1.25m;车宽2.5~3.0m;计入车头后,车体总长度约为21.0m。根据上述实际情况,该项目钢箱梁块件尺寸宽度控制在3.75m以内,高度控制在3.25m以内,节段长度控制在17m以内。钢箱梁分块方案如图12-23所示。

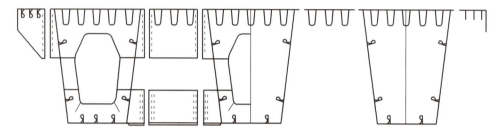

图12-23 钢箱梁分块方案示意

至此,通过对该装配化钢箱梁进行横向、纵向的节段划分,钢箱梁运输尺寸、运输重量都得到了有效控制,一定程度上实现了减少审批流程、提高运输效率的目标。

12.2.3 工程实践

跨莞太路的70m跨径简支钢箱梁单幅的钢材用量约690t,若该桥采用整体式断面形式,690t的吊装重量将对施工设备提出较高的要求,施工安装过程中存在的风险将加大,并在一定程度上降低了施工效率。

通过应用装配化钢箱梁通用图成果,采用化整为零的装配化结构形式,对钢箱梁横向及纵向进行节段划分,横向划分成7个块体,纵向划分为5个梁段,将钢箱梁块件尺寸宽度控制在3.75m以内,高度控制在3.25m以内,梁段节段长度控制在17m以内,最终使得钢箱梁块件最大吊装重量仅为41.4t,大大降低了钢箱梁安装对施工设备的要求,采用300t的履带吊即可完成吊装,从而实现了轻量化安装施工。

该桥钢箱梁的安装施工采用了支架法安装方案,即利用支架作为临时支撑,分节、分段吊装钢箱梁块体并将其现场拼接成整体。该桥钢箱梁的现场安装情形如图12-24所示。

图12-24 莞番高速公路70m跨径装配化钢箱梁安装施工实景

12.3 厦门翔安大桥海中段桥梁

厦门翔安大桥连接厦门岛与翔安区,起于湖里区金尚路东侧,终于翔安大道,与已建翔安南路刘五店互通连接。项目总长度 12.2km,其中跨海段钢结构桥梁工程全长 3.27km,海中东、西引桥长约 2.6km,整个通道横跨海面宽约 4.5km(图 12-25)。厦门翔安大桥是继厦门大桥、海沧大桥、集美大桥、杏林大桥、翔安隧道,以及在建的第二西通道(海沧隧道)后的第七条跨海通道。

图 12-25　厦门翔安大桥总体效果示意

12.3.1　工程简介

厦门翔安大桥工程海中段桥梁全长 3.27km,起点与本岛侧环岛东路互通相接,终点与翔安侧滨海东大道互通相接。海中段桥梁跨越中、东和西 3 个航道,均采用双孔单向通航的方式。该项目的桥型采用整幅连续钢箱梁桥,主桥的桥型布置采用 $2\times90m+2\times150m+2\times90m$ 的形式,引桥的桥型布置采用 $4\times90m$ 和 $5\times90m$ 的标准联。厦门翔安大桥海中段桥梁的桥型布置,如图 12-26 所示。

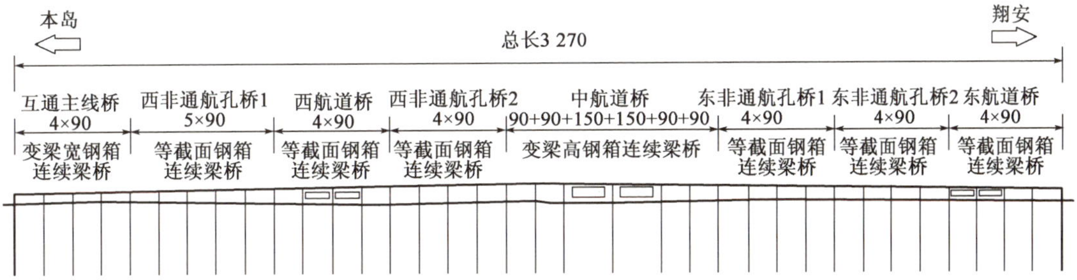

图 12-26　厦门翔安大桥海中段桥梁桥型布置示意(尺寸单位:m)

厦门翔安大桥工程的建设有助于缓解进出厦门市本岛的交通压力,拓展城市发展空间,促进厦门市海湾型城市的发展,进一步发挥厦门市临港经济辐射的作用。

12.3.2 技术标准

项目主要技术指标如下：
(1) 公路等级：双向八车道高速公路。
(2) 设计行车速度：80km/h。
(3) 行车道数：双向八车道。
(4) 设计使用年限：100年。
(5) 桥梁宽度：标准段整幅总宽度37m（不含风嘴）。
(6) 车辆荷载等级：公路Ⅰ级，城-A级。
(7) 桥面横坡：2.5%。
(8) 设计水位：设计常水位 +0.350m；最高潮位 +4.630m，最低潮位 -3.390m；设计高水位 +3.270m，设计低水位 -2.500m；设计最高通航水位 +4.620m。
(9) 通航标准：通航净空尺寸见表12-1。

厦门翔安大桥通航净空尺寸　　　　表12-1

通航孔	通航方式	通航孔净空尺寸(m)	
		净宽	净高
东、西航道	双孔单线	73.0	14.8
中航道	双孔单线	99.0	33.0

(10) 抗震设防标准：地震基本烈度为Ⅶ度，0.15g。按照两阶段设防，E1水准——100年超越概率10%，E2水准——100年超越概率4%。
(11) 抗风设计标准：设计基本风速采用桥址处100年重现期10m高度10min平均年最大风速39.7m/s。

12.3.3 设计方案

该桥上部结构采用流线型扁平钢箱梁，钢箱梁采用栓焊结构，除顶板U形加劲肋、顶板板形加劲肋采用栓接连接外，顶板、底板及其加劲肋，斜底板及其加劲肋，腹板及其加劲肋等均采用焊接连接。钢箱梁主体结构采用Q345qD及Q420qD低合金钢钢材；中航道桥跨径2×90m + 2×150m + 2×90m = 660m，主梁为3.5~7.0m变高度箱梁，桥宽37m（不含两侧各1.2m风嘴），主梁截面形式如图12-27所示。引桥跨径为4×90m和5×90m的标准联，采用3.5m等高梁，含等宽段和变宽段，其中，变宽段桥宽范围为37~50.356m，引桥90m跨径钢箱梁的截面如图12-28所示。

下面主要以90m跨径的标准联连续钢箱梁为例，介绍其具体设计内容。

1) 结构体系及构造

该桥采用连续钢箱梁结构体系，中间墩（5跨一联取墩身较高中间墩）一侧设置固定摩擦摆支座、另一侧设置横向滑动摩擦摆支座，其他中墩与过渡墩一侧设置纵向滑动减隔震支座、另一侧设置双向滑动减隔震支座。主梁采用整幅等截面连续钢箱梁，顶板为正交异性钢桥面板结构，90m跨径的钢箱梁梁高与跨径比值为1/25.7。

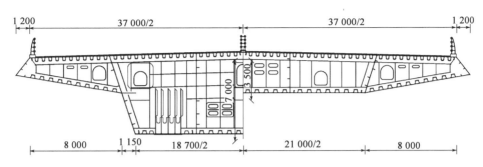

图 12-27 中航道桥主梁标准断面示意(尺寸单位:mm)

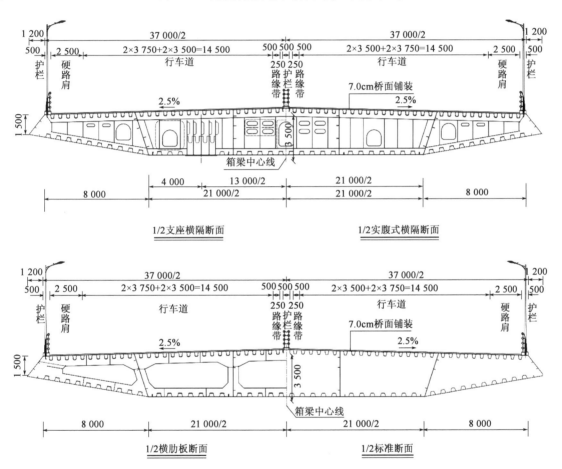

图 12-28 引桥 90m 跨径钢箱梁主梁标准断面示意(尺寸单位:mm)

(1)顶板。

顶板在顺桥向不同区段采用了 18mm、20mm 两种不同的厚度,除中墩墩顶及次边墩墩顶梁段顶板板厚为 20mm 外,其余区段顶板厚度为 18mm;钢桥面板顶板加劲肋主要采用热轧变厚 U 形加劲肋形式,局部位置根据构造要求采用板形加劲肋形式。

顶板厚度为 18mm 时,热轧 U 形加劲肋高度为 300mm,上口宽 300mm,下口宽 180mm;顶板厚度为其他数值时,U 形加劲肋保持底缘平齐,下口宽保持不变,上口宽度以 300mm 为基准、高度以300mm为基准,随顶板厚度相应延伸或缩短。U形加劲肋标准横向间距为600mm,U形加劲肋靠近顶板位置的肋角区域和底部平直段厚度采用16mm,其余采用12mm(图12-29)。

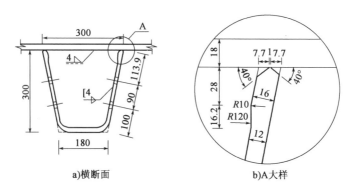

图12-29　厦门翔安大桥钢箱梁热轧U形加劲肋结构大样(尺寸单位:mm)

此外,钢箱梁顶板及加劲肋钢材材质均采用Q420qD。

(2)底板。

底板在顺桥向不同区段采用了16mm、18mm、20mm、22mm四种不同的板厚。中墩墩顶节段采用20mm,两侧采用18mm;次边墩墩顶节段采用22mm,两侧采用20mm;其余节段采用16mm。为便于底板加劲肋加工及梁段间加劲肋的连接,底板上缘(内缘)保持平齐。

底板加劲肋主要采用热轧U形加劲肋形式,局部位置根据构造要求采用板形加劲肋形式。U形加劲肋高度为260mm,上口宽250mm,下口宽400mm;U形加劲肋标准横向间距为800mm,U形加劲肋厚度采用8mm。

钢箱梁底板及加劲肋的钢材材质均采用Q345qD。

(3)斜底板。

斜底板在顺桥向采用相同板厚,厚度为12mm;斜底板及加劲肋钢材材质均采用Q345qD;斜底板加劲肋主要采用热轧U形加劲肋形式,局部位置根据构造要求采用板形加劲肋形式;热轧U形加劲肋的规格、间距及板厚与底板热轧U形加劲肋相同。

(4)中腹板。

中腹板在顺桥向不同区段采用16mm、18mm、20mm、22mm四种不同的板厚,采用板形加劲肋,加劲肋板厚与中腹板板厚相同,高厚比取10;中腹板及加劲肋钢材材质采用Q345qD。

(5)边腹板。

边腹板在顺桥向不同区段采用16mm、18mm、20mm、22mm四种不同的板厚,采用板形加劲肋,加劲肋板厚与边腹板板厚相同,高厚比取10;边腹板及加劲肋钢材材质采用Q345qD。

(6)横隔(肋)板。

横隔板标准间距为10m,两道横隔板之间设置三道横肋板,即横隔(肋)板的间距为2.5m。横隔板、横肋板与顶板相接的条带区域的钢材材质采用Q420qD;除与顶板相接的条带区域,或者明确要求材质的区域外,横隔板、横肋板及加劲肋钢材材质均为Q345qD。

普通标准横隔板板厚为12mm(Q420qD、Q345qD材质);中墩、次中墩及过渡墩支座处设置的横隔板板厚为32mm(Q420qD材质)及20mm(Q345qD材质);端横隔板板厚16mm,材质为Q345qD。

2)抗疲劳设计

该桥除了采用已有的、较为成功的抗疲劳构造措施,其正交异性钢桥面抗疲劳设计的最大亮点是大范围推广应用了装配化钢箱梁系列通用图成果中的热轧变厚度U形加劲肋技术。通过将热轧变厚度U形加劲肋结构与U形加劲肋自动化内焊技术进行融合应用,采用双面焊或双面熔透焊技术,有效保障了该桥正交异性钢桥面的抗疲劳性能。

热轧U形加劲肋的弯角是通过万能轧机一次热轧成型并通过平立矫直,因此降低了其残余应力,避免了冷弯U形加劲肋导致的折弯处残余应力较大、U形加劲肋失稳、疲劳性能较低的问题。并且,热轧U形加劲肋由钢坯直接轧制而成,通过增加U形加劲肋角壁厚,增加了其与钢桥面顶板的接触面积,提高了钢桥面板刚度,从而有效提升了钢桥面板的抗疲劳性能。

此外,传统的冷弯U形加劲肋采用热轧卷板开平、切毛边后冷弯而成,存在生产成本高、效率低等缺点;而热轧U形加劲肋利用相当于原有生产板材环节所需的能耗,直接完成成品U形加劲肋的生产,因而极大地降低了生产成本,提高了生产效率。

3)抗风设计

通过风洞试验及理论分析,引桥在-3°、0°、+3°下存在涡振现象,虽然小于规范限值,但考虑到钢桥的抗疲劳及行车舒适度,结构抗风设计时通过改善气动外形和增设抑振措施(TMD)来提高钢箱梁的抗风性能,在引桥90m跨径连续钢箱梁的每跨跨中位置设置2个TMD装置。

4)抗震设计

该桥的结构抗震采用了减轻荷载效应与提高结构抗力两种设计思路,上部结构采用钢箱梁结构,以减轻结构自重,同时采用了减隔震支座,有效减少了地震作用下下部结构受力,减隔震支座兼具有防落梁功能。此外,桩基础采用了钢管复合桩基础,在同等结构尺寸下,其承载力较常规桩基础具有明显提升。

5)结构防腐

桥区地处厦门本岛与翔安区之间,属典型亚热带海洋性气候,根据《色漆和清漆 防护涂料体系对钢结构的防腐蚀保护 第2部分:环境分类》(ISO 12944-2:2017)中的腐蚀环境分类标准,跨海段桥梁钢结构暴露环境属于高含盐度的沿海和海上区域的C5类腐蚀环境,设计要求钢箱梁防腐寿命应超过25年。

通过对典型钢结构桥梁大气区防腐涂层配套体系的对比,进行试验研究,并根据国内外钢桥的防腐设计要求,依据对实际腐蚀环境的分析和相关案例的经验,结合环保要求及成本控制分析,该桥钢箱梁的外表面防腐涂装技术方案基本与港珠澳大桥防腐涂装体系相同,即采用了"环氧富锌底漆-环氧云铁中间漆-氟碳面漆"的防腐涂层体系。

6)BIM技术应用

该项目采用BIM技术辅助结构设计,并基于BIM技术进行了施工模拟,包含施工模拟与施工工艺可视化交底,充分发挥了BIM技术的优势。通过将三维模型与时间整合,形成了一个可视化的4D施工模拟,可直观、精确地反映各个环节的施工进度。

7)钢箱梁制造与安装

该桥钢箱梁的制造要求采用自动化、智能化的生产方式,以保障钢结构制造质量及施工进度。其中,U形加劲肋顶板单元制造、底板及斜底板单元制造,以及边腹板及中腹板单元制造,均要求采用"多头门式焊机+双向反变形胎架"的制造方式。总体制造工艺流程为:钢板预处理→下料→U形加劲肋制作→板单元制作→小节段组装及预拼装→小节段除锈、涂装→大节段拼装→补涂装→大节段储存、装船、运输→桥上连接。

为减少海上现场焊接工作量,加快施工进度,钢箱梁架设采用大节段吊装方案。将一个4跨联等宽联钢箱梁划分为4个大节段,5跨联钢箱梁则划分为5个大节段,梁段长度最大为108m,吊装梁段最大重量约为2 700t。考虑吊具、桥面系附属结构等重量,要求起吊设备吊装能力不低于3 500t。

12.3.4 工程实践

厦门翔安大桥项目在推广践行港珠澳大桥"大型化、工厂化、标准化、装配化"理念的基础上,对钢箱梁正交异性钢桥面板的抗疲劳性能作了进一步的提升,其亮点之一在于大规模推广应用了热轧变厚度U形加劲肋技术,并采用先进的自动化焊接技术及装备对其进行制造,通过采取"双保险"措施,大大提高了钢桥面板的抗疲劳性能。钢桥面板现场制造如图12-30、图12-31所示。

图12-30 钢箱梁热轧U形加劲肋内部自动化焊接

图 12-31　钢箱梁热轧 U 形加劲肋外部自动化焊接

该项目实施过程中,同济大学桥梁实验室对该热轧 U 形加劲肋钢桥面板进行了疲劳试验(图 12-32),累积加载至 300 万次,仍未发现钢桥面板有疲劳开裂现象。

该项目钢箱梁的安装采用大型浮式起重机进行整体吊装的方法,现场施工情形如图 12-33 所示。

中国是世界桥梁文明古国,桥梁连接着过去、现在与未来。在世界桥梁建设领域,20 世纪 70 年代以前看欧美,80—90 年代看日本,而 21 世纪则要看中国!港珠澳大桥、厦门翔安大桥等一系列重大工程的高品质、高质量建成,标志着我国跨海大桥建设已迈入强国之列。

图 12-32　热轧变厚度 U 形加劲肋
钢桥面板疲劳加载试验

推动桥梁工程的高质量发展与创新实践,是实现我国"交通强国"建设目标的重要抓手。这为我国"桥梁强国"发展带来了全新的战略机遇,也对桥梁建设提出了新的更高的要求。目前,中国桥梁已走出了一条自主建设和创新发展的成功道路,为未来将我国建设成为世界桥梁强国奠定了坚实基础。

钢结构桥梁由于具有"绿色、循环、低碳、高端"发展的特别优势,非常适合工业化建造,而通过积极推广各类装配化钢结构桥梁,将开启我国常规跨径钢结构桥梁工业化建造的新时代,并必将极大推动我国钢结构桥梁建设的转型升级和高质量发展!

图12-33 厦门翔安大桥大节段钢箱梁现场整体安装

参 考 文 献

[1] 孟凡超.公路常规跨径钢结构桥梁建造技术指南[M].北京:人民交通出版社股份有限公司,2019.
[2] 孟凡超,张清华,谢红兵,等.钢桥面板抗疲劳关键技术[M].北京:人民交通出版社股份有限公司,2018.
[3] 吴冲.现代钢桥[M].北京:人民交通出版社,2006.
[4] 贾高炯.钢箱梁桥设计[M].北京:人民交通出版社股份有限公司,2016.
[5] 孟凡超,金秀男.装配化工字组合梁设计[M].北京:人民交通出版社股份有限公司,2021.
[6] 孟凡超,金秀男.装配化箱形组合梁设计[M].北京:人民交通出版社股份有限公司,2021.
[7] 朱斌,彭大鹏,魏乐永,等.大跨径钢连续梁桥设计需重点考虑的问题[J].公路,2015,7(7):161-168.
[8] 赵秋,陈美忠,陈友杰.中国连续钢箱梁桥发展现状调查与分析[J].中外公路,2015,2(35):99-102.
[9] Yozo Fujino, Dionysius Siringoringo. Historical and Technological Developments of Steel Bridges in Japan-A Review[J]. Steel Construction,2020,35(1):34-58.
[10] 中交公路规划设计院有限公司设计联合体.港珠澳大桥主体工程桥梁DB01标段施工图设计[R].珠海:中交公路规划设计院有限公司,2012.
[11] 孟凡超,刘明虎.基于港珠澳大桥的桥梁强国建设路径[J].重庆交通大学学报(自然科学版),2021,40(10):14-19.
[12] 高文博,张劲文,苏权科,等.港珠澳大桥钢结构制造策划与实践[J].钢结构(中英文),2021,36(6):1-23.
[13] 孟凡超,李贞新.装配化的五个破局点[J].中国公路,2017(10):27-31.
[14] 中华人民共和国交通运输部.关于推进公路钢结构桥梁建设的指导意见:交公路发[2016]115号[A/OL](2016-07-13)[2023-04-23]. http://www.xxgk.mot.gov.cn/2020/jigou/glj/202006/t20200623_3312470.html.
[15] 中华人民共和国交通运输部.公路桥涵设计通用规范:JTG D60—2015[S].北京:人民交通出版社股份有限公司,2015.
[16] 中华人民共和国交通运输部.公路钢结构桥梁设计规范:JTG D64—2015[S].北京:人民

交通出版社股份有限公司,2015.

[17] American Association of State Highway and Transportation Officials. LRFD Bridge Design Specification[S]. Washington D. C. :AASHTO,2012.

[18] 蒋勤俭.中国建筑产业化发展研究报告[J].混凝土世界,2014(7):10-20.

[19] 中华人民共和国住房和城乡建设部.装配式建筑评价标准:GB/T 51129—2017[S].北京:中国建筑工业出版社,2017.

[20] 黄震伟,邢世玲,徐秀丽,等.中等跨径连续钢箱梁桥上部结构的标准化设计研究[J].公路工程,2017,42(2):154-169.

[21] GALLION B R. ESPAN 140 Performance Assessment:V-65 Jesup South Bridge(Buchanan County,lowa)[R]. Morgantown:West Virginia University,2016.

[22] SARRAF R E. Steel-concrete Composite Bridge Design Guide[R]. Wellington:NZ Transport Agency,2013.

[23] 杨耀铨,金晓宏.公路桥涵通用设计图成套技术研究[J].公路,2009(11):40-45.

[24] 冯正霖.我国桥梁技术发展战略的思考[J].中国公路,2015(11):38-41.

[25] 高诣民.中小跨径梁桥装配化形式与组合梁桥承载力研究[D].西安:长安大学,2018.

[26] 中华人民共和国国家质量监督检验检疫总局.中国国家标准化管理委员会.碳素结构钢:GB/T 700—2006[S].北京:中国标准出版社,2006.

[27] 国家市场监督管理总局,中国国家标准化管理委员会.低合金高强度结构钢:GB/T 1591—2018[S].北京:中国标准出版社,2018.

[28] 中国钢铁工业协会.桥梁用结构钢:GB/T 714—2015[S].北京:中国标准出版社,2015.

[29] 中华人民共和国国家质量监督检验检疫总局,中国国家标准化管理委员会.合金结构钢:GB/T 3077—2015[S].北京:中国标准出版社,2015.

[30] 国家市场监督管理总局,中国国家标准化管理委员会.一般工程用铸造碳钢件:GB/T 11352—2009[S].北京:中国标准出版社,2009.

[31] 中华人民共和国国家质量监督检验检疫总局,中国国家标准化管理委员会.钢结构用高强度大六角头螺栓:GB/T 1228—2006[S].北京:中国标准出版社,2006.

[32] 中华人民共和国国家质量监督检验检疫总局,中国国家标准化管理委员会.钢结构用高强度大六角头螺栓、大六角螺母、垫圈技术条件:GB/T 1231—2006[S].北京:中国标准出版社,2006.

[33] 刘玉擎,陈艾荣.耐候钢桥的发展及其设计要点[J].桥梁建设,2003(5):39-41,45.

[34] American Iron and Steel Institute. Performance of Weathering Steel in Highway Bridges, a third phase report[R]. Washington D. C. :American Iron and Steel Institute,1995.

[35] 黄维,张志勤,高真凤,等.国外高性能桥梁钢的研发[J].世界桥梁,2011(2):18-21.

[36] 张志勤,高真凤,黄维,等.韩国高性能桥梁钢的研发及应用进展[J].建筑钢结构进展,2016,18(2):61-65.

[37] Koji HOMMA. Development of Application Technologies for Bridge High-Performance Steel, BHS[R]. Japan:Nippon Steel Technical Report,2008(97):51-57.

[38] NISHIM URA Kimihiro. High Performance Steel Plates for Bridge Construction-High Strength

Steel Plates with Excellent Weldability Realizing Advanced Design for Rationalized Fabrication of Bridges[R]. Japan:JFE Technical Report,2005(5):25-30.

[39] Korean Standards Association. Rolled Steels for Bridge Structures:KSD 3868:2009[S]. Korea:Korean Standards Association,2009.

[40] YOON Tae-Yang. Korean high performance steel for bridges[C] // 10th Korea-China-Japan Symposium on Structural Steel Construcion. Soul:Korean Steel Construcion Society,2009.

[41] HOMMA K,TANAKA M,MATSUOKA K,et al. Development of application technologies for bridge high-performance steel,BHS[J]. Nippon Steel Technical Report,2008(97):51-57.

[42] 张志勤,秦子然,何立波,等.美国高性能桥梁用钢研发现状[J].鞍钢技术,2007(5):11-14.

[43] British Standard Institution. Hot Rolled Products of Structural Steels—Part 6:Technical Delivery Conditions for Flat Products of High Yield Strength Structural Steels in the Quenchaed and Tempered Condition:EN 10025-6:2004[S]. London:British Standard Institution (BSI),2009.

[44] 朱劲松,郭晓宇,侯华兴,等.耐候桥梁钢腐蚀力学行为研究及其应用进展[J].中国公路学报,2019,32(5):1-14.

[45] FALKO S. Steel Products for Recent Bridge Construction[C] // BRANDES K. Proceedings of First Interntional Conference on Bridge Maintenance,Safety and Management. New York:John Wiley&Sons Inc,2002:14-17.

[46] KUCERA V,MATTSSON E. Corrosion Mechanisms[M]. New York:CRC Press,1986.

[47] MORCILLO M,DIAZ I,CHICO B,et al. Weathering Steels:From Empirical Development to Scientific Design. A Review[J]. Corrosion Science,2014,83:6-31.

[48] LEYGRAF C,WALLINDER I O,TIDBLAD J,et al. Atmospheric Corrosion[M]. 2nd ed. New York:John Wiley&Sons Inc,2016.

[49] MATSUSHIMA I,ISHIZU Y,UENO T,et al. Effect of Structural and Environmental Factors in the Practical Use of Low-alloy Weathering Steel[J]. Zairyo-to-Kankyo,1974,23:177-182.

[50] OKADA H,HOSOI Y,YUKAWA K,et al. Structure of the Rust Formed on Low Alloy Steels in Atmospheric Corrosion[J]. Tetsu-to-Hagane,1969,55:355-365.

[51] KIHIRA H,ITO S,MURATA T. The Behavior of Phosphorous During Passivation of Weathering Steel by Protective Patina Formation[J]. Corrosion Science,1990,31:383-388.

[52] 杨永强,单亚军,徐向军,等.耐候钢在美国阿拉斯加塔纳纳河铁路桥上的应用[C] // 王厚昕.高性能耐候桥梁用钢及应用国际技术交流会论文集.鞍山:鞍山钢铁集团公司,2014:82-90.

[53] 中华人民共和国住房和城乡建设部,中华人民共和国国家质量监督检验检疫总局.钢结构设计标准:GB 50017—2017[S].北京:中国建筑工业出版社,2017.

[54] 日本道路协会.道路桥示方书·同解说[M].东京:丸善株式会社,2002.

[55] 日本桥梁建设协会.钢桥构造细节设计指南[M].东京:日本桥梁建设协会,2013.

[56] British Standard Institution. BS 5400 Part 3:code of practice for design of steel bridges[S].

London:British Standard Institution,2000.

[57] AASHTO. LRFD Bridge Design Specifications[S]. Washington D. C.:American Association of State Highway and Transportation Officials,1998.

[58] AASHTO. LRFD Bridge Design Specifications[S]. Washington D. C.:American Association of State Highway and Transportation Officials,2004.

[59] European Committee for Standardization. Eurocode 3:Design of steel structures,Part 1-9:Fatigue strength of steel structures[S]. London:European Committee for Standardization,2003.

[60] 中交公路规划设计院有限公司,日本株式会社长大. 港珠澳大桥主体工程桥梁设计手册[R]. 北京:中交公路规划设计院有限公司,2012.

[61] 中交公路规划设计院有限公司,装配化钢结构桥梁产业技术创新战略联盟. 装配化钢结构桥梁系列通用图连续钢箱梁桥双向四车道上部结构设计[R]. 北京:中交公路规划设计院有限公司,2018.

[62] 中交公路规划设计院有限公司,装配化钢结构桥梁产业技术创新战略联盟. 装配化钢结构桥梁系列通用图连续钢箱梁桥双向六车道上部结构设计[R]. 北京:中交公路规划设计院有限公司,2018.

[63] 中交公路规划设计院有限公司,日本株式会社长大,西南交通大学. 连续钢箱梁正交异性桥面板疲劳性能研究报告[R]. 北京:中交公路规划设计院有限公司,2012.

[64] 王志生,李军平. 大型钢箱梁有关设计及制造细节问题的探讨[J]. 钢结构,2010,25(04):56-58.

[65] 项海帆. 高等桥梁结构理论[M]. 北京:人民交通出版社,2001.

[66] 李永利. 疲劳试验测试分析理论与实践[M]. 张然怡,译. 北京:国防工业出版社,2011.

[67] 曾志斌. 正交异性钢桥面板典型疲劳裂纹分类及其原因分析[J]. 钢结构,2011,26(143):9-15.

[68] John W. 费希尔. 钢桥的疲劳和断裂实例研究[M]. 项海帆,史永吉,潘际炎,等,译. 北京:中国铁道出版社,1989.

[69] John W. 费希尔. 钢桥疲劳设计解说[M]. 钱冬生,译. 北京:人民铁道出版社,1980.

[70] Roman Wolchuk,Fellow,ASCE. Lessons from weld cracks in orthotropic decks on three European bridges[J]. Journal of Structural Engineering,1990,116,75-84.

[71] F. B. P. de Jong. Renovation techniques for fatigue cracked orthotropic steel bridge decks[D]. Netherlands:Delft University of Technology,2007.

[72] 张清华,卜一之,李乔. 正交异性钢桥面板疲劳问题的研究进展[J]. 中国公路学报,2017,30(3):14-26.

[73] 张清华,袁道云,王宝州,等. 纵向加劲肋与顶板新型双面焊构造细节疲劳性能研究[J]. 中国公路学报,2020,33(5):79-89.

[74] 张清华,罗鹏军,徐恭义,等. 新型镦边纵向加劲肋与顶板焊接构造细节疲劳性能试验[J]. 中国公路学报,2018,31(5):42-52.

[75] 王春生,翟慕赛,HOUANKPO TNO,等. 正交异性钢桥面板冷维护技术及评价方法[J]. 中国公路学报,2016,29(8):50-58.

[76] 刘扬,曾丹,曹磊,等.钢-UHPC组合结构桥梁研究进展[J].材料导报,2021,35(3):03104-03113.

[77] 钱冬生.关于正交异性钢桥面板的疲劳——对英国在加固其塞文桥渡时所作研究的评价[J].桥梁建设,1996(2):8-13.

[78] AKIKO T,YASUMOTO A,MASAFUMI H,et al. Study on Improvement of the Fatigue Durability by Filling of Mortar in U-shaped Rib of Orthotropic Steel Deck[J]. Journal of Structural Engineering A,2010,56:1356-1369.

[79] KOLSTEIN M H. Fatigue Classification of Welded Joints in Orthotropic Steel Bridge Decks[D]. Delft:Delft University of Technology,2007.

[80] 中交公路规划设计院有限公司.港珠澳大桥连续钢箱梁合理构造系统研究报告[R].北京:中交公路规划设计院有限公司,2012.

[81] 中交公路规划设计院有限公司.港珠澳大桥连续钢箱梁正交异性桥面板疲劳性能研究报告[R].北京:中交公路规划设计院有限公司,2012.

[82] 中交公路规划设计院有限公司.港珠澳大桥正交异性钢桥面板抗疲劳设计准则[R].北京:中交公路规划设计院有限公司,2012.

[83] 崔冰.正交异性钢桥面板结构的发展与思考[C]//中国公路学会桥梁和结构工程分会.中国公路学会桥梁和结构工程分会2021年全国桥梁学术会议集,北京:人民交通出版社股份有限公司,2021.

[84] 中华人民共和国交通运输部.公路桥梁钢结构防腐涂装技术条件:JT/T 722—2008[S].北京:人民交通出版社,2008.

[85] 中华人民共和国国家质量监督检验检疫总局,中国国家标准化管理委员会.色漆和清漆涂层老化的评级方法:GB/T 1766—2008[S].北京:中国标准出版社,2008.

[86] 杨振波,师华,黄玖梅.现代桥梁结构防腐涂装技术现状及发展趋势[J].上海涂料,2012,50(7):35-40.

[87] 杨振波,师华,杨海山,等.港珠澳大桥桥梁工程钢结构防腐涂装关键技术与质量控制[J].涂料技术与文摘,2013,34(9):11-16.

[88] 中交公路规划设计院有限公司.港珠澳大桥钢箱梁防腐及维护关键技术研究报告[R].北京:中交公路规划设计院有限公司,2012.

[89] 中华人民共和国交通运输部.公路桥梁抗风设计规范:JTG/T 3360-01—2018[S].北京:人民交通出版社股份有限公司,2018.

[90] 葛耀君.大跨度桥梁抗风的技术挑战与精细化研究[J].工程力学,2011,28:11-23.

[91] 许福友,丁威,姜峰,等.大跨度桥梁涡激振动研究进展与展望[J].振动与冲击,2010,29(10):40-49.

[92] 林志兴,葛耀君,曹丰产,等.钢箱梁桥的抗风问题及其对策研究[J].同济大学学报,2002,30(5):614-617.

[93] 李江刚.大跨度连续钢箱梁涡激振动及振动控制研究[D].四川:西南交通大学,2012.

[94] 周云.结构风振控制的设计方法与运用[M].北京:科学出版社,2009.

[95] 西南交通大学风工程试验研究中心.装配化钢结构梁桥结构抗风性能研究报告[R].四

川:西南交通大学,2018.

[96] 中华人民共和国交通运输部.公路钢桥面铺装设计与施工技术规范:JTG/T 3364-02—2019[S].北京:人民交通出版社股份有限公司,2019.

[97] 孟凡超,刘明虎,吴伟胜,等.港珠澳大桥设计理念及桥梁创新技术[J].中国工程科学,2015,17(1):27-35.

[98] 朱永灵,林鸣,孟凡超,等.港珠澳大桥[J].Engineering,2019,5(1):10-14.

[99] 孟凡超,苏权科,徐伟,等.长寿命钢桥面铺装关键技术[M].北京:人民交通出版社股份有限公司,2018.

[100] 张肖宁,容洪流,黄文柯,等.大型MA类钢桥面铺装高温性能加速加载试验研究[J].华南理工大学学报(自然科学版),2014,42(12):21-26.

[101] 张顺先.MA浇注式沥青混凝土高温稳定性能影响因素研究[J].公路交通技术,2016,32(4):10-14.

[102] 徐伟,黄红明,周源,等.新型环氧沥青混合料(N-EA)和粘结剂性能试验评价研究[J].公路工程,2014,39(01):50-53.

[103] 秦杰君.钢桥面铺装结构设计与施工方案优化研究[D].广州:华南理工大学,2017.

[104] 张肖宁,陈剑华,邹桂莲,等.基于使用性能的浇注式沥青混凝土设计[J].中南大学学报(自然科学版),2016,47(8):2828-2834.

[105] 中交公路规划设计院有限公司,等.连续钢箱梁桥面铺装结构体系使用寿命评估方法及应用(浇注式沥青铺装)研究报告[R].北京:中交公路规划设计院有限公司,2015.

[106] 中交公路规划设计院有限公司,日本株式会社长大.港珠澳大桥主体工程桥梁DB01标段施工图设计—第十一篇钢桥面铺装[R].北京:中交公路规划设计院有限公司,2014.

[107] 王民,方明山,张革军,等.港珠澳大桥钢桥面沥青铺装结构设计[J].桥梁建设,2019,49(4):69-73.

[108] 陈剑华.MA用混合沥青触变及老化特性的多尺度研究与应用[D].广州:华南理工大学,2015.

[109] 中华人民共和国交通运输部.公路排水设计规范:JTG/T D33—2012[S].北京:人民交通出版社,2012.

[110] 赵兵.高速公路水环境敏感路段桥面径流污染生态环境效应试验研究[J].公路,2018,2(4):243-248.

[111] 赵剑强,邱艳华.公路路面径流污染与控制技术探讨[J].长安大学学报(建筑与环境科学版),2004,21(3):50-53.

[112] 刘伯莹,关彦斌,丁小军,等.公路排水设计规范释义手册[M].北京:人民交通出版社,2013.

[113] 中华人民共和国交通运输部.公路桥梁板式橡胶支座:JT/T 4—2019[S].北京:人民交通出版社股份有限公司,2019.

[114] 中华人民共和国交通运输部.公路桥梁高阻尼隔震橡胶支座:JT/T 842—2012[S].

北京:人民交通出版社,2012.

[115] 中华人民共和国交通运输部.公路桥梁铅芯隔震橡胶支座:JT/T 822—2011[S].北京:人民交通出版社,2011.

[116] 中华人民共和国交通运输部.公路桥梁摩擦摆式减隔震支座:JT/T 852—2013[S].北京:人民交通出版社,2013.

[117] 中华人民共和国交通运输部.桥梁双曲面球型减隔震支座:JT/T 927—2014[S].北京:人民交通出版社股份有限公司,2014.

[118] 钱冬生.钢桥疲劳设计[M].成都:西南交通大学出版社,1986.

[119] 日本道路协会.钢道路桥疲劳设计指针[M].东京:丸善株式会社,2002.

[120] 中华人民共和国铁道部.铁路钢桥制造规范:TB 10212—2009[S].北京:中国铁道出版社,2010.

[121] 港珠澳大桥管理局.港珠澳大桥主体工程桥梁工程施工及质量验收标准[R].珠海:港珠澳大桥管理局,2014.

[122] 中华人民共和国住房和城乡建设部.钢结构焊接规范:GB 50661—2011[S].北京:中国建筑工业出版社,2011.

[123] 中华人民共和国交通运输部.公路桥涵施工技术规范:JTG/T 3650—2020[S].北京:人民交通出版社股份有限公司,2020.

[124] 中国铁路总公司.铁路钢桥制造规范:Q/CR 9211—2015[S].北京:中国铁道出版社,2016.

[125] 中华人民共和国国家质量监督检验检疫总局,中国国家标准化管理委员会.热喷涂金属和其他无机覆盖层锌、铝及其合金:GB/T 9793—2012[S].北京:中国标准出版社,2012.

[126] 中华人民共和国国家质量监督检验检疫总局,中国国家标准化管理委员会.金属熔化焊焊接接头射线照相:GB/T 3323—2005[S].北京:中国标准出版社,2005.

[127] 中华人民共和国国家质量监督检验检疫总局,中国国家标准化管理委员会.焊缝无损检测 磁粉检测:GB/T 26951—2011[S].北京:中国标准出版社,2011.

[128] 中华人民共和国国家质量监督检验检疫总局,中国国家标准化管理委员会.焊缝无损检测 超声检测技术、检测等级和评定:GB/T 11345—2013[S].北京:中国标准出版社,2013.

[129] 赵人达,张双洋.桥梁顶推法施工研究现状及发展趋势[J].中国公路学报,2016,29(2):32-40.

[130] 邵长宇.九堡大桥组合结构桥梁的技术构思与特色[J].桥梁建设,2009(6):42-45.

[131] 翁方文,田卿,田飞.大跨连续钢箱梁桥顶推施工控制技术研究[J].公路,2018(3):89-92.

[132] 林立华,罗玮,谢鹏飞.厦门第二东通道工程跨海段桥梁结构设计[J].公路,2021,6(6):200-204.

[133] 施贤真.装配式多箱室钢箱梁在莞番高速中的应用[J].工程技术研究,2021,12:25-26.

[134] 中交公路规划设计院有限公司.莞番高速公路第一合同段两阶段施工图设计[R].北京:中交公路规划设计院有限公司,2018.

[135] 中交公路规划设计院有限公司.厦门第二东通道施工图设计[R].北京:中交公路规划设计院有限公司,2019.

[136] 孟凡超,金秀男,张革军.跨海桥梁超大规模钢桥面铺装关键技术研究[J].土木工程学报,2023,56(3):58-69.

索 引

A

安全系数　Safety factor ……………………………………………………………… 075
安装施工　Installation and construction …………………………………………… 292

B

标准化设计　Standard design ……………………………………………………… 013
板梁桥　Plate girder bridge ………………………………………………………… 032
不锈钢　Stainless steel ……………………………………………………………… 041
BIM 设计　BIM design ……………………………………………………………… 079

C

材料　Material ………………………………………………………………………… 021
冲击韧性　Impact tests ……………………………………………………………… 023
承载能力　Bearing capacity ………………………………………………………… 076

D

低合金钢　Low alloy steels ………………………………………………………… 026
低碳钢　Low carbon steel …………………………………………………………… 025
断裂韧性　Fracture toughness ……………………………………………………… 036
顶板　Top plate ……………………………………………………………………… 048
底板　Bottom plate …………………………………………………………………… 059
顶推法　Extrusion sliding erection ………………………………………………… 297
顶推设备　Incremental launching device ………………………………………… 300

F

腹板　Web plate ……………………………………………………………………… 060
法向应力　Normal stress …………………………………………………………… 125
防腐涂装　Anti-corrosion coatings ………………………………………………… 177

防水黏结层　Waterproof and cohesive Layer ·· 214

G

钢结构　Steel structure ··· 001
钢箱梁　Steel box girder ··· 009
钢材　Steel material ·· 021
高性能钢材　High performance steel ·· 032
高强钢　High-strength steel ··· 033
钢箱梁设计　Design of steel box girder ··· 042
刚度　Rigidity ·· 052
钢桥面铺装　Pavement of steel deck bridge ··· 214
改性沥青　Modified asphalt ·· 220

H

横断面　Cross sections ·· 046
横梁　Transversal beam ··· 064
横隔板　Diaphragm ··· 065
焊接　Welding ·· 120

J

结构分析　Structural analysis ··· 076
极限状态　Ultimate states ··· 017
金属腐蚀　Corrosion of metal ·· 174
加工制造　Manufacture ·· 277

K

抗拉强度　Tensile strength ·· 022
抗弯刚度　Flexural rigidity ·· 044
抗疲劳设计　Anti-fatigue design ·· 155
抗风性能　Wind-resistant performance ·· 199

L

连续梁桥　Continuous beam bridge ··· 004
铝合金　Aluminum alloy ··· 041

M

模拟试验　Simulation test ··· 220

N

耐候钢	Weathering steel	036
耐久性	Durability	183
挠度	Deflection	077
黏结力	Cohesion	215

P

疲劳病害	Fatigue disease	135
疲劳损伤	Fatigue damage	143
排水设计	Drainage design	238
排水系统	Drainage system	240
拼装	Assembly	272

Q

桥面板	Bridge deck	051
桥面排水	Deck drainage	239

T

通用图	General design drawings	018

W

维护	Maintenance	196
涡激振动	Vortex-induced vibration	201

X

细节构造	Detailed structures	120
现场连接	Site installation	129

Z

装配化	Assembled	011
正交异性钢桥面板	Orthotropic steel deck	043
制造工艺	Manufacturing process	251
支架法安装	Installation by support method	294
整体安装	Integral installation	296